Mosaik
bei GOLDMANN

Buch

Melodie und Rhythmus werden erfolgreich als Therapie bei psychischen und psychosomatischen Erkrankungen eingesetzt: Musik kann die Biochemie des Körpers verändern und die Psyche beeinflussen. Sie kann beruhigen, Angst und Streß abbauen, aber auch stimulieren und motivieren. Über den Weg der Töne lernen die Betroffenen, ihre Gefühle auszudrücken und zu verarbeiten. Hans-Helmut Decker-Voigt und sein Koautor Eckhard Weymann geben eine leicht verständliche und zugleich fundierte Einführung in die Musiktherapie und zeigen, wie sie praktisch angewendet wird und welche Störungen sich behandeln lassen. Darüber hinaus werden konkrete Übungen vorgestellt, mit denen auch Gesunde die positiven Wirkungen der Musik nutzen können, um zu entspannen und neue Energie zu sammeln.

Autoren

Prof. Ph. D. (Dr. phil.), M. A. Hans-Helmut Decker-Voigt arbeitet als Psychologe, Musiktherapeut und Schriftsteller. Er ist Lehrstuhlinhaber und Direktor des Instituts für Musiktherapie der Hochschule für Musik und Theater Hamburg, Präsident der Akademie für Weiterbildung der Herbert-von-Karajan-Stiftung Berlin und Mitbegründer der Europäischen Hochschule für Berufstätige in Leuk/Schweiz. Seine Praxisfelder sind die Arbeit in der Psychiatrie und Sonderpädagogik sowie die musiktherapeutische Behandlung von Herzinfarkt-/Koronarpatienten.

Prof. Eckhard Weymann, Diplom-Musiktherapeut und Supervisor, ist Mitbegründer des Instituts für Musiktherapie und Morphologie, das sich der Grundlagenforschung und Weiterbildung von Musiktherapeuten widmet. Er lehrt am Institut für Musiktherapie der Hochschule für Musik und Theater Hamburg.

HANS-HELMUT DECKER-VOIGT

Aus der Seele gespielt

Eine Einführung in Musiktherapie
Mit vier Beiträgen
von Eckhard Weymann

Mosaik
bei GOLDMANN

Umwelthinweis:
Alle bedruckten Materialien dieses Taschenbuches
sind chlorfrei und umweltschonend.

Aktualisierte Taschenbuchausgabe Juli 2000
© 1991 Wilhelm Goldmann Verlag, München
in der Verlagsgruppe Bertelsmann GmbH
Umschlaggestaltung: Design Team München
unter Verwendung folgender Fotos:
Umschlag und Umschlaginnenseiten:
The Stock Market, Price
Graphiken: Fritz E. Urich
Druck: Presse-Druck Augsburg
Verlagsnummer: 13561
Kö · Herstellung: Max Widmaier
Made in Germany
ISBN 3-442-13561-3

5 7 9 10 8 6 4

In Dankbarkeit und Verehrung
PROFESSOR GUIDO WALDMANN gewidmet,
em. Direktor des Hochschulinstituts
für Musik in Trossingen,
geboren 1901, gestorben 1990,
dem in vielfacher Hinsicht
ersten
meiner akademischen Lehrer.

Inhalt

**Vom Engel mit dem Löffelchen
und vom umgedrehten Tannenbaum oder: Danksagung** .. 15

Vorwort 18

Präludium (E. Weymann) 22
  »Settings« der Musiktherapie 22
  Erste Fragen und Antworten 24
  Musiktherapie zum Kennenlernen 29

Teil 1 Vom Musikhören – einige Grundlagen der Musiktherapie

Notwendige und Not wendende Musik 33

Musik – das Ohr zur Welt 37

Musik als Kraft gegen Spaltung 38

Das Ohr – das Tor zur Welt 40

Auf den Volksmund »geschaut« 46

Reizeinwirkung – je länger, desto schwächer die Reaktion 47

Der Forschung eine Seite... 51

**Bausteine und Klangeigenschaften (Parameter)
der Musik und ihre Wirkung auf den Hörer** 53
  Klangeigenschaften und ihre psycho-physischen
  Wirkungen auf den Menschen 54

Das eine Musikpaket: ergotrope Musik 55
  Die berühmte Sexte und noch mehr 58
  Vom »inneren Weg« der Wirkungen 59
    Ein Lied ... zwo, drei, vier 59
    Dort, wo man singt, da laß dich ruhig nieder? 60
    Jeder ist rhythmusbegabt 61

Das Gefährliche an ergotroper Musik 63
   Auch dies: Gesetz zum Schutz vor Musik 65
»... weil stets sie mit Geräusch verbunden« 66
Lautstärke – und was noch? 68

Das andere Musikpaket: trophotrope Musik 70
   Wirkungen auf uns, in uns 73
   Und wie verläuft hier der innere Weg? 73
   Immer Musik, weil sie nicht schaden kann? 74

Bei dem schläft man ja ein... 78

Musik für den Schlaf – Musik im Schlaf 81

Verstärkung und Abschwächung:
Ausnahmen in der Wirkung von Musik 82

   Wat dem inen sin Uhl... oder:
   Ergotropes statt Trophotropem 84
   »Das ist die Berliner Luft...« –
   die ist mein Einschlafmittel 84

Musikpsychologie und Musiktherapie oder:
die Vorherrschaft des Individuellen vor dem
Kollektiven 86

   Typisch heißt: Jeder Mensch hat
   »seine« Reaktion auf Musik 88

Über den musikalischen Tellerrand hinaus 89

Die therapeutische Nutzung Funktioneller Musik 90
   Musiktherapie bei Sterbenden und Frühgeborenen 93

Entwicklungspsychologie und psychoanalytische
Aspekte der Musiktherapie als Psychotherapie 95

Exkurs I Große Worte – kleine Worte:
Begriffe der Psychologie und Psychoanalyse 97
   Vom Unbewußten und anderem Wissenswerten 97
   Gemeinsames in der Verschiedenheit: Grundkategorien . . 99
   Vom Trieb und anderen Systemen 101

Vom Ich, vom Es, vom Über-Ich 103
Die analytische Grundregel in der
analytischen Musiktherapie 107
Ausnahmsweise ein »Je – desto« 108

Von der Eignung einer Therapie oder:
»Was nehme ich nur . . . ?« 109

Anwendungsfelder psychotherapeutisch
verstandener Musiktherapie 111
Einige exotische Anwendungsfelder 112

Teil 2 Vom Musikhören zum Gespräch – Rezeptive Musiktherapie als Psychotherapie

Von der Bedrohung zum Genuß:
eine Deutung frühen Hörens 117
Von der Unterhaltung zum Unterhalt 118
Die erste Musik der Außenwelt 118
Geräusch als Bedrohung 120
Von der Bedrohung zum Angenehmen 121
Vom Angenehmen zum Genuß 122

»Meine« Musik 124
Das Unfall-Beispiel der Frau B. als Fallbeispiel 126
Der Unfall 126
Frau B. – ein Fall für die Funktionelle Musik 127
Die Mithilfe der Angehörigen – eine Hilfe für alle 128
». . . nimmt Abschied mit Geheule« 130
Heizungsgeräusche statt Barbitursäure 131
Frau B. als psychotherapeutischer Fall 131
Frau B. als Fall für die analytische Musiktherapie 132
Vom Wahren in der Wahrnehmung 134

Zur Methode der Rezeptiven Musiktherapie
als Psychotherapie 135

Richtungen des Fühlens, Denkens und Erinnerns 136
   Situationserinnerung ist Zeiterinnerung 136
   Situationserinnerung ist Raum-/Orterinnerung 138
   Musikhören ist Personenerinnerung 140
   »Blau, blau, blau blüht der Enzian...« 145
   Ein Teenager als Beethoven-Freak 147
   Von der Musik, die nichts erinnert 148
   Von der Liebe zu der Musik, die ich ablehne 149

Anwendungsfelder Rezeptiver Musiktherapie als Psychotherapie 151

Exkurs II Von Menschenbildern, die Menschen malen ... 153
   Menschenforschung 153
   Menschenbild – Gottesbild 154
   Musiktherapie als Chance zum Ausstieg 155
   Vom Nachteil der Spezifizierung 156
   Vom Vorteil mancher Spezifizierung 158

Von den Kräften, die in jedem von uns wirken 160
   Die erste Kraft: »Eigendrehung« oder
   »Ich kümmere mich um mich« 160
      Wo Licht ist, ist auch 161
      Schizoides in Merkmalen 163
      Der »circle of protection« 165
      Die Wurzeln des Übermaßes an schizoider Kraft 166
      Musik, die das Herz »zerreißt« 169
      Schizoides in jedem Baustein der Musik 175
   Die zweite Kraft: Alles dreht sich um den anderen oder
   »Ich kümmere mich um dich...« 177
      Und der Schatten zum Licht... 179
      Die Wurzeln des Übermaßes an depressiver Kraft 182
      Musik, die Nähe vermittelt 183
      Kirchenmusik gibt es nicht, aber Musik
      für Kirche und Gebet 185
   Die dritte Kraft: Ordnung muß sein oder
   »Ich kümmere mich um immer Gleiches« 187

Einerseits: die Sorge um immer Gleiches 187
Und das Andererseits? 189
Von den Wurzeln des Übermaßes unserer
Zwanghaftigkeit 192
Musik, die zur Ordnung zwingt 195
Rhythmus-Spiel-Räume 197
Vom Zweiertakt, der uns zur Bodenständigkeit
zwingt 199

Die vierte Kraft
oder »Ich kümmere mich um immer Neues« 200
Die Schattenseite... 203
Beispiel-Szene aus der Therapie 207
Von den Wurzeln des Übermaßes hysterischer Kraft 209
Musik als Ausdruck hysterischer Kraft 212
Und auch hier: Die »unlogische« Musik 213
Der Dreiertakt, der uns gen Himmel führt 214
Musik als Spiegel, Musik als Schirm 216
Vom Schmetterlingsschlag im Hysterischen,
im Chaos und in der Musik 216
Vom Hysterischen in Musik- und anderen
Psychotherapeuten 218

Von Renardo, dem Fuchs, vom Riesen Golo,
von Kartoffelkopp und Marguerite oder:
Typisierungen 219

Wozu Typisierungen? 219
Eine weitere Differenzierung 220
Die Wenn-dann-Menschenkenntnis 223
Vom selbständigen Wechsel der Kräfte in uns 224
Unsere Musik wechselt mit 225
Vom Wechsel der Umgebung und vom Wechsel
der Musik 226

Was unsere seelischen Kräfte primär beeinflußt 227

Teil 3 Vom Musikmachen und Musikhören beim Improvisieren – Aktive Musiktherapie als Psychotherapie

»Seelenausdruck« in der musikalischen Improvisation . . . 233

Musikalische Improvisation – Spiel ohne Maske 234

Von Verstopfung und Durchfall oder: (Kontakt-)Störungen unserer Seelenkräfte und ihr musikalischer Ausdruck 234

Die erste Störung: Vorsichtigkeit oder Introjektion 236

Die zweite Störung: Manipulation oder Projektion 237

Die dritte Störung: Verstopfung oder Retroflektion 239

Die vierte Störung: Durchfall oder Deflektion 240

Die fünfte Störung: Anpassung oder Konfluenz 241

Menschentypen = Spieltypen? 244

Gefühltes aussprechen 245

Improvisieren, was einem »völlig fremd« ist 246

Vom Schatten-Spiel in der Improvisation 249

Von der inneren »Heimat« des Menschen und von seinem »Fernweh« 250

Schatten-Spiele sind Projektions-Spiele 252

Ein Rückschritt-Thema 252

Wir hören nicht nur typisch – wir hören auch unsere Schatten-Musik 253

Von der Macht des Instruments oder: Was mich danach greifen läßt 255

Symballein-Symbol – was ist das? 256

Was ein Symbol zum Symbol macht 258

Musikalisch Improvisieren heißt, mit Symbolen spielen 263

Das Instrument und sein »Appell« 265

Von der Bedeutung des Instruments für seinen Spieler . . . 267
Das Spiel auf dem Instrument als Symbol 269

Vom Zusammenhang zwischen Spieler und seinem Spiel . 270

Was für die Musik das Instrument 273
Alles in einem Instrument – alles in einem Menschen 274

Aus der Seele gesungen. Von der Bedeutung der Stimme für den Menschen und der Nutzung dieses Wissens in der Musiktherapie 276

Die Stimme appelliert am stärksten 278
Die gesungene Abiturprüfung 280
Im Mutterleib »stimmt« es – und draußen? 282
Leise ist vornehm – und was noch? 283
Wer in Dorf oder Stadt 285
Das Experiment mit dem Witz 287
»Kinder, wir werden albern...« – Eine Vokalimprovisation
in der Gruppenmusiktherapie 288
Die »geschiente« Stimme 290

Methodisches zur Vokalimprovisation 294

**Frühe Dialoge oder:
Was haben Musikmachen und -hören mit der
menschlichen Entwicklung zu tun?** (E. Weymann) 299

Frühe Formen der Verständigung 301
Erfahrungen werden zur Sprache gebracht 304
Erfahrungen bilden sich in der Gestik ab 307
Einschränkung und Erweiterung 309

**»Spielen ist Handeln« –
Vom Umgang mit Musikinstrumenten** (E. Weymann) 311

**Neue Spielräume.
Über das Improvisieren
in der Musiktherapie** (E. Weymann) 313

Wir sind von Klängen umgeben 313
Wozu eigentlich improvisieren? 316
Die »fremde Welt« des Musiktherapieraums 319

Einfach spielen?	321
... und was macht der Therapeut?	324
Was bewirkt das Improvisieren?	328
Abbilder seelischen Geschehens	329

Und noch einmal Theorie oder:
Schmetterlinge »vor die Linse« geholt –
Ein Ausflug zu einigen wissenschaftstheoretischen
Problemen der Musiktherapieforschung 330

Was ist eigentlich »wissenschaftlich«?	331
Die Wirklichkeit zum Sprechen bringen	332
Forschung zur Musiktherapie	333
Qualitative Verfahren	335
Forschung in der Praxis	337

Anhang

Informationen und Tips zur Musiktherapie	341
Einzelmusiktherapie	341
Musiktherapie in der freien Praxis	343
Gruppenmusiktherapie	343
Musiktherapeutische Selbsterfahrung	345
Adressen	348
Literatur	351
Register	359

Vom Engel mit dem Löffelchen
und vom umgedrehten Tannenbaum oder
DANKSAGUNG

In der Klosterkirche zu Schäftlarn in der Nähe Münchens kann der Besucher auf einem Seitenaltar links neben dem heiligen Augustin mit seinem dicken Buch eine kleine Putte entdecken. In der einen Hand hält der kleine Engel eine Muschel, in der anderen einen Löffel.

Die Legende erzählt dazu: Einst wandelte der greise Bischof Augustin am Ufer des Meeres, tief versunken in Gedanken über das Geheimnis der Dreifaltigkeit. Da sah er einen kleinen Jungen, der mit seinem Löffel das Meer in eine Muschel zu schöpfen versuchte. Augustin blieb erstaunt stehen. »Was machst du denn da?« – »Ich schöpfe mit meinem Löffel das Meer in diese Muschel«, antwortete der Junge. »Das wird dir nicht gelingen«, meinte der Bischof, »das Meer ist viel zu groß und zu tief, als daß du es in eine Muschel schöpfen könntest!« Darauf erwiderte der Kleine: »Wenn du das unergründliche Geheimnis Gottes und der Dreifaltigkeit zwischen zwei Buchdeckel fassen kannst, so kann ich auch das Meer in meine Muschel schöpfen!« Es heißt, der kluge Kirchenvater sei (noch) nachdenklicher weitergewandelt... (Nach einem Text von Martin Voigt.)

Gewiß ist ein Sachbuch zur Musiktherapie nicht vergleichbar mit einem Buch über die heilige Trinität, geschweige denn Autoren von heute mit Kirchenvätern von früher. Ich will mit dieser Geschichte lediglich den Aspekt ansprechen, wie schwierig, ja möglicherweise kaum zu bewältigen es ist, heutzutage ein zusammenfassendes, »überblickendes« Buch zu schreiben – ganz gleich worüber.

Auch dieses Buch schrieb (s)ich nicht allein. Weshalb ich hier die ebenso alte wie schöne Tradition des Danks an alle Mitarbeiter pflegen will.

Da ist der Koautor und Kollege Eckhard Weymann, der nicht nur die (entsprechend gekennzeichneten) vier Kapitel schrieb, sondern darüber hinaus auch kreative Anregungen zum ganzen Buch gab und mich immer wieder motivierte, »dranzubleiben«.

Da sind die Lektoren Johannes Jacob und Gundel Ruschill in München, denen ich ihre Neugier auf das Thema Musiktherapie und ihre Geduld mit mir danke; die mir Zeit ließen und Aufschübe einräumten, was mich die »Schwangerschaft« mit diesem Buch nicht nur als Last empfinden ließ...

Da sind meine Studenten in Deutschland und in der Schweiz... Ihnen danke ich für ihre Feedbacks auf die Inhalte meiner Lehrveranstaltungen, an welchen sich die Themenauswahl dieses Buches orientierte.

Da ist Christine Decker-Voigt, meine Frau, der ich neben ihrem Verständnis dafür, als Teil-Hausmann für ein Jahr ausgefallen zu sein, sämtliche Erstredaktionsarbeiten und -korrekturen danke. Zudem ihre zahlreichen Anregungen, immer weiter zu klären, wo es noch etwas für den »normalinteressierten« Leser zu klären geben könnte – ohne immer nur die Erklärungen zu erklären.

Da sind unsere Töchter Dorothea und Friederike, die mittlerweile viermal zwar einen Vater mit in die Ferien nahmen, der aber seinerseits seinen Text-Computer mitnahm und am Tage nie zu sehen war... Ich danke ihnen, daß sie meine Schuldgefühle so liebevoll behandelten. Friederike danke ich besonders ihren Teilverzicht auf ein eigenes Zimmer, in dem ebendieser Computer mitsamt Vater installiert war... (An dieser Stelle auch Dank an Bettina Weymann. Auch sie mußte in ihrem Jahresurlaub einen »Mann mit Computer« ertragen...) Last not least danke ich beiden Töchtern für ihren »umgedrehten Tannenbaum«, der für mich zum Symbol wurde. Nein, nicht für »Weihnachten auf den

Kopf gestellt«, sondern für Musiktherapie als ein Erfahrungs- und Wissensfeld, von dem ich einmal *vor* der ersten Ausbildung glaubte, daß ich es *nach* der Ausbildung würde gut kennen und vermitteln können. In jener Zeit kam das kleine Gemälde als Geschenk über meinen Schreibtisch – und hing eines Morgens andersherum, mit der Spitze nach unten. Die Reißzwecken hatten nicht gehalten, was ich mir von ihnen versprochen hatte ... Ähnlich wie meine ersten professionellen Bemühungen in Sachen Musiktherapie: Sie verschafften mir nicht das Gefühl, jetzt Musiktherapie zu kennen (oder gar zu »können«).

Der umgedrehte Tannenbaum half mir mit folgendem Dauerzustand als Prozeß inzwischen gut zu leben: Die Einarbeitung in und Beschäftigung mit Musik als Therapie, mit Musik in der Therapie, ist voller reicher Selbsterfahrungen – sowohl im begeisternden Sinn des Lichtes, das Musiktherapie auf die Schattenseiten der Seele richten kann, als auch im Sinne des Schmerzhaften, des Schweren, das stets mit dem Kennenlernen unserer Seelen-Schatten einhergeht.

Insofern werden wir wohl immer nur kurz, am Ende eines Dreiecks von Gestrüpp und Dickicht unserer umgedrehten Tannenbäume, das Gefühl genießen können, wieder etwas mehr zu wissen. Um gleich darauf das nächste, womöglich noch undurchdringlichere, komplexere Tannendickicht vor Augen zu haben. Auch wenn wir uns immer und immer wieder fort- und ausbilden – wir werden stets neuen, immer schwierigeren Fragen begegnen, immer tieferen Verästelungen ...

Dieses Buch fängt unten an – am umgedrehten Tannenbaum.

Vorwort

Ein Buch über Musiktherapie birgt Risiken für Autor und Leserschaft in sich. Warum dies so ist, möchte ich gleich zu Anfang bewußt machen und auch einige Gründe dafür nennen:

Vom Nachteil der himmlischen Volkshochschule
Den ersten Grund soll folgende Geschichte veranschaulichen: Ein Mensch kommt in den Himmel und steht vor zwei Toren. Auf dem einen Tor liest er: »Eingang in den Himmel«. Auf dem zweiten steht: »Vorträge über den Himmel«. Der Skeptiker, derjenige, der Enttäuschungen und Risiken vermeiden will, dürfte das zweite Tor wählen, den Zugang zur himmlischen Volkshochschule. Seine Skepsis, seine Angst vor Risiken werden sich aber vermutlich nie legen, sondern, im Gegenteil, erweitern, anwachsen, weil jedes neue Wissen neue Fragen aufwirft, und der Ärmste wird so nie dahinkommen, wohin er eigentlich will. Ähnlich verhält es sich mit Musiktherapie, wenn – wie in diesem Buch – über sie geschrieben werden soll. Eigentlich muß sie vom Menschen selbst erfahren werden, »erlesen« kann man Musiktherapie nicht.

Der Kern von Musiktherapie besteht in der Wirkung von Musik auf den Menschen und zwischen Menschen – ein Geschehen nichtsprachlicher Natur. Und nun ein weiteres Buch, in dem Nichtsprachliches mit Sprache beschrieben werden soll? Geht das überhaupt, Unbeschreibbares zu beschreiben?

In Musiktherapieverfahren kann man sich verfahren
Ein weiterer Grund, warum dieses Buch Risiken birgt: Dafür, daß Musiktherapie einen vergleichsweise kleinen Bereich des gegenwärtigen Therapieangebots darstellt, gibt es ohnehin schon viele Bücher über diese Thematik, und nun noch eins? Und ausgerechnet ein »zusammenfassendes«, eine vollständige Übersicht? Dafür gibt es inzwischen »zu viele Köpf'« und daher »viel Sinn«. Musik-

therapie gibt es sozusagen nur im Plural, und zwar (fast) so viele
Musiktherapien wie Musiktherapeuten. Und es gibt ururalte, alte
und ganz neue, gegensätzliche und einander widerstreitende Musiktherapieverfahren, innerhalb derer sich der interessierte Leser
unter Umständen ebenso verfahren würde wie mancher Profi.

Dieses Buch will sich deshalb bescheiden und eine Einführung
in Musiktherapie anbieten – nicht in »die« Musiktherapie, wie es
in den Medien oft heißt.

»Die« Musiktherapie gibt es nicht
»Die« Musiktherapie gibt es nicht. Was dann?

Ich will versuchen, Musiktherapie als Psychotherapie zu schildern, auf der Basis der Musiktherapie der frühen Jahre (bis etwa
1970), in der »Musik in der Medizin« und »Musik als Medizin«
propagiert wurde. Diesen, auch »Funktionelle Musik« genannten
Bereich greife ich auf, weil er den Leser abholen soll bei einer
Tätigkeit, der er sich ganz sicher nicht entziehen möchte und
kann: dem Hören von Musik.

Danach leite ich über zu dem, was mir in Gegenwart und
Zukunft der Musiktherapie wichtig ist: Musikhören und Musikmachen als psychoanalytisch orientierte Psychotherapie.

Damit vorenthalte ich dem geneigten Leser leider die Möglichkeit, die spannenden Geschichten der Geschichte der Musiktherapie kennenzulernen: von der Heilung des depressiven Königs
David mittels Leier-Musik zum Beispiel, oder jene Begebenheiten,
bei denen Tierphobien mit Klaviermusik angegangen wurden,
worauf sich manche Ärzte im Paris des 19. Jahrhunderts spezialisiert hatten … Nein, in diesem Buch wird – hauptsächlich –
Musiktherapie in ihrer gegenwärtigen Verschwisterung mit Psychologie und Psychoanalyse geschildert. Und damit versucht, sie
ihrer früheren Rolle als Nesthäkchen der Schulmedizin entwachsen zu lassen.

Dieses Buch ist also ein Blick in verschiedene Landschaften
der Musiktherapie – was auch immer etwas auf Kosten der Tiefenschärfe geht.

»*Liebe Leserin, lieber Leser, die Sie dieses Buch bis hierher gelesen haben...*«

Drittens ist dieses Buch ein Risiko, weil es unhöflich und altmodisch ist. Es wendet sich an den Leser, den Hörer, den Klienten, den Patienten, den Interessierten, an ... nur an Männer?

Das wäre um so widersinniger, als die stürmische Entwicklung der modernen Musiktherapie als Psychotherapie deutlich von Frauenpersönlichkeiten mitbestimmt wird, die in Praxis, Forschung und Lehre das »Profil« der Musiktherapie prägen. Dennoch – unsere Versuche, diesem Umstand und den neuen Formen der Partnerschaft von Frauen und Männern Rechnung zu tragen, endete recht jämmerlich. Beispiel (aus einer Erstfassung): »Wenn ein(e) Musiktherapeut(in) seinen/ihren Patienten/in einlädt...«

Der Flüssigkeit des Textes wegen bedienten wir uns dann doch wieder der alten maskulinen Form. Ein Rückfall? Ein etwas fragwürdiger Kunstgriff, doch mein Koautor und ich möchten die alte Anredeform des Männlichen auch als Synonym für das Weibliche verstanden wissen. Wie schrieb doch jemand kürzlich an einer Hamburger Hochschule, ausschließlich die weibliche Form benutzend: Die weibliche Form steht dort grundsätzlich für die männliche mit ... Wir machen es hier anders als unsere Patriarchen, die – wenn sie die männliche Form nutzten auch nur diese meinten. Wir hingegen meinen mit der männlichen Form das Weibliche als Zentrum.

Hans-Helmut Decker-Voigt, im November 1999

Zur 4. aktualisierten Auflage
In den zehn Jahren seit der ersten Auflage hat sich die »Szene der Musiktherapie« vehement verändert – wie alles um sie herum auch.

Musiktherapie ist aufgrund der hohen Akzeptanz und Beliebtheit bei unseren Patienten selbstverständlicher im Kanon der Gesundheitsberufe geworden und wird an nunmehr sechs staatlichen Hochschulen/Universitäten bis zur Berufsqualifizierung sowie an mehreren anerkannten Privatinstituten gelehrt. Dennoch ist sie immer (noch) nicht genügend »abgesichert«, etwa durch ein Niederlassungsrecht (Kassenabrechnungsmöglichkeit). Viele Musiktherapeuten qualifizieren sich zur Psychotherapie oder zum Psychotherapeuten, um frei praktizieren zu können. Die meisten von uns arbeiten in Kliniken.

Musiktherapie ist in der Forschung dadurch ein besonders spannendes Fach geworden, weil es sich aus der früheren Isolation heraus in zwei besonders spektakuläre Bereiche hineinentwickelte: In die moderne Entwicklungspsychologie (gegenwärtige Leitfigur ist Daniel Stern) einerseits und in die Medizin, wo diese sich ganzheitlich (holistisch) versteht, andererseits.

Besonders die Verzahnung der Musiktherapie mit der Forschungsfrage »Wie entwickelt sich der Mensch im Blick auf die Wechselwirkung zwischen Persönlichkeit und Musikerfahrung« hat zu enormen Erkenntnisfortschritten geführt. Warum Musik derartig folgenreich und hilfreich an tiefe Schichten unserer Persönlichkeit rührt – es hängt mit ihrer Prägung zusammen, die bis weit zurück in die Zeit ragt, wo wir noch im Fruchtwasser schwammen und Mutters Herzrhythmus-Musik, Knochen-Musik, Atem-und-Stimm-Musik und manchmal auch die tiefere Stimme unseres Vaters erlebten.

Die Literatur, die in diese Fragen hinein- und weiterführt, ist in der Literaturliste gesondert hervorgehoben. Das heißt, auf diese Literatur und ihre Autoren wird sich in diesem Buch noch nicht direkt bezogen, aber sie wird empfohlen als weiterführende, ebenfalls sehr breit angelegte, ebenso allgemein verständliche Literatur, wie diese Neuauflage es auch sein will. Zum immer gleichen Thema, aber immer sich verändernd: »Jeder Mensch lebt seine Lebensmusik«.

Wir wissen immer mehr – und werden hoffentlich niemals alles wissen. Auch auf die Wechselwirkung zwischen Musik und Mensch bezogen.

Hans-Helmut Decker-Voigt, im Februar 2000

Präludium *(E. Weymann)*

»Settings« der Musiktherapie

Der Bekanntheitsgrad der Musiktherapie und das Interesse an ihr haben zwar in den letzten Jahren – gefördert durch Berichte in den Medien – stark zugenommen, doch sind die Vorstellungen von der Arbeit eines Musiktherapeuten im allgemeinen noch ziemlich undeutlich. Wir merken das immer dann, wenn wir gefragt werden, was genau wir in der Musiktherapie eigentlich machen.

Dies ist nicht weiter verwunderlich: Die Musiktherapie ist (hier einmal abgesehen von ihren zweifellos sehr ehrwürdigen historischen Vorläufern) eine sehr junge Disziplin, die erst nach und nach im Bewußtsein der Öffentlichkeit an Profil und Ansehen gewinnt und sich ihren Platz im »Konzert« benachbarter Berufe weiter sichern muß.

Auf diese Frage »Wie arbeitet ihr eigentlich in der Musiktherapie?« sollen nachfolgende Abschnitte einige erste Antworten geben.

Gespräche, die mit einer solchen Frage beginnen, gehören zu unserem beruflichen Alltag. Zunächst sind es die Klienten, die ein Recht darauf haben, daß wir ihnen unser Angebot in verständlicher Form vermitteln. In der Berufspraxis nicht weniger wichtig ist aber der Austausch mit den Kollegen anderer Berufsgruppen (Krankenschwestern, Ärzten, Lehrern u. a.), denen wir die Prämissen unserer Arbeit plausibel zu machen haben, wenn wir nicht in die Isolation geraten wollen.

Der Begriff »Setting« gehört zum psychotherapeutischen Fachjargon. Er könnte wörtlich in »Setzungen« oder, genauer, in »gesetzte Rahmenbedingungen in der Behandlung« übertragen werden. Diese Rahmenbedingungen können auf verschiedenen Ebenen liegen: Es gehören dazu die Vereinbarungen, die zwischen Therapeut und Klient getroffen werden, zum Beispiel über Zeit, Ort,

Honorar, Einzel- oder Gruppenbehandlung, aber auch Grundsätze, nach denen der Therapeut die Behandlung gestaltet, sowie die Ausstattung des Therapieraums (Instrumente, Bilder, Sitzgelegenheiten, technische Geräte). Im weiteren Sinn gehört zum Setting auch der umfassende institutionelle Rahmen, in dem die Therapie stattfindet: Klinik oder Privatpraxis, Beratungsstelle oder Ambulanz. In ihren Zielsetzungen und Organisationsstrukturen begegnen wir dem Setting der entsprechenden Institution, die ihrerseits wieder in umfassendere Strukturen eingebunden ist (Kostenträger u. a.). Am Beispiel einer Therapie in der Klinik wird die Verflochtenheit der verschiedenen Ebenen deutlich: Die Behandlungsdauer kann hier meist nicht frei zwischen Therapeut und Klient vereinbart werden wie in der Praxis eines niedergelassenen Kollegen, sie muß auch mit dem therapeutischen Team abgestimmt und den grundsätzlichen Überlegungen beziehungsweise Ansprüchen der Institution gerecht werden. Schließlich muß auch die Krankenkasse ihr Einverständnis geben.

Unter Setting wollen wir hier *in erster Linie* die Bedingungen und Therapieformen verstehen, für die man sich wohlüberlegt entschieden hat, die man (miteinander) bewußt *gesetzt* (ausgehandelt) hat. Setting hat insofern auch viel mit dem Konzept zu tun, für das sich ein Therapeut, eine Therapeuten-Gruppe oder eine Institution, bezogen auf eine bestimmte Klientel, entschieden haben.

Musiktherapeuten arbeiten also heute mit und in sehr unterschiedlichen Settings, was schon aus der Aufzählung einiger typischer Arbeitsplätze deutlich wird: Sonderschule, heilpädagogisches Heim, psychiatrisches Krankenhaus, private Praxis oder auch Volkshochschule. Entsprechend der Verschiedenartigkeit der Anforderungen ist die musiktherapeutische Praxis sehr unterschiedlich angelegt und zudem auch noch von der grundsätzlichen theoretischen Orientierung des Therapeuten und der Trägereinrichtung abhängig.

Erste Fragen und Antworten

Die ersten Fragen zur Musiktherapie, die beispielsweise von Klienten in der psychotherapeutischen Klinik gestellt werden, sind den Fragen von Kollegen angrenzender Berufsgruppen oder von anderen interessierten Zeitgenossen ganz ähnlich.

Zur Einstimmung in unser Thema unterhalte ich mich nun in einem fiktiven Dialog mit einem solchen Zeitgenossen über einige dieser Fragen. Es werden an dieser Stelle lediglich *erste* Antworten gegeben, die im Verlauf des Buches vertieft werden, auf Fragen, wie sie vielleicht auch Sie, die Leserin oder der Leser, mir stellen würden.

○ *Etwas Unerwartetes tun...*
Wie geht ihr in der Musiktherapie eigentlich konkret vor? Wird den Klienten etwas vorgespielt, oder bringt ihr ihnen bestimmte Musikstücke bei? Meistens improvisieren wir mit ihnen, und wir reden miteinander. Dazu steht im Musiktherapieraum eine größere Auswahl von Musikinstrumenten und Klangerzeugern aus verschiedenen Ländern und Kulturen zur Verfügung. Nicht zuletzt kann die eigene Stimme verwendet werden – ein recht intimes »Instrument«. Manchmal hören wir uns aber auch zusammen etwas an. Entweder eine Musik, die wir selbst gemacht haben, oder ein ausgewähltes Musikstück, über dessen »Wirkungen« wir dann sprechen.
Sind eure Klienten denn alle musikalisch – ich meine, haben sie ein Instrument erlernt? Nein, die meisten haben noch nie ein Instrument gespielt, und wir geben ihnen auch keinen Unterricht, sondern fordern sie auf, zu experimentieren und selbst herauszufinden, was sich aus den Klangerzeugern »herausholen« läßt.
Und wenn jemand doch schon ein Instrument beherrscht? Dann ist das natürlich auch gut. Er hat mehr Erfahrung im Umgang mit Musik gesammelt, hat vielleicht ein geübteres Gehör. Es kann aber sein, daß er den »Einstieg« in gewisser Weise schwie-

riger findet. Wenn jemand beispielsweise Gitarre spielen kann, neigt er dazu, immer wieder das zu spielen, was er gelernt hat, und so, wie er es gelernt hat. Es fällt ihm schwer, mit seinem Instrument etwas Ungewohntes zu tun. Und gerade darum geht es uns in der Musiktherapie. Es soll sich in der Improvisation etwas Neues ergeben können, ein überraschender Klang, eine neue Einsicht, ein ungewohntes Verhalten. Ein »Laie« ist da oft unbefangener.

Mir wäre es sehr unangenehm, etwas zu tun, was ich nicht gelernt habe, richtig peinlich. Am Anfang geht das natürlich vielen so, besonders in der Gruppe. Da glaubt jeder, daß er sich besonders ungeschickt benimmt und sich mit dem, was er tut, blamiert. Allmählich merkt man dann, daß es den anderen genauso geht. Es kann schon mal ein, zwei Stunden dauern bis es soweit ist. Viele empfinden es dann als befreiend, einmal etwas zu machen, bei dem sie keine Leistung vollbringen müssen, weil es in diesem Bereich keine allgemein gültigen Maßstäbe, kein »Richtig« oder »Falsch« gibt. Sie empfinden das als eine gute »Entschuldigung«, sich einfach mal ein bißchen treiben zu lassen, etwas auszuprobieren, seinem Gefühl nachzugehen, spielerisch zu experimentieren.

Das Stichwort »treiben lassen« erinnert mich daran, wie es mir auf Dienstreisen manchmal geht: Ich bin in einer fremden Stadt, habe meine Termine wahrgenommen und kann jetzt machen, was ich will. Fern von Zuhause bin ich von meinen Alltagsbezügen und -verpflichtungen befreit, schlendere einfach durch die Straßen und lasse mich überraschen, was mir begegnen wird...
Ja, genau so meinte ich das auch. Das ist eine wichtige Voraussetzung – die gewisse Bereitschaft zum »Spielen«.

○ *Eine andere Pespektive...*
Aber die Leute kommen doch mit einem bestimmten Anliegen zu euch, mit einem Leiden... Meist sind sie in eine Lebenssituation geraten, in der sie allein nicht weiterkommen, in eine Sackgasse, aus der sie trotz angestrengten Nachdenkens und

vieler guter Ratschläge nicht herausfinden. Natürlich wird darüber zunächst ausführlich gesprochen; wir fragen nach den Lebensumständen, nach der bisherigen Biographie, der Entstehungsgeschichte der Belastungen und Störungen, wir machen eine sogenannte Anamnese. Das ist hier wie in jeder anderen Therapie. Aber dann kommt in der Musiktherapie eben der Moment, wo wir sagen: Jetzt spielen wir erst mal.
Ihr tut also etwas, was mit dem Erzählten zunächst nichts zu tun hat... Nur scheinbar gibt es da keinen Zusammenhang. Meist zeigt sich recht bald eine Verbindung, indem eine ganz andere – und nicht weniger wichtige – Seite der Problematik zum Vorschein kommt.
Kannst du mal ein Beispiel geben? Mir fällt da eine 35jährige Frau ein, Verkäuferin in einem Schuhgeschäft. Sie erzählte, ihr Problem sei, daß sie oft plötzlich ohnmächtig werde, und man habe dafür bisher keine organische Ursache finden können. Beim Vorgespräch äußerte sie starke Vorbehalte gegen die Musiktherapie. In einer etwas schroffen Art meinte sie, sie könne sich überhaupt nicht vorstellen, was ihr das bringen solle: »Reden, ja, aber so etwas...« Sie war aber trotzdem bereit, auf einigen Instrumenten gemeinsam mit mir zu spielen. Hinterher war sie verwundert: Sie habe sich in die Töne versenken und alles hinter sich lassen können, »obwohl das ja eigentlich gar nicht sein kann...« Im Lauf der Gruppentherapie wurde dann deutlicher, daß sie noch ein ganz anderes Problem als die Ohnmachtsanfälle hatte: ihre Einsamkeit. Ihr Mann hatte sich vor einiger Zeit von ihr getrennt. Außerdem hatte sie den Tod ihres Vaters acht Jahre zuvor noch gar nicht verarbeitet. In ihrer erzwungenen Selbstständigkeit konnte sie sich nur schwer eingestehen, wie sehr sie sich nach einer Beziehung sehnte, in der sie auch mal »versinken«, »alles hinter sich lassen« konnte. In der Improvisation während des Vorgesprächs hatte sich dieses Problem schon angedeutet, wir konnten es aber damals noch nicht verstehen.
Worin würdest du also den Sinn des Spielens in diesem Fall

sehen? Änderung der Perspektive, der Blickrichtung. Wenn man etwas angestrengt sucht, findet man es meistens nicht. Erst wenn man scheinbar etwas ganz anderes macht, dann liegt das Gesuchte oft plötzlich vor einem ausgebreitet. Die Fähigkeit des bewußten Denkens, Probleme zu lösen, ist doch sehr begrenzt. Von Künstlern, übrigens auch von kreativen Wissenschaftlern, Geschäftsleuten und anderen, können wir lernen, wie wichtig die »Intuition« ist. Ich meine damit eine Einstellung, die den Such-Blick nicht »fixiert«, sondern eher in der »Schwebe« hält, das Vorhandene dreht und wendet – bis sich eine Lösung zeigt.

○ *Das Beziehungs-Gewebe der Gruppe wird »hörbar«...*
Du hast vorhin die Gruppentherapie erwähnt. Wie geht so etwas vor sich? Spielen die Gruppenmitglieder etwa alle gleichzeitig? Das muß ja ein Höllenlärm sein. Manchmal ist es für kurze Zeit etwas anstrengend, besonders für die Nachbarn im Nebenraum, die den Kontext nicht kennen. Oft entsteht aber auch sehr zarte, ja geradezu zärtliche Musik oder auch eine traurige. *Ich stelle mir das einfach chaotisch vor, wenn sechs, sieben oder acht Leute, die kein Instrument gelernt haben, jetzt alle gleichzeitig mit Klangkörpern herumexperimentieren...* Chaos ist ein relativer Begriff. Neue Musik zum Beispiel – also zeitgenössische Musik – erscheint den meisten Leuten, wenn sie das zufällig im Radio hören, als das reinste Chaos, und sie schalten sofort ab. Geübtere Hörer hingegen erfreuen sich an den neuartigen Strukturen, die sie darin finden. Die Gruppenimprovisationen in der Musiktherapie sind zunächst genauso ungewohnt – es ist eine Musik, wie man sie noch nie gehört hat –, und doch sind sie nicht strukturlos. Es braucht nur etwas Gewöhnung, um sie zu »verstehen«. Der Psychologe Wilhelm Salber würde von der »geheimen Intelligenz des Seelischen« sprechen, die hier strukturierend am Werke ist. Die Gruppe bildet eine »Formkraft« aus, die im Lauf der Zeit immer deutlicher wird. Die »Dynamik« der Gruppe, dieses ganze lebendige Bezie-

hungs- und Stimmungsgewebe, das sonst mehr oder weniger »unhörbar« ist, wird in den klanglichen Strukturen der Improvisation »hörbar«.

Sind diese Strukturen nur für Experten zu hören, oder würden das die Gruppenmitglieder selbst auch so sagen? Die meisten Leute würden das wahrscheinlich etwas einfacher ausdrücken. Auf die Frage, was damit gemeint ist, wird dies dann zum Beispiel so beschrieben: Es gab große Übereinstimmung zwischen den Spielern; es wurde ähnlich gespielt; es gab keine größeren Kontraste oder Brüche; das Spiel war nicht sehr laut oder heftig, nicht dramatisch, sondern eher fließend. Alle diese Beschreibungen beruhen jedoch auf dem Erkennen und der Unterscheidung von Strukturen.

Und was wird dann aus dieser »Bestandsaufnahme«, was folgt daraus? Wichtig ist es dann natürlich, welche *Bedeutung* das so beschriebene Spiel in der aktuellen Gruppensituation hat und was sich daraus ergibt. Also: Ist das die erste Wahrnehmung einer Gemeinsamkeit in der Gruppe, oder ist es eine Einigung nach längerer Auseinandersetzung oder die Ruhe vor dem Sturm, das Hinauszögern eines Konflikts? Deutet sich hier eine tragfähige Basis für die Gruppe an, oder ist es mehr eine oberflächliche »Harmonie«?

Du sprichst jetzt immer von der Gruppe als Ganzem. Kommt der einzelne da überhaupt noch vor? Jeder erfährt sich dem Hintergrund des Gruppengeschehens, das er selbst mit hergestellt hat, und zwar sowohl als Individuum wie auch als Gruppenwesen, als Teil eines sozialen Gebildes. Er erlebt sich in einem bestimmten Verhältnis zur Gruppe, sei es als Teilhabender oder als Außenseiter, als jemand, der Einfluß nimmt, oder als jemand, der dem Einfluß der anderen ausgeliefert ist. Möglicherweise findet er auch Wege, eine andere Seite von sich zu erproben und damit auch andere Erfahrungen zu machen. Gerade das Musikmachen bietet eine gute Gelegenheit zum Ausprobieren solcher Veränderungen, zunächst im Schutz der Gruppe, dann vielleicht in einem Zweierspiel oder auch allein – und dies

sozusagen vor Zeugen, unter den Augen und Ohren der anderen.
Kannst du mir ungefähr beschreiben, wie das für den einzelnen in der Gruppe abläuft? In Stichworten: Eine junge Frau war von den ersten Tönen einer ersten Gruppenimprovisation gleich so erschreckt worden, daß sie rausgehen mußte. In der nächsten Stunde kam sie wieder und erzählte, daß sie nur »aggressive Schlaginstrumente« im Raum gesehen und gehört habe, die sie an die schrecklichen Wutausbrüche ihres Vaters erinnert hätten. Ihre früheren Erlebnisse hatten also gewissermaßen ihre Wahrnehmung und ihre Erwartungen auf ganz bestimmte »Töne« und ein bestimmtes »Verhältnis« zur übrigen Gruppe eingeengt, auf das des hilflosen Kindes gegenüber Gewalt. Indem sie mit der Gruppe darüber sprach, verringerte sich ihre Angst, ihre gegenwärtige Beziehungs-Realität konnte im Gespräch überprüft werden. Später versuchte auch sie, mit Trommeln und Xylophonen zu spielen, und entdeckte dabei ihre Fähigkeit zu intensiver Lebensfreude.

Musiktherapie zum Kennenlernen

Vielleicht bekommen Sie ja beim Lesen dieses Buches Lust, Musiktherapie einmal »in Aktion« zu erfahren. Das ist nach wie vor die beste (und letztlich einzige) Möglichkeit, sich davon einen lebendigen und authentischen Eindruck zu verschaffen.

Gründe hierfür gibt es viele: Musiktherapie will nicht nur Symptomen, Mängeln, Störungen oder Krankheiten auf den Grund gehen. Sie ist immer auch auf »Können«, auf Entfaltung der individuellen Möglichkeiten, auf Wachstum und Kreativität gerichtet. Gertrud Loos hat das einmal so ausgedrückt: »Musiktherapie weckt nicht nur düstere Anklänge und leidvolle Klagen; sie bringt auch alte Kraft, verschüttete Lust, Lachen, Mut zur Sehnsucht und Wagnis zur Zärtlichkeit hervor.«

Musiktherapie steht also allen offen, die sich für solche Erfahrungen interessieren, und richtet ihre Arbeitsweise an diesem Bedürfnis aus. Wir sprechen dann von musiktherapeutischer Selbsterfahrung.

Andere gute Gründe für die Teilnahme an einer Selbsterfahrung könnten folgende sein:
- Sie fühlen sich emotional unausgeglichen oder eingeschränkt;
- Sie leiden unter Kontaktstörungen;
- Sie möchten Einseitigkeiten der Lebensführung ausgleichen;
- Sie wollen sich selbst besser kennenlernen und suchen nach Möglichkeiten der persönlichen Weiterentwicklung;
- Sie wollen bestimmten existentiellen Erfahrungen oder krisenhaften Momenten in Ihrem Leben auf den Grund gehen (wie Trennung, Todesfall, Berufswechsel).

Auch wenn es nicht ausdrücklich zu den Zielen von Musiktherapie gehört, ist es keinesfalls selten, daß jemand durch musiktherapeutische Erfahrungen ermutigt wird, sein vor langer Zeit zur Seite gelegtes Musikinstrument »wiederzuentdecken«, und Lust bekommt, mit anderen in der Freizeit zu musizieren oder Musikstunden zu nehmen. Oder daß jemand einfach »nur« beginnt, mit der Musik in seiner Umgebung oder aus seiner privaten Plattensammlung aufmerksamer – und dadurch erlebnisreicher – umzugehen.

Teil 1
Vom Musikhören – einige Grundlagen der Musiktherapie

Notwendige und Not wendende Musik

Der Mann, der beim Abtrocknen in der Küche Schallplattenmusik aus dem Wohnzimmer hört; das Schulkind, das nicht in der Lage ist, Schularbeiten zu machen, wenn dabei nicht das Radio läuft; die alleinstehende alte Dame, die sofort nach dem Betreten ihrer Wohnung immer erst den Kassettenrecorder mit Musik einschaltet, bevor sie den Mantel ablegt; oder der Jugendliche, der auf dem Fahrrad sitzt, auf dem Kopf wie angewachsen die Kopfhörer des Walkman (diese moderne »Autistenklammer«) – all diese Vorstellungen von musikhörenden Menschen sind zum Klischee geworden, weil es offenbar Musik gibt, die notwendig ist.

Notwendig scheint Musik für viele Menschen zu sein. Das zeigt sich an solchen Verhaltensweisen wie am Summen oder halblauten Singen von Leuten, die ihr Auto nachts in einer leeren Großstadt-Tiefgarage abholen wollen (obwohl sie sonst nicht singen). Dazu gehört, daß Menschen an keinem noch so verrotteten Klavier vorbeigehen können, ohne den Deckel hochzuklappen und die Tasten zu drücken. Dazu gehört, daß Menschen nach niederschmetternden wie erhebenden Erlebnissen zu Hause ihre Niedergeschlagenheit beziehungsweise Hochstimmung vorzugsweise auf ihrem Instrument ausdrücken – obwohl sie dies von Berufs wegen schon stundenlang spielen.

Weiter spiegelt sich diese offenkundige Notwendigkeit der Musik in ihrer Allgegenwart: zu Hause, am Arbeitsplatz, im Kaufhaus, im Restaurant, am Strand. Wobei sie nur allzu oft für die einen notwendig und für die anderen, die unfreiwilligen Mithörer, eine Not ist. Letztere werden in unserer Gesellschaft zunehmend in dieselbe Rolle wie Passiv-Raucher gedrängt: Was dem einen ein Genuß, ist dem anderen häufig eine (Lärm-)Last und oft auch eine Schädigung.

> Übung für den Leser
> Versuchen Sie, sich an Situationen zu erinnern, in denen Sie Musik angestellt haben: den Plattenspieler, das Tonbandgerät, das Radio. Oder – im hand-werklichen Sinne – »an-stellten«, indem sie selbst Töne spielten.
> Welche Situationen waren das?
> Was für eine Musik war das?
> Können Sie sagen, aus welchem Grund Sie Musik »anstellten«?

In diesem Buch geht es jedoch wesentlich nicht um diese Art notwendiger Musik, sondern um *Not wendende Musik*. Es geht um die Möglichkeiten, mit Musik therapeutisch zu arbeiten, genauer: psychotherapeutisch zu arbeiten. Das bedeutet den Einsatz von Musik in der Begleitung von Menschen, die in einer Not sind, welche durch Musik gewendet werden kann.

An dieser Stelle ein erstes Wort zu den verschiedenen musiktherapeutischen Heilverfahren:

Ob man Musik nun hörend wahrnimmt (rezipiert), worauf die teilweise (ur-)alten Methoden der »Rezeptiven Musiktherapie« beruhen, ob man Musik improvisiert oder selbst an Instrumenten »aktiv ist« und damit Erfahrungen der »Aktiven Musiktherapie« in der Therapie einer Erkrankung nutzt – das alles sind unseres Erachtens nur graduelle Verfahrensunterschiede.

Während sich die Repräsentanten der unterschiedlichen Heilverfahren immer noch verpflichtet fühlen, diese Verfahren auf ihren Sinn (und Unsinn) hin immer weiter zu erforschen und darüber (mehr oder weniger) akademisch zu streiten, haben sowohl die musikalische als auch die psychotherapeutische Wirkungsforschung die Bedeutung der Musiktherapie in der Gegenwart sprunghaft anwachsen lassen. Mit der Folge, daß ausgerechnet dieses »Orchideenfach« als erste psychotherapeutische Ausbildungsrichtung in den Fächerkanon deutscher Hochschulen und Universitäten integriert wurde (von etwa fünfhundert Psychotherapieformen, welche die WHO inzwischen registrieren konnte). Johannes Th. Eschen, Hamburg, beispielsweise, bis 1990 Inhaber des ersten Lehrstuhls für Musiktherapie in Deutschland, Mitbegründer des einzigen staatlichen musiktherapeutischen Hochschulinstituts, hat hier mit seinen hochschulpolitischen Initiativen Psychotherapie-Geschichte geschrieben. Davor bestanden bereits Initiativen, Musiktherapie zu einer wissenschaftlich begründeten künstlerischen Therapieform zu entwickeln, in der Wiener Musikhochschule unter Alfred Schmölz sowie innerhalb der damaligen BRD unter Harm Willms und H. P. Reinecke von Berlin aus. Im übrigen Mitteleuropa sind derartige Institute in der Regel weitestgehend außerhalb der Hochschulen angesiedelt.

Doch zurück zu unserem Thema. Notwendige Musik ist also jene Musik, die entspannend, erfrischend, stimulierend oder einschläfernd wirken kann oder auch soll. (Weiter hinten wird das Thema gleichermaßen heilsamen wie schädigenden Gebrauchs von Musik noch vertieft werden.) Zur notwendigen Musik »greift« der einzelne *allein*, sich dessen mehr oder weniger bewußt, warum er gerade jetzt eine bestimmte Musik wählt, warum genau diese Musik »ihm aus der Seele gespielt« erscheint.

In der Musiktherapie hingegen hat Musik, wie gesagt, die Funktion, Not zu wenden. Das heißt, als Musiktherapeut arbeite ich in aller Regel mit einem oder mehreren Menschen zusammen, deren psychische Not sie hat krank werden lassen, wobei dieser Not, psychoanalytisch verstanden, eine Kränkung in ihrer frühen Kindheit vorausging.

Eine andere Aufgabe der Musiktherapie, auch das wurde bereits angedeutet, ist die Vorsorge, die prophylaktische Arbeit mit Menschen, die »noch« sind: noch gesund oder noch nicht krank.

Im Unterschied zu dem »normalen«, alltäglichen Vorgang, bei

dem sich jeder Mensch die heilsamen Klänge »seiner Musik« nutzbar machen kann, setzt Musiktherapie den ausgebildeten Musiktherapeuten voraus – und »heilt« doch nicht im medizinischen Sinn, sondern wirkt »nur« heilsam. Musiktherapie als Psychotherapie setzt die Therapeutenpersönlichkeit ebenso voraus wie alle anderen Psychotherapien, die vor psychoanalytischem Wissenshintergrund arbeiten. Im Unterschied zu anderen Psychotherapien tritt aber in einer musiktherapeutischen Beziehung die Musik als weiteres »Medium« hinzu.

Um Musiktherapie als Psychotherapie verstehen zu können, brauchen wir daher zum einen eine Definition dessen, was diese Art der Therapie wesentlich ausmacht (siehe auch Exkurs 1, Seite 96 ff.). Zum anderen muß erklärt werden, warum Musik in der Psychotherapie so wirksam ist, wodurch sie überhaupt in dieser Weise genutzt werden konnte und kann. In diesem Teil 1 des Buches behandeln wir also die funktionalen Wirkungszusammenhänge zwischen Mensch und Musik. Dann gehen wir über zur Besprechung der ersten therapeutischen Nutzungen dieser Funktionen (Funktionelle Musik) und ihrer psychotherapeutischen Nutzung im Bereich des Musikhörens (Rezeptive Musiktherapie, Teil 2). Schließlich stellen wir Musik als Mittel der Psychotherapie im musikalischen Improvisieren mit Patienten (Aktive Musiktherapie) vor, jenen Bereich, der derzeit gleichermaßen im Zentrum der Musiktherapie-Forschung und ihrer klinischen Praxisfelder wie im Zentrum der Aufmerksamkeit der Medien und damit der Öffentlichkeit steht.

Was steht hinter diesem Musikmachen mit Menschen, die meist vorher noch nie ein Instrument spielten?

Musik – das Ohr zur Welt

Musik, die wir in unserer Freizeit konsumieren; Musik, von der wir uns in jedem Kaufhaus konsumstimulierend berieseln lassen; Musik, die jährlich für um die hundert Millionen Dollar aus den USA als Arbeitskassetten (working tapes) nach Europa transportiert werden, um die Leistungsbereitschaft am durchrationalisierten Arbeitsplatz in der industriellen Produktion oder im Großraumbüro zu steigern – diese Musik beschreibt Klaus Körner in seinem Buch »Akustische Reizüberflutung« ausführlich und warnend.

Und doch haben Entstehung und Gebrauch dieser Musik gemeinsame Wurzeln mit dem musiktherapeutischen Medium Musik.

Seit es hirnphysiologische Forschung gibt, nimmt unser Wissen um die Bedeutungen der Musik für den Menschen ständig zu. Die Erkenntnisse dieses Zweigs der Heilkunst Medizin erklären einen Teil der Wirkungen der Heil-Kunst Musik, unter anderem auch die Tatsache, daß aus der Phylogenese der Menschheit, ihrer Stammesgeschichte also, keine Gesellschaft bekannt ist, die ohne Musikproduktion und -rezeption auskam. Jede den Anthropologen und Ethnologen aus ihren Forschungen bekannte Völkergemeinschaft schuf ihre eigene, ihre eigen-tümliche Musik und integrierte sie in ihr Leben. Der Philologe und Pädagoge Georg Picht arbeitet in seinem Aufsatz »Wozu braucht die Gesellschaft Musik?« heraus, daß eine Gesellschaft ohne Musik humanbiologisch nicht existenzfähig sei, denn Musik gehöre zur lebensnotwendigen kulturellen Umwelt, die sich der Mensch selbst schaffe. Auch dadurch unterscheide sich der Mensch vom Tier, daß er eine biologisch begründete artspezifische Umwelt habe, die seine Natur sei. In der selbstgeschaffenen Kultur nun sieht Picht die »zweite Natur« des Menschen. Diese kulturhistorische Perspektive wird bei Hermann Rauhe verengt auf die Notwendigkeit der Musik für das menschliche Individuum, das in seiner Einzelgeschichte, der Ontogenese, ebensowenig auf Musik verzichten könne wie in seiner Phylogenese. Rauhe verweist im Kapitel »Wozu braucht der Mensch Musik?« auch auf den Zusammenhang von wachsender quantitativer Bedeutung und (ebenfalls wachsender) qualitativer Bedeutung von Musik für den einzelnen Menschen. Er sieht in der Musik ein Mittel gegen die fortschreitende Spaltung von Geist, Seele und Körper, welche der Mensch der Gegenwart, gefördert durch bestehende – und bevorstehende – Problem- und Spannungsfelder gesellschaftlich wie persönlich, im Äußeren wie im eigenen Innern, erfahre.

Musik als Kraft gegen Spaltung

Führen wir den Begriff »spalten« zum griechischen »schizein« zurück, so haben wir die Sprachwurzel für das »Schizoide«, das innere Gespaltensein des Menschen, das wohl jedem von uns genauso innewohnt wie die Sehnsucht nach vertrauensvoller Hingabe, Verschmelzung und Symbiose.

Hier sei das innere Gespaltensein des heutigen Menschen deshalb hervorgehoben, weil die meisten gegenwärtigen Sozialtheorien in Anlehnung an psychologische Konzepte unsere gesamte westliche Gesellschaft als »schizoid-narzißtisch«, als gespalten-selbstbezogen klassifizieren, konstituiert von in dieser Weise verformten Menschen.

Der amerikanische Historiker und Kulturkritiker Christopher Lasch spricht in diesem Zusammenhang von einem Zeitalter, in dem sich der einzelne Mensch in infantiler Selbstbezogenheit gegen jede tiefere emotionale, moralische und soziale Bindung sperrt. In der Tat durchleben wir derzeit eine Verkümmerung besonders des Emotionalen, von der Erzieher wie Lehrer, Sozialpädagogen wie Ärzte (eben nicht erst Psychologen und Therapeuten) wissen, daß sie, wird nichts dagegen unternommen, das Leben zum reinen Überleben degradiert.

In Sätzen wie »*Mein* Vergaser ist verdreckt!« oder »*Ich* stehe da vorne links« (wenn vom Auto gesprochen wird) wird die lebendige Persönlichkeit mit Apparativem, mit Maschinen verwechselt. Dies deutet auf bestimmte Entwicklungen in uns selbst hin. Kein Pferdekutscher dürfte früher einem Mitreisenden gesagt haben »*Ich* stehe da vorne rechts«, und seine Schimmelstute gemeint haben. Hinter Sprachfloskeln solcher Art verbirgt sich die Identifikation des Menschen mit dem Material seines Autos. Sein Denken orientiert sich an eben diesem Material – auch und gerade wenn es um Gefühle geht. Aussprüche wie »Bei dem ist eine Schraube locker« oder »Ich muß mal zu Hause unsere Beziehungskiste durchchecken« sind weitere Beispiele dafür, während das »Ich muß mal mit dir reden« unsere ganze Hilflosigkeit inmitten dieser narzißtischen Gespaltenheit zeigt.

Unser Zeitalter des Narzißmus ist äußerlich markiert durch Leistungsstreß, Konkurrenzdruck und Überbewertung des Rationalen, was uns zu immer schärferem, erfolgreicherem persönlichen Profilieren zwingt. Aber als Folge des äußeren Erfolgs, in dem ich mich spiegele wie seinerzeit Narziß im Wasser, nimmt die innere Depression als Gegenkraft zu. Sie bedeutet Sehnsucht nach dem Du, nach Kommunikation.

Doch Kommunikation, so sagt Jürgen Fritz, ist nicht einfach das Zusammentreffen von Menschen. Ein Zusammentreffen löst den Wechsel von Aktion und Reaktion aus, der zu Interaktion wird – mit einem Hin und Her von Signalen, ähnlich der Struktur eines Tennisspiels oder eines small talks auf einer Party. Aber kein Außenstehender weiß bei diesem Zusammentreffen, wie sich beziehungsweise was die Beteiligten während ihrer Interaktion *fühlen*. Dieses Fühlen in der Interaktion meint der Begriff Kommunikation.

Da kann es sein, daß wir voller Neid zwei Menschen auf einem Fest intensiv miteinander reden hören und sehen; daß diese beiden sich aber in Wirklichkeit gräßlich langweilen, weil das Reden für sie belanglose Konversation ist. Die Interaktion ist in diesem Fall zwar rege, ihr kommunikativer Wert jedoch gering, weil die

Gefühlsqualität des Austausches schlecht ist. Andererseits können wir zwei Menschen in einem Restaurant im wortarmen Gespräch beobachten; die Interaktion wäre also als denkbar dünn, als langsam zu bezeichnen. Trotzdem können die beiden Schweiger – stellen wir uns zwei Verliebte vor – eine intensive Kommunikation erleben, weil ihre sparsamen Signale viele Gefühle transportieren. Der kommunikative Wert einer solchen Interaktion ist demnach sehr hoch, weil die Gefühle dabei stark sind.

Vergleichbares gibt es auch in der Musik: Da spielt jemand ein komplexes Stück »con bravura«, mit Virtuosität, und dennoch spricht es uns emotional nicht an, während eine einfache Melodie in uns starke Gefühle hervorrufen kann.

Kann nun die Musik die Integrationskraft des Menschen hinsichtlich seiner Leib-Seele-Geist-Einheit stützen? Kein Repräsentant gegenwärtiger Musikpsychologie wird das bestreiten. Einige Gründe für das Wirken dieser Stützkraft liegen in unserer Hirnstruktur, der »Hardware« unserer Wahrnehmung.

Das Ohr – das Tor zur Welt

Forscher mit dem Schwerpunkt Neurophysiologie, jenem Zweig der Hirnforschung, der uns fundamentale Erkenntnisse über unsere Wahrnehmungsentwicklung ermöglichte, sind keineswegs besonders bekannt als leidenschaftliche Musikhörer oder Angehörige eines der zahlreichen Ärzte-Orchester, wie es zum Beispiel Robert Charles Behrend nun tatsächlich ist, der die Ergebnisse seiner Forschung in seinen Mediziner-Alltag einbrachte. Und dennoch sind sich Musiker wie Nichtmusiker unter den Neurophysiologen einig: Das Ohr ist das Tor zur Welt.

Auch wenn Denk- und Handlungswelt und Menschenbild der Medizin derzeit noch weit entfernt und oft gegnerhaft zur Welt der Musik-Psychotherapie scheinen, fand man doch gerade hier

»hirnfeste« Gründe für die schon immer und überall beobachtete Integrationskraft der Musik in bezug auf das seelische Erleben jenes Menschen, der sie hört oder macht.

Im Folgenden nenne ich einige Kernaussagen aus diesbezüglichen, langwieriger Forschungen.

Die Verarbeitung musikalischer (und allgemeiner: akustischer) Reize ist, hirnphysiologisch gesehen, die intensivste Tätigkeit im Vergleich zum Umsetzen der anderen Reize, die auf die Sensorien treffen, wie visuelle Geruchs- oder Berührungsreize. Mit intensiv ist zum Beispiel gemeint, daß unsere Hörzellen im Hirn auf Reize von außen reagieren können, deren Energiemenge zehnmillionenmal kleiner ist als diejenige Reiz-Energie-Menge, die für die Wahrnehmung einer Berührung über die Haut nötig ist. Musik »be-rührt«, so gesehen, unvergleichlich früher als jeder andere Reiz.

Phylogenetisch betrachtet liegt diese »Über-Empfindlichkeit« darin begründet, daß in der grauen Vorzeit unserer Ahnen, als diese noch Jäger und Sammler waren und mit lebensbedrohender Rivalität durch Wildtiere (und später »menschliche Wildtiere«) rechnen mußten, das Ohr derjenige Sinneskanal war, der auch im Schlafzustand als Warnsinn zu funktionieren hatte, wollte man überleben.

Diese Signalfunktion mit Warnbotschaft erleben wir auch heute noch überwiegend auf akustischer Ebene: Das beunruhigende Signal von Polizeifahrzeugen im Einsatz, mit dem musikalischen Intervall der aufsteigenden Quart, entsprechende Feuerwehr-Sirenen oder auch nur das freundliche Gong-Zeichen, mit dem auf Flughäfen oder in Arztpraxen Durchsagen angekündigt werden – das Ohr ist der Kanal, unsere Hörzellen sind die Empfänger, und zwar, wie bereits angedeutet, die empfindlichsten, die wir haben.

Wichtig für die musiktherapeutische Arbeit ist dieser Sachverhalt etwa in der Rehabilitation von Herzkranken nach einer Bypassoperation. Diese werden mit Musikprogrammen »be-handelt«, genauer gesagt: über das neurovegetative System physisch neu konditioniert. Vergleichbares geschieht in der Krankengymnastik und in ähnlichen Bereichen, in denen Musik eingesetzt wird, um bestimmte Körperfunktionen zu trainieren (weswegen wir von Funktioneller Musik oder, seltener, von »Funktioneller Musiktherapie« sprechen).

Für psychotherapeutische Behandlungen wichtiger ist die Erkenntnis aus der Neurophysiologie, daß aufgrund unserer Wahrnehmungsstruktur das Hören vergleichsweise stärker auf unseren »emotionalen Haushalt« einwirkt als das Sehen. Unser Gefühl (also dasjenige in uns, was uns zum Beispiel gekränkt und krank oder anerkannt und gesund empfinden läßt, allein und vereinsamt oder vereint und gesellig) ist für die therapeutische Arbeit mittels Musik wesentlicher als neurologische Geschwindigkeits- oder Sensibilitätsmessungen.

Einer der Gründe hierin liegt in der direkten Verbindung der Hörkanäle unseres Ohrs über den Thalamus (Hauptteil des Zwischenhirns) zum Limbischem System, dem »Gefühlszentrum« unseres Gehirns. Thalamus und Limbisches System können wir als Gesamtsystem ansehen, innerhalb dessen bei Eingang der (akustischen) Reizmenge entschieden wird, ob wir im Reflex darauf reagieren – wie wir es zum Beispiel tun, wenn wir den Fuß von der Fahrbahn ziehen, weil wir den warnenden Hupton hören – oder mit Emotionen, weil uns die Hupton-Folge beispielsweise an jene Klänge erinnert, mit welchen der Vater im Auto von fern seine von uns langersehnte (oder gefürchtete) Rückkehr ankündigte. Gleich welcher Qualität unsere Emotionen sind, ob wir ersehnen oder befürchten, sie werden am unmittelbarsten über unser Ohr ausgelöst. Und so ist es auch bei der Musik. Sowohl bei der, die wir nur hören, als auch bei jener, die wir selbst spielen.

Das nachfolgende Schema veranschaulicht diese Zusammenhänge zwischen dem Ohr als vorgeschobenem »Wachposten« für akustisch-musikalische Reize einerseits und unseren hauptsächlich durch die Verarbeitung dieser Reize ausgelösten Emotionen.

Was wir hören können...

1)

wird *außerhalb* unseres Körpers produziert, unter anderem von	wird *innerhalb* unseres Körpers produziert, unter anderem von
– Musikinstrumenten	– Puls
– Stimmen anderer	– Herzschlag
– Naturlauten	– der eigenen Stimme
– mechanischen Geräten	– Stoffwechsel
– elektronischen Geräten	– Muskelbewegung
(und deren Mischformen)	– Darmtätigkeit
	– Skelettbewegungen
	(und deren Mischformen)
(= äußere Reizquellen)	(= innere Reizquellen)

2)
Doch wir nehmen diese »wahr« als:
– Geräusche,
– Wörter,
– Musik (mit ihren Bausteinen, Rhythmus, Melos, Dynamik, Tempo, Klang, Zusammenklang),
– Klänge im weiteren Sinn.
Und die »Abwesenheit« dieser Reize nehmen wir wahr als
– Stille.

Was unterhalb unserer Wahrnehmungsmöglichkeit liegt, bezeichnen wir als *Infraschall*, was oberhalb davon liegt als *Ultraschall*.

3)
Alles Hörbare vermittelt sich durch Schall, der als Schwingungen auf unser Ohr trifft. Diese nehmen folgenden »Gang« über unseren »Gehör-Gang«:

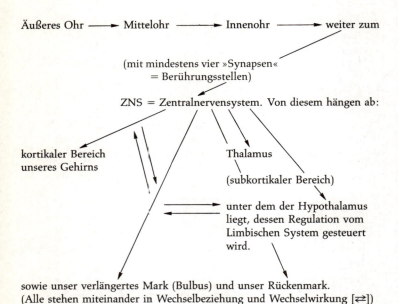

sowie unser verlängertes Mark (Bulbus) und unser Rückenmark.
(Alle stehen miteinander in Wechselbeziehung und Wechselwirkung [⇌])

Eine besonders interessante Rolle bei unseren Reaktionen auf Musik spielt das sogenannte vegetative Nervensystem, denn wir können es nicht – wie das Zentrale Nervensystem – willentlich steuern.

Nach dem »Durchschwingen« des Schalls erfolgt unsere Reizreaktion in Form eines bestimmten, beobachtbaren Verhaltens. Wir können uns zum Beispiel folgendermaßen verhalten – als Ausdruck für alle möglichen und »unmöglichen« Gefühle:

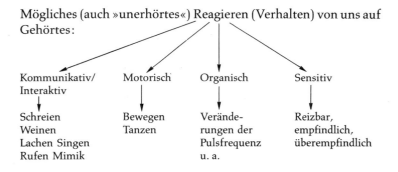

All das ist Ausdruck für unser Gefühl, für unser »Fühlen beim Hören«.

Alle Reize aus unserer Umgebung »ernähren« uns, akustisch-musikalische Reize jedoch sind das wichtigste »Nahrungsmittel«. Sie mobilisieren unseren »Strom«, unseren Hirnstrom, und – unser Gefühlsleben.

Auf den Volksmund »geschaut«

Wenn Sie bei Gewitterdonner zusammenfahren und – ohne Blitze sehen zu können – ausrufen: »Guck dir diesen Krach mal an.« Wenn Sie zu Tante Ulrike fahren, um deren brandneuen CD-Player anzusehen. Wenn Sie am Telefon hartnäckig auf das »Auf Wiedersehen« bestehen. Wenn ein Fachkollege im Grundstudium Akustik und Rezeptionspsychologie lehrt, und ich ihn in einer Vorlesung ein Musikstück vom Band als »An-Schau-ungsmaterial« ankündigen sehe, dann sind Sie, mein Kollege und ich (haben Sie es bemerkt?) mal wieder in eine »audio-visuelle Falle« getappt. Das heißt, wir haben versucht, Gehörtes, Hörbares in »Sehsprache« zu schildern.

Die von uns Psychologen so oft belächelte sogenannte »Erfahrungspsychologie« (Beobachtung menschlichen Verhaltens und seiner Hintergründe durch das Raster persönlicher [Laien-]Erfahrung) fand und findet oft genug ihren Niederschlag in interessanten Ausdrücken, die mittlerweile Bestandteil der Umgangssprache geworden sind. Zu diesem Thema gehört auch die Beschreibung einer eigentlich akustisch-musikalisch begründeten Wechselbeziehung zwischen Mensch und Umwelt mittels der »Sehsprache«. Aus der »Sehsprache« beziehen wir das Wort »spektakulär« (vom lateinischen spectare = sehen). »Spektakuläre Leistung« las ich in einem Jurorenbericht über einen Landeswettbewerb »Jugend musiziert«. Oder nehmen wir das Wort der »Klang-Farbe«. Dieses Begriffs bedienen sich professionelle Musikkritiker wie Laien, wenn sie etwas beschreiben wollen, was nur zu hören ist (obwohl cynästhetische Phänomene tatsächlich die Kopplung von Musikhören und innerlich assoziierten Farbvorstellungen spiegeln und therapeutisch genutzt werden können, wie beispielsweise die Arbeiten des Kölner Psychologen und Musiktherapeuten Karl Hörmann zeigen).

Ein anderes Beispiel: In der Umgangssprache finden sich oft Wendungen wie »Der Ton macht die Musik« oder »Wie man in den Wald hineinruft, so schallt es auch heraus«. Sie beziehen sich jedoch nicht auf Musik, sondern auf den zwischenmenschlichen Umgang. Oder wenn wir sagen, jemand sei »takt-voll«, ein anderer »takt-los«. Oder auch die Redewendung vom »guten Ton«. Alles der Musik-Sprache entlehnte Wendungen, mit denen nichtmusikalische Themen oder Vorgänge ausgedrückt werden. »Umgangs-Sprache« meint vielleicht viel weniger Alltagssprache als buchstäblich die Empfehlung, besseren Umgang miteinander zu pflegen, indem man die *Musik in der Sprache* mehr berücksichtigt.

Den Umgang miteinander, die Beziehungen zwischen Menschen beschreiben auch Worte wie »hören« und »ge-hören«, zwischen denen ein – nicht nur sprachlicher – Zusammenhang besteht: Das eine setzt das andere voraus, wenn denn schon Besitz angemeldet werden soll...

Nach meinem Gefühl verweist in unserer Sprache am deutlichsten das Wort »Stimmung« auf das immense Deutungsspektrum, das Musik anbietet. Wir sind »in Stimmung« oder »verstimmt«. Wir »stimmen uns in etwas ein« oder sind »froh oder traurig gestimmt«. Stets ist Stimmung das musikalische Wort, welches wir immer dann gebrauchen, wenn *Unsagbares* ausgedrückt werden soll.

Reizeinwirkung – je länger, desto schwächer die Reaktion

Die besonders starke Wirkung akustischer Reize auf unsere Emotionen konnte auch in Messungen nachgewiesen werden, deren Gegenstand das Abflachen von Reizwirkungen auf unseren verschiedenen Wahrnehmungsebenen war. Das erwartete Ergebnis, nämlich daß akustisch-musikalische Reize länger wirken und hierin weniger rasch abflachen als zum Beispiel optische oder Berührungsreize, kann sowohl im Alltag als auch in der Sexualtherapie beobachtet werden, bei Paaren mit psychosexuellen Störungen. Während optische Reize, denen wir zum Beispiel durch Illustrierte, Pornos oder Werbeschriften ausgesetzt sind, sehr schnell nur noch schwache Emotionen auslösen, wirkt ein inzwischen so angestaubter Song wie »Je t'aime« nach wie vor als akustisches Lustsignal und läßt die Erregungskurve ansteigen.

In diesem Zusammenhang sei an ein Forschungsprojekt in den USA erinnert. Dabei ließen sich die Forscher für mehrere Tage in einen sogenannten schalltoten Raum einschließen, der jedes Wort, jedes Geräusch schluckte. Dieser Versuch, bei dem die Forscher ihr Leben riskierten, bestätigte ihre Hypothese, daß durch das Hören (und die damit ausgelösten Gefühle) dem Menschen über das Ohr lebensnotwendige Energie zugeführt wird.

Heute sind wir in der Lage, diese Energieschübe zu messen, ohne dabei Leib und Seele aufs Spiel zu setzen. Mit »reiz-los« (schalltot) sind natürlich nur die fehlenden Außenreize gemeint, denn unser Körper »tönt« ständig, und zwar an mehr oder weniger vielen Stellen gleichzeitig.

Übungen für den Leser
Halten Sie sich einmal beide Ohren zu und lauschen Sie Ihrer »Körpermusik«.
Was hören Sie?
Das Rauschen stammt von unserem Blutkreislauf. Dasselbe Geräusch hören wir in einer Muschel als eine Art »Echo«. Es kann von manchen Muscheln als »Verstärker mit Halleffekt« so laut wiedergegeben werden, daß wir als Kinder fasziniert »das Rauschen des Meeres« darin zu hören glaubten, selbst wenn wir die Muschel zu Hause, weit weg vom Meer, an unser Ohr hielten.
Die Umwälzpumpe des Blutkreislaufs, unser Herz beziehungsweise dessen körperinternen Rhythmus, können sie auch außen hörbar machen (nicht erst in den Schläfen »pochen« hören, wenn Sie die Treppe hochgehetzt sind): Sie

> suchen und erfühlen Ihren Puls an Handgelenk, Schläfe oder Halsschlagader und klopfen ihn dann mit einem Finger oder der ganzen Hand auf der Tischplatte nach, oder Sie klatschen ihn nach. Voilà! Ihre »Herzmusik«, die Musik, welche Sie stets mit sich tragen.

Später, in den Ausführungen zur Aktiven Musiktherapie werden wir einige Einsatzmöglichkeiten solcher Herz-Schlag-Spiele auf Instrumenten und ihre therapeutische Zielrichtung kennenlernen.

Während Stadtbewohner, die in den Ferien auf dem Lande die Stille nicht aushalten (und den Straßenlärm suchen gehen), als Menschen mit einer gewissen Wahrnehmungsstörung angesehen werden können, welche in akustischer Reizüberflutung und entsprechend verkümmerter akustischer Sensibilität begründet liegt, so kann man aber auch sagen: Wenn wirklich nichts mehr zu hören ist, stirbt nicht nur irgend etwas in uns ab, sondern wir sterben, und zwar mangels Energiezufuhr für unseren Hirnstrom.

Alfred A. Tomatis, französischer Arzt und Musiktherapeut, bestätigt diese Erfahrung in seinem auf eigenen Untersuchungen beruhenden Buch »Der Klang des Lebens – Vorgeburtliche Kommunikation«, in welchem er der Rolle der Hörorgane und des Hörens bei der vor- beziehungsweise nachgeburtlichen seelischen Entwicklung des Menschen nachgeht. (Wenn wir im vorliegenden Buch an anderer Stelle die Entwicklungspsychologie des Menschen im Hinblick auf musiktherapeutische Möglichkeiten vertiefen, wird uns dieser Zusammenhang noch einmal begegnen.)

Weiter umstritten dürfte Tomatis' These bleiben, wonach eine Schwangere, wenn sie diese oder jene Fremdsprache spricht, ihrem Kind eine besondere Begabung für eben diese oder jene Fremdsprache mitgibt. Tomatis nennt Fallbeispiele, in denen die Mutter während der Schwangerschaft zum Beispiel Englisch schrieb und sprach und danach nicht wieder. Ihr Kind erwies sich später, bereits im Vorschulalter, als Naturtalent für die englische

Sprache, ohne mit ihr im Elternhaus besonders konfrontiert zu werden.

Unumstritten aber ist die Entdeckung von Tomatis, daß jede Sprache wirklich ihre eigene Musik, ihre eigenen musikalischen Bausteine (Tempo, Dynamik, Klang und Form) aufweist. Gleichermaßen unumstritten und bedeutsam für das uns hier interessierende Thema ist Tomatis' Erkenntnis (mit der er auch vorangegangene Forschungen bestätigt), daß das Ohr für den Menschen psychisch-emotional das wichtigste lebensbestimmende Organ ist. Unser Leben beginnt mit dem Hören, beginnt im Uterus und nicht erst in den Tagen nach der Geburt, in denen die Fruchtwasserreste aus unseren neugeborenen Hörkanälen sickern. Zwar sind wir Neugeborene, mitsamt unseren Hörorganen, aber diese sind längst »altgedient« und erprobt in unserer Zeit als Embryo und Fötus.

Auch auf das Leben im Uterus nimmt das Hören bestimmenden Einfluß, prägt es »musikalisch«. Beispielsweise hören wir den mütterlichen Herzschlag vor unserer Geburt bereits etwa 26 Millionen Mal, vorausgesetzt, unsere Mutter hat uns neun Monate lang getragen. Und auch am Ende unseres Lebens vernehmen wir noch bis zuletzt musikalische oder akustische Signale, während sich andere Wahrnehmungskanäle früher schließen. Als Sterbende oder Koma-Patienten hören wir besser und mehr, als die anwesenden Angehörigen, Ärzte, Pfleger usw. bisher ahnen konnten. Das Buch des Psychologen Arnold Mindell, »Schlüssel zum Erwachen«, führt uns am Beispiel von Koma-Patienten und Sterbenden in diese bisher fast ausschließlich spekulativen Bereiche kompetent ein.

Der Forschung eine Seite...

In diesem Teil des Buches behandele ich die »Funktionelle Musik«, die Bereiche von Medizin und Erziehung, die sich mit den Wirkungen der Musik auf den Menschen *ohne* psychotherapeutischen Anspruch (und das hieße mit einem Therapeuten zusammen) beschäftigt. Lange Forschungsjahre – und teilweise bis heute – wurde dieser funktionale Wirkungsbereich der Musik (ohne psychotherapeutische Begleitung) als Musiktherapie bezeichnet. Daß dieser Bereich außerdem derjenige ist, der am gründlichsten »durchgeforscht« wurde in aufwendigen Experimenten, daß jahrelang die psychotherapeutische Möglichkeit außer acht blieb – das dürfte an einem Grund liegen, den ich mit einer Anekdote umreißen möchte:

Einmal rutschte der wunderliche Mulla Nasruddin auf Händen und Knien auf der Straße herum, denn er suchte nach seinem verlorenen Schlüssel. Ein Freund beobachtete ihn. »Mullachen, hast du den Schlüssel auch wirklich hier verloren? »Nein«, antwortete Nasruddin,« ich habe ihn in meinem Haus verloren.« »Aber warum in Gottes Namen suchst du ihn dann hier?« forschte der Freund weiter. »Weil«, so Nasruddins Antwort, »das Licht hier besser ist.« (nach Larry Dossey)

Wir dürften – forschungsmäßig – deshalb immer noch oft auf Funktionelle Musik als Musiktherapie stoßen und mit ihr verwechseln, weil das Licht bei Messungen, Rechnungen, Experimenten besser, das heißt einfacher ist als das komplexe Licht- und Schatten-Spiel der Psychotherapie.

Seit Mitte der siebziger Jahre wird in der und für die Musiktherapie vorwiegend Forschung betrieben, die sich auf die Aktive Musiktherapie, auf Funktion und Wirkung von improvisierter Musik im Kontakt von Musiktherapeuten und Patienten, bezieht. Nur vereinzelt verschränkte sich diese psychotherapeutische und klinisch-psychologische Forschung mit jener der Schul- und Fachmedizinrichtungen. Ein Beispiel wären hier Untersuchungen über

Möglichkeiten des Einsatzes von Musik in der Anästhesie (Beschallung vor, während und nach der Narkose). Ich verstehe diese und ähnliche Forschungsansätze und -richtungen als zum Bereich der Funktionellen Musik gehörig. Hier wird Musik quasi als »Einbahn-Straßenbahn« eingesetzt, indem sie den Patienten (hoffentlich) mit dieser oder jener Wirkung »erreichen«, die Somnolenz (Schläfrigkeit) verstärkend beziehungsweise Reaktivität stimulieren soll. Vor allem in den Arbeiten von R. Spintge wird näher auf dieses Anwendungsgebiet der Musik eingegangen.

Gegenstand oder besser Aspekt der Erforschung solcher Möglichkeiten ist stets auch die »Möglichkeit des Unmöglichen«. So scheint es mir nicht sicher, ob diejenige Musik, welche mir der Anäthesist aufgrund neuro-physiologischer Forschung als Beruhigungsmusik verordnet, auch »meine« Beruhigungsmusik ist. Denn jene Musik, die ich in einer Situation als beruhigend empfinde, kann in einer anderen Situation schon ganz anders wirken. Ähnlich wie sich kein Mensch in einer Gruppe A ganz genauso verhält wie in einer Gruppe B, die konkreten Umstände, also seine Reaktionen und sein Verhalten modifizieren, so wirkt auch dieselbe Musik immer verschieden auf dieselbe Person.

Aus diesen Gründen spielt der von vielen Therapeuten bevorzugte Einsatz von Funktioneller Musik in meiner therapeutischen Arbeit nur eine untergeordnete Rolle. Gewiß können durch den Einsatz von Musik, beispielsweise beim Training von Herz-Patienten, hervorragende Resultate erzielt werden, doch das alles hat wenig mit Musiktherapie zu tun. Es handelt sich dabei lediglich um die Beeinflussung rein funktionaler Abläufe (daher auch der Begriff »Funktionelle« oder »Funktionale Musik«). Ich ziehe es auch vor, beim Aufwachen aus einer Narkose das Händchen gehalten zu kriegen, anstatt mit dem – unter anderen Umständen durchaus stimulierenden – ersten Satz des Zweiten Brandenburgischen Konzertes von Johann Sebastian Bach beschallt zu werden (ja, das mit den Trompeten in der fallenden Quart).

»Der Forschung eine Seite« steht über diesem Buchabschnitt, und damit ist gemeint, daß *jeder* Forschungsansatz die Gefahr der

Einseitigkeit in sich birgt. Das betrifft auch die Musiktherapie-Forschung der Gegenwart. Da sie psychotherapeutisch ausgerichtet ist und oft als »anderes Lager« der Schulmedizin, der naturwissenschaftlichen orientierten Beobachtungs- und Behandlungskunst, gesehen wird, ist es wichtig, bei aller (beschriebenen) Unterschiedlichkeit doch auch die *Verbindung* von Funktioneller Musik und Musiktherapie nicht zu übersehen oder gar zu ignorieren.

Bausteine und Klangeigenschaften (Parameter) der Musik und ihre möglichen Wirkungen auf den Hörer

Im folgenden werden die wichtigsten vegetativen Reaktionen des Menschen beim Hören bestimmter Musik besprochen (Vegetativum = der willentlich nicht steuerbare Teil unseres Nervensystems). Hier setzt die Funktionelle Musik an, wie sie uns in musikalischen Trainingsprogrammen in Rehabilitation, Physiotherapie, im weiten Bereich von »Musik und Medizin« (zum Beispiel Musik in der Anästhesie) sowie auf dem »freien Markt« begegnet, etwa als »Arbeitsplatzmusik«, »Entspannungsmusik«, »Kaufhausmusik« usw. (menschliche Ausnahmesituationen und psychisch-emotionale Reaktionen auf Musik werden in diesem Teil unserer Betrachtungen ausgespart und kommen im Teil 2 zur Sprache).

Die musikalischen Bausteine sind in jeder Musik zu jeder Zeit und in jeder Stilrichtung die gleichen. Jede Musik besteht aus den Bauelementen
- Zeit (Tempo),
- Kraft (Dynamik),
- Klang (des einzelnen Tons und Zusammenklang mehrerer Töne) und
- Form.

Was diese Elemente der Musik tiefenpsychologisch für den Menschen bedeuten (können), und wie sie der Patient als Deutungsmittel und als eigenes »Diagnose-Instrument« in den Improvisationen der Aktiven Musiktherapie einsetzen kann (zusammen mit dem Therapeuten, wobei in der Mehrzahl der gegenwärtigen Psychotherapien der Patient und nicht der Arzt oder Therapeut die Diagnose erstellt), untersucht die Musik-Grundlagenforschung, eine Forschungsrichtung, auf welche die Musiktherapie nicht verzichten kann, auch wenn diese Forschung in der Hauptsache »logische Zusammenhänge zwischen Musikteilen und Reaktionsteilen des Menschen« postuliert und konstruiert, und zwar überwiegend im Sinn kausaler Wenn-dann-Beziehungen. Im Unterschied dazu interessiert sich die psychotherapeutische Musiktherapie eher für das »Unlogische« im menschlichen Verhalten und sucht nach dem »psycho-logischen« Zusammenhang zwischen Musik und Hörer beziehungsweise Spieler.

Der Schweizer Musiktherapeut Fritz Hegi ist in seinem Buch »Improvisation und Musiktherapie« zu wichtigen Aussagen über die (Be-)Deutungsmöglichkeiten des Einflusses musikalischer Elemente auf die Psyche des Menschen gekommen. Er selbst bezieht seine Erkenntnisse zwar auf die Improvisation zwischen Therapeut und Patient; sie bereichern aber durchaus auch den funktionellen und rezeptiven Musiktherapie-Bereich.

Klangeigenschaften und ihre psycho-physischen Wirkungen auf den Menschen

Mit »musikalischer Gestaltung« ist die Gestaltung jener Elemente gemeint, aus denen jede Musik besteht. Stellen wir diese Elemente zusammen (lateinisch: componere), können wir von der Komposition sprechen, die musikalisch auf uns wirkt. Auch die musikalische Improvisation (von lateinisch: improvisus = unvermutet) ist in diesem Sinn eine Komposition, ein aus den einzelnen Elementen der Musik unvorhergesehen zusammengestelltes Ganzes.

In ihren ersten Untersuchungen in den Bereichen Neurophysiologie und Wahrnehmungspsychologie haben Revers und Harrer sowie Sutermeister einzelne musikalische Elemente in ihrer Wirkung auf den Menschen beobachtet: Rhythmus, Melodik, Harmonie und Lautstärke. Alle weiter unten folgenden Aussagen über die Wirkung gehörter Musik beziehen sich allerdings immer nur auf die *Stärke* eines Erlebnisses, das der Mensch beim Hören von Musik hat; sie läßt sich psycho-physisch messen. Nicht meßbar sind dagegen die *Inhalte* der emotionalen Reaktionen. Ob er traurig oder fröhlich gestimmt ist, erleichtert oder beschwert, darüber kann nur der Hörer selbst (qualitative) Aussagen treffen. Jedoch auch quantitative Aussagen (mittels der erhobenen Daten) können schon spannend genug sein – und im nächsten Abschnitt möglicherweise oft genug auch anspannend und verspannend.

Das eine Musikpaket: ergotrope Musik

Musik,
- die in ihrer Zeitstruktur mit vorwiegend »rigiden«, das heißt durchgehend »harten« Rhythmen «tönt«,
- die sich im Verlauf des Stücks beschleunigt,
- die vorwiegend in Dur-Tonarten steht,
- die Dissonanzen aufweist,
- die mit höheren Dezibelstärken gehört wird (früher: Phonstärke),

führt überwiegend zu
- Erhöhung des Blutdrucks,
- Beschleunigung von Atemfrequenz und Puls,
- vermehrtem Auftreten rhythmischer Kontraktionen der Skelettmuskulatur (wie wir sie ab und an bei sogenannten »Disco-Patienten« beobachten können, die ihre stundenlang ausagierten Körperbewegungen – zu Musik mit den oben genannten

Eigenschaften – nicht mehr willentlich unterbrechen können und ambulante medizinische Versorgung brauchen),
– Pupillenerweiterung
und
– erhöhtem Hautwiderstand.
Weitere Merkmale von Musik dieser Art sind
– stark akzentuierte Rhythmusgestaltung,
– Stakkato-Charakter,
– erhöhte harmonische Aktivität
und
– Betonung des Dissonanten.

Die beiden letztgenannten Merkmale bedingen einander allein schon deshalb, weil unsere Wahrnehmung nur dadurch etwas als gewohnt harmonisch im Sinne von Wohlklang akzeptiert, wenn die entsprechende Dissonanz unmittelbar davor eben dieses »Harmonische« unterstreicht beziehungsweise hervorhebt. Berühmtes Hörbeispiel für Bach-Kenner: die beiden letzten Akkorde im Schlußchor der Matthäus-Passion (»Nun ruhet wohl...«), und jede andere Musik, bei deren letztem Akkord wir denken: »Da löst sie sich auf...« Was sich da auflöst und so das »Harmonische« betont, ist die Spannung, die durch die vorangegangene Dissonanz erzeugt wurde. Mit »harmonisch« wiederum ist hier das kulturell konditionierte harmonikale Grundlagenempfinden gemeint, was bedeutet, daß in anderen Kulturkreisen dissonanzträchtige Musik subjektiv durchaus höheres Wohlbefinden beim Hören auslösen kann. Und auch wir kennen folgende Erfahrung nur zu gut: Ständig Musik im Dur-Moll-tonalen Kadenz-Schema hören zu müssen, zum Beispiel Volksmusik oder Hitparaden-Schlager, läßt uns gähnen und »aus der Stimmung« kommen. Nur die Polarität von Harmonie und Dissonanz läßt Musik für uns »spannend« erscheinen.

> Übung
> für Besitzer eines Klaviers oder Keyboards (eines Instruments also, dessen Charakter als »Harmonie-Instrument« vor dem beschriebenen Hintergrund deutlich wird):
> Spielen Sie die Töne D und Fis (oder eine beliebige andere Terz) und lassen Sie dieses Intervall einmal länger auf sich wirken, lassen Sie es langsam ausschwingen... Jetzt erst schließen Sie den nächsthöheren Ton an. Wiederholen Sie das Ganze noch einmal.
> Entweder – bei D und Fis mit abschließendem »auflösenden« G – Sie erleben die Entspannung oder – zum Beispiel bei A und C mit anschließendem Cis – Sie hören zunächst die »normale« Spannung und empfinden vielleicht eine Anspannung oder Verspannung.

Auch im Teil 3 dieses Buchs (Aktive Musiktherapie) wird uns dieses Spannen – Anspannen – Verspannen beschäftigen, beispielsweise bei den Überlegungen, was es für den Patienten bedeuten kann, wenn er sich in der freien Improvisation zunächst ausschließlich an Harmonisierungsversuche »klammert« und keine Kakophonie (von griechisch: kakos = schlecht und phone = der Klang), keinen »Schlechtklang« riskiert. Oder umgekehrt: Wenn der Patient dadurch auffällt, daß er ausschließlich Dissonanzen bevorzugt und bereits gegen jede auch nur vermeintliche Harmonie anspielt, weil er sie nicht aushält.

Was sagt dieses Spiel über den Menschen aus, was sagt es ihm selbst? Was bedeuten ihm Harmonie und Dissonanz in Lebensalltag und -konzept? Ich erwähne diese Fragestellung bereits hier, vor dem Kapitel »Rezeptive Musiktherapie«, um die psychotherapeutischen Zugangsmöglichkeiten durch Klangerleben schon an dieser Stelle bewußt zu machen, da wir uns noch im Bereich der Funktionellen Musik aufhalten, in dem es um Wechselwirkungen geht, die nur in der verkürzenden Kausalform – als besagte »Wenn-dann-Fragestellung« – abgetan werden könnten.

Die berühmte Sexte und noch mehr

An dieser Stelle sei zunächst noch ein letztes Merkmal des ersten Musikpakets erwähnt: der starke Auftrieb und abrupter Abfall der Tonlinie, die innerhalb weiterer Höhenspannen verläuft.

Auch das bedarf der Erläuterungen. Auf Seite 77 f. ist ein solcher Auftrieb mit abruptem Abfall der Tonlinie graphisch festgehalten. Sie finden ihn beispielsweise am Anfang der »Internationalen«, auf langen Strecken aber auch im »Jauchzet, frohlokket« von Bachs erster Kantate im Weihnachtsoratorium. Oder in Heinos Schlager »Blau, blau, blau blüht der Enzian« – auch eines der zahllosen Beispiele für den Abfall der Tonlinie, die innerhalb weiterer Höhenspannen verläuft. Die Geschichte mit der Sexte, die der Neurologe Robert Charles Behrend und der Musikpsychologe Hermann Rauhe während eines Projekts zur Rezeptionspsychologie im Krankenhaus von Bad Bevensen, Lüneburger Heide, erlebten, illustriert dieses Thema. Dort fiel den beiden bei ihrer (funktionell-musikalischen) Arbeit mit Rehabilitations-Patienten auf, daß der Sext-Sprung aufwärts (der »angesprungene« Ton muß dabei auf akzentuiertem Taktteil stehen und »gestreckt« sein) regelmäßig und vorausberechenbar allen Beteiligten buchstäblich »in die Knie fuhr«, so daß sie (unwillkürlich) knicksten, was ihnen bedeutend mehr Spaß machte als die sonst oft schmerzhaften krankengymnastischen Übungen.

Weitere Beispiele findet man quer durch den Musik-Gemüsegarten: Mozarts Arie »Dies Bildnis ist bezaubernd schön...« oder Schuberts Kunstlied »Ich schnitt es gern in alle Rinden ein...« oder «Ein Prosit, ein Prosit der Gemütlichkeit...« oder auch »Ramona, zum Abschied sag ich dir Good bye...«

Vom »inneren Weg« der Wirkungen

Musik dieser Art beeinflußt uns »sympathikoton«, wobei der erste Teil dieses Begriffs den Sympathikus-Nerv meint (Teil des vegetativen Nervensystems), von dem diese Reize aufgenommen, transportiert und umgesetzt werden, und der zweite vom griechischen »tonos« (= spannen, anspannen) stammt.

Musikpsychologen bezeichnen Musik, die alle oder mehrere obengenannten Klangeigenschaften in sich vereinigt, als *ergotrop wirkend* oder *ergotrope Musik* (vom griechischen »ergein« = an sich arbeiten; im weiteren Sinn: aktiv sein, stimulieren). Dieser Begriff bezieht sich aber nicht auf die Musik an sich, sondern auf die überwiegend beobachteten Reaktionen der Menschen auf diese Musik. Dazu einige veranschaulichende Beispiele:

Ein Lied... zwo, drei, vier

Ein typisches Beispiel für den stimulierenden Effekt ergotroper Musik stellen all jene Festveranstaltungen dar, bei denen kalendarisch vorgegeben »gute Stimmung« herrschen soll. Schützenfeste, Karneval, Betriebsfeiern u. ä. werden auf das einzige Ziel hin vorbereitet: »So ein Tag, so wunderschön wie heute, so ein Tag, der sollte nie vergehn.« Auch in das jammervollste »Fest« platzt stets dieser Evergreen und läßt selbst diejenigen, deren Stimmung sich nicht so ohne weiteres auf »Stimmung« vorschienen läßt, unter dem Tisch mit dem Fuß mitrhythmisieren. Wie jener Wehrdienstverweigerer, um ein weiteres Beispiel zu nennen, welcher in einem Musikpsychologie-Workshop bei mir saß (inzwischen als anerkannter Zivildienstleistender) und sich entsetzt im Video-Mitschnitt erlebte: Darin sah er sich während des Anhörens des unzweideutig besetzten Marschlieds aus dem Dritten Reich, »Es zittern die morschen Knochen...«; er sah, wie er in der Sitzrunde mit Fingern und Zehen mitrhythmisierte, wie auch er sich von der Musik (vegetativ) greifen, er-greifen ließ.

Auch wenn wir vom Gefühl her *gegen* eine bestimmte Musik sind, auf der vegetativen Tonusebene (re-)agieren wir *mit ihr mit*. Jedenfalls solange unsere Vernunft uns nicht den Beschluß fassen läßt: »Ich will da *nicht* mit dem Fuß wippen.« Aber dieser Beschluß bedeutet, daß wir für dieses rationale Wegdrücken dessen, was uns stört, was wir ablehnen, mehr (durchaus meßbare) Energie verbrauchen müssen, als es für das Mitrhythmisieren nötig wäre. Genau aus diesem Grund fordern kenntnisreiche Konferenzleiter oder auch Übungsleiter im autogenen Training meist dazu auf, geringfügige akustische Störungen wie Handwerksgeräusche oder Klavierübungen in der Nachbarschaft zu integrieren und nicht gewollt auszufiltern (denn eben das ist nicht möglich).

Ein weiteres Faktum: Kombiniert man bei ergotroper Musik intensive Rhythmisierung mit einer Lautstärke von mehr als 65 Dezibel (dB), reagiert unser Vegetativum mit Sicherheit, und zwar unabhängig von der psychischen Einstellung des Hörers zum Gehörten. (Zum Vergleich: Unsere Umgangssprache weist im Schnitt 50 dB auf.)

Dort, wo man singt, da laß dich ruhig nieder?

Die Wirkung ergotroper Musik läßt sich auch in jenen Situationen beobachten, in denen man das berühmte »Lied auf den Lippen« hat. Seien es die Gesänge der Pfadfinder oder der Teilnehmer eines Turnfestes: Das gehörte wie das gesungene Lied wirken allein schon durch die ergotrope Musikgestaltung und unabhängig vom Text – vorausgesetzt, sie sind wirklich ergotrop strukturiert.

Doch während Volkslieder wie »Im Frühtau zu Berge...« oder ein Bachscher Choral wie »Seid froh dieweil...« als ergotrop wirkende Materialien in der jeweiligen Situation (Zeltlager beziehungsweise Kirchenkonzert) kaum bedenklich wirken, scheint das Motto sowohl frühlutherischer Zeiten wie auch der Zeit der Wandervögel und Jugendmusikbewegung, »Dort, wo man singt, da laß dich ruhig nieder, böse Menschen haben keine Lieder«, heute kaum mehr akzeptabel. Es war nicht erst die Erfahrung mit dem ausgeklügelten Musikprogramm des Goebbelsschen Propagandaministeriums während der NS-Zeit, die die Möglichkeiten der Manipulation des Menschen durch das Lied deutlich werden ließ. Von allen Diktaturen und ideologieabhängigen Gruppenbildungen unserer Geschichte wissen wir, daß dieses Motto immer wieder ad absurdum geführt wurde. Dort, wo Ideologie durchgesetzt werden soll, dort wird erst recht gesungen (beziehungsweise »Unrecht gesungen«), wird »Wortverstärkung mittels Musik« betrieben.

Vom berühmten »Lied auf den Lippen« zum berüchtigten Marschlied oder überhaupt zu berüchtigter Musik ist es nicht nur ein kleiner Schritt, sondern wahrnehmunspsychologisch handelt es sich auch um dieselben Materialstrukturen. Sowohl beim Marsch wie bei jedem anderen akustischen Reizmaterial geht es um Manipulation! Um den »Zugriff« auf das Gefühlszentrum!

Im Unterschied zu jener beschriebenen ideologisch fundierten »Wortverstärkung mittels Musik« hat jedoch das Singen mit Patienten, um wieder zu unserem eigentlichen Thema zurückzukommen, überhaupt das »Spielen mit der Stimme«, eine befreiende therapeutische Wirkung.

Jeder ist rhythmusbegabt

Da wir gerade von rhythmusbetonter Musik sprechen: Dieser Parameter der Musik (Rhythmus, rhythmisch gestalten) ist es, der in der Musiktherapie eine zentrale Bedeutung hat.

Mit Marschmusik assoziieren die meisten von uns wahrscheinlich Paraden, Gleichschritt oder überhaupt Militärisches, manche vielleicht auch Kriegerisches. In der Tat wurde in den Kriegen des letzten Viertels dieses Jahrtausends die Musik als *das* Beeinflussungsmittel genutzt, und zwar ausschließlich aufgrund der Beobachtung, daß bestimmte Musikelemente (zum Beispiel jene des Marsches) sowohl den einzelnen Krieger als auch die Gruppe buchstäblich »in Bewegung« setzten, stimulierten, über das Vegetativum die Motorik steuerten und den psychisch-emotionalen Haushalt auf Vorwärtsgehen, Wachsamkeit und »Großsein« ausrichteten. Eine buchstäblich »er-mutigende« Musik... Und selbst der innerlich den Krieg ablehnende Soldat konnte sich nicht oder nur mit großem Energieaufwand gegen seine vegetativen Reaktionen und deren Umsetzung in Motorik wehren.

Erinnern wir uns: Ab 65 Dezibel reagieren wir unabhängig von unseren psychisch-emotionalen Einstellungen und sozialisationsbedingten Hörerwartungen. Der Grund: Diese Kombination von (rigider) Rhythmisierung und größerer Lautstärke beeinflußt eine Gehirnregion, die für unser Wachsein und damit für unseren Bewußtseinszustand zuständig ist, und zwar in Richtung einer Verringerung des Wachseins und damit der Bewußtheit. Das erklärte auch zu weiten Teilen die enorme Wirkung des Rock und Beat der fünfziger und sechziger Jahre, die Massen von Hörern buchstäblich in rauschähnliche Zustände »spielte«.

Über die ergotropen oder die Wirkungen von Musik an sich gab es um die Jahrhundertwende keinerlei gesicherte wissenschaftliche Erkenntnis. Bemerkenswert ist jedoch, daß zum Beispiel im Kaiserreich die Musikoffiziere um mehr als 50 Prozent höher besoldet waren als vergleichbare Offiziersränge. Auf der anderen Seite mußten die Musiklehrer an Gymnasien und Lyzeen (wie auch Religions- und Handarbeitslehrer) den Lieferanteneingang der Schulgebäude benutzen, weil der Haupteingang für die Hauptfach-Lehrer reserviert war (so die preußische Schulverordnung).

Von weiteren direkten Wirkungen der Musik hat man gerüchteweise immer wieder gehört, so zum Beispiel von Bananenstauden, die angeblich schneller wuchsen, weil sie mit dem Radetzkymarsch beschallt wurden, oder von Kühen, die mehr Milch gaben, weil ihnen Mozarts g-Moll-Sinfonie (erster Satz) vorgespielt wurde. Diese und andere Legenden haben in den sechziger und siebziger Jahren zwar manchen Autoren lukrative Aufträge für Illustriertenkolumnen eingebracht, dem Ansehen der Forschung jedoch nur geschadet. Denn es geht dabei nicht um bestimmte

Musikstücke, nicht um die grandiose Wirkung Mozartschen Schaffens auf Kühe o. ä., sondern darum, daß Schall – vom Geräusch bis zur Kunstmusik – gleichermaßen zentral auf die Physis *jedes* Lebewesens einwirkt.

Joachim Ernst Berendt faßt in seinen Büchern »Nada Brahma – Die Welt ist Klang« und »Das dritte Ohr« viele Forschungsbeispiele meist amerikanischer Kollegen zusammen, die den Einfluß von Schall auf den pflanzlichen Mikrokosmos in Verbindung bringen mit der Funktion von Musik (Schall) im Kosmos. Inzwischen ist es unter den Forschern, die sich mit dieser Thematik befassen, ob in der Astronomie, Astrophysik, Biochemie oder Molekularbiologie, unumstritten, daß es eine Interdependenz, eine wechselseitige Abhängigkeit, von Leben und Schalleinwirkung beziehungsweise -rezeption gibt.

Übung für den Leser
Welche Musik »stellen Sie an«, um »auf die Beine zu kommen«, um sich wach zu halten (beispielsweise auf langen Autofahrten), um sich und andere »in Stimmung« zu bringen?
Versuchen Sie, ob Sie in dieser Musik ergotrope Merkmale finden.
(Sollten sie sich aber mit Wiegenliedern stimulieren oder wachhalten, so warten Sie bitte bis zum Abschnitt, in dem wir die »Ausnahmen« besprechen).

Das Gefährliche an ergotroper Musik

... kommt nicht aus dieser selbst, sondern aus ihrer Handhabung durch die Menschen.

Um einen einzelnen Parameter der Musik herauszugreifen: Die Dynamik (griechisch dynamos = Kraft), die wir in Dezibel (früher

Phon) messen, haben wir weiter oben als eine der wichtigsten Elemente ergotroper Musik kennengelernt. In der funktionellen Musiktherapie kann dieser – positiv stimulierende, freundlich aktivierende, er-mutigende – Baustein nicht nur konstruktiv eingesetzt werden, sondern er kann auch das Gegenteil bewirken: Er kann schädigen, verletzen (im physischen Sinn) und sogar tödlich sein.

Aus einer meiner früheren Arbeiten zum Thema Diskothek will ich an dieser Stelle noch einmal folgende Grunderkenntnisse aufgreifen: Länger anhaltender Schall(Musik-)einfluß in größerer Lautstärke als etwa 65 Dezibel führt zu andauernder Hörbeeinträchtigung. Zwar liegt die »Schmerzgrenze«, der wir ausweichen, erst bei 90 Dezibel – egal, wie sehr wir die so gespielte Musik lieben –, doch schon ab besagten 65 Dezibel schädigen wir uns. (Auch in freien Improvisationsgruppen, während stundenlanger »harter Rhythmisierungen« ohne anderen klanglichen Ausgleich, wird das manchmal vergessen...)

Die weiter vorn genannten Wirkungen ergotroper Musik (Erhöhung von Blutdruck, Atem- und Pulsfrequenz usw.) führen in ihrer Summe zu rauschartigen Zuständen, wie sie sonst nur mit härteren Drogen erreicht werden (deren Einnahme man übrigens klinisch an denselben Reaktionsmerkmalen erkennen kann, wie sie auch von Beschallung mit ergotroper Musik hervorgerufen werden).

Bei einem Rockkonzert auf dem Flughafengelände von London-Heathrow Anfang der achtziger Jahre (Quadrophonie-Anlagen boomten gerade auf dem Markt) waren einige der Lautsprecher auf einen Zaun gerichtet, in dem Hunderte von Fans hingen. In einer Filmfassung dieses Konzerts sahen wir in der Pause Krankenwagen an jenem Zaun vorbeifahren und die ersten »Hör-Opfer« abtransportieren. Der Grund für diese Ereignisse (der später eine Basis unserer eigenen Recherchen bildete): Die Schallrichtung der Lautsprecher ließ den 110 Dezibel starken Schalldruck ungebremst auf die Hörer in dieser Zaunecke treffen. Zum Vergleich: Mit 145 Dezibel lärmt ein startendes Düsenflugzeug über die Piste; ein Schalldruck von 155 Dezibel verbrennt die menschliche Haut; bei 185 Dezibel Lärmbeschallung sterben wir; bei 165 Dezibel sterben bereits unsere Haustiere.

In Heathrow war folgendes abgelaufen: Zusammen mit der potenzierten Wirkung des Beats, des Grundschlags, führte der hohe Schalldruck die Zuhörer in einen Rauschzustand. Das heißt, ihre Emotionalisierung hatte eine Über-Erregung zur Folge, diese einen Rausch, welcher wiederum das Schmerzempfinden »ausschaltete«, und zwar solange der Schalldruck anhielt. So verbissen sich einige der »Zaun-Hörer« beim konvulsivischen Mitrhythmisieren im verrosteten Maschendraht, ohne Schmerz zu verspüren. Erst beim Aussetzen der Musik (und damit des enormen Schalldrucks) setzte das Schmerzbewußtsein ein – genug, um ihn wahrzunehmen und als unerträglich zu identifizieren. Worauf der Körper dann – erleichtenderweise – mit Bewußtlosigkeit reagierte.

Diese malträtierende Wirkung von zu lauter Musik (die nicht erst im alten China zur Folterung oder als Tötungsmittel angewandt wurde) fand literarischen Niederschlag in dem Buch »Die neun Schneider« von Dorothy Sayers. In diesem Detektivroman kommt ein Mensch in der Neujahrsnacht durch das neunstündige Dröhnen der »neun Schneider«, wie die Kirchenglocken genannt werden, zu Tode, weil er gefesselt im Glockenturm versteckt gehalten wird. Und sehe ich mir die uns vorliegenden Daten an, so bin ich davon überzeugt, daß ein wissenschaftlich ambitionierter Krimiautor eine ganze Serie damit »füttern« könnte...

Auch dies: Gesetz zum Schutz vor Musik

Nach den Ursachen schädigender Wirkung von Musik hohen Schalldrucks forschten wir vor längerer Zeit, und zwar als Vorbereitungshilfe für die inzwischen längst etablierte Lärmschutzgesetzgebung, wonach das Bodenpersonal auf Flughäfen nicht ohne Schutz des empfindlichsten menschlichen Sinnesorgans arbeiten darf, des Ohrs beziehungsweise der Hör-Nervenzellen. Der Ausruf »Das raubt mir noch den letzten Nerv« bezieht sich nicht ohne Grund (fast) nur auf musikalisch-akustische (Lärm-)Belästigung.

Zu den weiteren Maßnahmen nach unseren vorbereitenden Untersuchungen zur Lärmschutzgesetzgebung gehörten eine Überprüfung der Hamburger Discotheken, um eine Musikbeschallung unterhalb der Schmerzschwelle sicherzustellen, sowie die Genehmigungspflicht und zeitliche Begrenzung im Freien stattfindender privater Partys und Großfeste.

In diesem Zusammenhang wurden in jüngster Zeit, aufgrund von Untersuchungen der Berliner Musikpsychologin Helga de la Motte-Haber, Überlegungen angestellt, in den Autofahrersendungen der Länderanstalten nicht wahllos jede Musik zu senden, sondern einzukalkulieren, daß das Fahrverhalten durch den Einfluß ergotroper Musik (vielleicht noch verstärkt durch Auto-Hi-Fi-Anlage und Kopfhörer) ungehemmt aggressiv wird – ohne daß der Fahrer dies in seinem »Genuß« überhaupt merkt.

Für Lautstärke allgemein: Der Körper braucht nach 60 Minuten Lärmeinwirkung (mit 60 Dezibel) etwa 45 Minuten Erholungszeit – und das immer und unabhängig vom subjektiven Empfinden (»affengeile« Musik u. ä.). Mit akustischen Belastungen des Vegetativums muß man stets rechnen: für uns selbst, wenn wir in die Disco gehen; für unser Kind, das wir im Kinderwagen über den Jahrmarkt schieben oder in einer lautstarken Demonstration bei uns haben. Nie stellt sich Gewöhnung an Lautstärke ein; die Streßsituation für den Organismus bleibt.

»... weil stets sie mit Geräusch verbunden«

Der Reim Wilhelm Buschs lautet vollständig: »Musik wird oft nicht schön empfunden, weil stets sie mit Geräusch verbunden.«

Mag nun Herr Wilhelm Busch unter ihnen gelitten haben oder nicht, Geräusche sind die akustischen Materialien, die unser Ohr, als »akustisches Fenster zur Welt«, wahrnimmt, sie sind quasi die »Eltern« jeder Musik.

Wir nehmen Schallwellen auf, und zwar im Schwingungs- oder Frequenzbereich von 16 bis 20 000 Hertz. Die Hertz-Zahl einer berühmten Schallwellen-Schwingung kennen Sie vielleicht: die 440 (oder 444) Schwingungen pro Minute des Kammertons a, den Sie meist dann in »Reinform« hören können, wenn der Konzertmeister sich vor Beginn des Konzerts erhebt und ihn den anderen Musikern vorgibt. Die Verwandtschaft ersten Grades zwischen Geräusch und Musik können wir nun an folgendem erkennen: Der Kammerton schwingt 440 Mal, der nächsthöhere Halbton (also b) schwingt 52 Teil-Tonstufen mehr, also 492 Mal, der wieder nächsthöhere Halbton weitere 52 Teil-Tonstufen mehr usw. Zwischen jedem Halbton und seinem nächsthöheren oder nächsttieferen Halbton liegen also immer 52 »Zwischentöne« (derer sich die Musik vieler anderer Kulturen bedient, zum Beispiel die alte chinesische Kunstmusik oder die Musik verschiedener afrikanischer Völker).

Alle diese Töne (also auch alle Zwischentöne) können wir hören, wenn wir am Radio ganz nach links oder rechts kurbeln oder mittendrin auf das sogenannte »weiße Rauschen« treffen. Meist erfaßt es uns wie ein Schall-Schlag, weswegen wir zur Abwehr in der Regel rasch die Lautstärke verringern. Auf die Musik bezogen bedeutet es: Sie ist quasi ein »gestalteter Anteil« aus dem Geräusch-Ganzen.

Da Geräusche und Geräuschinstrumente sowohl im Jazz und der Neuen Musik (beispielsweise eines Mauricio Kagel) als auch in der musikalischen Improvisation mit Patienten in der Musiktherapie eine große Rolle spielen, werden wir auf Funktion, Bedeutung und Auswirkung von Geräusch und Musik noch an anderer Stelle zurückkommen. Hier kann man sagen, daß die Neue Musik der Gegenwart in gewissem Sinn über eine bestimmte Geräuschwelt zum »Ausdruck ihrer Zeit« wird, wie bisher jede Musik Ausdruck der jeweiligen geschichtlichen Epoche war.

Lautstärke – und was noch?

Wie den Parameter Dynamik, so können wir jeden einzelnen anderen Baustein der Musik differenzieren und entsprechend auch die jeweils typischen Reaktionsmerkmale definieren und analysieren. Hier ein letztes Beispiel, das Musik-Element »Takt«. Welche Komponenten eine Komposition, eine Musik ergotrop wirken lassen, haben wir bereits besprochen. Der Takt nun wirkt allein bei der Gestaltung der Komponente »Zeit«, welche die Gestaltung von Rhythmus, Metrum wie Takt bedeutet, noch mal in besonderer Weise psycho-physisch auf den Menschen. Ein ungerader Takt, also zum Beispiel ein Dreier (erinnern Sie das Eins, zwei, drei des Walzers), zieht den Menschen, der eine solchermaßen taktierte Musik hört, auf den Boden (auf die »Eins«), und gleich darauf von diesem eben gewonnenen »Stand-Punkt« (auf der »Zwei«) wieder weg, um auf der »Drei« mit neugewonnenem Schwung geradezu abzuheben. Kaum ein Hörer beziehungsweise Tänzer wird wohl einen Marsch als gleichermaßen beschwingt bezeichnen wie einen einfachen Dreier. Zwar wird der Marsch oft als ähnlich »erhebend« empfunden (was auch mit »Heben« zu tun hat), aber diese Empfindung ist rein psychisch-emotionaler Natur, ohne motorische Umsetzung. Der einfache Zweier eines Marsches bindet den Hörer nicht an einen Standort auf der Erde, um ihn gleich darauf wieder elanvoll abheben zu lassen, sondern er zwingt ihn vielmehr zur Bewegung *von diesem Standort fort*, nicht nach oben, also vertikal, sondern horizontal. Und: Nicht nur der Militärmarsch zwingt zum »Vorwärts«, sondern jede ergotrope Musik mit diesem geraden Takt. Denken wir beispielsweise auch an den Vierer, der auf der »Eins« und »Drei« betont und andere Bewegungsstimuli bedeutet, und dessen sich meine Generation Ende der sechziger Jahre während Demonstrationen vorzugsweise beim »Ho-Ho-Ho-tschi-min« bediente.

Wenn wir im letzten Teil des Buches die Gruppenimprovisation der Aktiven Musiktherapie genauer kennenlernen, werden wir auch besser verstehen, daß Menschen in einer Situation zunächst

»nach etwas greifen, um sich halten zu können«. Oft ist es eben der »rigide Rhythmus« einer Musik, an dem wir uns festzuhalten suchen. Und oft ist es dann der Musiktherapeut, der den endlich gefundenen »festen Halt« der Gruppe (den diese sich »erspielt«, indem sie wie besessen an einem solchen Zweier oder Dreier oder auch Vierer »klebt«) lockert, indem er dagegen anspielt, indem er »falsch« spielt. Warum er das tut? Auch darüber später.

Zur Veranschaulichung dieses Zusammenhangs von der elementar unterschiedlichen Wirkung verschiedener einfacher Taktarten eine Erinnerung an Günter Grass und seinen trommelnden Oskar, die wichtigste Figur im Roman »Die Blechtrommel«, der von Volker Schlöndorff kongenial verfilmt wurde. Im Buch wie im Film gibt es eine »musikpsychologische Schlüsselszene« aus jener nationalsozialistischen Jubel-Feier. Hurra-Schrei-Brigaden, Musikkapellen, HJ, SS und örtliche Parteibonzen sind angetreten und erwarten die Ankunft der Oberbonzen. Die Oberbonzen kommen, die Kapelle setzt mit dem obligaten Triumphmarsch ein – Oberbonzen und örtliche Führer setzen sich triumphal in Marsch, durch das Stadion und die begeisterten Massen hindurch...

Nach den ersten ungestörten Takten mischt sich – unauffällig und nicht sofort hörbar – des kleinen Oskar Matzeraths Trommel ein, mit der er sich unter den Holzaufbauten der Tribüne versteckt hat, in unmittelbarer Nähe der Trommler und Bläser der Musikkapelle. Und während die ihren heldischen Marsch spielt, spielt Klein-Oskar hartnäckig dagegen an – einen Dreiertakt...

Im Buch wie im Film läßt sich auf schadenfrohe Weise Wirkung von Musik miterleben, wie wir sie auch sonst erfahren. Es ist nicht möglich, zum Beispiel einen geraden Takt des Marsches durchzuhalten, wenn hartnäckig genug und exakt in die Zeiten zwischen den betonten Taktteilen hinein der betonte Taktteil eines – wie in diesem Fall – Dreiers tönt.

Der Fortgang der kurzen Szene: Nach ersten unsicheren »Fehl-Tritten«, mit denen die Parteibonzen aus ihrem Rundmarsch durch das Stadion schleudern, entwickelt sich ein tänzerischer Walzerschritt, mit dem die ganze Würde zum Teufel geht und die

Musikkapelle endgültig in den Dreier des kleinen Oskars unter ihrer Tribüne verfällt, so daß zum Schluß dieser ganze NS-Kongreß auf der Wiese tanzt. Vom Bonzen bis zum Zuschauer. Und keiner weiß genau, warum...

Nach diesem Exkurs zurück zur Wechselwirkung zwischen Hören und Gehörtem einerseits und unserer psycho-physischen Reaktion andererseits. Zu dem, was an Gefährdendem, psychisch wie physisch Schädigendem in Musik, in allem, was Schallwellen transportiert, liegen kann.

Übung für den Leser
Versuchen Sie sich zu erinnern: Wann wurde Ihnen Musik »zuviel«?
Hatten Sie die Musik aufgelegt, um sich »aufgelegter« zu machen?
War sie von anderen aufgelegt worden?
Haben Sie sich einige »Merkmale« dieser Musik »merken« können?

Das andere Musikpaket: trophotrope Musik

Neben der Erkenntnis, daß Stimulierung und Aktivierung durch ergotrope Musik im Kern immer mit Spannungssteigerung durch sympathikone (vegetative) Beeinflussung arbeiten, führten die entsprechenden Forschungen zu weiteren wesentlichen Resultaten, und zwar hinsichtlich Musikstrukturmerkmalen, die eine *gegenteilige* Wirkung haben. Löst ergotrope Beschallung Spannung, Hochspannung und oft genug Verspannung oder Überspannung aus, kann »das andere Musikpaket« Entspannung, Lösung, Befreiung bewirken. (Mit dem Begriff »Paket« versuche ich die

Vorstellung zu erinnern und zu etablieren, daß die Bauelemente der Musik in bestimmter Weise »komponiert«, zusammengestellt sein müssen, um auf diese oder jene Art zu wirken.) Für Entspannungsmusik im weitesten Sinne gilt, daß ihre Komponenten jeweils das Gegenteil der Elemente der ergotropen Musik darstellen.

Wir erleben also Musik, die
- »schwebende«, d. h. wenig akzentuierte Rhythmen aufweist,
- vorwiegend in Moll-Tonarten steht,
- deutlich Konsonanzen vorherrschen läßt,
- in geringeren Dezibelstärken erschallt.

Analog zum ergotrop »geschnürten« Musikpaket gilt für das andere Musikpaket der Begriff »trophotrop«. (»Trophotropie« = Zustand des vegetativen Nervensystems, der der Erhaltung oder Wiederherstellung der Leistungsfähigkeit dient.) Trophotrope Musik, als Gegenteil von ergotroper Musik, »ernährt« den Menschen, läßt ihn »auftanken«, steuert ihn nicht nach außen, läßt ihn sich nicht verausgaben, bis zum »Außer-sich-sein« wie ergotrope Musik. So wie – andererseits – ergotrope Musik unseren Gehirnstrom am Fließen hält, unserem Hirn frische Energie zuführt, so kann die Beschallung mit trophotroper Musik uns »füllen«, indem wir das neu aufnehmen, was wir verausgabt haben.

Weitere Merkmale trophotroper Musik sind ein
- Vorherrschen von Legato,
- »sanftes« Fließen der Melodie,
- durchgängig harmonische Grundbewegung.

Übung für den Leser
Welche Musik stellen Sie an, um sich »abzustellen«?
Welche Musik schalten Sie am liebsten ein, wenn Sie sich »ausschalten« möchten?
Vergleichen Sie die Merkmale »Ihrer Ruhe-Musik« mit den eben genannten Merkmalen trophotroper Musik.
Finden Sie Gemeinsamkeiten? Wenn ja, welche?

Gewissermaßen der Prototyp einer Musik, die die meisten der trophotropen Merkmale aufweist, ist das »Wiegenlied«. Aber auch das weitere gesamte pentatonische Liedgut weist trophotrope Merkmale schon dadurch auf, daß diesem musikalischen Material »Schwebendes, kaum Akzentuiertes« zugeordnet wird, weil die fünf Töne der Pentatonik (griechisch = Fünftönigkeit) in ihrem Verhältnis zueinander »harte« Dissonanzen gar nicht beinhalten.

> Übung für den Leser
> Falls Sie ein Klavier besitzen und zumindet anspielen können: Spielen Sie irgendeine beliebige Tonfolge auf den schwarzen Tasten. Sie hören jetzt eine solche pentatonische Reihe. Improvisieren Sie nun einmal auf diesen schwarzen Tasten eine trophotrope, also leise, langsame, einfache Musik und lassen Sie diese auf sich wirken.
> Zusatzübung 1
> Sie können jetzt auch versuchen, mit geschlossenen Augen zu spielen, denn alle schwarze Tasten klingen untereinander »pentatonisch«. Und Musikhören mit geschlossenen Augen steigert das Erleben, besonders bei trophotroper Musik.
> Zusatzübung 2
> Zum Vergleich spielen Sie jetzt einmal auf den schwarzen Tasten eine rasche, kräftige Musik. Vielleicht spüren Sie auch jetzt noch die trophotrope Wirkung, das Schwebende, Harmonische, sanfter Fließende – sanfter als jede Tonfolge, bei der Sie in schwarze wie weiße Tasten greifen.
> Übrigens: Sollten Sie zu jenen Menschen gehören, die immer noch glauben, am Klavier und in der Improvisation zu versagen: Probieren Sie öfter improvisiertes pentatonisches Spiel. Auch vierhändiges Spiel mit jemand anderem, der sich ebenfalls für einen musikalischen Versager hält, weil ihm irgendwann einmal der (spontane) Zugang zur Musik versperrt oder versagt worden ist, »lohnt« sich.

Wirkungen auf uns, in uns

Auch hier kommen wir – konsequenterweise – zu gegenteiligen Ergebnissen, wie sie ergotrope Musik hervorbringt. Trophotrope Musik bewirkt
– Blutdruckabfall,
– flacheren Atem, Pulsverlangsamung,
– Entspannung der Skelettmuskulatur,
– Pupillenverengung,
– geringeren Hautwiderstand, sowie möglicherweise
– Beruhigung, mit Lustgefühlen verbunden, und
– Somnolenz.

Und wie verläuft hier der innere Weg?

Auch die musikalisch-akustischen Reize trophotroper Musik erregen, wenngleich mit völlig anderem Resultat: Sie stimulieren den Vagus-Nerv und damit den para-sympathischen Teil des Vegetativums, dessen Tonus (= Spannung) damit wächst und ein Übergewicht über den uns schon bekannten Sympathikus erhält. Mit dieser Spannung des Vagus, die diejenige des Sympathikus überholt – setzt bei uns die entspannende Wirkung ein. Wir sprechen daher bei trophotroper Musik von vagotoner, bei ergotroper Musik (zur Erinnerung) von sympathikotoner Beeinflussung.

An dieser Stelle wäre vielleicht noch interessant zu erwähnen, daß bestimmte Arzneistoffe denselben inneren Weg nehmen. Ich meine die bekannten und – teilweise – berüchtigten Psychopharmaka. Sie beschreiben die gleichen Pfade wie musikalische Reize, was vielleicht mit erklärt, warum Musik auch häufig als »Droge« empfunden und bezeichnet wird.

Immer Musik, weil sie nicht schaden kann?

Mit Musik (und auch Musiktherapie) wird von Laien wie von manchen Fachleuten auch deshalb oft genug sträflich nachlässig umgegangen, weil man glaubt: Jeder braucht Musik, also kann sie überall eingesetzt werden; sie kann Menschen nur Nutzen bringen...

Die diese Meinung vertreten – meist aus Desinteresse oder mangelnder Ernsthaftigkeit – verkennen die Wirkungen von Musik (vorausgesetzt, sie kennen diese überhaupt). Ich betone das deshalb, weil wir sonst die Möglichkeiten der Musik als Therapeutikum weder begreifen noch nutzen können. Musik kann zwar nicht (allein) heilen, aber sie kann unbegrenzt heilsam sein. Und sie kann schaden – zu Krankheit, Wahnsinn und auch zum Tod führen.

Übersicht: Merkmale ergotroper und trophotroper Musik und ihre Wechselwirkung mit der Psycho-Physis des Hörers

Ergotrope (stimulierende, aktivierende Musik)	**Kann folgende Reaktionen beim Hörer auslösen**
○ rigidere Rhythmen/ beschleunigend ○ Dur-Tonarten ○ Dissonanzen ○ größere Dynamik (Dezibel) ○ stark akzentuierte Rhythmik ○ starker Auftrieb und abrupter Abfall der Tonlinie, die innerhalb weiterer Höhenspannen verläuft	○ Erhöhung des Blutdrucks ○ Beschleunigung von Atem- und Pulsfrequenz ○ vermehrtes Auftreten rhythmischer Kontraktionen der Skelettmuskulatur ○ erweiterte Pupillen ○ größerer Hautwiderstand ○ Emotionalisierung/Erregung/Rauschzustand bis zu Schmerz und auch Tod

- Stakkato-Charakter
- erhöhte harmonische Aktivität
- Betonung der Dissonanzen

(Beispiel: Beat)

Trophotrope (beruhigende, entspannende Musik)

- schwebende, nicht akzentuierte Rhythmen
- Moll-Tonarten
- Konsonanzen
- geringe Dynamik (Dezibel)
- Vorherrschen von Legato
- sanftes Fließen der Melodie
- harmonische Bewegung

(Beispiel: pentatonische Formen im Kinderlied)

Wir sprechen hier von sympathikoner Beeinflussung, das heißt von der erhöhten Erregung des Sympathikus, jenes einen Teils des Nervensystems, der vom Willen nicht zu beeinflussen ist (Vegetativum).

Kann folgende Reaktionen beim Hörer auslösen

- Blutdruckabfall
- Verlangsamung von Atem- und Pulsfrequenz (Verminderung der respiratorischen Tätigkeit = flacher Atem)
- Entspannung der Skelettmuskulatur
- verengte Pupillen
- geringerer Hautwiderstand
- Beruhigung/Lustgefühl bis zur Somnolenz

Wir sprechen hier von »vagotoner Beeinflussung« (Vagus-Nerv = Komplementär-Nerv des Sympathikus).

Sehen, wie sich Musik *anhört*

Zur Veranschaulichung der Merkmale von besonders ergotroper (aktivierender, stimulierender) und trophotroper (beruhigender, entspannender) Musik bedienen wir uns der sogenannten »graphischen Notation«.

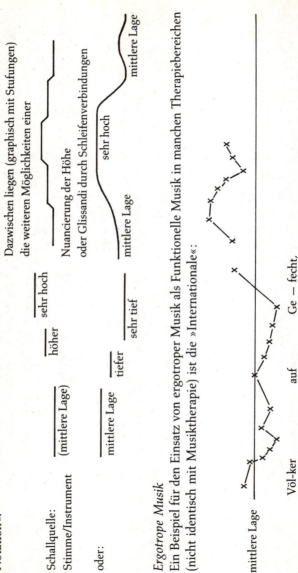

Schallquelle:
Stimme/Instrument

(mittlere Lage)   höher   sehr hoch

tiefer

oder:

mittlere Lage   sehr tief

Dazwischen liegen (graphisch mit Stufungen) die weiteren Möglichkeiten einer

Nuancierung der Höhe oder Glissandi durch Schleifenverbindungen

mittlere Lage   sehr hoch   mittlere Lage

Ergotrope Musik

Ein Beispiel für den Einsatz von ergotroper Musik als Funktionelle Musik in manchen Therapiebereichen (nicht identisch mit Musiktherapie) ist die »Internationale«:

mittlere Lage

Völ-ker hört die Signa-le, auf zum letzten Ge — fecht, die In-ternationa-le...

Ein Beispiel für die Stil- und Zeitunabhängigkeit von Musikwirkung: der Eingangschor zu Bachs Weihnachtsoratorium (»Jauchzet, frohlocket«):

Jauch-zet,   froh-lock-et,   auf, prei - set die   Tage,   Jauch-zet,   froh-lock-et...

Beide Beispiele zeigen den starken Auftrieb sowie den abrupten Abfall der Tonlinie, die innerhalb weiterer Höhenspannen verläuft (siehe auch unten)

Trophotrope Musik
Ein Beispiel für ihren Einsatz als Entspannungsmusik: »Schlafe, mein Prinzchen, schlaf ein...«

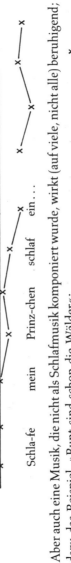

Schla-fe   mein   Prinz-chen   schlaf   ein...

Aber auch eine Musik, die nicht als Schlafmusik komponiert wurde, wirkt (auf viele, nicht alle) beruhigend; dazu das Beispiel, »Bunt sind schon die Wälder«:

Bunt   sind   schon   die   Wäl – der   gelb   die Stop – pel - fel - der...

Beide Beispiele kennzeichnen das sanfte Fließen der Melodie und flache Melos-Bewegung.
Bei allen aufgeführten Musikbeispielen müssen, wie bereits mehrfach erwähnt, noch weitere Merkmale hinzukommen. Der folgende Abschnitt faßt zusammen.

Sehr wichtig, manchmal vielleicht entscheidend, wie eine Musik wirkt, ist jedoch auch die subjektive Beziehung des Hörers zu dieser Musik. Die »individuelle Besetzung« einer Musik mit bestimmten Gefühlen, die in der Biographie des Hörers begründet sind, kann auch zu ganz gegenteiligen Wirkungen führen, beispielsweise dazu, daß »Im Frühtau zu Berge« als einschläfernd empfunden wird. Doch in den allermeisten Fällen wird in obengenannter Weise reagiert, und entsprechend baut die »gerichtete Musikbeschallung« am häufigsten auf die obigen Kriterien auf.

Bei dem schläft man ja ein ...

Gemeint ist hier nicht Musik, gemeint ist hier ein Mensch, der redet. Und zu hören ist dieser Satz am häufigsten in Schulen, Hochschulen, Sitzungen und Diskussionen, in denen »Rede-Betrieb« herrscht. Und doch gilt auch für die menschliche Stimme alles das, was über die psycho-physische Reaktion des Menschen auf musikalische Klangeigenschaften bekannt geworden ist. Ergotrope wie trophotrope Merkmale der Musik kennzeichnen auch die Stimme des Menschen, nur daß bei dieser noch hinzukommt, daß sie – als ursprünglichster Verständigungsmodus der Menschen – den nachweislich tiefsten Eindruck hinterlassen kann (nicht muß). Das heißt, durch ihre tiefere »Eindrücklichkeit« verfügt die menschliche Stimme über eine größere Kraft als jedes Instrument. Gemessen wird das heute in der sogenannten Appellspektrumanalyse (»Appellwerte«).

Im letzten Teil dieses Buches werden wir uns der – therapeutisch einsetzbaren – Stimmkraft gesondert widmen, beim Thema Singen und Spielen mit der Stimme in einer Gruppenimprovisation mit Patienten.

Aktuell wollen wir zunächst festhalten: Es gibt ebenso ergotrop wie trophotrop wirkende Stimmen beziehungsweise Redner.

Während wir beispielsweise bei dem einen Geistlichen nach wenigen Minuten der Predigt unter Umständen mit dem Schlaf kämpfen, »reißt uns der andere vom Gestühl«. Dem positiv empfundenen Redner attestiert eine altmodisch anmutende Sprache dann auch »Stimmgewalt« oder »Wortgewalt« (wobei »Gewalt« sich sowohl auf den Inhalt der Botschaft und das verbale Repertoire als auch meist auf die Dezibelstärke und das musikalische Spektrum von Klang, Melodie und Rhythmus der Stimme als »tönendem« Organ bezieht).

In den klassischen Rednerberufen wie eben Geistlicher, Lehrer oder Politiker achtet man nicht immer dezidiert auf Stimmkultivierung im ergotropen beziehungsweise trophotropen Sinn. Das selten praktizierte Fach der Rhetorik, der Redekunst, fristet aber angesichts wachsender »Redner-Aufgaben« in allen Berufen paradoxerweise ein Mauerblümchendasein. Paradoxerweise auch, weil es neben »guter Musik« (für mich lebendige Musik) nichts Musikalischeres gibt als eine »gute Rede«, eine lebendige Rede. Lebendig durch die Musik in der Stimme *und* die Musik in der Sprache.

Die »Künstler« unter den Sprechern – unsere Schauspieler – lernen Sprechen als ebendies: als Kunst.

Übung für den Leser
Erinnern Sie einmal Ihre Lehrer... Wie war die Stimm-»fühlung« des einen oder anderen? Wem hörten Sie gern zu, wem nicht?
Wie »hören« Sie die Stimme derer, zu denen Sie sich heute als »zu-gehörig« betrachten (Kollegen, Familie)?

Zusatzübung
Wie erleben sie Ihre eigene Stimme?
Lassen Sie einmal eine Kassette während einer Mahlzeit zu Hause oder während eines Redebeitrags mitlaufen und hören Sie Ihre Stimme.

> Versuchen Sie, Ihre Stimme daraufhin zu untersuchen, weswegen man vielleicht bei Ihnen einschläft beziehungsweise sogar dann noch zuhört, wenn Sie selbst das Gefühl haben, Sie würden langsam nichts als Blech reden...

Solch eine scheinbar paradoxe Situation meint auch der Satz: »Ganz egal, was er sagt, es ist ein Genuß, ihm zuzuhören.«

Wahrhaft frustrierend ist die umgekehrte Situation: Während einer Rede durchaus mitzubekommen, daß deren Inhalt sensationell wichtig und wunderbar klar formuliert ist – aber leider eben dauerhaft mit dem Schlaf kämpfen zu müssen, weil der Redner einen monotonen, nicht endenwollenden Monolog hält. Und mono-ton heißt ein-tönig und meint dann meist sehr präzise, daß die Rede auf einem Ton gesprochen wird. In der Liturgie ist das der »Rezitationston«. Und es gibt Redner, die in der Lage sind, diesen Ton kunstvoll »klangzufärben«.

Eine »gute« Stimme haben, heißt nun nicht, daß man Wichtiges dramatisieren, Übergänge überhören und Beiläufiges im Eilzugtempo hinter sich bringen sollte. Jede Stimme hat »ihren« Stimm-Rahmen im musikalischen Sinn, und auch in einem kleinen Rahmen, im kleineren Umfang lassen sich Melodie und Dynamik, Klang und Rhythmus (kurz: der Ton) gestalten. Und Ton meint Tonus (Spannung).

Musik für den Schlaf – Musik im Schlaf

Über die somnolente Wirkung trophotroper Musik haben wir bereits gesprochen. Hier noch ein Hinweis, der im Zusammenhang mit der Thematik »Musik zur Entspannung, als Einschlafmittel, als Schlafhilfe« von der Forschung aufgegriffen wurde (und in unzählbaren Kassettenprogrammen seinen – teilweise fragwürdigen – Niederschlag fand, leider auch gelegentlich unter »Musiktherapie« firmierend).

Hinsichtlich vegetativer Funktionsänderungen durch Musikeinwirkung, hier auf den Schlaf bezogen, ist die sogenannte »Noopsyche« von Bedeutung (aus dem Griechischen: der erkennende, intellektuelle Teil unseres Seelenlebens). Ihre Tätigkeit wird während des Schlafs gründlich reduziert beziehungsweise ausgeschaltet. Und damit auch unsere Wahrnehmung von Musik, was wiederum ein größeres »Ausgeliefertsein« gegenüber Musik(-beschallung) im Schlaf bedeutet. In dieser Situation bekommt Musik somit einen direkten Zugriff auf jenen Teil unserer Psyche, der im Verbund mit dem Thalamus im Limbischen System als unser Gefühlszentrum gilt.

Interessant ist in diesem Zusammenhang weiter folgende Entdeckung der Schlafforschung: Werden wir während der REM-Phasen (Abkürzung von englisch: rapid eye movement = rasche Augenbewegungen – an ihnen kann der Beobachter erkennen, daß sich der Schlafende in der Traumphase befindet) mit Musik beschallt, so beziehen wir diese Musik direkt in den Traum ein. Musik wird also nicht – wie sonst – in Symbole umgewandelt, in »Stellvertreter-Bedeutungen«, die wir mit Gefühlen besetzen, sondern tritt »ungehindert« in den Traum ein. Beispielsweise kann sich das Pochen am Tor des Schlosses im Traum oder das ferne Läuten von Glocken in einer geträumten Hochzeitsszene im Moment des Erwachens als real erweisen, und der Schrei im Traum kam »tatsächlich« vom Baby nebenan.

Verstärkung und Abschwächung: Ausnahmen in der Wirkung von Musik

Sie liegen in jedem einzelnen von uns begründet und sind im Zusammenhang mit der individuellen, unverwechselbaren genetischen Ausstattung, der Prägung durch das familiale Milieu sowie Einflüssen anderer Sozialisationsinstanzen auf die musikalische Wahrnehmung zu sehen. Solche Instanzen sind sowohl die Spielgruppe im Kindergarten und das Doktoranden-Seminar als auch das Arbeitsteam und die Musikstunde im Seniorenheim, in der gemeinsam alte und neue Schallplatten angehört und besprochen werden, um nur einige Beispiele zu nennen. Alle Instanzen unserer persönlichen Geschichte sozialen Zusammenlebens können jene bisher in diesem Buch geschilderten Wirkungen der Musik auf den Menschen verstärken oder abschwächen oder auch umsteuern; eine vertraute Musik, auf die ich bisher so oder so reagiert habe, kann bei mir eine neue, bisher unbekannte Reaktion in dieser oder jener Richtung auslösen.

Innerhalb unseres engeren Kulturkreises, mit seiner auf harmonikalen Grundlagen basierenden abendländischen Volks- und Kunstmusik, kann es ebensoviele Ausnahmen geben, wie es verschiedene »musikalische Sozialisationen« gibt.

Diese Abhängigkeit der subjektiven Wahrnehmung und Reizreaktion von der persönlichen, unverwechselbaren Biographie (»Sozialisation«) kann sogar so weit führen, daß der einzelne völlig anders als ganze Gruppen reagiert.

Einige grundsätzliche, zusammenfassende Bemerkungen dazu:
- Der Hörende bedarf als Voraussetzung einer gewissen Emotionalität, wovon auch der Grad der emotionalen Affizierbarkeit (Erregbarkeit) abhängig ist. Dies bedingt auch die Reaktionsfähigkeit des Vegetativums. Hirnanomalien oder Verletzungsfolgen beispielsweise können die Musikwirkung umlenken.
- Beim Hörertyp mit »Hingabebereitschaft« löst Musik über die Thymopsyche direkt Emotionen aus (die Thymusdrüse wirkt

wie gesagt, in Gemeinschaft mit dem Limbischen System, dem Gefühlszentrum).
- Eine kritischwertende Höreinstellung wird dagegen die emotionale Bewegung einschränken und eher zum »rationalen Hörgenuß« (oder Hörleiden) führen.
- Die Hörerwartung, die auch von der Hörerfahrung gesteuert wird, wirkt ebenfalls auf die vegetative Reaktion: Erfüllt sich die Hörerwartung *nicht*, schwächt sich die Reaktion ab und umgekehrt.
- Auch die Bekanntheit der Musik ist von Bedeutung. Hier gibt es Unterschiede in den Auffassungen der Forscher, und zwar hinsichtlich des Ausmaßes der Reaktionen auf Musik, nicht aber hinsichtlich dessen, daß der Gewöhnungseffekt bei Musikeinwirkung im Vergleich zu anderen Reiz-Reaktions-Verläufen (zum Beispiel im optischen Bereich) relativ gering ist.
- Für jene Musiktherapie, welche mit den inneren Bildern des musikhörenden Patienten arbeitet, ist die Erkenntnis besonders wichtig, daß emotionale und vegetative Reaktionen bewirkende Musik – verstärkt durch das spezifische subjektive Erleben – zu besonders reichem Assoziationsmaterial führt und damit Erinnerungen an stark besetze Erlebnisse der Vergangenheit initiiert.

Hier kommen wir in die Nähe des psychoanalytischen Ansatzes, der die Assoziationen und die damit erinnerbaren – traumatisch besetzten – Erlebnisse der Vergangenheit ins Zentrum der Therapie stellt.

Sehen wir uns einige Beispiele an.

Wat dem inen sin Uhl... oder:
Ergotropes statt Trophotropem

Die Erkenntnisse von Helmut Moog zum Musikerleben des vorschulpflichtigen Kindes – wie nachfolgende Forschungen zur Rezeptionpsychologie auch – fußen unter anderem auf Versuchen, bei denen den bereits erforschten Wechselwirkungen zwischen Vegetativum und Musikbeschallung mit den vertrauten musikalischen Materialien weiter nachgegangen wurde. So wurden zum Beispiel auf einer Entbindungsstation schreiende Säuglinge mit »mütterlicher Herzmusik« beschallt, das heißt vom Tonband wurde die Herzschlag-Rhythmus-Figur einer x-beliebigen Frau eingespielt (im Ruhe-Tempo: 72 Pulsschläge pro Minute). Das – erwartete – Ergebnis trat ein: Die ruhige Herzmusik wurde ein Schlager, denn die brüllenden Babys beruhigten sich nicht nur auffällig schnell, sondern manche fielen sogar umgehend wieder in Schlaf – solange wie das Band lief.

Ebenso können wir wohl davon ausgehen, daß die »normale« kindliche Sozialisation heute immer noch der Schlaf- und Wiegenlieder abends bedarf. Und daß ein Klassenlehrer, der früher begeisterter Pfadfinder war, auf einer Klassenfahrt im Harz nach »Im Frühtau zu Berge« wandern läßt, singend, mit der aufsteigenden Quart so vieler Weck-, Jagd-, Wander- und Turnlieder...

»Das ist die Berliner Luft...« – die ist mein Einschlafmittel

Doch alle nachweislich vegetativ stets wirkenden musikalischen Ergotropien beziehungsweise Trophotropien und ihre »normalen« psychisch-emotionalen Besetzungen (Wecklied = aufsteigende Quart in raschem Tempo = positive Erregung einerseits, oder Trauergesang = fallende kleine Terz in langsamem Tempo = Erregung im depressiven Sinn) können durch die Einstellung des Menschen zu einem völlig gegenteiligen Reaktionsverhalten führen (wir deuteten es bereits an).

Während eines fünfjährigen Forschungsvorhabens an der Medizinischen Hochschule Hannover, in dessen Verlauf ich auch Fragebögen an Patienten austeilte, u. a. mit Fragen wie »Welche Musik bevorzugen Sie wann...?«, wünschte sich ein immerhin schon fünfzigjähriger Mann als Entspannungsmusik (die einzelnen Patienten sollten diese jeweils für ihre Körperübungen im Verbund mit autogenen Trainingsaufgaben selbst aussuchen) »Das ist die Berliner Luft, Luf, Luft...«, jenen flotten, mit allen Merkmalen ergotroper Musik ausgestatteten Schlager von Paul Lincke. Die Fassungslosigkeit einiger älterer Mitpatienten (»Das ist doch kein Entspannungslied, das ist doch das Gegenteil davon!«), denn die jüngeren kannten diesen Evergreen kaum, stimulierte meine musikpsychologische Neugier, zumal der Hintergrund für diese »nichtnormale« psychisch-emotionale Besetzung in der Erzählung des Patienten deutlich wurde, zu der ich ihn eingeladen hatte (schon um seine Isolierung inmitten seiner auf Abwehr eingestellten Mitpatienten umzusteuern).

Der Hintergrund nun lag schon so lange zurück, wie der Patient alt war: Sein Vater – Vorarbeiter in einer Zuckerfabrik – besaß ein für damalige Verhältnisse seltenes Musikgerät: ein Grammophon für (Schellack-)Platten, auf das er sehr stolz war. Da der Plattenschatz nur aus vier Platten bestand (davon zwei mit »schweren Opern«, eine dritte mit dem »Brautmarsch« Carl Maria von Webers) und weitere Platten nicht zu beschaffen waren, blieb nur die »Berliner Luft« als vierte Platte.

Und eben diese wurde als erstes aufgelegt, wenn sich der Vater abends nach dem Dienst zurechtrekelte, mit der obligaten Flasche Bier und der Zeit für »nachher«, nach der »Berliner Luft«. Der Säugling lag nebenan, und die Tür hatte schon offengestanden, damit der Vater, wenn er abends heimkam, ihn noch kurz vor dem Einschlafen sehen und streicheln konnte. Die Tür blieb auch all die Abende der ersten Kinderjahre über offen, und das Kind hörte die »Berliner Luft« während seiner ersten frühkindlichen Stadien wie auch als Kleinkind vermutlich mehrere tausend Male. Und verband diese Musik – und später ähnlich schwungvoll stimulierende – fortan stets mit der Situation des Einschlafens, mit Mutter wie Vater, mit verdunkeltem Schlafraum und mit dem Ritual der Gute-Nacht-Wünsche und des Streichelns.

Musikpsychologie und Musiktherapie oder: die Vorherrschaft des Individuellen vor dem Kollektiven

Ähnliche Beispiele wie das der »Berliner Luft« als Einschlafmittel gibt es zahllose weitere, in denen das deutlich wird, was die zweite Generation jener Forscher erkannte, die sich mit Musik-Rezeptionspsychologie beschäftigen.

Diese musiktherapeutischen Forscher und Praktiker skalierten nicht etwa neue statistische Daten über die Wirkung von Musik auf das psycho-vegetative System des Menschen und die damit verbundenen Folgen im psychisch-emotionalen Haushalt, wie es die bereits weiter oben zitierten Salzburger Forscher um Revers und Harrer taten und so der Funktionellen und der Rezeptiven Musiktherapie der sechziger/siebziger Jahre erstmals wissenschaftliche Salonfähigkeit verschafften. Vielmehr gingen die neueren Forschungen und ihre Repräsentanten vom *persönlichen Lebenskonzept* ihrer Patienten aus.

Mit dieser Richtung psychotherapeutischer Forschung und musiktherapeutischer Spezifizierung zog ein auch neues Verständnis von Forschung und damit von Wissenschaft an sich in die »Wissenschaft von der Seele«, die Psychologie, ein. Bisherige Forschungsgegenstände und -verfahren hatten nahezu ausschließlich auf »quantifizierenden« Denkpositionen basiert: Um eine endgültige Aussage machen zu können, bedurfte es der Untersuchung einer möglichst umfassenden, möglichst breit gestreuten Zahl von Untersuchungsobjekten (Population). Oder aber – bei einzelnen Untersuchungsgegenständen – einer Mehrzahl von Untersuchungsmethoden, die die vermutete Ergebnisrichtung mehrfach absichern sollten.

An die Stelle solch quantifizierender Methodologie und Methoden trat nun die *qualitative* Sichtweise. Diese strebt ein Verstehen »psychischer Qualitäten« an, wozu sich auch der Begriff der »Kommunikation« besser eignet als der der »Interaktion«. Letztere kann ich zwar messen (durch Beobachtung, Sammlung und Auswertung vegetativer Reaktionssignale), die Meßergebnisse sagen jedoch nichts über die *emotionale Qualität des Erlebens* aus. Qualitative Sichtweise in der Forschung bedeutet, vom persönlichen Erleben des Menschen (in der *Musiktherapie*: des kranken Menschen) auszugehen. Forschung dieser Art kennen wir zwar aus der Tiefenpsychologie eines Sigmund Freud oder C. G. Jung sowie ihrer Jünger, ebenso aus der humanistischen und geisteswissenschaftlichen Psychologie, nicht aber aus den naturwissenschaflichen Disziplinen wie der Schulmedizin. Und diese – ein entscheidender Punkt – hatte bisher bei Untersuchungen zu Musikwirkungen in der Hauptsache das »Sagen«.

Aufgrund der gewonnenen Erkenntnisse über die Einmaligkeit der Biographien und Krankheitsgeschichten von Patienten im Psycho-Sektor wurde es nicht nur möglich, sondern geradezu unabdingbar, von diesen Einzelschicksalen *auszugehen* und therapeutische Konzepte (Behandlungsmethoden) an ihnen zu orientieren.

Die meisten der so untersuchten Fallbeispiele stammen aus jenem Formenbereich, den wir immer noch überwiegend als »neurotische Störungen« bezeichnen. Ich definiere ihn hier zunächst als Krankheiten, die sich in Störungen der Erlebnisverarbeitung ausdrücken.

In der Begleitung dieser Patienten mit ihren denkbar (und für noch nicht Erkrankte oft »undenkbar«) unterschiedlichsten Sozialisationen im allgemeinen wie musikalischen Sozialisationen im besonderen wurde von Fallbeispiel zu Fallbeispiel im klinischen Sinne immer deutlicher: Zwar wirkt Musik im oben beschriebenen Sinn stets auf das willentlich nicht steuerbare Vegetativum des Menschen. Dessen ganz persönliche psychisch-emotionale Besetzung »seiner« Musik ist jedoch – im Zweifelsfall – stärker als jede vorausberechenbare Reaktion anzusehen und kann diese umbesetzen. Das reicht bis zu »paradoxen Reaktionsmustern«, in denen trophotrope Musikbündelung klar ergotrope Wirkungen erzielt. Und umgekehrt: In einem Fall in meiner Praxis war ausgerechnet das »Wiegenlied« von Johannes Brahms der Auslöser von destruktiven Aggressionen. Es handelte sich hier um eine Patientin, deren tief gestörte Vaterbeziehung (der Vater »regelte« die gesamte Erziehung über Prügelstrafen) sich in ergotropen Reaktionen auf Brahms »Wiegenlied«, einem Lieblingslied des Vaters, manifestierte. Die erstmalige Aggressionsfreisetzung bei dieser Patientin beim Anhören des Wiegenliedes führte auf den Weg, dieses psychische Trauma bewußt anzugehen und zu bearbeiten. Gewissermaßen ein Pendant zur »Berliner Luft«, nur daß hier »tpyische« trophotrope Musik symbolhaft für einen prügelnden Vater stand (symbolhaft im Sinne von stellvertretend) und das »untypische« Verhalten auslöste (die Patientin reagierte bis dahin auf jede auch nur annähernd wiegenliedähnliche Musikstruktur erregt-aggressiv, ohne daß sie oder andere dies verstehen konnten).

Typisch heißt:
Jeder Mensch hat »seine« Reaktion auf Musik

Jene neue Generation von Musiktherapeuten hat mit ihren veröffentlichten Fallbeispielen der allgemeinen Musikpsychologie diese Vorsicht eingegeben: Typisch für die Rezeptionsforschung ist nichts (mehr), was ausnahmslos auf ganze Gruppen oder gar Großgruppen übertragen werden kann! Rezeptionsforschung setzt beim Individuum an, und die »objektiven« Ergebnisse herkömmlichen Wissenschaftsverständnisses gibt es nicht mehr in der neueren Psychotherapie-Forschung. Nur noch »intersubjektive« Ergebnisse, womit gemeint ist, daß mehrere, viele, vielleicht auch sehr viele Individuen zwar dieselben psycho-vegetativen, meßbaren Daten (Puls, Atmung, Hautwiderstand usw.) zeigen – psycho-emotional aber niemals identisch reagieren.

Der gegenwärtig für die Psychotherapie bedeutendere Musiktherapie-Bereich ist nicht der der Funktionellen Musik, sondern der der Aktiven Musiktherapie, der gestalteten Musik-Improvisation mit Patienten. Dennoch hat – einmal mehr – die klinische Forschung Ergebnisse hervorgebracht, die auch die Aussagen über Nicht-Kranke, über Noch-nicht-Krankheit ganz allgemein veränderten. Die Arbeit mit Kranken brachte hilfreiche Erkenntnisse über Noch-nicht-Kranke, darüber, wie Krankheiten vorgebeugt werden kann. Und natürlich auch, wie im Krankheitsfall mit der Krankheit umgegangen werden kann (konstruktiv zum Beispiel im Sinne von »Krankheit als Chance zu Neuem«). Dies betrifft auch die Möglichkeiten der Musiktherapie, der Arbeit mit den Seelenwirkungen von Musik. Wie schon mehrfach betont, kann diese Arbeit die Krankheit heilsam beeinflussen, heilen kann nach neuerem Psychotherapieverständnis nur der Patient sich selbst – begleitet vom Therapeuten.

Über den musikalischen Tellerrand hinaus

Wir bewegen uns inzwischen schon ganz allmählich vom Thema Funktionelle Musik und Aspekte der Musikpsychologie weg in Richtung Thema Rezeptive Musiktherapie und therapeutische Arbeit mit dem einzelnen beziehungsweise mit Kleingruppen.

An dieser Stelle nun ein Hinweis auf die Musikkultur der Gegenwart, die im Gegensatz zur Zeit eines Theodor W. Adorno und seiner Musiksoziologie eine pluralistische ist, von den verschiedenen Musikkulturen unterschiedlicher ethnischer Gruppen durchdrungen. Adorno konnte seine »Hörer-Typen« noch musiksoziologisch klassifizieren, weil der (als Beispiel) »Bildungshörer«

wirklich in aller Regel ausschließlich in seine Bachkonzerte pilgerte. Heute kann ein Bach-Fan (wie ich) gar nicht umhin (und will auch gar nicht umhin), sich gleichermaßen beispielsweise mit popular music, mit Pop, Rock und New-Age-Meditationsmusik aus dem fernen und allerfernsten Osten zu beschäftigen.

Entsprechend dem mittlerweile fast nicht mehr überschaubaren Musikrepertoire und -angebot in den Medien, und über diese Kanäle für den einzelnen auch erreichbar, ist das Identifizierungsangebot mit den verschiedenen »Musiken und Gegenmusiken« gewachsen und analog dazu auch die Möglichkeit der Musikabwehr. Unterstützt wird der nun zu beobachtende Abwehrprozeß durch die manchen von uns innewohnende Fremdenfeindlichkeit (Xenophobie), die uns auch die Musik fremder ethnischer Grupen ablehnen läßt. Oft ist es weniger die Musik an sich, die diese Abwehr provoziert; vielmehr wird sie als Vehikel benutzt, um die eigene Feindseligkeit gegenüber der jeweiligen fremden Kultur nicht offen zeigen zu müssen. Hinter dieser Feindlichkeit steckt oft Angst vor Überfremdung, und diese drückt sich häufig auch in einer Überbetonung der eigenen Volks- und Kunstmusik aus (mit der wiederum die Nischen »neuer Musik« weniger werden).

Die therapeutische Nutzung Funktioneller Musik

Helga de la Motte-Haber definiert Musiktherapie noch als »angewandte Musikpsychologie«.

Wir wollen diese Definition ausschließlich für die auf den folgenden Seiten nunmehr »ausklingenden« Betrachtungen zur Funktionellen Musik gelten lassen. In den nachfolgenden Ausführungen zur Rezeptiven und Aktiven Musiktherapie definieren wir Musiktherapie als »angewandte Psychotherapie mit Musik.«

Im Folgenden nun eine kurze beschließende Übersicht zu den Anwendungsfeldern Funktioneller Musik beziehungsweise zu

Anwendungsfeldern, die im Übergangsbereich zur Musiktherapie als Psychotherapie angesiedelt sind.

In der Therapie finden wir Funktionelle Musik überwiegend als eine nicht selbständige, ein anderes Behandlungskonzept ergänzende Behandlungskomponente, zum Beispiel

○ in der Krankengymnastik (Physiotherapie). Sowohl die Trainingsprogramme etwa einer Herz-Patienten-Gruppe (nach Infarkt, Bypass oder Herzklappen-Operation) als auch medizinische Massagen beziehen zunehmend Musik(-beschallung) in ihre Arbeit ein. Hier sind die Therapeuten entsprechend Krankengymnasten/Physiotherapeuten beziehungsweise Fach-Sportlehrer mit Zusatztitel für therapeutische Praxis;
○ in der Beschäftigungstherapie (Ergotherapie). Hier wird Musik gehört und oft auch gemacht; zum Methodeninventar der Ergotherapie gehören immer häufiger Gruppenspiele (auch »Spiele mit Musik«), die kommunikative Ziele verfolgen. Dort, wo Beschäftigungstherapeuten eine psychotherapeutische Zusatzausbildung und/oder eine musiktherapeutische Ausbildung absolviert haben, führt der Umgang mit Musik zum psychotherapeutischen Prozeß, der mit der Beschäftigungstherapie und ihrem Zielkatalog weniger zu tun hat als mit psychotherapeutischem Handeln vor psychoanalytischem Hintergrund;
○ in der Tanztherapie und konzentrativen Bewegungstherapie. Beide Therapieverfahren sind dabei, selbständige Behandlungskonzepte zu entwickeln; beide beziehen Musik als funktionelles wie kommunikatives Medium in ihre Arbeit ein, ohne damit Musiktherapie im Sinne eines selbständigen Behandlungskonzepts zu betreiben. Teilweise greifen die Vertreter dieser Therapie-Richtungen mit der Einbeziehung von Musik auf Erfahrungen zurück, wie sie uns aus der ritualen schamanistischen Heilkunst bekannt geworden sind.

Das »Funktionieren« einzelner Musikelemente (wie das des Rhythmus) im Verbund mit der Kraft des Rituals in der Kommunikation mit Therapeut beziehungsweise Gruppe ist an zahlreichen Fallbeispielen nachgewiesen worden, beispielsweise in den Feldstudien von Thomas Maler. Therapeutisch nutzbare Erfahrungen haben Eingang gefunden in moderne, unserer Therapiesituation angemessene Behandlungskonzepte wie das der Trommel-Therapie von Wolfgang Meyberg, bei dem neben die funktionellen Wirkungen von Musik auch die kommunikationstherapeutischen Wirkungen treten, wie sie die Aktive Musiktherapie anstrebt;

o in einigen psychiatrischen Therapien, deren Vertreter Musiktherapie deutlich abgrenzt als »Adjuvans-Therapie«, als Ergänzungs-/Unterstützungstherapie, verstehen. Entsprechend mischen sich dort in den Musiktherapie-Angeboten funktionelle mit kommunikativen therapeutischen Zielen. Man verzichtet darauf, die psychotherapeutischen Kompetenzen zu nutzen, die den musiktherapeutischen Prozeß zwischen Therapeut und Patient(en) kennzeichnen, welche wiederum von der Eigenständigkeit, dem selbständigen Schutzraum um Therapeut und Patient lebt;

o in der klinischen Psychosomatik. Hier gilt Ähnliches wie für die Psychiatrie. Auch die Psychosomatik könnte in Zukunft wesentlich mehr das Potential der Musiktherapie als eigenständiges Psychotherapieangebot nutzen. So sieht es auch die Psychiatrie-Reform in Basel-Land, Schweiz, vor, nach der die Psychosomatik wie die Psychiatrie als selbstverständliche Bereiche/Abteilungen einer jeden Normal-Klinik, eines jeden allgemeinen Krankenhauses eingeplant werden mit kontinuierlich ausgeweitetem Kommunikationstherapie-Angebot. Der Schweizer Psychiater Schamsi Sobhani hat hierfür grundlegende Konzepte erarbeitet;

o in der heilpädagogischen Betreuung geistig Behinderter. In diesem Bereich wird Musiktherapie sowohl funktionell als auch kommunikativ eingesetzt. Das gemeinsame Singen und Musizieren mit »tradierten Musikelementen« (etwa tägliche Singstunden oder Festgestaltungen) ist eher ein musikalisches Erlebnis, welches das therapeutisch-pädagogische Klima verbessern hilft. Dort hingegen, wo freie Improvisationen möglich sind und diese von einem Musiktherapeuten angeboten und aufgefangen werden, kann Musiktherapie als »Psychotherapie für geistig Behinderte« wirksam werden, wie sie Dietmut Niedecken in ihrem Buch »Namenlos« fordert und als möglich nachweist. Ganz im Unterschied zu herkömmlichen Sichtweisen, nach denen jede Psychotherapie den »YAVIS«-Patienten (Y für young, A für attractive, V für verbal[isierungsfähig], I für intelligent und s für successfull [erfolgreich] voraussetzt;

o in einigen »Schlafkliniken«. Hier werden gestreßte Patienten mit einer Schlafkur behandelt, die auf einer Kombination spezieller Psychopharmaka und trophotroper »Schlafmusik« basiert;

o in Rhythmus-Therapien für Patienten mit Sprach- und Sprechstörungen (mit recht beachtlichen Erfolgen bei Stotterern).

Musiktherapie bei Sterbenden und Frühgeborenen

Zwei Praxisfelder, in denen sich die Anwendungen Funktioneller Musik und psychotherapeutischer Musiktherapie verbindet, befinden sich noch im Forschungsstadium:

Die Abteilung Innere Medizin des Kreisspitals in Brig/Wallis installierte 1988 das Forschungsprojekt »Musiktherapie in der Inneren Medizin« (ärztliche Leitung Chefarzt Dr. J. Escher/Dr. J. Fischer mit U. Höhmann und Ch. Wasem, Musiktherapeutinnen). In diesem Projekt unter meiner wissenschaftlichen Leitung arbeiteten die MusiktherapeutInnen eng im Team mit den behandelnden Ärzten, einem Psychologen, dem Pflegepersonal sowie (konsultativ) einem Psychiater ein Therapieangebot für die gesamte »Normalklientel« aus; eine Klientel, die mit klassischen Beschwerdemerkmalen eingeliefert und stationär behandelt wird, aber auch neuerlich Aids-, »verdeckte« Psychiatrie- sowie Krebspatienten.

Das musiktherapeutische Therapiespektrum reicht entsprechend von musikalischen Entspannungsübungen, bei denen die funktionellen Aspekte der Musik vorwiegen, über die »unterstützende« Musikpsychotherapie mit Improvisation und Musikhören bis zur problematisierenden, konfliktzentrierten Musiktherapie als »Umgangshilfe mit der Krankheit« beziehungsweise Änderungshilfe für das Lebenskonzept außerhalb der Klinik. Außerdem ermöglicht die Musiktherapie Begleithilfen für sterbende Patienten, die eine »Normalstation« kaum anbieten kann – ein Forschungsbereich, in dem die in St. Gallen wirkende Musiktherapeutin Susan Munro-Porchet Pionierarbeit leistet.

Entsprechend sind in Brig stationäre und ambulante (nachsorgende) Behandlungs- und Begleitungsformen eng miteinander verflochten. Dies Projekt auf einer Station, die den »medizinischen Gemüsegarten« in seiner ganzen Breite spiegelt, soll die Möglichkeiten der Musiktherapie im Sinn eines eigenständigen Therapieangebots (im Verbund mit dem medizinischen Behandlungsangebot) ausforschen helfen. Dabei wird von der Annahme ausgegangen, daß Musiktherapie als Kommuniktionstherapie auch die Heilerfolge der herkömmlichen Schulmedizin unterstützen, stabilisieren und erweitern hilft.

Ein zweites Projekt wird von Monika Nöcker-Ribaupierre an der Münchner Universitätskinderklinik betreut und bezieht ebenfalls sowohl funktionelle wie auch kommunikationstherapeutische Wirkungen der Musik ein. Es ist zugleich ein Projekt, dessen Thematik uns – auf unserem Brückengang zwischen den verschiedenen Musiktherapien – auf entwicklungspsychologische und psychoanalytische Zusammenhänge in der Musiktherapie hinweist.

In diesem Projekt geht es um Musiktherapie bei Frühgeborenen (um und nach der 21. Schwangerschaftswoche Geborene), die eigentlich noch 15 Wochen im sichersten Schutzraum unseres Lebens, dem Uterus, bleiben und reifen müßten. Häufig handelt es sich um Mehrlingsgeburten (immer häufiger das Resultat von Hormonbehandlungen ihrer bis dahin kinderlosen Mütter).

Der Enge im Uterus – Drillinge oder Vierlinge, manchmal auch mehr, haben es eng, und »eng« hängt mit Angst zusammen – entgehen die Föten durch frühe, zu frühe Geburt. Der einen Angst, der Enge, sind sie entkommen. Dafür setzen um so massiver andere Ängste ein: Verlust der Wärme, der Hautberührung, des Herzrhythmus und der intrauterin hörbaren Stimme der Mutter... Trennungsängste und -schmerz. Dazu gesellen sich all die physisch-vegatativen Beschwerden, die das »Früh-Geborensein« mit sich bringt.

Und eben das: Die Stimme der Mutter (auch die des Vaters), deren Klang nutzt die Münchner Musiktherpeutin als »Musik« für das im Inkubator liegende Kind, indem sie diese aufnimmt und über Audio-Technik in den Inkubator leitet – als Nahrung für das Kind, als akustische Nahrung, die den Hirnstrom in Gang hält und die physische Distanz zwischen Mutter und Kind psychisch-emotional überbrückt.

Womit wir beim – psychotherapeutisch gesehen – Wichtigeren sind als dem Hirnstrom und den hirnelektrischen Aktivitäten. Wir sind beim Psychisch-Emotionalen angelangt, dem eigentlichen »Aufgabenfeld« der Musiktherapie als Psychotherapie.

Entwicklungspsychologische und psychoanalytische Aspekte der Musiktherapie als Psychotherapie

Das frühgeborene Kind im Inkubator, das normalgeborene Kind in seinen ersten Lebenswochen, der Erwachsene sein Leben lang – sie alle reifen von Musik begleitet. Von der »Musik« des Herzrhythmus der Mutter und des eigenen Herzrhythmus innerhalb des Uterus angefangen, bis hin zur Musik, die der Mensch als Erwachsener aus dem Walkman mitten im dichtesten Straßenverkehr hört, bei der Hausarbeit, auf Reisen im Flugzeug usw. usf. Wir sind »umhüllt« von Musik, wie Jürgen Trapp es nennt. Dieser »Umhüllung des Subjekts« durch Musik schreibt Trapp (unter anderem) eine zentrale Schutzfunktion zu. Nicht nur als bildhafter Vergleich ist das gemeint, sondern ganz real bezogen auf eine mögliche Wirkung von Musik: Sie hüllt uns ein und grenzt uns damit ab von anderen, was immer auch Schutz bedeutet gegenüber dem Fremden, das uns bedroht. Insofern ist die Bezeichnung »Autistenklammer« für unseren vielgeliebten Walkman psychologisch zu verstehen: Er grenzt uns ab vom sozialen Umfeld und führt uns in einen autistischen Zustand, hier nicht als Krankheit des Autismus gemeint (autos: griechisch = selbst), sondern (in diesem Falle ausschließlich) als jeder Zustand, in dem wir in uns selbst, in unser Selbst gekehrt, erscheinen und damit als sozial abgegrenzt und kontaktlos.

In sich selbst gekehrt, abgegrenzt, »umhüllt« wirkt auch der Säugling in den ersten Wochen nach der Geburt, weswegen die Ärztin und Analytikerin Margaret Mahler diese Zeit als »normal autistisch« bezeichnet. Eine Zeit, in der die »Umhüllung« durch den Mutterleib zwar nicht mehr äußerlich sichtbar ist, jedoch als unsichtbares Schild weiter existiert, mit dem das Kind sich abschirmt gegen die Reize, die es von allen Seiten und auf allen sensorischen Ebenen des Fühlens, Sehens, Hörens, Schmeckens, Riechens attackieren, überfordern, schädigen würden.

Zu dieser frühkindlichen und den nachfolgenden Phasen entwickelte der Psychoanalytiker Heinz Kohut neben seiner ebenso berühmt wie hilfreich gewordenen »Narzißmus-Theorie«, jener Lehre, nach der mangelhafte Zuwendung in der frühen Kindheit beim Erwachsenen zu einer Überbetonung des Ich, des Ego, führt und mit der er damit unserem Zeitalter einen seiner Namen – narzißtisch-schizoid – lieferte, wichtige Gedanken in puncto Musikhören und damit zur Musikwirkung, auf die ich später noch ausführlicher eingehen will.

Doch zunächst ein nicht allzu umfangreicher Abriß zum großen Wort Psychoanalyse, den wir brauchen, um Heinz Kohuts Gedanken zur Wirkung von Geräusch und Musik folgen zu können – und übrigens auch denen all jener Musiktherapeuten, die die Aktive Musiktherapie vertreten und sie weitestgehend psychoanalytisch angehen.

Exkurs I
Große Worte – kleine Worte:
Begriffe der Psychologie und Psychoanalyse

Vom Unbewußten und anderem Wissenswerten

Psychoanalyse begegnet uns als zweierlei: als Wissenschaft und als Therapieform. Sigmund Freud, ihr Begründer, an dem – mittelbar oder unmittelbar – auch heute kein »Psycho-Interessierter« vorbeikommt, wie sehr sich seine eigene Auffassungen von der Freuds auch entfernt haben mögen, hatte sein psychoanalytisches Konzept keineswegs nur als »Neurosen-Therapie« bei Kranken oder gestörten Klienten entwickelt (als was sie jedoch zunächst und lange Zeit eingesetzt wurde). Vielmehr beabsichtigte Freud, »seine Psychoanalyse« als Wissen verfügbar zu machen für all jene, die aus Berufsgründen mit Menschen zu tun haben: Ärzte ganz allgemein (eben nicht nur Nervenärzte), Hochschullehrer, Geistliche, Pädagogen überhaupt.

Musiktherapie entwickelte (und entwickelt) sich in vielen Schritten, hinsichtlich ihrer Profilierung (die »profilneurotische Kurven« einbezieht) der Psychoanalyse auffallend ähnlich, wie Volker Bolay konstatiert. Zumindest gilt dies für die Zeit nach 1945, in der etliche deutsche Versuche, die nach 1933 aus Hitler-Deutschland emigrierte und im Ausland rasch vorangetriebene Psychoanalyse neu zu etablieren, eher autodidaktischer Natur waren. Und auch in der analytischen Musiktherapie waren es Autodidakten, die in Gemeinschaft mit ausländischen Professionals (oder durch im Ausland erworbene Professionalisierungen) Musiktherapie wissenschaftlich salonfähig(er) machten.

Eine weitere »Entwicklungs-Ähnlichkeit« zwischen Psychoanalyse und Musiktherapie besteht auch in der Doppel- beziehungsweise Dreierfunktion (wie sie die Psychoanalyse – eigentlich – schon immer anstrebte und heute wieder mehr erfüllt): Musiktherapie als Therapieform im klinischen Bereich (Arbeit mit

Patienten); Musiktherapie als Prophylaxe (Selbsterfahrung als Vorsorge); Musiktherapie als Wissen(schaft) vom wechselseitigen Zusammenhang von Musikeinwirkung (ob gehörter oder gespielter Musik) und menschlicher Psyche.

Psychoanalyse als Behandlungsmethode gibt es – eine weitere Parallele zur Musiktherapie-Entwicklung – nie als »die« Psychoanalyse (»die« Musiktherapie). Die klassisch unterschiedenen Strömungen lassen sich eher im Bild eines Flußdeltas fassen, in dem sich verschiedene Richtungen, Schulen, Verfahren treffen und sich zugleich voneinander abgrenzen – oder auch mischen.

Unterschieden werden können die »Flußarme«
– »orthodoxe Psychoanalyse« (nach Freud),
– »analytische Psychologie« (nach Jung) sowie
– »Individual-Psychologie« (nach Adler).

Zusammengefaßt firmiert der »Strom« unter dem Begriff »Tiefenpsychologie«.

»Neo-psychoanalytische« Verfahren, die immer noch – mehr oder weniger wissentlich – im »Mutterboden« Vater Freud wurzeln, sind mit den Namen Horney und Klein verbunden. Schon etwas lockerer dem orthodoxen Mutterboden verhaftet, entwickelten Berne seine Transaktionsanalyse, Perls seine Gestalttherapie, Moreno sein »Psychodrama«, Leuner sein »Katathymes Bilderleben« (»Symboldrama«) und Knill/Decker-Voigt ihre »Ausdruckstherapie«, um nur einige zu nennen.

(Während der Aufzählung fällt mir erneut das Überwiegen männlicher »Entwickler« auf... In der gegenwärtigen Weiterentwicklung dieser Verfahren, in ihrer Modifizierung und veränderten praktischen Umsetzung sind, ich will es noch einmal hervorheben, deutlich mehr Frauen engagiert...)

Alle diese Richtungen (so auch die Musiktherapie[n]) haben also wissenschaftsgeschichtlich denselben psychoanalytischen Hintergrund, mögen sie heute auch mehr oder weniger weit von diesem abgerückt erscheinen...

In die Musiktherapie sind jedoch auch teilweise jahrtausendealte Erfahrungen mit der Heilwirkung von Musik als Heil-*Kunst*, die »aus sich heraus wirkt«, eingeflossen. Aus diesem Einfluß sehr früher und früher Musiktherapien entwickelten sich bei uns musiktherapeutische Ansätze, wie sie in Heil- und Behindertenpädagogik, Sonderpädagogik und anderen Bereichen dieser Art Verwendung finden. Gegenwärtig wächst jedoch auch auf diesem Sektor die Bedeutung psychotherapeutisch verstandener und (mehr oder weniger) psychoanalytisch geprägter Musiktherapie.

Gemeinsames in der Verschiedenheit: Grundkategorien

Die Annahme des *Unbewußten* eint auch extrem auseinanderdriftende Therapien – vorausgesetzt, es handelt sich bei ihnen um *Psychotherapien*. Sie eint auch die verschiedensten Formen, Schulen und Verfahren der Musiktherapie – wenn sie sich als *psychotherapeutisch* vor (psycho-)analytischem Hintergrund begreift.

Das *Unbewußte* (in den Anfängen der Psychoanalyse und in weniger professionellen Kreisen wie auch teilweise in den Medien wird auch vom »Unterbewußtsein« gesprochen) wird »orthodox« – und immer noch gültig – gesehen als das große, tiefe und daher undurchsichtige Meer unserer Triebe und Affekte, in dem Früherfahrenes (in und außerhalb der Gebärmutter), Archaisches und – ganz besonders – Verdrängtes »lebt«. In diesem Meer unserer Seele, unserer Psyche wirken keine Gesetze von Raum und Zeit und Logik, nur jene der »Psycho-Logik«, die die Tiefenpsychologie und ihr nachfolgende und verwandte »Logien« zu erforschen und erklären versuchen.

Dieses Meer wird bewegt und gesteuert durch das *Lustprinzip* (um Freud weiter zu folgen), welches direkt, elementar und hemmungslos nach Entladung und Erfüllung drängt.

Ein gängiges Bild, um den Status des *Bewußtseins* zu beschreiben: Es segelt als kleines Boot auf jenem Meer...

Wie überall gibt es auch zwischen Bewußtem und Unbewußtem ein »Dazwischen«, einen Zwischenbereich, der die beiden anderen verbindet und in den von beidem etwas einfließt. Um im Bild des kleinen Nachens (Bewußtsein) auf dem Meer (Unbewußtes) zu bleiben: Da gibt es – wenn wir uns im Nachen vorstellen und über den Rand schauen, in die Tiefe – hier und da etwas zu sehen: kleine Fische, Quallen, auch mal Größeres, das kurz sichtbar wird, um wieder im Dunkel abzutauchen. Dies entspricht manchen Tagträumen, manchen Bildern des »Innehaltens«, in denen uns etwas deutlich wird, was gleich wieder verblaßt. Ahnungen, sich anbahnende Erkenntnisse, Erinnerungen – sie tauchen kurz auf und schwinden. Wir nennen diesen Zwischenbereich – zwischen Bewußtsein und Unbewußtem – das Vorbewußtsein. Vorbewußtes läßt sich – im Gegensatz zu Unbewußtem – durchaus »abrufen«, »hochholen«, um wieder zu verschwinden, ohne sich im Speicher des Bewußtseins zu etablieren.

Ein anderes, noch gängigeres Bild: Das Unbewußte ist derjenige Teil des Eisbergs, der sich unter der Wasseroberfläche als unsichtbares Riesengebirge ausdehnt. Unser Bewußtsein ist in diesem Bild eine kleine, winzige Spitze, die aus dem Meer ragt.

Meinen Auffassungen am nächsten kommt das Bild vom Boot auf dem Meer, weil dies dem heute überall verwendeten Begriff der Psychodynamik besser entspricht, mit dem die Psyche des einzelnen Menschen in ihrer Bewegungskraft und -richtung erfaßt wird. Der »Eisberg« ist mir zu starr, zu schwer und schwerfällig als Bild für unsere »bewegte« Psyche.

Weniger orthodox, bedrohlich und negativ, dafür offener und komplexer sehen moderne Psychotherapien die Funktion des subjektiven Unbewußten. So lernen die Schüler eines M. E. Erickson, daß im Unbewußten auch alle positiven Erfahrungen lagern. Auch für Probleme oft schon die Lösungen vorhanden sind, während das Bewußtsein noch um diese Lösungen ringt.

»Vertraue(!) Deinem Unbewußten« ist eine Lebenshaltung, die aus dieser Umbesetzung des Unbewußten resultiert. Andere Forscher empfehlen, alles, was im Augenblick nicht abrufbar ist, was »vorbewußt« ist, »dichte bei«, aber nicht ganz da, als Teil des Unbewußten zu sehen.

Unbewußtes, Vorbewußtes, Bewußtes – der Musiktherapeut Johannes Th. Eschen lehnt sich mit der Aufteilung in – analog – Primärprozeßhaftes, Sekundärprozeßhaftes, Tertiärprozeßhaftes an diese gebräuchliche Dreigliederung an und damit an Günter Ammons Gedanken, die dieser in seinem Buch »Gruppendynamik und Kreativität« entwickelte – ein Buch, das sowohl Musiktherapeuten als auch psychologisch erfahrenen Interessierten einen guten Zugang zu den »künstlerischen Therapien« eröffnet.

Vom Trieb und anderen Systemen

Auch bei der Differenzierung dessen, was die »Triebe im Meer« meint, treffen sich die meisten psychotherapeutischen Richtungen. Zunächst trat die Psychoanalyse mit einer dualen *Trieblehre* hervor, die auf der polaren Spannung zwischen *Libido* (Sexualität im umfassendsten Sinne aller Erscheinungsformen von Sexus, Eros, Agape und ihrer hetero-, bi- und homosexuellen Abwandlungen) einerseits und *Aggression* (anfangs im Sinne von Selbsterhaltungstrieb, später auch Todes- und Destruktionstrieb) andererseits aufbaut. Von dieser polaren Spannung würde die gesamte Psyche und damit auch das Verhalten des Menschen gesteuert.

Daran, daß wir heute wesentlich mehr Komponenten der Persönlichkeitsstruktur differenzieren, daran, daß wir heute anders destruktive *und* konstruktive Aggressionen in uns differenzieren, mag erneut deutlich werden, wovon Entwicklung im Therapiebereich abhängt: vom jeweiligen Menschenbild; dem der Epoche, dem derjenigen Person, die das Therapiekonzept entwirft. Und dieses ändert sich ständig. Nicht umsonst benutzen Thomä und Kächele den Begriff der Psychodynamik, sonst in der Regel auf das Individuum, das Subjekt, bezogen, wenn sie auf die Psychoanalyse-Entwicklung an sich eingehen.

Ein kurzes »Trieb-Intermezzo« an dieser Stelle: Nicht zuletzt ist es der Spieltrieb, der in der Musiktherapie Patienten und Therapeuten im Spielprozeß an Instrumenten vereint. Ihn – den Spieltrieb – sieht die Psychoanalyse interessanterweise erst aktiviert, wenn die existentiellen Triebe (Bedürfnisse) abgedeckt, befriedigt sind. Spieltrieb kann danach sozusagen verkürzt als »Trieb nach den Trieben« interpretiert werden. Mehr davon später im »Spielkapitel«, in dem es um Improvisation an Instrumenten geht.

Unsere (An-)Triebe – auch darin sind sich die sonst so oft streitenden Vertreter der verschiedenen Psycho- beziehungsweise Musiktherapien weitgehend einig – lassen sich nur in Verbindung zu unseren Entwicklungsphasen als Persönlichkeit sehen, von denen die frühesten und frühen besonders prägend sind; in ihnen werden entscheidende Dispositionen für alles Kommende gesetzt.

Nach Freud sind folgende Phasen zu unterscheiden:

- Die orale Phase (von lateinisch os = Mund). Es ist die erste Entwicklungsphase des Menschen (nach seiner Geburt), in der die Hauptquelle seiner (Trieb-)Befriedigung die Nahrung ist;
- Die anale Phase (von lateinisch anus = After). Das (endlich) im Töpfchen von Eltern und anderen zu bewundernde Exkrement ist Besitz des Kindes (es be-sitzt seine Exkremente buchstäblich auf dem Topf). Der Topf kann als »Fabrik« gesehen werden, auf der das Kind eine »Ware« produziert, für die es etwas bekommt: Lob, Bewunderung, Staunen, Zuwendung (hoffentlich). Machtkämpfe werden um den Topf herum ausgetragen. Es wird das »Geben« und »Nehmen« geübt und damit die Eigenständigkeit des Kindes;
- Die ödipale Phase (so benannt nach dem mythologischen Ödipus, der nach Irrungen und Wirrungen – ohne es zu wissen – seinen Vater tötet und seine Mutter zur Frau nimmt). Diese Phase erlebt das Kind als Entdecker seiner Geschlechtlichkeit. Die erste »Dreiecksbeziehung« wird durchlebt, das Teilen von Zuwendung, von Liebe bewußt erfahren und Verzicht (auf den jeweils begehrten gegengeschlechtlichen Elternteil) geübt;
- Die Latenz- und die daran anschließende Pubertätsphase. Das sind jene Entwicklungsstufen, die – meist zusammen – als Einstieg in den Prozeß der geschlechtlichen Reifung betrachtet werden.

Neo-Psychoanalyse und moderne Psychotherapien entfernten sich jedoch durchaus von dieser klassischen Phasenbezeichnung. Sie bedienen sich anderer Interpretationen der verschiedenen frühkindlichen Entwicklungsstufen, zum Beispiel, indem sie andere Zeitrahmen setzen. Dennoch ist die »orthodoxe« Kategoriensammlung hier angebracht, weil, wie bereits angedeutet, in verschiedene Musiktherapien neben offeneren, integrativen Sichtweisen auch klassische psychoanalytische Elemente eingeflossen sind. Zudem ist das in Teil 3 (Aktive Musiktherapie) geschilderte Persönlichkeitsmodell von Fritz Riemann und Thomann/Schulz von Thun psychoanalytischer Natur – wenn auch post-freudianischer...

Vom Ich, vom Es, vom Über-Ich

Auch diese Begriffe aus der Freudschen Struktur- und Instanzenlehre sind Grundlage tiefenpsychologischen Denkens geworden. Die psychische Instanz des
- »Es«: Sie läßt sich mit dem Meer, unserem Unbewußten (fast) gleichsetzen. (Achten Sie einmal darauf, wie oft unsere Sprache »es« benutzt. Daß wir sagen »Es geht nicht!«, wenn wir etwas ohne große Erklärung durchsetzen wollen; »Es geht mir schlecht«, obgleich es *mir* schlecht geht; »Es gibt soviel Unglück in der Welt...« oder »Es ist eine Katastrophe, mit denen zusammenarbeiten zu müssen«, wenn wir keine persönliche Verantwortung wünschen. »Es« ist eben nicht nur unbewußt, sondern zudem auch manchmal praktisch...);
- »Über-Ich«: Das sind alle Empfehlungen, Gebote und Verbote, die wir im Verlauf unserer Sozialisation internalisiert (verinnerlicht) haben;
- »Ich«: Gilt als außerordentlich diffizile und differenzierte »Brücke« zwischen den Forderungen des Es (Triebe, Ansprüche, Bedürfnisse) und des Über-Ichs (was ich darf und was nicht). Vermittler zwischen mir und meiner Umwelt.

Teil unseres Ichs sind unsere *Abwehrmechanismen*. Sie können als Versuche des Ichs betrachtet werden, all jenen Ängsten gegenzusteuern beziehungsweise diese auszuhalten, welche in den Spannungsfeldern zwischen Person und Umwelt und im Innern der Person selbst (zwischen Es und Über-Ich) entstehen.

Auch hier wird ein Begriff (»Abwehr«) oft fälschlicherweise *ausschließlich* als Negativ-Begriff gesetzt und interpretiert. Oft genug hilft uns unsere Abwehr, unser Widerstand, jedoch ganz positiv, nämlich bei der Selbstbehauptung, beim Überstehen oder Lösen bestimmter Probleme. Doch ebenso oft genug verstärkt Abwehr in uns auch das Unangenehme oder gar Schmerzhafte. Zu den wichtigsten Mechanismen, mit denen wir das Auftauchen unbewältigter, unverarbeiteter Reste aus den Tiefen unseres dunklen Meeres abwehren, gehört die *Verdrängung*. Dabei werden Erlebnisse früher Zeit (wie, daß man sich als Kind von der Mutter nicht »bedingungslos« geliebt gefühlt hat, sondern nur »bedingt«, nämlich wenn man sauber, niedlich, brav, besonders fleißig oder auch nur still gewesen war) beiseite geschoben, indem die Erinnerung daran nicht hochkommen darf. Oder ein spektakuläres Beispiel: die Inzesterfahrungen einer Tochter mit dem Vater.

Alle diese verdrängten Erfahrungen führen nachgewiesenermaßen zu einem Energieverlust, und zwar genau dadurch, daß wir diese Erlebnisse wegschieben, nicht bewußt erinnern wollen. Und: Je länger, je schmerzhafter die Verletzung damals war, desto länger wird verdrängt, desto mehr haben die Verdrängungen Zeit zu »psychischen Metastasen« auszuwuchern.

Ein Beispiel aus der Musiktherapie:

»Ich denke nicht mehr an Vaters Schläge in meiner Kindheit«, sagte ein neununddreißigjähriger Patient, der selbst zärtlicher Vater zweier Kinder ist, in einer Musiktherapie-Stunde. Er war aufmerksam genug, um anschließend selbst (gequält) über die Erkenntnis zu lachen, daß ein Mensch besonders dann an etwas denkt, wenn er »nicht daran denken« will oder soll. (Lesen Sie einmal diesen Satz: »Bitte denken Sie jetzt nicht an ein rosarotes Krokodil mit blauen Punkten!« ... Und woran dachten Sie eben?)

Im weiteren Verlauf der Therapiestunde dachte mein Patient mit positiven Gefühlen deutlich mehr an seine Kinder als an seinen Vater. Um dann bei meiner Einladung, zum Thema »väterlich sein« zu improvisieren, wie besessen mit Schlegeln auf die Pauke zu hauen – vier lange Minuten lang, an die sich ein Tränenausbruch anschloß und verzweifelt oft das therapeutische Gespräch, das sowohl seine Erinnerung an den Vater zentrierte als auch seine ständige Angst, wie dieser zu sein (weswegen er den eigenen Kindern keinerlei Grenzziehungen und Verbote zumutete).

Ein weiterer Hauptmechanismus, mit dem wir abwehren, ist die *Projektion* (des Unangenehmen in mir selbst auf andere). Denken Sie bei diesem Begriff ruhig an einen Dia-Projektor, in dem zwar das Bildoriginal steckt, der aber das viel größere Bild an die Wand wirft.

Ähnlich geht unser Unbewußtes vor: Mein eigenes, höchst unangenehmes Selbst-Bild wird nach außen – auf einen anderen – projiziert, übertragen. Nun kann ich mich über diesen Menschen (statt über mich) tierisch aufregen, was für ein Ehrgeizling er doch ist usw. usf. Solche Projektionen sind ebenso »verkehrt« (und plagen uns selbst wie die anderen, auf die wir projizieren), wie das Originalbild verkehrt herum im Dia-Projektor steckt. (Im Neuen Testament findet sich für diesen Vorgang der Projektion das Bild vom Menschen, der den Splitter im eigenen Auge nicht sieht – wohl aber den Balken im Auge des anderen.)

Im Unterschied zur Funktionellen Musiktherapie stellt in der psychoanalytisch ausgerichteten Musiktherapie der Therapeut eine wichtige – weil »heilsame« – Komponente dar. Und *das* Mittel in einer therapeutischen Beziehung ist die sogenannte *Übertragung*. Das bedeutet: Der Patient überträgt die Gefühle aus seiner verunglückten, kränkenden, krankmachenden Beziehung zum Vater, zur Mutter, zu einer anderen Bezugsperson der frühen Kindheit auf den Therapeuten. Wenn die therapeutische Beziehung in dem Sinn erfolgreich ist, daß die Übertragung dieser Gefühle auf den Therapeuten gelingt, erlebt – reaktiviert – der

Patient frühere Erlebnisse und Gefühle noch einmal und macht sie so einer Bearbeitung und damit einer Überwindung zugänglich. Dieser psychische Vorgang ist ein »Rückgang«, ein Zurückgehen auf frühere Standorte, in frühe Zeiten.

In diesen Kontext gehört der Begriff der *Regression*. Auch zum Verständnis musiktherapeutischer Prozesse brauchen wir diesen Begriff unbedingt, denn er umschreibt jene rückgewandte Richtung, die unsere Psychodynamik in der Therapie einschlägt. Doch auch ohne therapeutisches Setting können wir *regredieren*, zum Beispiel beim Anhören einer Musik, die uns in starke Gefühle taucht, weil wir dabei vergangene starke Erlebnisse erinnern. Bei manchmal ganz alltäglichen Erfahrungen, wie beispielsweise einem ausgiebigen Vollbad, sind »Teil-Regressionen« möglich. Derart ausgestreckt... im warmen Wasser... umhüllt vom Wasserdampf... mit geschlossenen Augen... und leiser Hintergrundmusik – da baumelt die Seele... und erlaubt innere Bilder, denen sonst kein Platz eingeräumt wird... oder erlaubt sogar die Freiheit, einmal nichts zu tun... nicht einmal innere Bilder... nur Dösen... sozusagen Meditation auf unterer Ebene... der Mensch muß sich im wunderwarmen Badewannenwasser gar nicht erst ans Fruchtwasser im Uterus erinnern... der Mensch kann auch so ein bißchen regredieren... in Zeiten, in denen das möglich ist... fallenlassen... zurücklehnen... Seele baumeln lassen...

Die Stufen der Regression, das erinnernde Zurückgehen in frühe und früheste Zeiten, stellen eine Durchgangsphase dar. Eine gelungene Therapie bedeutet, daß der Patient, immer begleitet vom Therapeuten, nach diesem Weg zurück und der damit verbundenen Durcharbeitung der Kränkungen, auf demselben Weg wiederkehrt in die Realität der Gegenwart, in sein jetziges Lebenskonzept. Entsprechend wird dieser Weg *Progression* genannt, der Weg »nach vorn«.

Die analytische Grundregel in der analytischen Musiktherapie

Vielleicht sind Sie beim Lesen der letzten Zeilen »in das Bild« gelangt, wie Sie da in der Wanne liegen. Vielleicht haben Sie bemerkt, daß ich Sie zu »induzieren« versuchte, einzuführen in dieses Bild, das letztlich nur Sie kennen können. *Sie* erinnern Ihr Bad, Ihre Wanne, Ihre Hintergrundsmusik – nicht ich.

Ähnlich war es mit der Einladung, zum Thema »Väterlich sein« auf Instrumenten zu spielen, die ich weiter oben schilderte.

Dabei wird die analytische Grundregel angewandt, die sich in allen Psychotherapien seit der klassischen Psychoanalyse hält – soweit diese mit *Assoziationen* arbeiten. Sie besagt, daß der Patient (Analysand) alle seine Einfälle und inneren Bilder ohne gedankliche Kontrolle ausspricht. Der Therapeut (Analytiker) wiederum bietet dann diese Assoziationen, Einfälle und Bilder als Informationen aus dem Unbewußten an; er sieht Bedeutungen darin, deren Deutung er anbietet.

Fragwürdig wird in meinen Augen eine Therapie nicht, wenn der Therapeut solche Deutungen anbietet, wenn er »interpretiert« oder nach Bedeutungen fragt. Fragwürdig wird eine Therapie erst, wenn der Therapeut seine Deutungen, seine Interpretationen beim Klienten durchsetzen, sie ihm überstülpen möchte, wenn *er* recht haben will.

Analytische Musiktherapie oder eine ihrer Methoden, die »Assoziative Improvisation«, Rezeptive Musiktherapie oder andere Psychotherapien, die mit dem »freien Einfall«, der Assoziation, arbeiten, sind jedoch keineswegs so orthodox psychoanalytisch, wie Freud es mit seinen Patienten auf jener berühmtesten Couch aller Zeiten gewesen ist. Es gibt auch Musiktherapeuten, die sich der Deutung ganz enthalten oder diese mit dem Mitspieler zusammen erarbeiten. Und es gibt die Aktive wie die Rezeptive Musiktherapie, in der überhaupt nicht gedeutet wird, sondern lediglich im Hier und Jetzt die Gefühle ausgesprochen, mitgeteilt werden, die sich beim Hören oder Spielen einstellen. Dennoch behält das, was mit der analytischen Grundregel in der klassischen Psychoanalyse angesprochen wird, nämlich die zentrale Rolle der Einfälle, der inneren Bilder, der Gefühle des Patienten oder des Teilnehmers an einer Improvisation seine Bedeutung.

Der Mitspieler in einer Musiktherapie, in der die Erinnerungen, die Bilder, die Gefühle von früher Platz finden, weil sie sonst keinen Platz haben (nur den verdrängten Platz), macht dabei mit seinem Gegenüber, dem Musiktherapeuten, neue Erfahrungen, weil dieser nicht die Bezugsperson von früher ist, dessen Rolle der Patient ihm zeitweilig »zugeschoben« hatte.

In einem solchen Prozeß können dann alte (Fehl-)Verhaltensmuster beziehungsweise Verzerrungen und Störungen in der Selbst- oder/und Fremd-Wahrnehmung aufgelöst werden.

Ausnahmsweise ein »Je – desto«

Für diese Störungen gilt allgemein der Erfahrungswert: Je stärker eine Erkrankung, eine Störung ausgeprägt ist, je hartnäckiger (resistenter) sie sich zeigt, desto weiter reicht ihr »Herd« in die Kindheit zurück, desto früher wurde sie »angelegt«. Solche »Je – desto-Aussagen« arbeiten wie alle Diagnosen stets mit einem Irrtums-Risiko, weshalb sich auch die Meinung durchsetzt: Nur *mit* dem Patienten zusammen kann die Diagnose gesucht werden, und *finden* kann sie nur er allein.

Entstehen sieht das psychoanalytische Denken die allermeisten dieser Störungen, die zu heilbaren Krankheiten und zu unheilbaren (aber »umgänglichen«) Dauerbehinderungen führen können, dadurch, daß ein Mensch in einer der frühen Kindheitsphasen stecken –, darauf fixiert geblieben ist oder zu spät herausfindet und somit Anteile seiner behinderten kindlichen Psyche durch sein Erwachsensein hindurchträgt. (Oder auch nicht trägt, sondern darunter zusammenbricht.)

»Erinnern, wiederholen, durcharbeiten« war für Freud die Grundformel seiner Psychoanalyse. Ein unabwendbares Muß ist dies nicht mehr für die nichtorthodoxen Psychotherapien der

Gegenwart und damit auch für die Musiktherapie – schon gar nicht in der genannten Reihenfolge. Verschiedene Therapien setzen beispielsweise beim gegenwärtigen Leben des Patienten an und nicht beim Erinnern früherer Zeiten. Dennoch ist der Prozeß des »Erinnern, Wiederholen, Durcharbeiten« in weiten Bereichen der noch lange nicht »ausgewickelten« Rezeptiven Musiktherapie, in der das Hören einer vertrauten Musik sofort zu Erinnerungen führt (an Situationen und an Personen und an Emotionen), nach wie vor von Bedeutung.

Von der Eignung einer Therapie oder: »Was nehm ich nur...«?

Die Frage nach der Eignung einer Therapie für den einzelnen und seine besonderen Beschwerden ist vermutlich genau so alt, wie es verschiedene vergleichbare und somit konkurrierende Therapien gibt.

Was ist »angezeigt«, was nicht? (Beim Rückübersetzen ins Lateinische haben wir das »indicare« beziehungsweise das Gegenteil, das »contraindicare«). Wie steht es also mit der Indikation oder Kontraindikation einer Therapie, in unserem Fall: einer Musiktherapie?

Allgemein sehe ich die Frage nach der Indikation oder Kontraindikation einer Therapie immer mehr abrücken vom »Was nehm ich nur...?« aus dem Therapienspektrum.

An die Stelle des *Was* nehme ich? ist in den letzten Jahren nach einigen Untersuchungen zur Effizienz von Psychotherapien mehr und mehr das *Wen* nehme ich? getreten (das heißt, die Persönlichkeit des Therapeuten ist deutlich in den Vordergrund, das Verfahren in den Hintergrund gerückt. Ausschlaggebend für den Erfolg, für das Eintreten der erwünschen Resultate einer Therapie, so hat sich bei diesen Untersuchungen herausgestellt, ist zunehmend die

Qualität der persönlichen Beziehung zwischen Therapeut und Klient(en).

Wer als Therapeut von seinem Therapieverfahren als helfende Begleitungsmöglichkeit für andere (und sich selbst) überzeugt ist, wer sich mit diesem Verfahren identifiziert und es immer mehr zu »seinem« Verfahren macht, indem er ihm »Persönliches« beigibt, gibt auch dem Patienten etwas, macht ihn »be-gabt«.

Auf dem Kongreß für Kunsttherapien, der American Association of Artist Therapists 1988 in San Francisco formulierte es jemand in westamerikanischer Saloppheit so: »Wer von uns Therapeuten sich selbst mag, wer seine Methode mag als Hilfe für den Patienten, den mag auch der Patient, weil er dadurch lernt, sich selbst zu mögen.«

Wenn wir in diesem Satz an den entsprechenden Stellen »Akzeptanz« und »Prozeß-Effizienz« und »Selbstakzeptanz« sowie »Übertragungsbeziehung« eintragen – dann sollte diese Aussage sogar für hiesige Ohren »erträglich« sein.

Wie ist es nun in der Musiktherapie? Es sind keine Erkrankungen bekannt geworden, bei denen speziell Musiktherapie(n) kontraindiziert ist. Wohl gibt es therapieresistente Personen, bei denen jede Therapie – auch Musiktherapie – versagt hat, doch aufgrund der oben angeführten Forschungsergebnissen steht zu vermuten, daß es jeweils der Therapeut war, der für den Patienten »nichts-sagend« blieb.

Musiktherapie zählt zu den Kommunikationstherapien; sie »holt den Patienten dort ab«, wo er gerade steht, im übertragenen Sinn. Dieses Abholen wird inzwischen in den meisten Psychotherapien praktiziert. Für die Musiktherapie differenzierte R. Benenzon (Buenos Aires) dieses Abholen auf verschiedenen Ebenen der Persönlichkeit über sein »ISO«-Prinzip: Der Therapeut begibt sich zunächst auf die Entwicklungsebene, auf der sein Patient gerade ist, um von dort aus gemeinsam mit ihm not-wendende Änderungen im Erleben und im Lebenskonzept zu erarbeiten.

Welche Therapie, welche Musiktherapie? Die Antwort darauf sollten Patient und Therapeut vor dem Hintergrund der Qualität ihrer Beziehung finden (wie sie sich in ihrem Arbeitsbündnis miteinander fühlen). Aus diesem Grund arbeiten die meisten Therapeuten auch mit einer Art Probezeit, in der beide Seiten diesen Beziehungsaspekt prüfen können. Denn wie sonst überall, so hier erst recht, hat die Beziehung Vorrang vor dem Inhalt – der in der Therapie ja wieder die Beziehung sein wird.

Anwendungsfelder psychotherapeutisch verstandener Musiktherapie

Neben der immer wichtiger werdenden Aufgabe der psychoanalytisch ausgerichteten Musiktherapien, auch prophylaktisch zu wirken in einem Zeitalter, das wir eingangs als narzißtisch-schizoid charakterisierten, haben sich folgende Anwendungsbereiche herauskristallisiert:
o Psychoneurotische Störungen. Darunter fallen die obengenannten Störungen in der Selbst- und Fremdwahrnehmung; weiter gefaßt zählen dazu alle Erkrankungen, bei denen die gestörte Verarbeitung von Erlebnissen besonders deutlich wird (in sich ankündigenden oder akuten oder nicht endenwollenden Lebenskrisen beispielsweise), ohne daß klare Krisenmerkmale registriert werden. Die klassische Neurosenlehre differenziert hier die Hauptformen Schizoidie, Depression, Zwanghaftigkeit und Hysterie.

Was die Nutzung dieser Klassifikation betrifft, so gibt es folgende Probleme: Dieselben Begriffe werden in verschiedenen allgemeinen Persönlichkeitsmodellen des Menschen verwendet, die *jeden* Menschen erfassen wollen, also nicht der Beschreibung von Krankheitsbildern vorbehalten sind. Man hat erkannt, daß sich schizoide, depressive, zwanghafte und hysterische Anteile in jedem von uns »mischen«, daß mit dieser Terminologie nicht ausschließlich Krankheit erfaßt werden kann. An späterer Stelle in diesem Buch werden wir uns damit befassen, wie sich diese verschiedenen Persönlichkeitsanteile in der freien Improvisation »anhören« können, wie Musikhören den schizoiden, depressiven usw. Teil in uns offenbaren und klären helfen kann, und wie man lernt, damit umzugehen.

Psychoneurotische Erkrankungen sind nur in den seltensten Fällen mit (hirn-)organischen Veränderungen beziehungsweise überhaupt mit somatischen Beschwerden verbunden.

Hier kommen wir zu einem weiteren, zweiten, Anwendungsfeld der Musiktherapie, der

- Psychosomatik oder den psychosomatischen Erkrankungen, also körperlichen Beschwerden, die in Wechselwirkung mit psychischen Fehlfunktionen oder Störungen entstehen.

  Ein dritter Anwendungsbereich für die Musiktherapie ist der Komplex der

- Psychosen oder psychotischen Erkrankungen. Das heißt Geistes- oder Gemütskrankheiten, die mit hirnphysiologischen Veränderungen einhergehen können.

Auch hier ist eine Aufweichung im Gebrauch der klassischen Terminologie zu beobachten, insofern, daß auch der normale menschliche Umgang bestimmte Wesenszüge aufweisen kann, die als psychotisch bezeichnet werden können, die zeitweilig, manchmal auch nur kurzfristig, auftauchen und an die typischen Krankheitsbilder erinnern.

Einige »exotische« Anwendungsfelder

Die Erkenntnisse der Tiefenpsychologie wie auch der aus ihr erwachsenden Psychotherapien (auch wenn diese, wie zum Beispiel Musiktherapie, noch nicht alle »erwachsen« sind) fanden im letzten Jahrzehnt in Mitteleuropa auch immer stärker Eingang in Management und Managementstrategien, Werbung, Öffentlichkeitsarbeit von Kirchen, Staat und Politikern.

So etwas erscheint uns »exotisch« als Anwendungsfeld für

Therapien, die üblicherweise vorwiegend mit Kranksein, mit Behandlung assoziiert werden. Dabei wird jedoch vergessen, daß die Kunst des sozialen Miteinanders, die wir mit dem sozialpsychologischen Begriff Gruppendynamik erfassen und an der sich zahlreiche Therapieverfahrensschritte orientieren, ihre Anfänge in Führungskreisen der amerikanischen Wirtschaft nahm.

Und in ebendiesen Führungskreisen von Wirtschaft (und Medien) nimmt – neben anderen künstlerischen Therapien, wie beispielsweise Ausdruckstherapie – Musiktherapie an Bedeutung zu. Mittlerweile gibt es viele Psychologen wie den Schweizer Peter Müri, die sich auf diesen Sektor beziehungsweise auf diese soziale Schicht spezialisiert haben, in Forschung wie in Praxis.

Welche Ziele verfolgt therapeutische Arbeit dieser Art?
– Mehr Authentizität (Echtheit) sich selbst und anderen gegenüber zu erreichen und zu zeigen;
– *bewußt* zu leben und diese Bewußtheit weiterzuentwickeln;
– Harmonie zwischen Emotion, Absicht und Handeln herzustellen und zu erhalten beziehungsweise dort, wo diese nicht besteht, vielleicht nicht bestehen kann, mit Dissens und Konfrontation in mir selbst und mit anderen umgehen zu lernen.

Lassen Sie mich – an obiges anknüpfend – meinen Exkurs über Grundkategorien der Psychoanalyse und Psychotherapie (und damit auch der Musiktherapie) mit einer Spruchweisheit aus dem 18. Jahrhundert beenden, die ich bei Stephan Lermer zitiert fand: »Mein Ziel ist es, so viel Kraft zu haben, um die Dinge zu ertragen, die nicht zu verändern sind, so viel Mut zu haben, die Dinge, die veränderbar sind, auch tatsächlich zu verändern, so viel Weisheit, um beides voneinander unterscheiden zu können.«

Teil 2
Vom Musikhören zum Gespräch – Rezeptive Musiktherapie als Psychotherapie

Von der Bedrohung zum Genuß: eine Deutung frühen Hörens

Aus der Stille des Stillens entstehen die neuen Dialoge zwischen Säugling und Mutter. Neu deshalb, weil beide bereits miteinander kommuniziert haben, neun Monate lang – über den mütterlichen Herzschlag, Darm-, Muskel- und Gelenkgeräusche. »Dialoge« gab es auch mit dem Außen, mit den Geräuschen, die das Kind als Embryo und Fötus vernahm. Lange hieß es, daß der Fötus ab fünftem Monat »wirklicher hört« als vorher (d. h. empfänglicher für akustische Reize ist). Das ist durch neue Forschungen, z. B. von A. Tomatis, zumindest relativiert worden. Auch der Embryo wird bereits durch die intra- und extrauterine Klangwelt geprägt.

Nach der Geburt, »postnatal«, kommen Saug- und Schmatzgeräusche, Stimmklänge von Mutter und Vater und anderen, manchmal deren Zusammen-Klänge, erste Töne beim vielleicht ersten Liedgut, sicher aber Töne und Geräusche, die das Zimmer spielt, hinzu: Heizung, Türknarren, Papierrascheln, das Quietschen des ersten Spielzeugs (zunächst noch lange und oft von Erwachsenen verursacht). Dazu die Töne und Geräusche aus den Nachbarzimmern, von der Straße ...

Das Kind nimmt dies alles auf – zusammen mit der Nahrung aus der Mutterbrust. Und so treffen in dieser ersten Zeit die oral aufgenommene Milch als Lebensmittel mit den auditiv aufgenommenen akustischen Lebens-Mitteln zusammen. (Sie erinnern sich, daß mangelnde akustische Reizzufuhr und -aufnahme ein Versiegen des Hirnstroms bedeuten und somit töten.) Später dann trennen sich diese beiden Lebensmittel-Ströme.

Von der Unterhaltung zum Unterhalt

Musik in ihrer Eigenschaft als nicht nur seelisch, sondern nachweislich auch von unserem Hirn benötigte energetische Nahrung, will ich als »Unterhaltung« bezeichnen, eß- und trinkbare Nahrung als »Unterhalt«. Und ich meine weiter, daß sich die Funktion von Musik tatsächlich »von der Unterhaltung des Menschen zu seinem Unterhalt« entwickelt.

Überhaupt lohnt es sich, über diesen Wort- und Sinnzusammenhang immer dann nachzudenken, wenn von Unterhaltung die Rede ist. Ein großer Teil dieser Unterhaltung ist nichts als (überflüssige) Reizüberflutung, ihr Kern jedoch lebensnotwendiger Unterhalt. Nicht umsonst ist es wirklich eine Auszeichnung, wenn wir von einem Menschen oder einer Gruppe sagen: »Mit dem (denen) dort kann man sich bestens unterhalten.«

In dieser ersten Zeit jedoch ist überhaupt alles ein Zusammen-Spiel und Zusammenfallen von Unterhaltung und Unterhalt: Geräusche und Töne, Berührung, Gerüche und Geschmack. Und das alles bildet den Rahmen für die Mitte, das Wichtigste: das Hören und Fühlen und Schmecken der Mutter. Hier geht es um die neuen Wechselbeziehungen zwischen Mutter und Kind, um Aktion und Reaktion, die zu Interaktion werden. Jenes »Hin und Her«, eine Wechselseitigkeit, die vermutlich den intensivsten und intimsten »Kommunikationswert« besitzt, um noch einmal den bereits erwähnten Jürgen Fritz zu zitieren.

Die erste Musik der Außenwelt

Dieses »affektive Klima« der Frühzeit in der Außenwelt (nach der uterinen Innenwelt), welches aus der Interaktion von Mutter und Kind erwächst, speist sich aus unzähligen Signalen und Reizen, mittels derer kommuniziert wird.

René A. Spitz lieferte uns zwei wichtige Gedanken zu Struktur und Rezeption der ersten »Musik der Außenwelt«. Zum einen:

Alle Signale und Reize im Hin und Her zwischen Mutter und Kind entsprechen nicht nur den Elementen dieser Musik, vielmehr sind sie identisch mit ihnen (und den Elementen der Bewegung). Zu den kommunikativen Signalen zählt Spitz Rhythmus, Tempo, Dauer, Tonhöhe, Klangfarbe, Resonanz, Schall, Gleichgewicht, Spannung (der Muskulatur und anderem), Körperhaltung, Temperatur, Vibration, Haut- und Körperkontakt und fügt hinzu, daß wahrscheinlich noch eine Reihe anderer Signale, die der Erwachsene kaum bemerkt und die er gewiß nicht in Worte fassen kann, zu diesem Pool hinzukommt.

Diese letzte Vermutung über das Viele, was der Erwachsene nicht bemerkt, was aber »wirkt«, stützt die Hypothese einiger Untersuchungen zu Mutter-Kind-Interaktionen, nach der die Mutter in der letzten Schwangerschaftszeit gewissermaßen regrediert, zurückgeht zu präverbalen (vorsprachlichen) Formen der Kommunikation, um den Säugling dann postnatal »verstehen« zu können – auf jener Kommunikationsebene, die uns Erwachsenen nicht zugänglich und nicht beschreibbar ist (einer Mutter ohne Schwangerschaftszeit ebenfalls nicht). Oder um es im Psycho-Jargon zu sagen: Die Mutter verändert ihr Kommunikationsverhalten, um den Säugling »abholen« zu können – dort wo er »steht«, wo er sich ver-ständigt und ver-standen werden kann.

Der zweite Gedanke von Spitz betrifft den Vorrang der Aufnahme dieser Signale durch den Säugling. Spitz spricht von »Bahnen«, in die diese Kommunikationssignale gelenkt werden, hin zu einem Empfindungssystem, das er als »coenästhetische Organisation« bezeichnet (= eine angeborene Rezeptionsfähigkeit gegenüber affektiven Vorgängen). Diese frühe Fähigkeit zum Rezipieren ist etwas anderes als die spätere rezeptive Wahrnehmung. Wahrnehmung als rezeptiver Vorgang setzt Bewußtheit voraus (und gab einer ganzen Musiktherapierichtung ihren Namen).

Geräusch als Bedrohung

Der Psychoanalytiker Heinz Kohut sieht die Bedrohlichkeit, die die fremde Außenwelt nach der geschützten Innenwelt des Uterus zunächst vermittelt, in der Vielfalt der Geräusche begründet. Das Kind (das sich in der autistischen Phase dadurch schützt, daß es sich mit einem inneren Schild unter anderem gegen die Überfülle einströmender akustischer Reize schützt [Reizschild]) sieht Kohut als diesen Reizen ausgesetzt an. »Dieses Ausgesetztsein muß eine frühe, enge Assoziation zwischen Geräusch und bedrohlicher Außenwelt schaffen, die der Ruhe und Sicherheit entgegensteht.« In diesem Zusammenhang spricht Kohut auch von »symbolischer Assoziation«, in der das Geräuschspektrum die Bedrohlichkeit all dessen symbolisiert, was nicht direkt mit der Mutter, ihrer Stimme, ihrer Berührung, ihrer Nahrung usw. zu tun hat.

Kohut spricht in diesem Kontext vom sogenannten »Moro-Reflex«, den alle jene von uns schon selbst beobachten konnten, die Säuglinge von Geburt an in ihrer Entwicklung begleiten durften. Mit diesem Reflex reagiert der auf dem Rücken liegende Säugling auf laute Geräusche (= deutliche Bedrohung): Das Kind versteift die unteren Gliedmaßen, verzerrt das Gesicht (Grimasse), streckt die Arme nach oben aus. Sekunden später (meist unmittelbar nach dem Geräusch, aber auch bei anhaltendem Lärm, etwa durch einen Preßluftbohrer unten auf der Straße oder den Staubsauger neben der Wiege) schreit es kurz auf und vollführt eine Umarmungsbewegung, indem es die gestreckten Arme zusammenführt. Danach entspannt es sich deutlich.

Diesen Reflex zeigen wir auch als Erwachsene, wenn auch in abgeschwächter Form, und zwar immer dann, wenn wir unter Overstreß und Distreß leiden, ganz allgemein unter besonderer Belastung stehen und – wenn wir auf Geräusche extrem empfindlich reagieren. Und was für den Gesunden unter extremer Belastung zutrifft, gilt um so mehr für den Erschöpften, dem sein Arzt endlich einen Ortswechsel verordnet, mit dem sich die Rezeption des Patienten verändern soll, weil dieser »nichts mehr aushält«

(und damit an erster Stelle Geräusche meint). Erst recht läßt sich diese Art der Geräuschempfindlichkeit bei psychisch Kranken beobachten.

In allen diesen Fällen reagiert der »geschwächte Rest des Ich« (wie damals) mit der Assoziation von Geräusch mit Bedrohung. Der Moro-Reflex verläßt uns nicht und erfaßt auch den vollkommen Gesunden – wenn hinter ihm beim Gespräch auf dem Bahnsteig ein Zug durchjagt oder ein fernes Düsenflugzeug sich im Tiefflug nähert...

Von der Bedrohung zum Angenehmen

Nach und nach lernt das Kind, Geräusche zu unterscheiden und mit einzelnen Geräuschen Angenehmes zu verbinden. Während die Stimme der Mutter ohnehin schon eine Weile mit dem wunderbaren Lebensmittel und seiner lustvollen Verabreichung assoziiert wurde, hat jetzt auch das Quietschen der Küchentür etwas damit zu tun; von dort kommt der Brei oder das Badewasser aus dem Boiler, der auch seinen eigenen »sound« besitzt.

Allmählich steht immer weniger Außer-Mütterliches für Bedrohliches und zunehmend mehr für Angenehmes, Befriedigendes, Fütterndes, Sättigendes. Während Geräusche also bis dahin Bedrohung symbolisierten und entsprechende Abwehr auslösten, wird immer häufiger auch Positives damit verbunden. Und Symbole stell-vertreten auch oft etwas, was nicht unbedingt real ist...

Künftig wird die Geräuschwelt für das Kind beides bedeuten: Symbol für Bedrohliches *und* Symbol für Freudiges, Positives, Neugier Weckendes.

Womit wir bei der Musik sind, die das Kind bald hören, und die den Jugendlichen und Erwachsenen nicht loslassen wird – in negativer wie positiver Hinsicht.

So wie die Lust am Schaukeln in der Wiege (Kohut spricht von »kinästhetischer Erotik«) als Vorstufe der Freude am Tanzen gesehen werden kann, so läßt sich die Beziehung, die wir als Säuglinge zur damaligen Geräuschwelt entwickeln konnten, auf unsere Musikrezeption als Erwachsene übertragen. Dieser Satz ist für mich unter jenen Gedanken, die anderer Leute und mein Musikerleben psychoanalytisch und damit therapeutisch zum Gegenstand haben, einer der Schlüsselsätze. Er läßt neben der Erklärung der Beziehung zu gehörter Musik auch die Schlußfolgerung zu, daß der spontane, spielerische Umgang des Kleinkindes mit Geräuschen und Geräuschinstrumenten offenbar eine Komponente des »Erinnerns, Wiederholens, Durcharbeitens« darstellt, wie Freud es für die Psychoanalyse forderte.

In der aktiven Improvisation mit erwachsenen Patienten wird vor diesem Hintergrund auch deutlich, welche Dimension die Bedeutung des Geräusches und des Umgangs mit dem Geräuschinstrument, des verfremdeten Klangs auf einem Instrument für den Spieler annehmen kann. Klänge der frühen Kindheit...

Ein Aufgreifen verdient dieser Gedanke auch in anderer Hinsicht: Ob unser Import vieler außereuropäischer Musik und ihrer Geräuschinstrumente, mit nicht nur (uns vertrauten) Halbtonschritten, sondern auch Viertel- und Achteltönen, nicht deshalb so zunimmt, weil er unserem Bedürfnis nach elementarem Spiel, nach Archaischem stärker entgegenkommt, als der größte Teil unserer eigenen Kunstmusik es vermag?

Halten wir noch einmal fest: In der freien Gruppenimprovisation der Musiktherapie kommt beides zusammen: das Spiel mit der Musik der Erwachsenen und die Musik des Kindes in uns.

Vom Angenehmen zum Genuß

Kohut sieht in Musik schlechthin, vor allem aber in ihrer formalen Gestaltung (Anfang und Schluß; Wachsen und Abschwächen; Crescendo, dem ein Decrescendo folgt), eine Hilfe für das Kind, die primitive Zerstörungsangst zu bewältigen, von der es bei unbekannten Geräuschen befallen wird. Auch für den vollkommen Unbewanderten wird an den unzähligen freudig-erregten Reaktionen von Säuglingen und Kleinstkindern auf musikalische Klänge ganz generell diese besondere Funktion von Musik für den heranwachsenden Menschen deutlich.

Später, wenn das Kind über die sich allmählich entwickelnde rezeptive Wahrnehmung die elementarsten Formen der Musik differenzieren lernt, so wie vorher das diffuse Geräuschspektrum, wird es auch Formen und Gesetzmäßigkeiten verstehen lernen. Ein für unsere Rezeption sehr wichtiger Aspekt der Musik ist ihre Wiederholbarkeit. Das Kind wird im wiederholten Hören nicht nur musikalische Formen und Gesetze erkennen und verstehen lernen, sondern in eben diesem Hören auch immer sicherer werden, was das Wiedererkennen betrifft. Was ich wiederhole, mir wieder-hole, ist (wird) mir vertraut. Ich kann Wiedergeholtes – wenn es mich sicher macht – verinnerlichen. Verinnerlichen oder Einverleiben – stets wird es für uns eine Form der Bewältigung bleiben.

So wie das Kind in seiner oralen Phase alles Greifbare in den Mund schiebt – nicht nur, um es noch mehr zu besitzen, sondern auch, um es zu einem Teil von sich selbst zu machen, den es damit ganz bewältigt, so »inhalieren« wir Musik, »ziehen sie uns rein«. Und nur von ganz fern erinnert uns noch etwas an die Bedrohlichkeit der Geräuschwelten; wir haben unsere Angst inzwischen auf dem langen Weg zum Genuß von Musik *durch eben diese Musik* bewältigt.

Und nun kann ich mich bei vertrauter Musik entspannen. Diese Entspannung wird dadurch möglich, daß die Spannungsenergie, die das Kind (in uns) braucht(e), um unorganisierte, bedrohliche Geräusche zu neutralisieren, im Musikhören freigesetzt wird.

Hier setzt Kohut mit dem Begriff Genuß an. Wir genießen Musik auch deshalb, weil sie für uns ein frühestes Symbol für Sicherwerden in einer unsicheren Geräuschwelt darstellt. Wir lieben Musik und hören sie immer wieder, weil wir diesen Zustand wiederholen möchten, der uns in die Lage versetzt, der Spannung durch das Bedrohliche im Geräusch die Entspannung folgen zu lassen. Wiederholen von Musik heißt Wiederhören, und Wiederhören bedeutet Wiedererkennen. Diese einfache Reihe ermöglicht es uns, bei jeder Wiederholung etwas weniger Spannung (im negativen Sinne) empfinden zu müssen. Hier bedeutet Reizabschwächung durch Wiederholung nicht Abflachen der Wahrnehmung, sondern die vorher durch die angstmachenden Reize beanspruchten Energien können jetzt in die Steigerung des Genusses investiert werden.

Lassen wir das etwas ältere Kind in dem berühmten dunklen Keller allein etwas suchen – es wird Angst entwickeln und wie in seiner Säuglingszeit jedes Geräusch mit Bedrohung besetzen. Was wird es tun? Vermutlich singen, eigene Geräusche produzieren, vertraute Töne. Und auch der Erwachsene wird diese Ur-Beziehung zum Geräusch durch Töne auszugleichen suchen, beispielsweise indem er singend oder summend seinen Wagen aus der mitternächtlich einsamen Tiefgarage holt; er wird versuchen, dem drohenden Chaos eine vertraute Struktur entgegenzusetzen.

Einige Aspekte dieses Summens und Singens in Situationen der Bedrohung oder Einsamkeit werden wir noch an anderer Stelle im Buch genauer betrachten. Denn Musik »verdoppelt« mich auch, macht mich über mich hinaus größer. Mit dem Summen in der einsamen Tiefgarage oder im dunklen Korridor produziere ich mir noch jemand anderen in den Raum, der außerhalb von mir ist, während ich »innerlich außer mir bin«. Der Ton ist da, die Musik, die mich früher schon einhüllte und schützte...

»Meine« Musik

Findet ein Mensch »seine« Musik, wächst sie ihm langsam oder auch urplötzlich zu, so daß er sie als seine Lieblingsmusik bezeichnen kann oder als Musik, »auf die er steht« (was ja mit Stand-Punkt und Stand-Sicherheit zu tun hat), dann ist dies Ausdruck dafür, daß dieser Mensch und die Musik emotional eins geworden sind. Für Kohut passiert das am deutlichsten am Schluß einer Musik, an dem die »triumphierende Intensität des Schlusses« mit der »Rückkehr... zur Konsonanz« zusammenfällt.

Dies ist ein Augenblick, in dem der Mensch fühlt: Der oder die hat mir aus der Seele gespielt. Und er steht von da an nicht nur auf der Musik, sondern möglicherweise ab sofort auch auf den Komponisten beziehungsweise den Interpreten.

»Meine« Musik heißt, eine Musik mich ganz erfassen lassen können, mich ihr auf allen Ebenen hingeben können, mit ihr eins sein wollen...

Betrachten wir diese Fähigkeiten einmal auf unsere drei Instanzen Es, Über-Ich und Ich bezogen, kann Musik als »Dach« für alle drei Strukturen gesehen werden: Unser Es wird dadurch befriedigt, daß wir in »unserer« Musik oft genug eine Katharsis erleben, eine »Befreiung von seelischen Konflikten und inneren Spannungen durch emotionale Abreaktion« (Kohut). Unser Über-Ich bekommt Futter durch die Tatsache, daß auch »unsere« Musik in ganz bestimmter Regelhaftigkeit begonnen, durchgeführt und beendet sein will (wehe dem Interpreten, der von meiner Musikvorstellung, die ich inzwischen verinnerlicht habe, abweicht!).

Unser Ich nun pendelt – wie sonst auch – zwischen Es und Über-Ich und versucht sich auf dem Brückengang zwischen innerem Hören und äußerer Reaktion zu nähren.

Was wir hier am Beispiel »meine« Musik beziehungsweise »unsere« Musik aus psychoanalytischer und entwicklungspsychologischer Perspektive erarbeiteten, wird auch in der Rezeptiven Musiktherapie eingesetzt, jener Therapie, in der das Hören von Musik einen Zugang zur Persönlichkeit eröffnen soll. Lassen Sie uns jetzt einmal in dieser Weise auf eine solche Person zugehen.

Das Unfall-Beispiel der Frau B. als Fallbeispiel

Ich arbeitete fünf Jahre lang musiktherapeutisch auf einer Station für medikamenten- und alkoholabhängige Patienten. In Weiterbildungsveranstaltungen, die wir Mitarbeiter einander stationsübergreifend anboten, hatte ich das Thema der sowohl prä- als auch postnatalen Bedeutung von Geräusch und Musik behandelt. In meinen Ausführungen ging ich auf die Wirkung von Musik auf das Stammhirn (selbst musikunkundige, kaum mit Musik konfrontierte Menschen reagieren auf Rhythmus und strukturierten Klang) wie auf den psychoanalytischen/entwicklungspsychologischen Aspekt der Bedeutung von Musik für Kleinstkind/Kind/Erwachsenen ein. Letzteres im Blick auf die sichernde, vertrauenfördernde, appellative Wirkung von Musik im Unbewußten.

Einer der anwesenden Neurophysiologen, dessen »Zuhause« das erste Teilthema (die immerwährende musikalische Ansprech-Bereitschaft des Menschen) war, berichtete mir in diesem Zusammenhang von einer seiner Patientinnen, Frau B., die, wie er sagte, in »mein Fach« fiele.

Der Unfall

Frau B., eine fünfunddreißigjährige Frau, Lehrerin, verheiratet, drei Kinder, war auf einer Autobahnauffahrt auf einen Langholzwagen aufgefahren, als sie sich orientieren wollte, ob die Fahrbahn frei sei. Ein Baumstamm bohrte sich durch das Frontfenster und traf sie am Kopf, genauer gesagt, am linken Kopf (linke Hemisphäre). Sie wurde mit einem schweren Hirntrauma eingeliefert und sofort von jenem Neurologen operiert.

Der Operateur hielt auch nach dem Eingriff den Kontakt zu der Patientin aufrecht, obwohl diese inzwischen verlegt worden war. Da sein damaliges Forschungsprojekt (die Klinik war eine Uni-Klinik mit Schwerpunkt Unfallforschung) Patienten mit schweren Hirntraumata erfaßte, war er an einer persönlichen Beobachtung ihrer weiteren Entwicklung interessiert.

Frau B. – ein Fall für die Funktionelle Musik

Seit elf Tagen lag die Patientin nun auf der Intensivstation im Koma und zeigte keinerlei reaktive Signale – weder im Zusammenhang mit den pflegerischen Aktivitäten, noch bei den Besuchen ihres Mannes und der beiden älteren Kinder (die ihrerseits eine Begleitung in ihrer Hilflosigkeit gebraucht hätten). Mit einer Ausnahme, so der Neurologe: Die Patientin habe einmal, als die jüngere Tochter am Bett zu singen begonnen hatte, tief geatmet und die Augenlider bewegt. Er selbst habe dann um Wiederholung dieses »musikalischen« Angebots« gebeten, aber sowohl die Tochter als auch das Geschwisterkind und der Mann seien emotional zu aufgewühlt und labilisiert gewesen, um darauf einzugehen.

Kurz zuvor hatten wir auf unserer eigenen Station das gerade neuerschienene Buch von A. Mindell über die Begleitung von Koma-Patienten und Sterbenden durchgearbeitet, in dem Mindell die Hypothese aufstellt, daß gerade bei Patienten, deren Bewußtseinsebene ausgeschaltet sei, nichtsprachliche Signale durchdrängen, ankämen und zu einer »Kommunikation inmitten der Bewußtlosigkeit« führen könnten. Uns fiel dabei die Funktion von Musik als präverbales Kommunikationsmittel ein, und so bat ich einen Musiktherapeuten-Kollegen, Frau B. musiktherapeutisch zu begleiten (mit meiner supervisorischen Hilfe), was auch bedeutete, auf einer neurophysiologischen Station tätig zu sein, auf der zuvor noch nie Kommunikationstherapie betrieben worden war.

Vor der ersten Begegnung zwischen Therapeut und Frau B. wurde ein Gespräch mit den Angehörigen von Frau B. arrangiert. Welche Musik hatte Frau B. bevorzugt, welche weniger usw. Und so sammelten der Ehemann und die zwei Kinder Musikbeispiele: Kinderlieder, die Frau B. aktuell mit den Kindern gesungen hatte; Klavierkonzerte von Mozart; amerikanische Folklore und und und... Das Angebot von Vater und Kindern, Frau B.s Platten und Kassetten in die Klinik mitzubringen, nahmen wir an. Einmal, weil es uns im Blick auf die Angehörigen ratsam erschien, diese erste »aktive« Begleitung ihrer schwerverletzten Gattin und Mutter zu fördern und die Apathie aufzuweichen, in der sich die Interaktion in den ersten Tagen am Krankenbett erschöpfte. Zweitens, weil Herr B. erwähnt hatte, daß seine Frau auf ganz bestimmte musikalische Interpretationen Wert legte. Weiter erkundigten wir uns bei Herrn B. und seinen Kindern nach typischen Geräuschen in ihrem Haus auf dem Land, unterteilt in nachttypische und tagestypische Geräusche. Und wir fragten sie, ob sie von Geräuschen wußten, die als typisch für das Elternhaus von Frau B. gelten konnten.

Mit diesen Fragen folgten wir – wenn auch in abgeänderter Form – den Anregungen von Rolando O. Benenzon, der schwerpunktmäßig musiktherapeutische Fragebögen in seinen Kinder-Therapien einsetzt, um seine Patienten möglichst umfassend musikalisch-akustisch »abholen« zu können (ISO-Prinzip). (Eine von mir leicht modifizierte Form eines von ihm entwickelten Fragebogens wird an späterer Stelle zur Veranschaulichung und Anregung wiedergegeben).

Die Mithilfe der Angehörigen – eine Hilfe für alle

Bei jenem Gespräch mit den Angehörigen von Frau B. über »typisch Akustisches« in ihrem Zuhause bemühten diese sich um eifrige Gesprächsbeiträge wie zuvor schon bei den Fragen nach Frau B.s Vorlieben bezüglich Kunst- und Volksmusik. Das Schildern der Hausgeräusche – so war unser Eindruck im Therapeutenteam – erzeugte bei den Angehörigen ein »Brücken-Gefühl«: Die Welt dieser Intensivstation war nur scheinbar so entsetzlich weit vom Zuhause entfernt, in das auch die kranke Mutter gehörte – nicht hierher, nicht in diese distanzierende, befremdende »Sultans-Verkleidung« (Turban), in diese Verlustangst steigernde Stummheit der Kommunikation.

Im Krankenzimmer sammelten wir in einem letzten Gespräch die nachttypischen Geräusche aus der häuslichen Umgebung von Frau B., dabei – mit A. Mindell – darauf hoffend, daß Signale unserer Unterhaltung über Frau B.s Zuhause durch den Schutzschild ihres Komas (als solchen interpretierten wir ihren Zustand) drangen.

Beim nächsten Zusammenkommen erschien auch freiwillig das dritte Kind, welches sich bisher geweigert hatte, die verletzte Mutter zu sehen. (»Ihr Kopf ist ganz eingewickelt, wie bei einer Sultanin«, hatte man ihm berichtet.)

Im Austausch mit meinem Kollegen verstärkte sich bei uns beiden der Eindruck, daß diese »Mitarbeit« der Familienangehörigen zunächst ganz allgemein eine wichtige Entlastung für sie alle selbst darstellte; sie konnten beim »Sprechen über Mama und ihre Musik« Mithilfe leisten, sie konnten ihre Kommunikation, die vorher durch das Ereignis wie gelähmt schien, um ein wichtiges Thema zentrieren.

Auch das vierjährige Kleinkind schien durch die Nachricht, daß im Zusammenhang mit der verletzten Mutter da über Musik gesprochen würde, seine Angst zu verlieren, die Mutter nicht mehr wiederzuerkennen. Wahrscheinlich hatte der Bericht, die Mutter sehe »anders« aus als sonst, wie »eine Sultanin«, jene Ängste aktiviert, die Kleinkinder oft haben, wenn Eltern sich verkleiden (zusätzlich zum angstbesetzten Miterleben, daß man um Mutters Leben bangte).

Das Sammeln der wichtigsten positiv besetzten Musik hätte schneller vonstatten gehen können, aber wir schufen so eine Verlängerung der Entlastungszeit für Ehemann und Kinder, intensivierten das Gefühl der Mitpflege der Mutter, die der Angst um sie eine Richtung, einen Kanal gab. Auch für Frau B. selbst versprachen wir uns eine Verbesserung des Klimas während der Familienbesuche: Vielleicht wurde sie von diesem entspannteren Klima erreicht, vielleicht würde es auch sie entspannen...

»... nimmt Abschied mit Geheule«

Am ersten Tag nach diesen Gesprächen sang der Musiktherapeut am Bett von Frau B. »Ein Vogel wollte Hochzeit machen« und beobachtete dieselben ganz deutlichen Atem- und Augenliderreaktionen wie der Neurologe; unmittelbar nach jeder Strophe hörten sie auf.

Diese Art des direkten Ansingens mit welchselnden (Kinder-) Liedern wurde noch vier Tage für jeweils einige Minuten vormittags und nachmittags beibehalten, dann erst setzte der Musiktherapeut leise Hintergrundmusik mit Klaviermusik von Mozart ein (jeweils ganze Sätze, nachdem während der ersten Takte von Frau B. keine beobachtbaren Abwehrsignale kamen). Zusätzlich spielte ein Kollege, der Nachtdienst hatte, fünfzehn Minuten lang eine Kassette ab, die der Sohn von Frau B. zu Hause mit »nachttypischen Geräuschen« bespielt hatte: Pumpengeräusche im Bad; das leise Knacken der Heizungskörper im Schlafzimmer; das entfernte Ticken der Standuhr auf dem Flur. Auch diese Signale führten zu den vorher geschilderten Reaktionen, aber diesmal hielten diese länger an als bei der gesungenen Musik.

Zwei Tage später erwachte Frau B. aus dem Koma. Später berichtete sie Erinnerungen an Musik, an Lieder und Stimmen – keine detaillierte, musikspezifische Erinnerung, wohl aber »im Ganzen« (»Da war Musik, dann mal eure Stimmen...«). Am Tag vor Frau B.s Rückkehr hatte das mittlere der Kinder von sich aus noch mal die »Vogelhochzeit« gesungen, jedoch in der Strophe »Brautmutter war die Eule...«, abgebrochen, wohl weil ihm die Folgezeile selbst zu traurig erschien, die zu Hause immer in Moll und mit entsprechend dramatischem Aufwand gesungen worden war.

Frau B. konnte sich daran erinnern, daß Lea (jenes Kind) die Vogelhochzeit nicht vollständig gesungen hatte. »Das Geheule fehlte.«

Heizungsgeräusche statt Barbitursäure

In der sich anschließenden halbjährigen Rehabilitationszeit, die Frau B. in einer Reha-Klinik verbrachte, hatte sie streckenweise erhebliche Einschlaf- beziehungsweise Durchschlafstörungen. Im Gespräch gewannen die Frau B. nunmehr begleitenden beiden Psychologen den Eindruck, daß sich jene Kraft, mit der das Koma aufrecht erhalten worden war, nun verlagerte, sich als Abwehr gegen das Einschlafen, das »Weggehen«, wie Frau B. sagte, manifestierte.

Für eine konsultative Begleitung Frau B.s empfahlen wir den dortigen Psychologen, anstelle stärkerer Schlafmittel mit Barbitur-Komponente nochmals die Kassette mit den typischen Nachtgeräuschen von zu Hause einzusetzen. Die Wirkung war ermutigend: Die Kassette tat – in Verbindung mit einem weitaus schwächeren Einschlafmittel auf homöopathischer Grundlage – besseren Dienst als das Barbiturat. Wenig später wurde auch das homöopathische Mittel abgesetzt; Frau B. reichten jetzt einfache Schritte des autogenen Trainings sowie (zur »Wahrnehmungsöffnung«) die »Einschlafkassette« ihres Sohns.

Frau B. als ein psychotherapeutischer Fall

Soweit die Schilderung jener Behandlungsstrecke, die sich, nach unserer Auffassung, permanent zwischen Funktioneller Musik (Entspannungshilfe) und psychotherapeutischer Musiktherapie bewegte, denn neben dem Psychologen war auch der Musiktherapeut Frau B.s Partner bei der Bearbeitung des Themas der Verwandtschaft zwischen ihrem Koma (»Ich wollte gar nicht aufwachen«, sagte Frau B. später) und ihren Schlafstörungen (»Ich will ja gar nicht schlafen«).

Wir werden forschungsmäßig noch nicht so bald herausfinden, inwieweit der Zeitpunkt der Beendigung des Komas von der Musikeinwirkung abhing, inwieweit durch diese Einflüsse die Durchlässigkeit des »Reizschildes« ermöglicht wurde. Aber wir sind sicher, daß die Musik von zentraler Bedeutung war, buchstäblich mit-gewirkt hat.

Auch jene Frage wurde uns wichtig, ob und inwieweit die beschriebene psychische Entlastung der Familienmitglieder Einfluß auf Frau B. genommen hatte. Ehemann wie Kinder zeigten sich deutlich stärker und sicherer bei allen Besuchen, die auf die entlastenden Gespräche folgten. Auch die Signale sicherer Zuwendung wie Streicheln, Sprechen, Beruhigen mit fester Stimme, die – im funktionellen wie im psychologischen Sinne – ihre eigene musikalische Wirkung hat, mögen dazu beigetragen haben, daß der Lebenswille von Frau B. stärker war als ihr Todeswille und sie aufwachen ließ. Zudem lernte ich bei Frau B.s Begleitung (beziehungsweise der ihres Therapeuten), daß es eine »chemisch reine« funktionell wirkende Musik wohl kaum gibt; immer wirken psychische Komponenten, Emotionales mit.

Frau B. als Fall für die analytische Musiktherapie

Wir sind der Patientin ein Jahr später wiederbegegnet, als sie anläßlich einer ärztlichen Kontrolluntersuchung um Kontakt zu uns bat. Sie wußte von uns, daß wir Musiktherapie vorwiegend psychotherapeutisch verstehen und einsetzen. Frau B. klagte über ihre Unfähigkeit, sich ans Steuer ihres Autos setzen zu können, und über die mangelnde Effizienz der aus diesem Grund von ihr praktizierten Autosuggestionsübungen. Auch Konditionierungsübungen, die ihr ein Verhaltenstherapeut empfohlen hatte, schienen keinen Erfolg zu bringen.

Auch bei diesem Problem des »Ich will ans Steuer, kann aber nicht« verhalf uns Musik zum Zugriff auf das Unfalltrauma. Das Hirntrauma war überstanden, doch das Schockerlebnis noch immer nicht verarbeitet. Und auch diese »Arbeitsstrecke« sollte sich lediglich als »Durchgangsstraße« zu einem weitaus komplexeren Hintergrundproblems erweisen.

Frau B. berichtete uns auf unsere Frage, ob sie während der Unfallfahrt im Auto Musik gehört habe, präzise, daß Mozarts D-Moll-Klavierkonzert gelaufen sei. Sie konnte sich auch genau daran erinnern, daß unmittelbar vor dem Unfall der langsame Mittelsatz begonnen hatte, und wie überrascht sie gewesen sei, wie schnell der ihr neue Interpret den Satz genommen hatte. Alles weitere erinnerte sie nicht mehr.

Wir holten uns diese spezielle Einspielung des Mozartschen D-Moll-Klavierkonzertes und hörten uns den ersten Satz gemeinsam an. Vom Mittelsatz jedoch nur die ersten Takte, denn Frau B. zeigte Anzeichen konvulsivischer Zuckungen, so daß wir die Musik abstellten und auf die Gesprächsebene wechselten. Der Mittelsatz repräsentierte für Frau B. eine Wiederholung des Unfalls, und wir brauchten noch sechs weitere Sitzungen, um uns dem Unfall nach und nach nähern und ihn dann durcharbeiten zu können.

Mozarts D-Moll-Konzert war dabei der »Anker«, an dem sich Frau B.s Unfallerinnerung festmachte. Ein Unfall, den sie rational zwar »annahm«, den sie aber unbewußt als gar nicht vollzogen, als nicht von ihr selbst verursacht sehen wollte.

Das sich anschließende Halbjahr hatte nicht mehr das »Arbeitsziel«, das sich Frau B. gesetzt hatte, sondern jetzt ging es darum, sie mit ihren Schuldgefühlen vertraut zu machen, damit sie ihre Gefühle neu, anders sehen konnte, nicht weiter mit Schuld verbunden. Das war nur möglich, indem wir uns die Zeit nahmen, auch ihre Beziehung zum eigenen Vater zu betrachten, der zwar in Liebe, aber mit der für seine Generation typischen Strenge über die Tochter gewacht und beispielsweise jeden zerschlagenen Gegenstand im Haushalt als mangelnde Aufmerksamkeit und Sorgfalt der Familienmitglieder interpretiert hatte. Das Unfallauto von Frau B. war ein Geschenk ihres Vaters gewesen...

Auf die Frage, welche Sprachformel, welches Sprichwort in ihrer Familie häufiger gebraucht worden sei, sozusagen als familientypisch gesehen werden könne, erinnerte Frau B. sofort den Satz: »Was ist kaputt?« Bei jeder Störung, ob es nun das Telefonklingeln während des Mittagessens gewesen war oder die Tochter, die an die Tür zum Arbeitszimmer klopfte, um zu sagen, daß jetzt alle zum Spaziergang fertig angezogen seien, stets hatte der Vater mit dieser Frage reagiert. »Was ist kaputt?« bekam im Blick auf den Unfall und Frau B.s Umgang mit diesem Erlebnis eine völlig neue, eine psychotherapeutische Dimension, deren zuverlässiger musikalischer Anker ein Mozart-Konzert war. Und Mozart ist »die Musik meiner Mutter« gewesen...

»Kann man sich ein Koma nicht selbst machen?« fragte Frau B. in einer Phase, in der es um ihren Widerwillen dagegen ging, zu all dem stehen zu müssen, was sie »kaputtgemacht« hatte.

In einer unserer Sitzungen sagte Frau B. öfter: »Vielleicht war es mein Ausweichen vor meinem Vater, daß ich nicht aufwachen wollte.« Wir spielten an Instrumenten das kleine Mädchen und ihren Vater (nach?), das ihm ja nichts kaputtmachen durfte. Frau B. hatte ein Xylophon zu spielen begonnen, aus dem die Klangstäbe einzeln hervorsprangen – so heftig fuhrwerkte sie mit den Schlegeln. Nach mehrmaligem sorgfältigem Wiederherstellen der korrekten Tonfolge aller Klangstäbe wechselte sie schließlich zur Pauke über – um deren Fell bis an die Grenze der Materialbelastbarkeit zu bearbeiten.

»Den Unfall habe ich gemacht«, trug Frau B. in ein ihre Therapie begleitendes Tagebuch ein, dessen Inhalte wir jeweils beim nächsten Termin besprachen, »um *einmal* auszuprobieren, wie es ist, etwas gründlich kaputtzumachen. Und nicht nur das Auto, sondern auch das Liebste, was mein Vater hatte: mich.«

Vom Wahren in der Wahrnehmung

Auf der letzten Strecke der Therapie ging es um die Bearbeitung dieser ihrer Phantasien: Auto kaputtmachen oder sich selbst kaputtmachen, um wen warum zu strafen.

Frau B. rückte von dem Moment an von ihrer vordergründig autodestruktiven Interpretation des Unfalls ab, als sie die Figur des Vaters im Hintergrund des Erlebten erkannt hatte, den sie hatte strafen wollen, indem sie etwas gründlich kaputtmachte, ohne ihm die Möglichkeit zum Strafen zu geben. Nein, diesmal mußte er um sie – seine Tochter – bangen.

Die Schlußphase unserer Zusammenarbeit mit Frau B. und ihrer Familie war nicht mehr diesen letzten Fragen (warum sie vielleicht was wann mit wem ausagiert hatte) gewidmet, sondern vielmehr der Frage, worin das Sinnvolle (der volle Sinn) ihres schweren Unfalls, ihres Hirntraumas, ihres Komas, ihrer Rehabilitation bestehen könnte. Die Reflexionen darüber – auch im Blick auf ihre positiv veränderte Beziehung zu Mann und Kindern – füllten jetzt den größten Teil ihres Tagebuchs.

Musiktherapie als Kommunikationstherapie hat natürlich stets bestimmte Ziele, wie z. B. die Verbesserung der Selbst- und Fremdwahrnehmung. In Frau B.s Fall wurde besonders deutlich, daß es genau um diese Ziele ging; auf allen Arbeitsstrecken erkannte sie Neues an sich und in sich, das »auch als wahr wahrzunehmen war« (Frau B. in einer abschließenden Tagebuchnotiz).

Zur Methode der Rezeptiven Musiktherapie als Psychotherapie

In meinen Augen gibt es in einer psychotherapeutisch verstandenen Musiktherapie keine feste Methode, um es zu spezifizieren: In meinen Ohren gibt es sie nicht. Jedenfalls nicht im schulpädagogischen Sinn, wonach es möglich ist, die Methode, beispielsweise des Ganzwortlesens oder der Mengenlehre, unabhängig von der Klientel, den Schülern einer Klasse, auf die nächste Klasse, von Schule zu Schule, von Ort zu Ort zu übertragen.

In der Psychotherapie orientiert sich die Schrittfolge in der Beziehung zwischen Therapeut und Patient an letzterem, an seiner gegenwärtigen Befindlichkeit und Belastbarkeit, an seinem Widerstand und seinen Abwehrmechanismen. Es sei denn, man geht therapeuten- beziehungsweise verfahrenszentriert vor. In einer solchen Therapie steht dann aber nicht mehr der einzelne, unverwechselbare Mensch im Zentrum der Wahrnehmung des Therapeuten, sondern die Effizienz des Verfahrens.

Ich persönlich akzeptiere solche Therapien sofort im Bereich nichtpsychotherapeutischer Verfahren (Krankengymnastik, Sporttherapien u. a.). Im Psychotherapie-Bereich will ich sie nur kritisch beobachtend *respektieren*. Nicht umsonst werden manche Psychotherapien als »Panzerknacker-Therapien« bezeichnet, wobei Panzerknacken nichts mit jenem Panzer zu tun hat, den der Psychoanalytiker Wilhelm Reich als psychisches Gefängnis des Menschen ansah, dessen Knacken also eine Wohltat wäre...

Richtungen des Fühlens, Denkens und Erinnerns

Der Patienten-Persönlichkeit werden in der psychotherapeutisch verstandenen Rezeptiven Musiktherapie gewisse Richtungen angeboten, in die sich das therapeutische Gespräch nach dem Anhören von deutlich emotional (negativ wie positiv) besetzter Musik bewegen kann. Diese Richtungen sind gleichzeitig diejenigen, von denen der Patient mindestens eine immer assoziiert beim Anhören von Musik; meist aber reagiert er komplexer, indem er verschiedene Pfade gleichzeitig oder auch nacheinander betritt.

Eine Richtung, die der Musikhörende innerlich be-gehen kann, wenn seine Musikrezeption beginnt, ist, *Situationen* zu *erinnern*.

Situationserinnerung ist Zeiterinnerung

Stets ist Situationserinnerung verknüpft (sowohl im hirnphysiologischen Sinn der Synapsenbildung wie im Sinn der damit möglichen psychologisch interessanten Assoziation) mit einer Zeitstrecke und/oder einem Raum und/oder einer anderen Person. Indem ich eine Situation erinnere – ausgelöst durch das Anhören von Musik, die mir vertraut ist oder die mich auch nur an eine vertraute Musik erinnert –, erinnere ich die Zeit meiner Kindheit oder Jugend oder auch die Zeit des gerade genossenen Urlaubs, in der ich diese (oder eine ähnliche) Musik gehört habe.

Für jenen Patienten, der die »Berliner Luft« als Einschlafmusik wählte, waren diese Klänge untrennbar verbunden mit seiner Kindheit, genauer: mit der abendlichen Einschlafzeit.

Frau B. verband mit dem Kinderlied »Ein Vogel wollte Hochzeit machen« die Situationskette mit Zeiten eigener junger Mutterschaft (in ihrer eigenen Kindheit wurde kaum gesungen, und wenn, dann hauptsächlich Kindergebete in Liedform).

Wir haben länger keine Übung mehr angeboten. Sollten Sie die »Einstimmungsschritte« für das Hören gern noch einmal nachvollziehen wollen (zum Beispiel, weil Sie sie vergessen haben), dann blättern Sie zwei Seiten weiter: Dort finden Sie nochmals die »Hör-Einstimmungshilfen«, mit der Sie auch die folgende Übung anreichern können. (Eine Zwischenbemerkung: In diesem Kapitel soll eine psychotherapeutisch ausgerichtete Musiktherapie [die Rezeptive Musiktherapie] *beschrieben* werden, und mehr nicht. Insofern sind die ab hier folgenden Übungen keine [psycho-]therapeutischen Übungen [Psychotherapie setzt den Therapeuten voraus, Rezeptive Musiktherapie den Musiktherapeuten], sondern Anregungen, die Beziehung zwischen Ihnen und Ihrer Musik aufzuhellen.)

Übung für den Leser
Suchen Sie sich ein beliebiges Musikstück aus, das Sie gern mögen, und hören Sie es sich an.
Können Sie Situationen erinnern und die Zeit oder die Zeiten, als sich diese Ereignisse abspielten?
Wie alt waren Sie damals? Wo hielten Sie sich auf?
Manchmal reicht für diese Übung auch allein die innere Vorstellung von Ihrem Musikstück...

Situationserinnerung ist Raum-/Orterinnerung

»Das ist die Berliner Luft« erinnerte jenen Patienten an seinen Schlafraum, die elterliche Wohnung, das Haus.

Frau B. erinnerte beim Mittelsatz von Mozarts D-Moll-Klavierkonzert jenen Konzertsaal, in dem sie als Heranwachsende ihre ersten »großen« Konzerte der »Großen« gehört – und in dem sie als Vierzehnjährige Tanzstunden genommen hatte. In jener uns schon bekannten Therapie-Zeitstrecke erinnerte Frau B. das Innere ihres Autos ... daß es darin hell war (offenes Schiebedach) und dann schlagartig finster wurde.

Beim Anhören von Musik erinnern Hörende häufig das Innere eines Raums, in dem sie diese oder eine ähnliche Musik wahrgenommen hatten. Oft wird auch das Äußere eines Gebäudes assoziiert. Und oft sogar Landschaften, in denen diese Menschen »landeten«.

Beide bisher genannten Richtungen – Zeit- und Raum-/Orterinnern – können sich als Assoziationsmaterial, als innere Bilder, besonders deutlich bei vertrauten, in die frühe Kindheit zurückreichenden Musikbeispielen auftun. Aber auch Musik, die in späterer oder auch erst kurz zurückliegender Zeit gehört wurde, kann zu Assoziationen führen. In der psychotherapeutischen Arbeit mit Langzeitpatienten ist jedoch der assoziative Zugang zur frühen Zeit besonders spektakulär und ergiebig und wichtig.

So wie diese Assoziationen nicht immer an jene ganz bestimmte Musik gebunden sind, die früher gehört wurde, sondern auch durch eine ähnlich strukturierte Musik oder auch nur durch Musikpassagen ausgelöst werden können, so können sie auch überlagert werden durch »andere«, sie verdeckende Bilder. Bestimmte Zeiten oder Räume (Orte, Landschaften), die ich einmal mit dieser oder jener Musik assoziierte, können überlagert werden durch neue Zeiten, neue Räume, neue Orte. Dennoch bleiben die ersten Assoziationen zuverlässig gespeichert und können in der therapeutischen Bearbeitung wieder abgerufen werden. In jedem Fall –

Übung für den Leser
(Erst durchlesen, dann durchführen!)

Nehmen Sie die Musik der vorangegangenen Übung – oder auch eine andere – und »stimmen Sie sich ein« auf neues Hören. Nehmen Sie die Position ein, in der Sie sich am besten entspannen.

Gehen Sie mit Ihrer Wahrnehmung zu den Bewegungen Ihres Atems...

Legen Sie vielleicht eine Hand auf Ihr Zwerchfell...

Spüren Sie das Auf und Ab der Atmung...

Was für Geräusche und Töne hören Sie im Raum?

Jetzt stellen Sie sich Ihre Musik an.

Lassen Sie Ihre inneren Bilder kommen...

Wie sie eben so kommen... wenn sie kommen...

Und lassen Sie Ihre Gefühle dazukommen...

Wie sie eben so kommen... wenn sie kommen...

Wenn Ihre Musik zu Ende ist: Schreiben Sie das für Sie Wichtige auf... Zeiten, die Sie erinnerten... oder

Räume... oder Orte... oder Landschaften...

Erinnern Sie sich an Ihre Gefühle beim Hören?

Können Sie sie aufschreiben?

Wie fühlen Sie sich *jetzt*?

Was ist für Sie in dieser Übung wichtig geworden?

und nicht erst im Fallbeispiel, das meist die Geschichte eines Erkrankten erzählt – stellt für uns hörende Menschen die Bewußtmachung und Verfeinerung unserer inneren Wahrnehmung ein Fortschreiten der »Wahr-Nehmung« dessen dar, was Musik in uns auslöst. Insofern ist die Rezeptive Musiktherapie eine Empfehlung auch für den einzelnen Musikhörenden in seiner Freizeit und für seine Relaxation.

Das hier angeschnittene Schauen des inneren Auges in verschiedene Richtungen sollte auch als »Verfeinerungshilfe« verstanden werden, die ohne Therapeuten von jedem beansprucht werden kann, um seine Selbst-Wahrnehmung weiter zu differenzieren. In jedem Fall bleibt es ein kostbares Mittel, verdrängte und deshalb für unser Verhalten so schlüsselhaft wichtige Erlebnisse und Gefühle (und auf deren Entdeckung und »Wahr«-Nehmung arbeiten wir ja hin) freizulegen und somit bearbeitbar zu machen.

Musikhören ist Personenerinnerung

Die durch Musikrezeption ermöglichte Personenerinnerung ist für die psychotherapeutische Arbeit von zentraler Bedeutung. Da wurde mit der »Berliner Luft« der abends heimkehrende Vater erinnert ... Meine Arbeit mit diesem Patienten nahm eine andere Richtung als die seiner Beziehung zum Vater (es ging um Alkoholismus in Folge von Partnerschaftsproblemen, die wiederum einen anderen Hintergrund hatten). Aber ich komme noch einmal zurück auf dieses Beispiel, weil es zeigt, wie schnell über die Erinnerung an Zeit (hier Kindheit, Einschlafzeit, Rückkehr des Vaters) oder Raum/Ort/Landschaft die Personenerinnerung eintreten kann und – von zentraler Bedeutung – die Erinnerung der mit dieser Person verbundenen Gefühle.

Bei Frau B. war es die gleiche Schrittfolge, wenn auch eine andere Arbeitsrichtung: Sie erinnerte mit jenem Mozart-Satz aktuell die Problematik des Unfalls. Im Hintergrund erschien dann in Folge der inneren Bilder anläßlich der Musik, welche die

Person der akzeptierten, geliebten, ausgleichenden Mutter repräsentierte, die Person des Vaters. Und mit ihm (beziehungsweise Frau B.s erinnerten Gefühlen ihm gegenüber) hatten wir einen der Schlüssel zu Frau B.s Unfall, genauer: *zu ihrem Umgang mit dem Unfall.*

Musik besetzen wir oft mit jenen Gefühlen, die wir zu den Menschen hatten, die uns in diese Musik hineinbegleiteten oder begleiten, oder die wir – allgemeiner ausgedrückt – mittelbar oder unmittelbar mit dieser Musik assoziieren. Dies gilt sowohl für die Ablehnung von als auch für die Identifizierung mit Musik. Beides wird auch davon bestimmt, manchmal hauptsächlich davon bestimmt, wie die Beziehung zu den mit dieser Musik assoziierten Menschen war oder ist.

Übersicht: Anwendungsfelder der Rezeptiven Musiktherapie als Psychotherapie

Neurotische Störungen	*Psychosomatische Beschwerden*	*Funktionalvegetative Erkrankungen*	*Organische Krankheiten*
Gestörte Erlebnisverarbeitung, Wahrnehmungsstörungen, Wahrnehmungsverzerrungen.	Alle Beschwerden, die nicht allein auf einen Organdefekt zurückzuführen sind, sondern im Seele-Leib-Wechselbezug ihre Ursache haben.	Bestimmte Herzbeschwerden. Erkrankungen der Atemwege oft auch mit einer psychosomatischen Komponente	Orthopädische Erkrankungen, Unfallverletzungen u. ä.

Holistischer (ganzheitlicher) Ansatz in Medizin und klinischer Psychologie bedeutet, daß jede Erkrankung neben der organischen auch eine psychisch-emotionale Komponente hat und entsprechend behandelt beziehungsweise begleitet werden muß. Oft genug gehen mit scheinbar rein organischen oder funktionellen Erkrankungen neurotische Störungen einher, sind häufig deren Ackerboden. Verkündet ein Unfallopfer: »Ich bin jetzt hunderttausend Kilometer unfallfrei gefahren, statistisch war ich jetzt ›dran‹ und habe schon darauf gewartet«, wird deutlich, daß sich dieser Mensch zu einer Erkrankung, gar zu einem Unfall regelrecht selbst »hingesteuert« hat. Oder: Ein überarbeiteter Mensch bekommt »nur Herzrhythmus-Störungen« oder beginnt die Karriere eines Infarkt-Patienten. Im Umgang mit seinen Beschwerden ist es wichtig, zunächst den Hintergrund zu beleuchten (»etwas ist aus dem Rhythmus gekommen«; »das Herz macht nicht

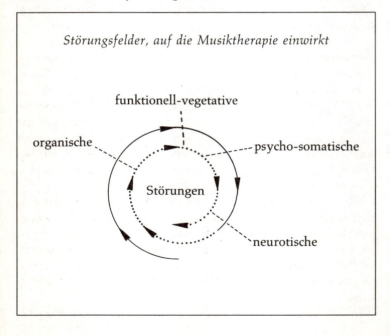

mehr mit«), zum anderen müssen die Sekundärfolgen der Krankheit einbezogen werden, die oft den psycho-sexuellen Bereich betreffen und einer Begleitbehandlung von Herz und Seele bedürfen.

Inwieweit sich diese Bereiche berühren und beeinflussen, wird deutlicher, wenn man ihren Zusammenhang nicht linear, sondern als Kreis beziehungsweise Spirale darstellt (siehe Abbildung auf Seite 142 unten).

Neurotische Störungen (Störungen in der Erlebnisverarbeitung) sind hier im Sinne von »Krisen-Einfluß« gemeint; jeder Mensch kann sie in einer Krise erfahren. Je länger eine »normale« Erkrankung dauert, desto wahrscheinlicher wird eine Begleitung des Kranken in seiner Erlebnisverarbeitung nötig sein.

Dazu fragen wir den Patienten nach »seiner Musik«, nach der Musik, die er mag. Die weitere Struktur der Begleitung kann dann so aussehen, wie in dem Schema auf Seite 144 dargestellt.

Wir können (fast) nie Musik hören, ohne daß wir uns nicht an Situationen und Personen erinnern, die wir mit dieser Musik (oder einer ähnlichen) von früher verbinden (emotionale Besetzung). Je nachdem wie positiv die Beziehung zu den Personen in jenen Zeiten war, erinnern wir auch die Situation damals positiv, und mit diesem Gefühl besetzen wir die Musik – oder eine auch nur ähnliche. Oder umgekehrt: Bei negativ erlebten Situationen werden negative Gefühle den entsprechenden Personen gegenüber erinnert – und auf die Musik übertragen.

Ob wir Nationalhymnen und Märsche lieben oder ablehnen, harten Rock oder Meditationsmusik, Kirchenmusik oder Bumsfallera-Lieder – wir erinnern immer unbewußt ein »Früher«, ein sehr viel Früheres in unserem Leben mit, das die Formel: M (Musik) führt zu E (Emotion) durch A (Assoziation) von S (Situationen) und damit P (Personen) jedoch nur lose skizzieren kann.

In der Rezeptiven Musiktherapie als Psychotherapie mit ent-

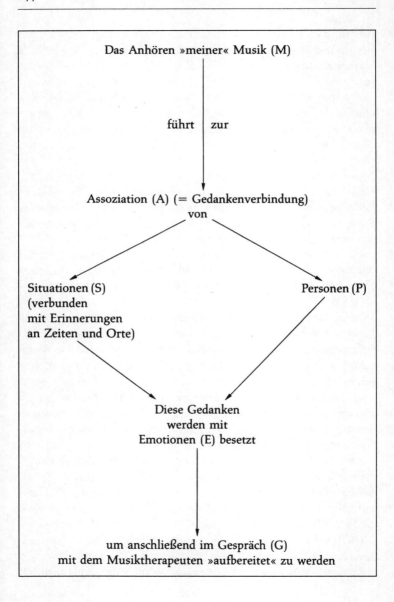

scheidend ist das therapeutische Gespräch über die beim und nach dem Hören von Musik aufgebrachten (!) Gefühle. Widerstände seelischer Art oder auch Wünsche und Sehnsüchte können in diesem Gespräch bewußt gemacht und Verbindungen zum aktuellen Lebenskonzept des Patienten aufgezeigt werden. (Was hindert Sie daran, sich das auch zu holen, was Sie sich bei dieser Musik ersehnen...?)

Blau, blau, blau blüht der Enzian...

Auf einer Tagung unseres Psychologen-Verbands versuchte ich am ersten Vormittag anhand mehrerer Hörbeispiele vom Tonband die Gefühlsbesetzung von Musik zu thematisieren und zu demonstrieren. Die Tagungsteilnehmer schrieben ihre Assoziationen zu der jeweiligen Musik auf: Hitparadentitel, Volksmusik, Opernmusik, Kirchenmusik, Tanzmusik und Pop.

Ziemlich am Schluß spielte ich Heinos »Blau, blau, blau blüht der Enzian« ein, und es wurden – wie auch bei anderen Musikstücken vorher schon – bereits während des Hörens alle möglichen Abwehrsignale ausgesendet: Man kicherte, Köpfe bewegten sich von links nach rechts und zurück; Augen verdrehten sich nach oben; hier und da war ein deutliches »Zzzz« zu hören; am häufigsten aber »Muß das sein?« oder »O Gott, o Gott...« Ein Kollege stand auf und verließ den Raum.

Erst nachdem wir in der aufarbeitenden Gesprächsrunde die Hintergründe dieser emotionalen Reaktionen ausführlich thematisiert hatten, wurde mir jener Kollege zunehmend wichtiger, der den Raum verlassen hatte. Innerlich etwas gespalten saß ich den Vormittag ab. Einerseits leitete ich diese Arbeitsgruppe und fühlte eine Art »globaler« Verantwortung. Andererseits wollte ich jenem Kollegen auch nicht meine mögliche Überfürsorge aufdrängen.

Kurz vor der Mittagspause sah ich ihn dann durch das Fenster unten über den Parkplatz gehen, in jeder Hand einen Koffer...

Ich ging ihm nach und bat ihn um eine Erklärung. Jeder Mensch, der eine Gruppe verlasse, habe dafür auch Gründe, aus denen die zurückbleibende Gruppe möglicherweise etwas lernen könne, sagte ich (oder etwas Ähnliches, ich weiß es nicht mehr so genau). Ganz genau wußte ich aber in diesem Augenblick, daß das HörSpiel ein »verletzendes Spiel« für diesen Kollegen gewesen sein mußte. Und in der Tat: Das Motiv von Heinos »Blau, blau, blau blüht der Enzian« war aus einer Tanzstunde heraus der »Familienpfiff« dieses Kollegen geworden, der ansonsten schwierige moderne Klassik liebte: Schönberg, Webern, Stockhausen...

Dieses musikalisch wahrlich unbedeutende kleine Motiv, das sich innerhalb der Quarte abwärts entwickelt, hatten er und sein Mädchen, das er – nach einer Pause im Studium – geheiratet hatte, in der gemeinsamen Tanzstunde als eine Art Verständigungspfiff genutzt. Später wurde es zum Identifizierungs-Signal in jenen zahlreichen spannenden Situationen, in welchen nun mal Familienpfiffe von Nutzen sind: beim gegenseitigen Suchen beziehungsweise Finden auf einem überfüllten Bahnsteig oder nachts unten am Haus, wenn wir den Hausschlüssel vergessen haben und Einlaß in die schützende Höhle begehren. Von dieser Frau, mit der er zwei Kinder hat, war er vor acht Monaten geschieden worden – gegen seinen erbitterten, verzweifelten Widerstand. Er hing an Frau und Kindern, er hing von ihnen ab. So sehr, daß sich die Partnerin von ihm trennte und die Scheidung nach dem damals neuen Scheidungsgesetz durchsetzte. Indem einige aus der Kollegen-Gruppe oben im Unterrichtsraum Heinos bedeutendes Werk mit den entsprechenden Signalen quittierten, lieferten sie in den Augen dieses Kollegen eine Wertung der Qualität seiner Beziehung, seiner Intimität mit seiner Frau, ihrer Trennung von ihm, unter der er mit unbewältigter Trauer litt. »Hier ist kein Platz für mich«, war seine Reaktion auf diese Ereignisse. (»Dabei habe ich doch nur diesen blöden Schlager gemeint«, sagte ein Kollege betroffen, als ich in der Gruppe vom Gespräch auf dem Parkplatz berichtete.)

Während der restlichen Tagung blieben wir im und am Thema, und allen war klar: Wir brauchen die uns fremde Musik eines anderen nicht zu akzeptieren, nicht für uns selbst anzunehmen. Aber wir müssen sie unbedingt respektieren, eben weil die Musik des anderen (wie auch »unsere« Musik) für weitaus mehr steht als für Geschmack, Gewohnheit usw.: Sie steht für seine Gefühlswelt gegenüber ihm wichtigen Zeiten, Orten und vor allem – Personen.

Ein Teenager als Beethoven-Freak

Beim zweiten Beispiel geht es um eine Anekdote, die in Musikerkreisen eine gewisse Publicity durch den Umstand erwarb, daß der Vater der fünfzehnjährigen »Hauptprotagonistin« ein international wirkender Musikkritiker, einer jener »Musikpäpste« war. (Ich habe diese Geschichte von meinem akademischen Lehrer Guido Waldmann, dem auch dieses Buch gewidmet ist.)

Besagte Fünfzehnjährige geht zum ersten Mal mit einer Gruppe von Klassenkameradinnen in ein Plattengeschäft ihrer Heimat-(Groß-)stadt. Einige der Mädchen genießen hier über Kopfhörer fast täglich die neuesten Schlager, schwärmen von den dazugehörigen Idolen und vertrösten die Verkäuferin auf spätere Käufe. Die junge Dame – sie heißt Ursula – ist zum ersten Mal in dieser Runde und hört, wie die anderen ihre superaffengeilen Musiktitel aus Folk und Pop ordern. Als sie an die Reihe kommt, bestellt sie aus der Neunten Sinfonie von Beethoven die »Ode an die Freude«.

Sowohl die Verkäuferin als auch die anderen Mädchen stutzen. Verdutzte bis vorwurfsvolle Ausrufe, verständnislose wie beleidigende Kommentare folgen, von denen »Bist du verrückt – Klassik hörst du?« noch der harmloseste ist. Ursula erklärt daraufhin kurz: »Was bleibt mir übrig – meine Eltern stehn doch zur Zeit total auf Rock und Pop...«

Das dürfte nicht nur ihre Freundinnen, sondern auch jeden

Entwicklungspsychologen überzeugt haben. Musik ist in der Pubertät eines der wichtigsten Abgrenzungsmedien für den jungen Menschen, bestens geeignet, das eigene Profil zu konturieren.

Jene sogenannte musikalische Subkultur, mit der so viele Eltern ihre liebe Not haben, ist u. a. auch ein notwendiger, ein die Not des Jugendlichen wendender Schritt seiner Abgrenzung und Ablösung von der Welt der Erwachsenen. Voraussetzung für diesen Schritt ist das »Ganz anders sein wollen« als jene, an denen man bisher so sehr hing, von denen man abhing. Denn aus ungebrochener Anhänglichkeit und Abhängigkeit heraus hat noch keiner *sein* Profil gefunden...

Von der Musik, die nichts erinnert

Auch diese Reaktion auf Musik gibt es: keinerlei Erinnerung, weder an Situationen, noch an Personen, Räume oder Landschaften; keine inneren Bilder, die mit dem biographischen Lebenshintergrund verbindbar sind. Dafür wächst sozusagen Emotion pur; ein Gefühl steigt in uns aus einem Grund auf, der uns – noch – unbekannt ist.

Viele Menschen berichten von diesem erinnerungslosen Fühlen beim Anhören einer Musik; sowohl die Musik als auch der erinnerungslose Zustand waren ihnen vorher unbekannt. Meist treten solche Gefühle bei Meditationsmusik der östlichen Kulturkreise auf, überhaupt bei »ferner Musik« frühester oder sehr weit zurückliegender Zeiten oder beim Anhören von Musik fremder Völker. Auch Improvisationsmusik kann zu ähnlichen Reaktionen führen; sie kommt Zuhörenden wie Spielern wie eine »Musik aus einer neuen Welt« vor und macht ihn »ver-rückt«, indem sie ihn ent-rückt.

Dennoch bleiben auch solche scheinbar losgelösten Emotionen an ihre Trägerperson gebunden und damit auch immer mittelbar beeinflußt von ihrer Lebensgeschichte und ihrer aktuellen individuellen Situation. Nicht der Zufall läßt jemanden auf eine Musik auf diese oder jene Weise ohne Erinnerung reagieren, sondern die Gründe dafür liegen stets in ihm und in seiner Vergangenheit und seinen aktuellen Lebensumständen. Es gibt keine »reinen«, uneingebundenen Emotionen.

Eingesetzt wird solche erinnerungslose Musik, die besser als »erinnerungsarm« oder »erinnerungsüberdeckt« bezeichnet werden sollte, vorzugsweise und mit guten Wirkungen in funktionellen Therapien, also bei Entspannungsübungen usw. In Gruppen ist diese therapeutische Arbeit eher erfolgreich mit einer Musik, die – in der Regel – *keine* starken gefühlsmäßigen Besetzungen provoziert wie Hymnen oder Heino.

Gong-Musik, Panflöten, bedingt auch Synthesizer-Musik (bedingt wegen der elektronisch erzeugten Töne, die keinen natürlichen Ausschwingungsvorgang haben) und vor allem Musik auf lateinamerikanischen und fernöstlichen Instrumenten eignen sich gut dafür, von unseren Gefühlen weitgehend »neu besetzt« zu werden.

Versuche haben ergeben, daß eine solche, von Erinnerungen an Situationen, Räume, Personen usw. (relativ) freie Musik von dem Augenblick an doch wieder Erinnerungen an Situationen, Räume und Personen auslöst, wenn sie durch wiederholtes und vertiefendes Kennenlernen vertrauter geworden ist.

Von der Liebe zu der Musik, die ich ablehne

Die Station in der Klinik, die ich regelmäßig durchwandere, hat einen Korridor, welcher dem von Franz Kafka so beängstigend geschilderten schluchtartigen Gang ähnelt. Sechs Doppelzimmer, vier Dreierzimmer und zwei Einzelzimmer gehen von diesem Korridor ab. Mit Studenten gehe ich ihn ab und an hinunter, um sie in den Zimmern Gespräche mit den Patienten führen zu lassen, über deren Musikvorlieben oder auch darüber, welche Musik abgelehnt wird.

Ganz besonders bei letzterem wird immer deutlich, was wir alle unbedingt lernen müssen: den Respekt vor der Musik des anderen, und wenn diese mir noch so »quer« die Gurgel beziehungsweise die Hörkanäle hinuntergeht, wobei das »Quer« natürlich weder Gurgel noch Hörkanäle meint, sondern wieder unsere durch Musik ausgelösten Gefühle. In der Patientengruppe einer Normalklinik – und in jeder anderen Gruppe – kommen auf die Einladung »Bringt mal eure Musik mit« so viele verschiedene Geschmacksrichtungen, Stile, »Niveaus« oder Epochen zusammen, wie die Gruppenmitglieder verschieden sind. Da sitzt dann der Bach-Freak neben dem Marsch-Liebhaber und die Operetten-Verehrerin neben dem Rock-Fanatiker.

Auch ein Hymnen-Verehrer brachte eine unserer Musiktherapiegruppen weiter (wie seinerzeit der Kollege mit dem »Blau, blau, blau blüht der Enzian«). Dieser Patient bevorzugte zur starken Gefühlserregung die deutsche Nationalhymne; für ihn verbanden sich mit dieser Musik *gute* und starke Gefühle. Das Unverständnis, ja die Feindseligkeit gegenüber diesem Gruppenmitglied schlugen jäh um, als der Patient bei der Person ankam, die er mit dieser Hymne assoziierte: einem Onkel, den er nie gesehen hatte. Dieser Onkel war als Widerstandskämpfer des 20. Juli (1944) hingerichtet worden. Die Familie verehrte den Onkel, bei dessen Begräbnis einst keinerlei öffentliches Ritual vollzogen werden durfte, weswegen man nach dem Krieg dazu überging, an seinem Todestag zu Haus die Nationalhyme zu spielen. Vom Band. Und der kleine Junge, unser späteres Gruppenmitglied, durfte immer das Gerät einschalten...

Unabhängig von der Arbeit dieses Patienten am psychischen Schatten seines Onkels, durch den dieser ein unerreichbares Heldenbild abgab, lernte auch die Gruppe aus diesem Beispiel zumindest so viel, daß keiner von ihnen bei Erklingen der Hymne jemals wieder einfach nur lachen würde...

Neben anderen – individuellen – Arbeitsrichtungen wurde in dieser Gruppe also auch soziales Lernen, zum Beispiel von Toleranz dem anderen gegenüber, zum therapeutischen Ziel. Schon die Neugier auf die Beweggründe des anderen, sich durch eine so andere Musik bewegt zu fühlen, als ich selbst sie bevorzuge, läßt eine gruppendynamische Übung zur Fremdwahrnehmung entstehen. »Wie nehme ich dich wahr? Was hindert mich daran, unvoreingenommen, vorurteilsfrei auf deine Musik zu hören?«

In der Musiktherapie entsteht durchaus so etwas wie Liebe zu einer Musik (des anderen), die ich selbst ablehne. Die Empathie, das Einfühlen in den anderen, das Engagement für ihn, lassen mich auch für *seine* Musik offen werden, die es wiederum *mir* erleichtert, ihn zu *verstehen*. Für mich als Therapeuten sind das allein schon Gründe genug, warum ich Musik anderer von vornherein annehme – sofern ich den Menschen annehme. Kann ich den Menschen innerlich nicht annehmen, dann bin ich für diese Person nicht der rechte Therapeut, und ein Wechsel wäre angesagt.

Es geht hierbei nicht um musikalisch-ästhetische Auseinandersetzungen, sondern um Auseinandersetzungen auf der Beziehungsebene, die auch erst einmal gelernt sein wollen.

Anwendungsfelder Rezeptiver Musiktherapie als Psychotherapie

Hinsichtlich des äußeren Settings (der Rahmenbedingungen) sehe ich Rezeptive Musiktherapie vorwiegend als Einzel-, weniger als Gruppentherapie.

Christoph Schwabe schildert die Möglichkeiten der unterschiedlichen Settings ausführlich in seinem Buch über Rezeptive Musiktherapie.

Bevorzugt setze ich Rezeptive Musiktherapie als Psychotherapie überall dort ein, wo es – im weitesten Sinne – um Beziehungsprobleme geht, im jeweiligen Umfeld von Familie, Arbeitsplatz, Freizeit, und wo ich in jener Musik, welche der Patient als »seine« Musik ausgibt, eine gute Grundlage für meinen Zugang zu ihm finde. Ich lerne so die ihm wichtigen Zeiten, Orte und – vor allem – Menschen kennen, mit denen er sich wohl und sicher fühlt.

In einem weiteren Schritt mache ich den Patienten mit neuem musikalischem Material, zunächst mit sehr fremder Musik (zum Beispiel aus der dritten Welt, Meditationsmusik usw.) vertraut, später mit Musik, die er möglicherweise mit Abwehr, mit Angst besetzt.

An dieser Musik wird dann problemzentriert gearbeitet mit dem Ziel, die Hintergründe seiner Problematik zu erkennen, aufzuhellen, ihren Sinn zu hinterfragen, die Probleme schließlich umzubesetzen, neu zu gestalten, zu integrieren (dem Patienten den Umgang mit seinen Beschwernissen dort zu erleichtern [Akzeptanz], wo diese Beschwernisse nicht zu ändern sind). Immer bedeutet dieser Prozeß für den Betroffenen, zuvorderst bei sich selbst nach Änderungsmöglichkeiten zu suchen und sie dort auch zu finden – auch wenn damit teilweise schmerzhafte Trennungen verbunden sind, manchmal auch von Menschen.

Das therapeutische Gespräch, das sich dem gemeinamen Musikhören anschließt, vollzieht sich nach einem der verschiedenen gesprächspsychotherapeutisch orientierten Verfahren, von denen ich hier zwei nennen will: die Klienten(Patienten-)zentrierte Gesprächsführung nach Carl Rogers und die Themenzentrierte Interaktion nach Ruth Cohn. Mit beiden Verfahren wird auch in der Aktiven Musiktherapie gearbeitet; beide geben den Assoziationen des Klienten/Patienten, überhaupt allen *seinen* Äußerungen absoluten Vorrang. Der Therapeut *folgt seinem Partner*, nicht umgekehrt.

Insgesamt kommt die Rezeptive Musiktherapie in den gleichen Bereichen zur Anwendung, wie sie weiter oben im Zusammenhang mit der Funktionellen Musik aufgelistet wurden.

Rezeption, Situation, Person, Emotion – weiter vorn fanden Sie die methodischen Anwendungsfelder und Schritte bereits zusammengefaßt. *Alle* diese Schritte dieser Richtung der Musiktherapie gelten auch für die Aktive Musiktherapie, für das Improvisieren mit Patienten. Überhaupt wird Rezeptive Musiktherapie von Musiktherapeuten oft als Vorstufe, als Einleitung zum aktiven Improvisieren angeboten, weil den meisten Menschen das passive Hören vertrauter ist als aktives Musizieren. Ebenso wird Rezeptive Musiktherapie häufig als »zweite Ebene« in die Aktive Musiktherapie integriert, wobei je nach Bedürfnis des Patienten entweder von einer Ebene zur anderen gewechselt oder die Schritte der Rezeptiven Musiktherapie innerhalb der Aktiven Musiktherapie vollzogen werden, in der ja immer auch Menschen Menschen zuhören (und sich dabei vielleicht erinnern – an Situationen, an Personen, an Emotionen...)

Um noch einmal auf die oben angeführten Verfahren zurückzukommen: Alle diese Verfahren setzen eine bestimmte Sichtweise von Persönlichkeit, ein Persönlichkeitskonzept voraus. Ein solches Persönlichkeitskonzept oder -modell wollen wir im folgenden Exkurs II vorstellen, um im Anschluß daran wieder zur Musiktherapie, zu unserem aktuellen Thema, zurückzukehren.

Exkurs II
Von Menschenbildern, die Menschen malen

Menschenforschung

Seit der Mensch sich selbst verstehen will, seit er seine(n) Partner verstehen will, versucht der Mensch, den Menschen zu ergründen. Mehr oder weniger »gründlich«.

Das Bedürfnis, sich und andere verstehen zu wollen, entsteht meist in Situationen, in denen genau das nicht gelingt. Sätze wie »Ich kenne mich selbst nicht mehr« oder »Verstehst du diesen Typen?« oder auch nur die Feststellung eines »unverständlichen Verhaltens« beim anderen versinnbildlichen diesen Zustand.

Menschenforschung ist stets Kommunikationsforschung oder auch »Verstehensforschung«, und sie dürfte dort am nötigsten

sein, wo Menschen sich in der Kommunikation unwohl und krank
(= gekränkt) fühlen. Und so stellt sich Kommunikationsforschung
und -therapie (und damit Musiktherapie) auch als eine Möglichkeit
dar, dem Gesunden, dem Noch-nicht-Erkrankten, Kenntnisse über
einen Bereich zur Verfügung zu stellen, in dem Kommunikation,
Beziehung *nicht* oder nur mangelhaft, erschwert, behindert herzustellen beziehungsweise zu leben ist. Und das Erlernen eines
sinnvollen, sinngebenden Umgangs mit diesen Behinderungen ist
somit das therapeutische Ziel der gemeinsamen Arbeit.

Menschen waren in allen Zeiten dazu genötigt, Bilder von sich
selbst und den anderen zu entwickeln. Alle diese Menschenbilder
leb(t)en auch von Idealen (wie der Mensch am besten beschaffen
sein sollte...) und vom Abstand dieser Ideale zur Wirklichkeit
seiner Beschaffenheit. Genau in diesem Spannungsfeld bewegen
sich auch die Vorstellungen von »Gesundheit« und »Krankheit«
und damit auch die (Be)Deutung dieser Erfahrungen durch den
Menschen.

Menschenbild – Gottesbild

Menschenbilder orientierten (und orientieren) sich immer auch
am »außerhalb des Menschen Liegenden« – und vergaßen dabei
zeitweilig, daß diese Vorstellung vom »Außerhalb des Menschen«
stets subjektiv geprägt oder gerastert ist, durch Erziehung im
weitesten Sinn und auch durch Glaubensvorstellungen gesteuert
(etwas verkürzt dargestellt). Die Orientierung an Religionen gehört also dazu: an Naturreligionen, an theistischen (eine Gottheit
annehmenden) Religionen. Ganze Götterwelten prägten das
Menschenbild der Antike mit seinen »Unterabteilungen« der
Halb- und Viertelgötter und menschlichen Götterkinder. Unser
abendländisches Menschenbild ist zwar derzeit in Bewegung, aber
mitsamt seiner Bewegung eindeutig vom Monotheismus, von der
Einzelgottheit des Christentums, geprägt.

Verschiedene Epochen – beispielsweise Luthers Reformationszeit oder die Zeit der Aufklärung – trugen zwar Unmengen Ballast ab, den die jeweils aktuellen Menschenbilder mitsichschleppten, doch vereinfacht wurde dadurch nichts. Denn wieder entstanden Bilder vom Menschen, neue Sichtweisen des Menschen vom Menschen: der Mensch des Frühkapitalismus... des Spätkapitalismus... der postindustriellen Revolution... der mikroelektronischen Revolution. So wie sich die Revolutionen der Neuzeit geradezu überschlagen, so rasch wechseln auch die Menschenbilder. Teilweise scheinen in ihnen auch alte, uralte Bedürfnisse wiederzuerblühen wie Primeln in einem Topf und sich mit dem »ganz Neuen« zu »Aussteigern« zu mischen: neue Sekten (mit neuen alten Göttern, und seien sie auch sehr menschliche Gurus), New Age (neue alte Ideologien, und sei es das Musizieren mit entfernten Galaxien)...

Musiktherapie als Chance zum Ausstieg?

Auch aus dieser Ecke stammt ein Teil der Publicity der Musiktherapie. Nicht nur als wissenschaftlich abgesegnetes psychotherapeutisches Heilverfahren hat sie in den Köpfen von Medienangestellten und manchen anderen Interessenten ihre Nische gefunden, sondern auch – mehr oder weniger unbewußt – als »Whirl-Pool«, in dem sich diffuse Wünsche, das Bedürfnis nach einem Abheben in die Galaxien, nach einer Enthebung aus der Realität wirbelnd mischen. Musiktherapie also als Mittel *gegen* etwas, nicht für etwas. Dieses »gegen etwas« bedeutet nicht mehr und nicht weniger, als die stärkste Kraft der Musik in der Therapie nicht zu verstehen, die zwischen Innenwelt (Platz brauchen) und Außenwelt (begrenzten Platz vorfinden, zugewiesen bekommen) vermittelnde, die integrative Kraft. Ebenso wie die gegenwärtige Publicity der Musiktherapie mir nicht immer geheuer ist, so wenig geheuer sind mir manche Gründe von Klienten, Patienten oder Studienplatz-Interessenten, sich mit Musiktherapie zu befassen.

Vom Nachteil der Spezifizierung

Unabhängig davon, ob ein Gott oder gleich mehrere, unabhängig von der Epoche oder Kultur, für die ein bestimmtes Menschenbild typisch war – stets entstanden und entstehen Gesetze und Normen und damit Mittel für den Menschen, sich selbst als »normal« oder »anormal« zu sehen. Indem wir diese Trennung vollziehen, spalten wir, trennen, ziehen einen Grenzstrich zwischen gesund (= normal) und krank (= anormal). Alle Unterscheidungen, die wir heute vornehmen – in gesund, noch gesund, noch nicht krank, krank –, und dies wiederum jeweils bezogen auf den Körper des Menschen oder seine Psyche oder seine Emotionen, sind im Grunde genommen nichts als weitere *Ab*spaltungen (von denen unsere Gesellschaft mittlerweile ohnehin ganz generell beherrscht wird).

Zweifellos sind viele dieser Spaltungen, Trennungen, Differenzierungen auch nötig; weder die Medizin noch die Psychologie noch irgendein anders »Humanfach« kommt ohne sie aus. Dennoch können wir diesen Trieb in uns, immer detaillierter, immer spezifischer über uns, über unsere Natur Bescheid wissen zu wollen, stark »übertreiben«. Und was tun wir, wenn wir Bescheid wissen? Natürlich – wir trennen, und zwar das Vermutete, das Spekulative vom festen Wissen. Ähnlich, wie wir beim »Bescheiden-sein« trennen – das unmögliche Erwünschte von dem, was möglich, was realisierbar ist.

Viele Menschenbilder sind aus der Notwendigkeit heraus entstanden, mehr über uns wissen zu *müssen*, wollten wir nicht fremden Natur- sowie unseren eigenen Trieben ausgeliefert sein.

Manche Menschenbilder werden dazu mißbraucht, andere Menschen zu einer bestimmten Sicht des Menschseins zu zwingen. Bis heute werden deshalb Kriege geführt. Diese Kriege finden »im Kleinen« – in Paarbeziehungen, Familien, Kollegien und an Arbeitsplätzen – statt. »Im Großen« findet man sie als Bürgerkriege, Drogenkriege usw. usf. –

Unsere Kriege finden offen statt – mit und ohne Mobilmachung –

oder auch verdeckt. Schwerer verlaufen letztere, und sie sind damit schwieriger zu bekämpfen. Oft sind es die Kämpfe des Unbewußten eines Menschen, die ihn mit anderen kämpfen lassen – und zwar gleichermaßen dessen unbewußt, daß es ein Kampf *ist*. Indem ich hier die Kategorie »Unbewußtes« bemühe, nutze ich einen Begriff aus einem System, das ebenfalls ein Menschenbild produzierte, ein analytisch ausgerichtetes Menschenbild. Und wie jedes andere so entwickelt auch dieses System sofort Annahmen, Gesetze, Regeln, Normen. Wie viele Normen und wie stark verteidigungswerte Normen – das zeigt der Krieg, den etliche der Psychotherapien und ihre Vertreter miteinander führen. Nachweislich gibt es darunter auch »Vernichtungskriege«, wo einer den anderen mit seinem Menschenbild nicht weiterleben lassen möchte. Ein ganz spezielles Kapitel...

Für alle Kapitel der Menschheitsgeschichte, in denen Menschenbilder gezeichnet wurden, gilt für mich ein Satz des Psychoanalytikers Fritz Riemann, den dieser im Zusammenhang mit seinen Ausführungen über das Zwanghafte im Menschen formulierte: »Was ich zwingen will, das zwingt mich.« Zahllose Menschenbilder zwangen (und zwingen) den einzelnen wie die Gesellschaft auf ein Menschenbild hin. Und auch das Erzwingen eines Menschenbildes, in dem möglichst alle anderen Menschenbilder Platz haben sollen (ein liberal-pluralistisches Denken, das an sich positiv ist) kann zwanghaft durchgesetzt werden und von daher scheitern wie ein mittelalterliches, inquisitorisches, zutiefst hierarchisch geprägtes Menschenbild.

Auch in dieses Buch sind verschiedene Menschenbilder eingegangen: mein eigenes, die anderer Autoren und Fachleute, solche mir ferner wie naher Menschen.

Zu meinem eigenen Bild vom Menschen, zu dessen abendländisch-christlichem »Bilderrahmen« ich deshalb stehe, weil mir der Freiraum innerhalb dieses Rahmens (nach zwei Jahrtausenden Zwang) heute groß genug erscheint, um christliche Werte mit psychoanalytisch geprägtem Wissen und Handeln verbinden zu können, paßt außer Fritz Riemanns Bild vom Menschen auch das von Matthias Claudius, der in der dritten Strophe des wohl berühmtesten deutschen Abendliedes schreibt: »Seht Ihr den Mond dort stehen – er ist nur halb zu sehen – und ist doch rund und schön ... So sind wohl manche Sachen – die wir getrost belachen – weil unsere Augen sie nicht sehn.«

Wir lachen oft über Dinge und am allermeisten einander aus – und Auslachen ist auch eine Kriegsform, eine der verdeckten Kriegsformen ...

Kriege verdeckter oder offener Art, Kriege im Kleinen wie im Großen, in der Vergangenheit wie in der Gegenwart – diese Schlachten unterscheiden sich nur graduell voneinander; ihnen allen wesentlich und gemeinsam ist die Intoleranz gegenüber dem Menschenbild des anderen, sei es eine Person, eine Gruppe, oder eine Nation. Ihnen gemeinsam ist der Drang, das eigene Menschenbild mit Zwang dem jeweils anderen überzustülpen.

Allein Toleranz vermag alle Kriege zu mildern oder gar überflüssig zu machen: Je fester und sicherer das eigene innere Wissen vom Menschen ist, desto gelassener, desto toleranter kann man andere mit ihren eigenen Vorstellungen vom Menschsein »lassen«. Übergroßer Eifer, missionarische Begeisterung oder besessene Durchsetzungssucht zeugen lediglich von mangelnder Ausreifung der eigenen inneren Überzeugungen, der eigenen Sicht vom Menschen, was immer auch ganz zuerst bedeutet: mangelhaft ausgebildete Eigenvorstellungen und Selbstwahrnehmung.

Vom Vorteil mancher Spezifizierung

Platz für viel Verständnis und große Toleranz läßt das Persönlichkeitsmodell des (bereits mehrfach erwähnten) Psychoanalytikers Fritz Riemann. Besonders anziehend und damit auch erziehend an seinem Konzept ist, daß er Begriffe, die bisher »krankheitsbesetzt« waren, auf den normalen, den nicht auffälligen Menschen bezieht, dann erst auf den, der »auffällt«, oder auf jenen, der sich selbst nicht für unauffällig hält.

Riemann – gestorben 1976 in Berlin; vorher in den USA und München tätig – hat Erben seiner gelassenen Sicht vom Menschen, die den Menschen »sein läßt«. Zu ihnen zählen Christoph Thomann und Friedemann Schulz von Thun oder auch Klaus Dörner und Ursula Plog, die in ihrem Buch »Irren ist menschlich« eine Sicht von der menschlichen Persönlichkeit anbieten, nach der *jedem* Menschen grundsätzlich die *gleichen Kräfte* innewohnen, aus denen heraus er lebt. Mal besser, mal schlechter – was am Vorhandensein dieser Kräfte nichts ändert.

Jeder von uns trägt die Kraft in sich
- zum eigenständigen Selbst, zum unverwechselbaren Profil (*schizoide Kraft*);
- zur Bindung, zur Hingabe, zum Sichwidmen, Sichzuneigen (*depressive Kraft*);
- zum Ordnen, zum Strukturieren, zum Beständigsein (*zwanghafte Kraft*);
- zum Verändern, zum Loslassen, zur Flexibilität, zum Wechselnkönnen (*hysterische Kraft*).

Im folgenden werden wir diese inneren Kräfte einzeln betrachten, ihre Herkunft ansprechen und aufspüren, wie sie sich in der Musik spiegeln – in jener Musik, die wir hören, und in jener, die wir selbst spielen.

Schließlich wird uns beschäftigen, wie in der Musiktherapie mit diesen Kräften umgegangen wird, wie Therapie diese Kräfte beeinflussen kann.

Eine wunderschöne Analogie bietet Riemann an, um die in jedem Menschen wirkenden Kräfte zu beschreiben: Er vergleicht die physikalisch und astrophysikalisch nachweisbaren Kräftefelder von Mutter Erde mit den jedem Menschen innewohnenden Kräften. Der Mensch mit seinen Innenkräften ist in diese äußeren Kräfte eingebunden. Beide »Kraftsysteme« stehen zueinander in Wechselbeziehung, wobei unter »äußeren Kräften« im engeren Sinne auch das soziale Umfeld verstanden wird.

Von den Kräften, die in jedem von uns wirken

Die erste Kraft: »Eigendrehung« oder »Ich kümmere mich um mich«

Betrachten wir das Spaltende, Trennende in uns – und in der Musik, die wir mögen oder ablehnen.

So wie Mutter Erde sich um sich selbst dreht, so findet sich auch in uns Menschen die Kraft der Eigendrehung, was bedeutet, daß wir in der Lage sind, unser Ich (Ego) ins Zentrum unserer Wahrnehmung zu rücken. Jene, die die Tiefen der Seele des Menschen erforschen, nennen diese Fähigkeit (tiefenpsychologisch) »schizoide Kraft«.

Es ist die Kraft, welche die klare Abgrenzung von anderen ermöglicht, manchmal auch die Trennung, in jedem Fall Distanz.

Ohne diese Kraft würde uns die Arbeit an unserem individuellen, unverwechselbaren Profil, überhaupt jede Entwicklung unserer selbst, an unserem Selbst, nicht möglich sein. Erst wenn das Zentrieren um unser Ego, unsere Egozentrik, alle anderen Kräfte zudeckt oder lahmlegt (wir fühlen dann ein Ungleichgewicht in uns selbst oder beim anderen), erst dann werden Distanz, Abstand, Begrenzung und Abgrenzung schädlich, führen zum Zerreißen, Überspannen, Verkrampfen, zum reduzierten »Ich-bin-ich-Bestreben«.

Mutter Erde bietet sich auch für ein weiteres Bild an: Wenn wir uns ihre beleuchtete Seite als diese schizoide Kraft in uns vorstellen, dann kann ihre dunkle als die »Schattenseite«, als das Gegenstück dieser Kraft gesehen werden, das gleichermaßen und stets vorhanden ist und sein muß. C. G. Jung empfiehlt uns, immer neben der Lichtseite auch die Schattenseite zu erforschen. Manchmal lohnt auch der umgekehrte Weg: beim Betrachten der Schattenseiten deren Lichtseiten mitzudenken, was nicht immer gleich jenes beargwöhnte Harmonisierungsstreben bedeuten muß, sondern vielleicht »notwendenden Ausgleich«.

Wo Licht ist, ist auch ...

Als Schatten, der zur Lichtseite des Schizoiden in uns gehört, wird eine der »Grundformen der Angst« deutlich (von denen wir hier vier unterscheiden, entsprechend den vier Kräften in uns). Die Angst, die hinter der schizoiden Kraft wirkt, die diese Kraft erst lebendig werden läßt, ist die *Angst vor der Hingabe*.

Es könnte ja sein, daß aus meinem Einlassen auf Nähe, auf Liebe, auf Zuwendung eines anderen der Verlust meines eigenen, meines eigentlichen, meines unverwechselbaren Ichs folgt. Wie war das noch: »Man kann in einer Gruppe gut aufgehen – aber auch untergehen.«

Je größer diese Angst vor der Hingabe, dem Sich-fallen-lassen, ist, desto stärker wird die schizoide Kraft in einem Menschen mobilisiert – bis zur letzten Konsequenz: daß ein solcher Mensch sich in seinem Innern spaltet – weil er sich im Außen von anderen völlig abgespalten hat – und die Kommunikation, die er sonst im Außen mit anderen führen würde, nun in seinem Innern zu führen sucht – mit einer zweiten, zusätzlichen Eigenwelt. Analog zum »Zwei Seelen wohnen, ach!, in meiner Brust« läßt sich von einem solchen Menschen sagen: »Zwei Welten (manchmal mehr) leben in ihm«, getrennt voneinander und von der Außenwelt. Am Ende eines solchen Prozesses ist dann das Schizoide in uns zum Schizophrenen ausgewachsen.

> Übung für den Leser
> Um ein Gefühl dafür zu bekommen, wie es jemandem geht, der Nähe vermeidet und Distanzen pflegt, aus Angst, man könne ihm zu nahetreten und damit sein Selbstbild wackeln lassen (oder das Bild, von dem er möchte, daß die anderen es sich von ihm machen ...), karikieren Sie bitte einmal bestimmte Haltungen.
> Stellen Sie sich einen Ihrer Lehrer oder irgend jemand anders vor, auf den das Klischee des autoritären Typs paßt:

> kerzengerader Stand (möglichst andere überragen wollen...), Arme vor der Brust verschränkt, Brust mitsamt verschränkten Armen rausgedrückt (»Sie wissen wohl nicht, wen Sie vor sich haben«?). Dabei drehen Sie Ihren (überragenden!) Kopf in verschiedene Richtungen (»Wo wagt es jemand, mir näherzutreten«?).
> Vielleicht betrachten Sie sich in dieser Haltung, den Kopf ständig (ja nicht vergessen!) wachsam wendend, einmal im Spiegel. Oder Sie bitten einen Partner, diese Haltung einzunehmen und beobachten diesen dabei.
> Jetzt versuchen Sie einmal, in dieser Haltung einige Schritte zu gehen... hin und her... Körperhaltung, Kopfdrehen beibehaltend.
> Wie fühlten Sie sich dabei?
> Was wurde Ihnen bei dieser Übung wichtig?
> Fühlten Sie körperliche Spannungen? Wenn ja, wo?
> Erinnerten Sie bei dieser Übung vielleicht Menschen um Sie herum, die Merkmale dieses Verhaltens zeigen?
> Eine Zusatzfrage: Können Sie sich eine zu dieser Körperhaltung »passende« Musik vorstellen? Fällt Ihnen – sozusagen in das innere Ohr – eine Musik ein, die Ihnen in dieser Körperhaltung entgegenkommt?

Vielleicht erkannten Sie während dieser Übung, *wohin* Ihre Konzentration zielte? Die meisten Klienten mit dieser äußeren Haltung, die Ausdruck einer seelischen Haltung ist, investieren Kraft, um *sich selbst* ständig im Blick zu haben. Wie bin ich? Wie wirke ich wohl? Und entsprechend viel Kraft wird der Fremdwahrnehmung, der Wahrnehmung des anderen, entzogen.

In der amerikanischen Familientherapie ist es üblich, einen Mensch, der so wirkt und der sich so fühlt, als »hunting«-Typ zu bezeichnen, als Person mit einer »Jagd-Haltung« – weniger, weil ein solchermaßen autoritärer Typ ständig andere jagt, sondern weil er selbst sich stets gejagt vorkommt. Von denen, die ihm zu nahekommen könnten...

Erinnern Sie: Solche Menschen verbrauchen eine Unmenge Energie, um Abstand zu anderen halten zu können! Dieser Abstand wiederum bedeutet, daß sie weniger oder kaum mit anderen kommunizieren – aus Angst vor der Kommunikation (Nähe), die sie fressen könnte... Vermiedene Kommunikation aber führt zu ständigem Rätselraten, zu Vermutungen darüber: »Was denken denn die Leute... über mich?« Um diese Angst der unbeantworteten Frage aushalten zu können, ist noch mehr Energie vonnöten. Statt die Energie in die ebenso einfache wie schwere Frage zu investieren: »Sag mir einmal, wie du mich siehst...«

Die meisten der so geprägten Patienten (oft auch mit der beschriebenen Körperhaltung) fallen mitsamt ihrer »großartigen Haltung« zusammen wie ein Kartenhaus – beispielsweise wenn in der Therapie, aber auch in anderen Situationen, ein Mensch ruhig und direkt zum Spiel einlädt: »Ich sag dir was über dich – und du mir was über mich.«

Das »Knacken« autoritärer Typen ist viel einfacher als das anders strukturierter Menschen. Autoritäre Personen (nicht zu verwechseln mit »Autoritäten«, die jeder braucht und hoffentlich um sich hat, denn von diesen kann man [wechselseitig)]lernen, man kann sich mit ihnen austauschen) benötigen unendlich viel Energie für die mühsame Aufrechterhaltung ihres Selbstbildes. Und meist greifen sie erleichtert nach dem Angebot, diese Mühsal abstreifen, sich fallen lassen zu können.

Schizoides in Merkmalen

○ Der (natürliche) Wunsch, ein unverwechselbares Individuum zu sein, kann einen Menschen derart intensiv beherrschen, daß die Fähigkeit zur Nähe, zur Hingabe, zur Liebe, zur Zu-Neigung verkümmert. Denn Nähe und Hingabe, Liebe und Zuneigung, könnten mir meine Identität nehmen, mich bedrohen.

- Entsprechend distanziere ich mich und bin, was meine sozialen Kontakte angeht, bei wachsender Distanz auch in wachsendem Maße auf meine Vermutungen und Spekulationen angewiesen. (»Lächelt der dahinten nun mich an oder einen anderen? Oder lacht er gar mich aus...«?)
- Diese übermäßige »Ausbildung der Einbildung« führt zu weiteren Distanzierungen, denn ich habe Angst, daß sich meine Befürchtungen im sozialen Kontakt womöglich bewahrheiten. (»Ich wußte ja, daß das mit dieser Frau [diesem Mann] schiefgeht...«)
- Solcherlei weitere Distanzierungen haben latente Defizite im Kommunizieren und in meinem Kommunikationsrepertoire zur Folge sowie eine Überbetonung des Rationalen in meinem Umgang mit anderen. Nur »ganz rational« bin ich im Umgang mit anderen davor sicher, daß mich meine Gefühle der Angst nicht überschwemmen, daß ich von ihnen nicht geschluckt werde. (»Ich kenne das, diese Gefühlsduselei – und hinterher das böse Erwachen...«)
- Das Schizoide, die Distanz im Übermaß ausleben, bedeutet, daß ich den Partner nicht als Gefährten meiner Gefühle von Lieben und Geliebtwerden suche. (»Das wird mir zuviel, dies ›unter einer Decke stecken‹. Außerdem traue ich nur mir selbst!«) Ich (ge-)brauche ihn vor allem als Sexualpartner oder besser: als Sexualobjekt. Ich zeige ihm meine verzweifelt vor sich hinkümmernde Sehnsucht nach Zärtlichkeit und Vereinigung, nach vertrauender Nähe und naher Vertrautheit nicht einfach so, nur dann, wenn eine Tür zwischen uns ist. Dann allerdings, wenn die Spaltung, die Trennung, das Schizoide real »durch-« und den Partner »fortschlägt«, dann spüren sie diese ganzen verkümmerten, verdrängten Gefühle. Die »Liebe zwischen zwei Türen«, diese »Kapitäns-Ehen« (vor allem aber vollzogene Trennungen) – die lassen plötzlich jene Zärtlichkeit auf Briefbögen und am Telefon ausbrechen, die im Zusammensein so bedrohlich war.
- Entsprechend verlange ich in meinem Getrenntsein immer

neue Liebesbeweise vom Partner und fühle mich in meiner Angst bestätigt, nicht angenommen zu sein, wenn der Beweis (mal) ausbleibt. (»Siehst du – ich habe es immer gefühlt!«) Strafende, sadistische Handlungsweisen setzen manchmal hier an: Ich muß die Liebe ablehnen, hinter der ich so her bin, und ich strafe dich an meiner Stelle, wenn du sie mir entziehst. Und masochistische Tendenzen haben dieselben Wurzeln.

In einer Therapie ging es um die Haßgefühle eines stark schizoiden Menschen gegenüber seinem Lebenspartner. »Gut – dann werde ich diese Gefühle abstellen«, beschloß der Betreffende mitten in einer Auseinandersetzung mit dem Therapeuten(-partner) und machte für den Rest der Sitzung zu: sehr höflich, sehr korrekt, sehr »verständig« – es konnte ihm nichts mehr passieren...
Schizoide Menschen treiben mit ihrem Distanzverhalten häufig »Enttäuschungsprophylaxe« und sehen (ohne Hilfe) nicht, daß nur die »Ent-Täuschung« die Täuschungen und Phantasien lindern, ausgleichen, ersetzen kann. Der gesamte Energiehaushalt eines schizoiden Menschen ist darauf ausgerichtet, befürchteten Enttäuschungen auszuweichen, die stets auch eine Komponente menschlicher Nähe *sind*. Eine solche Person lebt auf der Grenze zur Schizophrenie oder hat diese bereits überschritten – phasenweise oder dauerhaft.

Der *»circle of protection«*

Manche Patienten innerhalb (oder außerhalb) einer Klinik scheinen relativ »normal« mit sich und den anderen umzugehen. Unter einer Voraussetzung: Man darf ihnen buchstäblich »nicht zu nahe treten«. Schizophrene Patienten ziehen manchmal geradezu einen unsichtbaren Grenzkreis mit unterschiedlichem Radius um sich und ihren Körper. Und wenn dieser von einem anderen (ahnungslosen) Menschen überschritten wird, wenn dieser ahnungslose Mensch in diesen »circle of protection«, diesen Schutzkreis, tritt, ihn damit zerstört – dann schlägt ein solcher bedrohter Mensch zurück, panisch, jäh und hart und ganz ohne Verständnis für den anderen, der diese übermäßig starke schizoide Kraft im Gegenüber nicht spürte, von ihr nicht wußte. Derselbe Mensch kann als Sardine unter Sardinen in einem überfüllten Omnibus schwitzen und dies ganz problemlos ertragen, weil dort die menschliche Nähe anonym, nicht an ihn adressiert und daher nicht bedrohlich ist. Aber die »adressierte« körperliche Nähe eines anderen – und wenn dieser ihr nur die Hand geben oder sich länger neben sie stellen möchte – ist unerträglich für eine schizoide Persönlichkeit, denn diese hat die fließende Grenze zwischen konstruktiver Distanz zwecks Ich-Findung und destruktivem Abspalten von sich selbst und anderen längst überschritten.

Eine stark schizoide Persönlichkeitsstruktur spaltet sich *dauerhaft* in sich und von anderen, was nie ohne Wirkung auch auf jene anderen bleibt. Dörner nennt solche Menschen daher »den sich und andere spaltenden Mensch«.

Die Wurzeln des Übermaßes schizoider Kraft

Ganz allgemein können an sich durchaus positive Eigenschaften (besonders sensibel und empfindsam) des Menschen das Schizoide in ihm verstärken. Ein sensibler Mensch lehnt das Laute und Enge ab – und geht schon von daher oft auf Distanz, mit dem Risiko, Defizite im sozialen und kommunikativen Bereich mit Vermutungen und Phantasien ausgleichen zu müssen. Kommt eine gewisse Labilität hinzu, kann diese Distanz erweitert und der beschriebene Prozeß beschleunigt werden.

Doch woher kommt Labilität? Riemann und Dörner wie auch Horst Eberhard Richter in seinem ebenso alten wie nach wie vor aktuellen Buch »Eltern, Kind, Neurose« führen mangelhafte Akzeptanz des Kindes durch seine Eltern und seine Umgebung als Ursache für eine früh einsetzende und sich stark ausprägende »Schizoidie« an, die zur dauerhaften Schizophrenie führen kann (erst dann ist der so inflationär gebrauchte Begriff aus der Psychopathologie angebracht).

Vielleicht bekommt das Kind früh sein »falsches Geschlecht« zu spüren (»Eigentlich hätte ich ein Sohn werden sollen«, sagte die Tochter), und zwar in Form von Nichtakzeptanz oder Teilakzeptanz. Seine psychische Entwicklung mußte sich also unter dem Gefühl vollziehen, eigentlich jemand anders sein zu sollen (für die Eltern), als es ist. Es fühlte die Spaltung, die ihm die Seele zerriß.

Vielleicht wurde es auch nur unter bestimmten Voraussetzungen, unter kleineren oder größeren Bedingungen, akzeptiert, etwa wenn es bestimmte Leistungen erbrachte oder so aussah, wie es sich Mutter und Vater immer gewünscht hatten. Auch diese Erfahrungen können das Kind bereits in seiner ersten »allmählichen Loslösung und Individuation« (Mahler) bestärken und Richtung beziehungsweise Grad dieser Individuation für den Rest der Kindheit prägen. »So wie ich bin, bin ich (für meine Eltern zum Beispiel) nicht ganz, nicht richtig.« Dies Wissen und Gefühl werden das Kind mißtrauisch und distanziert halten – möglicherweise ein Leben lang. Und angebotene Liebe nie für echt halten lassen, weil es echte, unbedingte Liebe nie erfahren hat.

Eine solche Karriere unterstützen können frühe Zwangstrennungen: Krankenhaus- oder Heimaufenthalt oder auch nur die zeitweilige Abwesenheit (Arbeit) der Eltern. Kein noch so verantwortungsvolles Kindermädchen (wie in den Oberschichten der englischen Gesellschaft zum Beispiel ganz üblich), keine noch so liebevolle »Amme« können eine frühe Trennung von Mutter und Kind kompensieren. Kann ein Kind die notwendige Symbiose mit seiner Mutter gar nicht oder nicht lange genug ausleben, fehlt ihm *die* Erfahrungsgrundlage für Liebe und Nähe. (In der Tat gibt es in jenen englischen Oberschichten auffällig viele Erkrankungen aus dem sogenannten schizoid-schizophrenen Formenkreis.)

In dem Film »Der Club der toten Dichter«, der ein elitäres neuenglisches Internatsleben an der amerikanischen Ostküste zeigt, treten gleich mehrere solcher Persönlichkeiten unter den

Schülern und – vor allem – Lehrern auf: auf Distanz bleibend, jedes Gefühl vermeidend, mit gleichzeitiger Sehnsucht nach Nähe (die Lehrer als die »hoffnungslosen« Fälle, die Schüler mit ihrem ebenso geliebten wie einsamen Lehrer als Hoffnungsträger einer anderen Welt).

Doch fremde Gesellschaften oder Gruppen zur Persönlichkeitstypisierung heranzuziehen, ist weniger spannend, als die Merkmale eines bestimmten Typus an sich selbst und im sozialen Umfeld zu erkennen. Berufe sind da ergiebig, und so sind es für Riemann die Wissenschaftsberufe mit besonders hohen Abstraktionsanforderungen, welche für Schizoide besonders gut geeignet sind beziehungsweise die das Schizoide in uns besonders fördern und verstärken können (nicht zwangsläufig müssen). Stephan Lermer sieht Schachmeister und Rechengenies als in dieser Hinsicht besonders gefährdet. Und ich füge hinzu: »Kammerberufe«, also Berufe, in denen sich der Betreffende legalisiert in sein Kämmerlein zurückziehen muß, und das über längere Zeit. Dazu gehören Schriftsteller, Musiker mit ihren Übezeiten, Graphiker, Maler, Computerspezialisten und Laboranten (wenn sie nicht im Team arbeiten, was auch Intimität im Sinne von Nähe bedeutet) und die ganze Palette der Freiberufler. Die »Klassiker« unter den Psychodiagnostikern sehen Störungen, aufgrund derer sich das Schizoide in einer Persönlichkeit besonders auffällig entwickeln kann, zeitlich in den ersten Lebensmonaten nach der Geburt angesiedelt, also während der autistischen und normal symbiotischen Phase. Die Schizoidie, die zur Schizophrenie führt, wurzelt ihrer Meinung nach also in der Frühstzeit des Menschen. (Das Schlußkapitel dieses Buches wird zum Thema »Diagnosen und ihre Sicherheit« noch Verunsicherndes beitragen...)

Übung für den Leser
(Ausnahmsweise dem Buch »Irren ist menschlich« von Dörner/Plog entliehen)
Denken Sie einmal gemeinsam (auch allein soll das möglich

> sein; Anm. des Verfassers) darüber nach, was in unserer Gesellschaft um 1900 passiert sein mußte, daß man plötzlich Spalten, Zerreißen, Trennen, Sich-unverfügbar-machen so scharf wahrnahm (so bedrohlich fand), daß man die Krankheitseinheit »Schizophrenie« erfand, obwohl es vorher genauso viele »schizophrene« Menschen gegeben hatte, für die man sich bis dahin mit den Diagnosen »Manie« oder »Depression« begnügt hatte.

Die Graphik etwas weiter hinten zeigt eine Zusammenfassung unserer inneren Kräfte auch aus positivem Blickwinkel (nach Thomann/Schulz von Thun). Darin finden Sie unter dem Begriff »Distanzierung« nochmals die Wirkungen der gesunden schizoiden Kraft, *über die jeder von uns verfügt*, in Kurzform aufgelistet. Ich empfehle Ihnen während der Lektüre immer wieder einen Blick auf diese Graphik zu werfen, um sich zu vergegenwärtigen
— wie stark die einzelnen Kräfte miteinander verbunden sind;
— wie gesund diese Kräfte wirken können — wenn sie nicht im Übermaß entwickelt werden.

Musik, die das Herz »zerreißt«

Distanzierendes, Spaltendes, Zerreißendes läßt sich auch in der Musik finden. Jeder Mensch kann es in »seiner« Musik finden. Deshalb betone ich hier vorweg: Was ich hier bei der Suche nach der »Distanz in der Musik« finde oder wovon ich schreibe, wenn ich die Empfindung von Distanz oder Spaltung bei dieser oder jener Musik aufführe, ist — *meine Wahrnehmung* von Distanz und Spaltung. Jemand anders als ich kann meine als »distanziert« empfundenen Musikbeispiele ganz gegenteilig, als reinste »Verschmelzungsmusik« empfinden, als wahrhaft »symbiotische Klänge«. Das ändert nichts an dem Ziel dieses Kapitels: den Leser dazu einzuladen, darüber nachzudenken, inwiefern Musikhören und Musikspielen mit unserem Bedürfnis nach Distanz zu tun haben. Da jede Musik auch Ausdruck ihrer Epoche ist, und unsere Epoche, wie bereits mehrfach angesprochen, als narzißtisch-schizoid bezeichnet werden kann, findet sich dementsprechend Reißendes, Zerreißendes, Spaltendes in der Musik der Komponisten unserer Zeit. So wie es beispielsweise »apparative Medizin« gibt, so gibt es auch »apparative Musik«, Musik, von Apparaten nach mentalen Konzeptionen des Komponisten produziert; Musik, die vom musizierenden Menschen abgespalten gestaltet werden kann. Apparativ eben, synthetisierte, Synthesizermusik – bar jeder natürlichen Ausschwingungsvorgänge. Einerseits.

Andererseits erschließt genau diese Musik Ausdrucksdimensionen, die uns das Schizoidisierende unserer Zeit bewußter machen können als manche Schrift zu diesem Thema (eingeschlossen dieses Buch). Komponisten wie Cage, de la Motte oder Ligeti sind für mich deshalb so große Ausdruckskünstler, weil sie den zerreißenden, spaltenden, trennenden »Zeitgeist« mit denselben Instrumentarien zu spielen imstande sind wie seinerzeit ein Anton Webern oder ein Olivier Messiaen (oder auch ein Johann Sebastian Bach seines Barockzeitalters): mit den Menschen entsprechenden natürlichen Klangkörpern (und deshalb natürlichen Schwingungen) – so verfremdet und verfremdend sie auch eingesetzt werden mögen.

Auch die Musik der Vergangenheiten kennt viele Stücke und Fragmente, kleine und große Werke, die auf den Hörer »zerreißend« spalterisch wirkten. Das Schizoide im Hörenden kann durch eine solche Musik verstärkt werden, wobei das Spaltende, Zerreißende nicht unbedingt in der Musik oder der Absicht des Komponisten liegen muß, sondern *aus der subjektiven Wahrnehmung des einzelnen* kommen kann. So läßt nicht erst das quälende »Barrabam« des Chors in der Matthäus-Passion von Bach, die Tötungsabsicht des Volkes gegenüber Jesus, auch den letzten entschlummerten Hörer aufschrecken, sondern bereits »harm-lose« Musik, Musik ,die mitnichten Harm und Leiden, also Zerreißendes, symbolisiert, kann schizoidisierend wirken. Eine einfache Dissonanz, einige Male in der Akkordfolge wiederholt, beispielsweise bei manchen Kunstliedern der Liederzyklen von Franz Schubert (und nicht nur bei seinen Liebesschmerzszenen oder Winterdepressionen, die in sich »programmiert herz-zerreißend« sein sollten), kann sich dem ohnehin abspaltenden Hörer als »Identifikations-Musik« anbieten, so daß der sich bei jedem Wiederholen dieser Musik gerade diese eine Stelle immer wieder holt.

Die vier Grundkräfte der Persönlichkeit
Die negative Sicht
(die vier Grundkräfte als Ausdruck unserer Grundängste)

»Ordnung muß sein.«
Pedanterie/Genauigkeit/Kontrolle
(zwanghafte Kraft)
= Angst vor Chaos und Untergang:
»Ich könnte mich nicht wiedererkennen«

»Allein bin ich nichts.«
Niedergeschlagenheit/Abhängigkeit
(depressive Kraft)
= Angst vor Selbstständigkeit/eigenem Profil

»Geh mir vom Leib!« »Ich bin mein eigener Herr!«
Absonderung/Distanzierung/Abgespalten-Sein
(schizoide Kraft)
= Angst vor zu großer Nähe, Hingabe, vor dem »Auf- und Untergehen« mit anderen

»Ich halte diese Einöde nicht aus.«
Begeisterung an Neuem/Sucht nach Abwechslung
(hysterische Kraft)
= Angst vor immer Gleichem
»Ich kann mich darin nicht ent-falten.«

Thomann/Schulz von Thun vereinfachen diese Quadranten wie folgt (in Klammern noch mal die Kräftebezeichnungen nach Riemann, wie sie auch in den meisten Diagnosen verwendet werden)

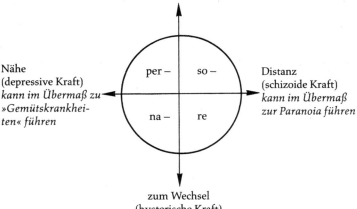

Die »positive« Sicht

Die Kraft des Zwanghaften (Dauer) verhilft zu:

*Verläßlichkeit
sich und anderen Sicherheit geben
Ordnung und Sauberkeit
Einschätzbar sein (für sich und andere)
Zielbewußt und ausdauernd sein*

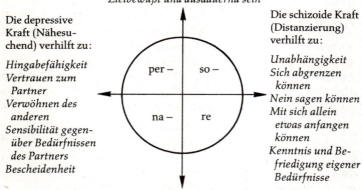

Die depressive Kraft (Nähesuchend) verhilft zu:

*Hingabefähigkeit
Vertrauen zum Partner
Verwöhnen des anderen
Sensibilität gegenüber Bedürfnissen des Partners
Bescheidenheit*

Die schizoide Kraft (Distanzierung) verhilft zu:

*Unabhängigkeit
Sich abgrenzen können
Nein sagen können
Mit sich allein etwas anfangen können
Kenntnis und Befriedigung eigener Bedürfnisse*

Die Kraft des Hysterischen (Wechselhaftigkeit) verhilft zu:

*Spontaneität
Der »Farbklecks« im Alltag einer Gruppe zu sein
Begeisterungsfähigkeit
Kontaktfähigkeit
Risikofreudigkeit*

Therapeutische Ziele einer (Musik-)Therapie:
Die jeweils »unterbelichteten« Schattenseiten der deutlichen typischen Seiten eines Menschen diesem erfahrbar machen. Diese Schatten liegen nicht nur in dieser verkürzenden Graphik (punktsymmetrisch) gegenüber »typischen« Ausdrucksmitteln der eigenen Seele, sondern auch erstaunlich oft »im Leben«. So suchen sich die Nähetypen« oft »Distanztypen« als Partner und umgekehrt... Dennoch leben wir nicht ausschließlich in dieser Mechanik des einfachen »Gegenüber«; es gibt andere Richtungen über die in der Therapie neue Erfahrungen gesammelt werden können und sollen.
Das Aufspüren und Erspüren der anderen Kräfte in mir selbst, die – neben denen des Gegenübers – zum Ganzen, zum Runden meiner Persönlichkeit gehören.

Schizoides in jedem Baustein der Musik

Das Beispiel von der einfachen Dissonanz, an der jemand »klebt«, die er immer wieder neu sucht, ist nur eins von vielen, das mit dem Bauelement »Klang« zu tun hat. Schizoides kann von jenem Hörer, der dessen bedarf, in *jedem* Musikbaustein gesucht und gefunden werden. Auch die »Form« als weiterer Baustein, mit dem Musik gestaltet wird, kann deutlich und scharf abgegrenzt (abgrenzend) wirken. Abrupte Einsätze und Schlußwendungen in der Musik grenzen von Vorangegangenem wie von Kommendem ab. Die »Zack-Zack-Musik« mit ihren jäh einsetzenden Strukturen trennt. Benjamin Brittens »War-Requiem« oder Dieter Einfeldts »Gomorrha« weisen solche eindrücklich radikalen Formen auf. Ebenso die Rockmusik einer Tina Turner.

Auch der Baustein »Zeit«, die musikalische Zeit-Gestaltung, kann zerreißend, spaltend wirken. Ein hämmernder Rhythmus inmitten eines rigiden Zeitmaßes (Metrum) läßt kaum Platz für anderes, grenzt aus. Oder manche »Off-Beats« oder »Unvollendetes« in ansonsten geschlossenen Rhythmen, das einen in die Leere entläßt, mithin isoliert... In den »Slawischen Tänzen« von Anton Dvořák finden sich diese Merkmale ebenso wie in den »agogisch« (frei geführten) Improvisationen des Free Jazz.

Oder nehmen wir den Baustein »Dynamik«. Die Kraftgestaltung in der Musik, die ich höre, kann spaltend wahrgenommen werden. Fetzige Musik ist mit höheren Dezibel verbunden und macht oft genug, daß im Hörenden »die Fetzen fliegen«. In die Nähe musikalischen Tobens zu kommen, kann ebenfalls zerreißend wirken.

Schizoides (Trennendes, Zerreißendes, Spaltendes) liegt also nicht in einem einzelnen musikalischen Baustein begründet, es liegt als Komplex, liegt im Ganzen dessen, was wir hören. Das Schizoide in uns sucht sich das »schizoid Empfindbare« aus der Musik »spürsicher« heraus – was mit »Spüren«, mit »Spur« zu tun hat, die einer immer findet, wenn er etwas, was in ihm ist, außerhalb von sich sucht...

Übung für den Leser
Notieren Sie einmal – wenn Sie Zeit und »Lust zur Vertiefung« haben – einige Beispiele aus Ihrer Platten-, Tonband- oder CD-Sammlung, die Sie als »zerreißende« (nicht zu verwechseln mit »mitreißend«!) Musik empfinden. Gibt es auch Musik, die für Sie »Kühle« und »Distanz« ausstrahlt? Möglicherweise wissen Sie auch etwas über die Absicht des/der Komponisten? Vielleicht schrieb einer von ihnen (laut Plattenhüllentext oder Ihrer eigenen Musikgeschichtskenntnis) tatsächlich aus einer »Zerreißprobe« seines eigenen Lebens heraus diese Musik? Etwa eine »Liebesschmerz-Musik«? Oder ein Requiem, einen Trauergesang?
Gibt es zu der Musik, die Sie herausfanden, vielleicht einen Text, der Ihnen dieses Zerreißende, Spalterische deutlich machte? (Sehr oft empfinden wir etwas bei einer *Musik*, was eigentlich durch den *Text* hervorgerufen wird.)
Läßt sich mit jener von Ihnen als zerreißend empfundenen Musik ein bestimmtes Erlebnis assoziieren, das Sie einmal beim Hören erinnerten, und das Sie seitdem *diese* Musik so empfinden läßt (vorher möglicherweise ganz anders)?
Wie ist die Instrumentierung Ihrer Musik? Welche Instrumente hören Sie vordergründig?
Die schriftlichen Notizen zu Ihren Musikbeispielen und Erinnerungen können Sie für spätere Vergleiche nutzen: Welche Musik steht bei mir für »Spaltung/Distanz«, welche für »Nähe«, welche für »Dauer/Kontinuität«, welche für »Wechsel/Aufbruch/Ausbruch«?

Eine solche Übung (wir werden sie auf jede unserer inneren Grundkräfte anwenden) bezieht sich nur auf Ihre aktuelle Stimmung und Bedürfnisse. Es kann sein, daß wir eine Musik in der einen Situation als »deprimierend« empfinden, in einer anderen

Ein fremdes Instrument...
Die Kalimba wird erforscht

Ein bekanntes Instrument wird fremd
Der Flügel als Harfe

Eine Schale voller Klang

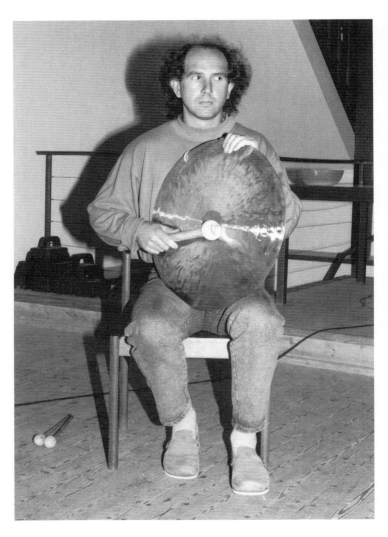

Wer spielt mit mir?
Aufforderung zum Echo

Dialoge . . .
Klingende Steine (Lithophon)

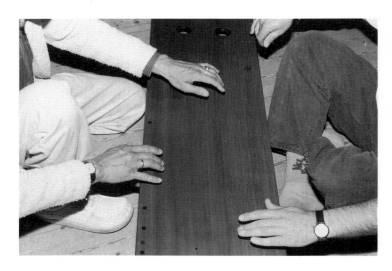

Saitenspielgespräch am Monochord

Schlagfertigkeiten

Auseinandersetzung bedingt Zusammensetzen

Ein dritter kommt hinzu!

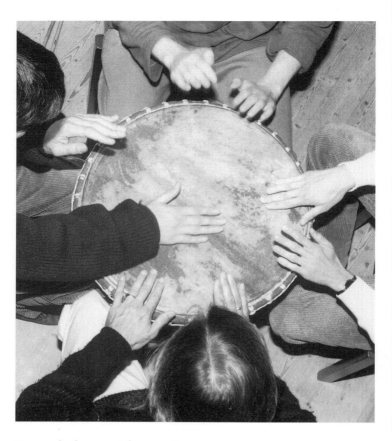

Gruppe bedeutet: sich arrangieren

Spielort für Beziehungen

In der Gruppenimprovisation mischen sich Selbsterfahrung und künstlerisches Ensemblespiel

Werben

Darstellung des Selbst

Musikalisches Kommunikationsspiel
Begegung im summenden Kreis

Und noch ein Bei-Spiel: paarweises Einfädeln

Die Bilder stammen aus keiner Musiktherapiesitzung. Aufgrund des Datenschutzgesetzes und mit Rücksicht auf den notwendigen persönlichen Schutzraum in jeder Therapie bat ich die Teilnehmer einer Weiterbildungsveranstaltung »Analytische Musiktherapie« im Jahr 1989 in der Stiftung Künstlerhaus Boswil/Schweiz darum, Einblicke in die musikalische Gruppenimprovisation zu geben, wie wir sie in der Musiktherapie der Gegenwart als »Kern und Rahmen« nutzen. Ich danke Linda Achleitner, Marco Dober, Katharina Foerster, Esther Gerber, Heinz Küng, Thomas Lehnen, Joachim März, Michael Nemitz, Joel Reiff und Beate Staehlin für ihr »Spiel vor der und für die Kamera« und Ursula Wüthrich-Sobhani für die Bildergestaltung.
Eckhard Weymann und Christine Decker-Voigt danke ich für die Überzeugungskraft, mit der sie meine langen Bilderkommentare auf das Minimum kürzten, in denen ich all das noch unterbringen wollte, was ich im Buchverlauf selbst nicht genügend geschildert zu haben fürchtete. Es stimmt: Auch Bilder »spielen aus der Seele« – ganz für sich allein.

Situation dagegen als »erhebend«. Dennoch bilden sich bei den meisten von uns »Gewöhnungen« aus, die uns oft genug eine Musik nur dann und deshalb hören lassen, wenn wir ein bestimmtes Gefühl damit hervorrufen oder verstärken wollen.
Und spannend wird es, wenn ein Mensch nur noch nach dieser oder jener Musik greift, weil er sich von immer gleichen Gefühlen ergreifen lassen will... Dann setzt Einengung ein, Enge. Und Enge hat immer auch mit Angst zu tun.

Die zweite Kraft: Alles dreht sich um den anderen oder »Ich kümmere mich um dich...«

Zurück zu Sonne, Mond und Sternen – nein, zurück zu Sonne und Erde: So wie die Erde sich um sich selbst dreht, so dreht sie sich gleichzeitig auch um die Sonne. »Revolution« nennt Riemann (mit anderen Forschern) diese Fähigkeit, sich um sich selbst als Zentrum und gleichzeitig um ein anderes Zentrum zu drehen.

Dreht der Mensch sich um einen anderen Menschen, nennt das der »Menschenforscher« die »depressive« Kraft in der Psyche. Gemeint ist die Fähigkeit zur Hingabe, Zuwendung, Zuneigung, zum »Sich um den anderen kümmern«. Im weitesten Sinne des Wortes ist die depressive Kraft also das »Zentrum von Liebesfähigkeit«.

Wie jede andere Kraft in uns so kann auch die depressive Kraft das Maß überschreiten und Über-Maße annehmen (wobei Maß und Übermaß oder Unmaß stets subjektiver Natur sind und somit immer auf jeden einzelnen bezogen werden müssen, will dieser Mensch oder andere um ihn herum herausfinden, was bei ihm Maß/Übermaß/Unmaß bedeuten).

Die depressive Kraft kann von Fürsorge für den anderen zur Überfürsorge führen, zur Over-Protection. Sie kann sich zur offenen oder verdeckten »Besessenheit zum Helfen« auswachsen, so daß dies Helfen krank ist und krank macht wie jede Besessenheit. »Helfersyndrom« nennen wir auch einen solchen seelischen

Zustand in unseren Helfer-Berufen; wir müssen dann besonders darauf achten, daß wir nicht dauernd »besetzt« sind, vom Helfen besessen.

Wie schrieb doch gleich jene Therapeuten-Kollegin aus London über die Voraussetzungen, ein guter (Musik-)Psychotherapeut sein zu können. Erste Voraussetzung: intakte private Beziehungen. Zweite Voraussetzung: ein sehr gutes Gehalt. Dritte Voraussetzung: viel Ferien...

Was feuilletonistisch wirkt, hat durchaus einen tragischen Hintergrund: Verkümmert die allgemeine Lebensqualität des Helfenden in einem Helfer- oder anderen Beruf, verkümmert auch die Qualität seiner Hilfe. Tröstlich, daß jüngere Ärzte, Psychologen und Theologen, Pfleger und Erzieher nicht mehr gewillt sind, »rund um die Uhr« zu helfen, sondern das Therapieren zu begrenzen. Zeitlich und damit kräftemäßig. Sich für andere nicht mehr aufzuopfern (»sich opfern«!) braucht jedoch nicht gleich zu heißen: Ich helfe nur noch nach genau eingehaltenem Stundenplan und Tarifvertrag.

Die depressive Kraft rückt den anderen, den Partner, die (anvertraute) Gruppe ins Zentrum unserer Wahrnehmung und veranlaßt uns, uns um das Gegenüber zu kümmern. Etwas, das man Kindern zu Hause, Kindern im Kindergarten, Schülern in der Schule, Kollegen am Arbeitsplatz, Senioren im Altersheim usw. nur herzlich wünschen kann: Eltern, Erzieher, Lehrer, Kollegen, Pfleger, die über die depressive Kraft der Zuwendung »verfügen«...

Erst wenn die depressive Kraft übermäßig oder gar unmäßig wird, sollten alle Warnleuchten angehen: Dann hat man einen Menschen vor sich, *der jemanden braucht*, um den er sich kümmern kann, und zwar dringend und auch für sich selbst. Einen Menschen, der selbst nicht weiß, daß er aus panischer Angst heraus, den anderen zu verlieren, hilfsbereit und freundlich ist.

Und der Schatten zum Licht...

... zeigt sich darin: Im selben Maß, in dem ich mich immer mehr und mehr oder ausschließlich um andere kümmere, sie unendlich aufmerksam begleite, kümmere ich mich weniger um mich selbst, und meine elementaren Bedürfnisse »ver-kümmern«. Es verkümmert die Kraft, die bewirkt, daß ein Mensch sich auch um sich selbst sorgt und sorgen muß, wenn er gut »gewichtet« mit seinen Kräften umgehen will.

»Der bringt sich um für andere!« wird oft als Lob verstanden. Doch es wird nicht verstanden, daß der Betreffende sich selbst damit für andere (seelisch) umbringt.

Wie die schizoide Persönlichkeit den Abstand zum anderen, die Distanz braucht, um sich sicher zu fühlen, so braucht die depressive Persönlichkeit den Partner, um sich ihrer selbst sicher, selbstsicherer, zu fühlen. Das Depressive in mir läßt mich erst in Verbundenheit, ja in Verschmelzung mit dem anderen »Rundsein« empfinden.

In Partnerschaften, die derart strukturiert sind, daß der eine den anderen aus diesem (depressiven) Grund braucht, ist es nicht unbedingt immer so, daß der Partner eines depressiven Menschen wirklich ein »Strahlemann« beziehungsweise eine »Strahlefrau« ist. Die Psyche des depressiven Menschen läßt ihm den anderen als »seine Sonne« erscheinen, die für ihn strahlt, und um die er kreisen kann, in deren Glanz er sich sonnt... abhängig geworden von diesem Glanz.

Die Grundangst, die hinter der depressiven Kraft wirkt, ist die *Angst vor der Selbstwerdung:* Ich könnte – allein auf mich gestellt – buchstäblich »einsam« werden – und vergehen. Ich (mein Selbst) könnte, wenn ich mich selbst ins Zentrum des Gruppengeschehens stellte, *selbst* kritisiert werden. Ich könnte, wenn ich allein in dieser Welt (oder auch auf einer Bühne) auftrete, versagen, jämmerlich scheitern. Aus diesem Grund schließe ich mich lieber an, schwimme vorzugsweise im Kielwasser, fahre im Windschatten, bin lieber der ewige Zweite – um im Schatten jener zu leben, die im Rampenlicht stehen. Denn ein Rest des Glanzlichts der Mächtigen trifft so auch mich.

Weitgehend depressiv strukturierte Persönlichkeiten suchen sich stets Mächtige zum Anlehnen, zum Verstecken (ähnlich wie das Schizoide überall die Distanz, den Abstand, die Grenze sucht): in der Familie, am Arbeitsplatz, in Vereinen, in Ehrenämtern (in denen es »dienlich« zugeht...)

Dauerndes Dienen krümmt Rücken und Seele. Von daher wirken von ihrer depressiven Kraft beherrschte Menschen tatsächlich oft verkümmert, still, zusammengesunken oder – um es mit Dörner/Plog zu sagen – »niedergeschlagen«. An ihrer Depression krankende Menschen sind für diese Forscher Personen, die »sich und andere niederschlagen«, denn keine Niedergeschlagenheit bleibt ohne Auswirkungen auf ihre Umgebung...

Zwei Übungen für den Leser

> Übung 1: Nehmen Sie – um den Dauerzustand eines depressiven Menschen ansatzweise zu erfühlen – folgende Körperhaltung ein (dabei wieder übertreiben): Gehen Sie in die Hocke, stützen Sie sich mit einem Knie auf dem Boden ab. Jetzt nehmen Sie eine (imaginäre) Kugel in beide Hände und bieten Sie diese einem (imaginären) Partner an; legen Sie dabei vielleicht auch noch bittend-kindlich den Kopf schief und schauen von unten nach oben...
> Verharren Sie eine Zeitlang in dieser Haltung.
> Was nehmen Sie dabei wahr? An Gefühlen? Am und im Körper?

Die so skizzierte Haltung symbolisiert mehr oder weniger stark den depressiven Anteil in uns. Zweierlei wird damit ausgedrückt: Bitten und Bieten. Nach dem Motto: »Verlaß mich nicht (meine Sonne!) – ich biete dir auch etwas dafür (mich)...«

Im Amerikanischen gibt es für diese Körperhaltung die Bezeichnung »placating« (in dem das lateinische placere = gefallen steckt); ein Gefallens-Typ – einer, der dabei auch niederfallen und sich und andere »niederschlagen« kann. Seine Wahrnehmung ist auf den anderen ausgerichtet, auf dessen Bedürfnisse, und kaum auf sich selbst. Dennoch: In dieser den inneren Zustand symbolisierenden Körperhaltung läßt es sich länger und sicherer aushalten als in der des »Jagd-Typs«, des Gejagten, des Autoritären, welcher das Schizoide repräsentiert. Zudem kann aus einer solchen »depressiven«, dem anderen sich unterordnenden Körperhaltung abrupt zur Seite ausgewichen oder zurückgewichen werden...

Übung 2 (nach Dörner/Plog)
Bitten Sie in einer Gruppe von Freunden oder Arbeitskollegen, jeder möge beschreiben, wie es ist, wenn er sich depressiv fühlt. Die Aussagen werden Sie überraschen...
Dann: Tauschen Sie Ihre Erfahrungen mit Prüfungssituationen aus.
Wie ging und gehe ich mit Prüfungsangst um?
Mache ich mich klein und schwach (depressiv) nach dem Motto: Mir muß man helfen, sonst bin ich nichts. Oder mache ich mich stärker als ich bin, nach dem Motto: Das schaff ich alles allein (schizoid)?

Die Wurzeln des Übermaßes depressiver Kraft

Auch übermäßig ausgeprägte depressive Kräfte haben – wie alle inneren Kräfte – ihre Ursprünge »im Ackerboden frühe Kindheit«. Kommt es in späteren Lebenssituationen gehäuft zu Depressivität oder entwickelt sich Depression zum krankhaften Dauerzustand, so wird eine gestörte »orale« Zeit des Betreffenden dafür verantwortlich gemacht; eine Phase also, in der alle wichtigen Bedürfnisse des Säuglings über die Nahrungsaufnahme durch den Mund befriedigt werden.

Entsprechend »mitverantwortlich« ist daher – wieder einmal – die Mutter. Besondere Verwöhnung durch die Mutter kann ein Grund für spätere verstärkte Depressivität sein. Ich denke da zum Beispiel an die »Glucke«, die ihre Küken nicht losläßt und an Abhängigkeit gewöhnt – an das Kreisen um das Zentrum Mama. Später, als ausgewachsene Hühner, werden die Küken dann nicht aufhören wollen, um »Nachfolgezentren« zu kreisen.

Oder es wird dem Kind während der oralen Phase eben nicht die nötige Nähe und Zuwendung, nicht ausreichend »Liebe als Lebensmittel« gegeben. Dieses Kind sehnt sich nicht nur während der oralen Phase danach, was ihm versagt bleibt, und bettelt darum, sondern lebenslang...

Da ich diese einseitige Schuldzuschreibung (Mutter) für gefährlich halte, weil damit ausschließlich die Mütter für sämtliche psychisch-emotionalen Schäden der Menschheit die Verantwortung trügen, ziehe ich es vor, *alle* wichtigen Bezugspersonen eines Kindes »in die Schuld zu nehmen«. Väter wie Tagesmütter, Wohngemeinschaftsmitglieder, Schwestern, Pfleger, Therapeuten – für sie alle trifft dies zu: Zuviel Verwöhnung und zuviel Versagung bereiten den besonders fruchtbaren Ackerboden für lebenslange depressive Kräfte im Übermaß oder gar Unmaß.

Zurück zum »Normalen«. Unsere innere depressive Kraft äußert sich am deutlichsten in unserem Bedürfnis nach Wärme und Geborgenheit; beides erhalten wir, lernten wir »vom Mutterleibe an«, also schon in frühesten Zeiten vom anderen (und nicht aus uns selbst heraus).

> Übung für den Leser
> Suchen Sie sich wieder aus Ihrer Sammlung Musikstücke aus; machen Sie auch wieder Notizen.
> Welche Musikstücke verbinden Sie mit Nähe, mit Wärme, mit Kuscheln?
> Welche Musik macht Sie niedergeschlagen, deprimiert?
> Und fragen Sie sich – wie vorhin –, was Sie von den Absichten des Komponisten beziehungsweise seinem Leben wissen. Waren es möglicherweise seine Fähigkeit zur Nähe, seine Liebeskraft die sich Ihnen beim Hören mitteilen? Durch die Musik selbst? Oder auch durch die Texte?
> Oder löst die Musik in Ihnen Erinnerungen an eigene Näheerlebnisse mit einem Partner aus? Oder Erinnerungen an Sehnsüchte nach einem Partner?
> Dies wäre dann »Ihre« Nähe-Musik, die Sie schmerzvoll oder heiter erleben – je nach dem Gefühlsspektrum, das Sie mit der Erinnerung verbinden.

Musik, die Nähe vermittelt

Zunächst zum Funktionellen. Einiges ergibt sich jetzt schon aus »Ihrer Vorarbeit« mit diesem Buch. Wir haben in Teil 1 Merkmale einer Musik zusammengetragen, die auf der vegetativen, der willentlich nicht steuerbaren herrlichen Ebene, beim Hörenden Ruhe bewirken kann. Ruhe, Schläfrigkeit, Schlaf können zu Assoziationen und Gefühlen von Geborgenheit führen und diese wiederum zu Empfindungen von Wärme und Nähe. Das heißt, solche Musik setzt sich aus Bausteinen zusammen, die sich gegenseitig verstärken können und sowohl auf der vegetativen als auch (in Folge der vegetativen Befindlichkeit) der emotionalen Ebene eher Gefühle von Geborgenheit und Nähe auslösen.

Auf die vier Bauelemente der Musik bezogen sind die »gängigsten« Merkmale einer solchen Musik, die Ruhe, Wärme, Nähe usw., also depressive Kräfte ansprechen kann, folgende (die wir aus der trophotropen Musikstruktur kennen): ruhiger Fluß, Klangbetonung, Dissonanzarmut, Rhythmusverhaltenheit.

Die ganzen langsamen Sätze der Barockmusik können dazu gezählt werden sowie die langsamen, »agogischen« Sätze romantischer Stücke, vorzugsweise in kleineren Besetzungen, also weniger große Orchestermusik oder Kammerbesetzung.

Überhaupt spielt die Instrumentierung wieder eine große Rolle in diesem »Konzert depressiver Musik«: Unsere abendländische Musik der obengenannten Beispiele wird oft mit Streichinstrumenten besetzt, aber auch mit Blasinstrumenten. (Die Symbolik in Aussehen und Klang von Streichinstrumenten als »Streichelinstrumente« und das phallische Äußere von Blasinstrumenten als Assoziationsbrücke zum Eros werden später noch gesondert angesprochen.) »Weiche« Musik kann natürlich auch auf Percussions und großer Pauke gespielt werden. Umgekehrt kann man auf Streichinstrumenten »harte« und aggressive Musik gestalten.

Immer läßt sich im Anhören einer Musik, die als »Beziehungssymbol« genutzt wurde oder wird (Familienpfifflieder u. a.) auch die Nähe zu jenen Menschen erinnernd empfinden, mit denen uns diese Musik verband oder verbindet. Wir werden an späterer Stelle auch genauer auf die Art und Weise unserer frühen und frühesten Nähe-Erfahrungen eingehen. Auch darauf, wie wir aufgrund dieses »Damals« heute mit Nähe umgehen: mit der, die wir haben wollen, und mit jener, die uns angeboten wird.

Oder anders: Wie mißlungen sich die frühen Nähe-Erfahrungen möglicherweise anfühlen – beim Anhören der entsprechenden Musik; inwieweit dieses frühe Mißlingen unseren heutigen Umgang mit Nähe geprägt hat.

Kirchenmusik gibt es nicht, aber Musik für Kirche und Gebet

Gläubige Menschen finden diese Gefühle von Geborgenheit und Nähe oft besonders in Kirchenmusik wieder. Auch hier spielt es keine große Rolle, ob die Musik »strahlenden Aufforderungscharakter« trägt (wie z. B. die meisten großen Eckchöre der Mozartschen Messen oder Bachschen Oratorien, zu deren Instrumentierung oft viele Blechbläser gehören; Messinginstrumente, die als »Illusion von Gold« im Zeitalter des Absolutismus lange nur im Beisein von Angehörigen der herrschenden Adelsfamilien eingesetzt werden durften), also ergotroper Natur ist. Und es ist ebenso unerheblich, ob es sich um beschwörend ruhige, beruhigende Choräle, Arien (»Befiehl du deine Wege« oder »Schlafe, mein Liebster, genieße der Ruh«) oder Abendlieder (»Nun ruhen alle Wälder...«), also um trophotrop wirkende Musik handelt.

Ohne oder mit Text – diese Musik wirkt hauptsächlich durch die Botschaft, die *wir* in sie hineinlegen, und nicht so sehr über ihre Struktur auf unser Vegetativum.

Daß Kirchenmusik oft so anzieht, daß ihre Hörer sie sich ebenso »reinziehen« wie Teenager sich »ihre« Band reinziehen (erinnern wir die »orale Befriedigung«?), hängt auch mit dem Depressiven in uns zusammen. Kirchenmusik symbolisiert u. a. Gott und »Kirchenraum«; dies vermittelt dem Hörer Gefühle von sehr tiefer (göttlicher) Nähe und Beschütztheit.

Sodann verknüpfen wir mit Kirchenmusik die Anbetung sehr viel »größerer Größen«, als wir es sind und jemals sein werden: des Vaters, des Sohnes, der heiligen Mutter Maria, des Heiligen Geistes...

Haben wir diese Musik einmal vor religiösem Hintergrund kennengelernt, werden wir sie immer als Religionsmusik, als Kirchenmusik erkennen – unabhängig von der Art unserer Beziehung zum Glauben. Und bei uns allen wird das Anhören dieser Musik Gefühle des Beschütztseins und des »Anbetenwollens« auslösen – abhängig vom persönlichen inneren Zustand und der äußeren Situation.

Rückübersetzt in die Sprache Riemanns heißt das: Hier eröffnet sich eine Gelegenheit für die depressive Kraft in uns. Jene Kraft, die uns durch Verschmelzung (Symbiose) mit diesem Zentrum größer, mächtiger, strahlender sein lassen will, als wir, allein auf uns gestellt, je sein können.

Hingabe und Dienen und den Lohn dafür im Ewig-Werden zu bekommen, in der Teil-Habe am Größeren – auch das macht die Anziehungskraft der Kirchenmusik aus. Auf dieser »psychischen Wirkebene« unterscheidet sich Kirchenmusik in keiner Weise vom »Tageshit« simpelster Strickart.

Worin sich Kirchenmusik aber von jeder anderen Musik unterscheidet, ist, daß sie uns helfen kann, ethische Werte, nämlich jene des Christentums, zu verinnerlichen. *Insofern* ist den depressiven Kräften in manchem von uns die Wirkung solcher Kirchenmusik als »Kraftspender« nur zu wünschen. (Der Autor dieser Zeilen zehrt oft und gern davon.) In der Hoffnung, daß sie uns nicht überschwemmt, nicht abhängig, nicht unselbständig macht. Denn das vermag die depressive Kraft in uns sehr wohl. Nicht die Musik. Mit ihr können wir Abhängigkeiten fördern, erweitern, doch nicht begründen.

Lassen Sie uns aber noch einmal festhalten: Es gibt keine »Kirchenmusik«. Es gibt jedoch wunderbare, wunderschöne Musik, die Menschen aus ihrer religiösen Ehrfurcht und Hoffnung heraus geschrieben haben. Es gibt Menschen, die sie aufführen, und solche, die sie hören; und sie allesamt erinnern beim erneuten Anhören von Kirchenmusik wieder den Raum der Kirche – und die damit zusammenhängenden Gefühle. *Damit* besetzen wir die Musik dann »kirchlich«. Und nicht umgekehrt.

> Übung für den Leser
> Falls Sie Ihre depressive Musik bei der Übung vorher schriftlich festgehalten haben: Vergleichen Sie »Ihre Stücke« einmal: Wirkt diese Musik auf Sie »funktionell«, das heißt einfach lösend und gelöst machend?
> Oder sind es Ihre Erinnerungen und Gefühle, die Sie »weich« werden lassen beim Anhören dieser Musik?
> Ist diese Musik auch für sich genommen eine »weiche«, »aufweichende«?
> Oder handelt es sich bei dieser Musik, wenn Sie einmal genauer hinhören, um ergotrope, also aktivierende, stimulierende Musik, die Ihre Ratio den »weichen« Gefühlen aber doch weichen läßt? (Was eher für wichtige Erinnerungen mit starken Gefühlen spräche...) Und wie sind »Ihre weichen Musikstücke« instrumentenmäßig besetzt?

Die dritte Kraft: Ordnung muß sein
oder »Ich kümmere mich um immer Gleiches«

Einerseits: Die Sorge um immer Gleiches

Wir bemühen noch einmal unser Erde-Sonne-Beispiel: Neben der Kraft, sich um sich selbst zu drehen und gleichzeitig um die Sonne, verfügt unser Planet auch über eine buchstäblich »anziehende« Kraft: die Kraft, die uns magnetisch an und auf ihm festhält, die Erdanziehungskraft oder, »vornehmer« ausgedrückt, die Zentripetale. Sie zwingt uns, »auf dem Teppich«, auf dem Boden zu bleiben und nicht abzuheben in das All.

In Analogie dazu spricht Riemann von der »Kraft des Zwanghaften« im Menschen als seiner dritten inneren Kraft. Im »positiven«, »normalen«, hilfreichen Sinn bedeutet das: Das Zwanghafte in mir, das, was mich »am Boden hält« und mir diesen Boden vertraut macht, läßt mich eine Wohnung finden. Dasselbe Zwanghafte läßt mich immer wieder neu denselben Weg zurück zu dieser Wohnung nehmen und nur, indem ich dieselbe Distanz immer wieder abschreite, lerne ich die Sicherheit, mit der ich »meine Höhle«, meine Wohnung, mein Haus wiederfinde. Oder den Weg durch die Räume meiner Wohnung, wenn einmal das Licht ausfällt. Ich bin nur deshalb so vertraut geworden mit meinen Räumen, weil ich sie immer wieder durchschritten habe. Nur deshalb finde ich auch im Dunkeln sofort die Seife auf dem Waschbecken, vorausgesetzt, sie liegt immer an derselben Stelle.

Möglicherweise ist das der Grund, warum wir beispielsweise in Hotels unsere persönlichen Sachen an derselben Stelle wie zu Hause deponieren beziehungsweise suchen (links auf dem Waschbecken Waschbürste, rechts die Seife usw. . . .). So erhalten wir uns unser Sicherheit vermittelndes persönliches System – egal, wo wir sind.

Das Zwanghafte in mir läßt mich auch mit Menschen in ähnlicher Weise umgehen. Um mich sicher und wohl zu fühlen, brauche ich möglichst die und die Menschen um mich. In der Familie wie im Beruf. (Der fließende Übergang von diesem gesunden Brauchen von Menschen um mich herum zum nicht mehr gesunden Brauchen liegt dort, wo aus dem »Ich brauche dich« ein »Ich gebrauche dich« wird . . .)

Im Urlaub fahre ich vielleicht auch vorzugsweise immer in denselben Ort mit demselben Familienbetrieb, von dem ich weiß und sicher bin, daß »sich nichts ändert«.

Vielleicht gehe ich auch mit Meinungen so um: Möglichst nicht vom vertrauten Standpunkt, von der festen Vorstellung abrükken . . . Neues bringt nur Unsicheres, am Waschbecken wie in der Familie, im Religiösen wie im Politischen oder Künstlerischen.

Noch einmal: Das gesunde Zwanghafte in uns wirkt hilfreich: das vertraute Wiedererkennen des Hauses aufgrund des immer gleichen Weges, den ich nehme; die erleichternde Ordnung auf meinem Arbeitstisch oder im Badezimmer; die feste Ordnung in

meiner inneren Vorstellung von Gott und der Welt, welche
»schnelle Zugriffe« erlaubt und dem zermürbenden Suchen und
Diskutieren vorbeugt; die Vertrautheit der mich ständig umgebenden Menschen mitsamt ihren Vorzügen und Macken, die ich
alle kenne und mit denen ich deshalb umgehen kann. Einerseits
also hilfreiche Ordnungen, gute Vertrautheiten. Einerseits.

Und das Andererseits?

Irgendwann – vielleicht – meine ich, meine Ordnungen weiter
perfektionieren zu müssen, um noch mehr Sicherheit zu gewinnen... Immer weiter, immer mehr... So lange, bis diese Ordnungen mich beherrschen, weil sie mich dazu zwingen, mich
ununterbrochen mit ihnen zu beschäftigen. Denn meine Ordnungen werden nie perfekt sein...

Überschreite ich also diese Grenze, werde ich zum Knecht meiner Ordnungssysteme – auf dem Schreibtisch, im Badezimmer, in
der Familie, im Beruf. Und vor allem in mir selbst. Wenn auch nur
der kleinste Gegenstand einmal nicht an seinem Platz ist oder das
Kind nicht pünktlich genug zum Essen erscheint – schon droht
mein ganzes mühsam errichtetes System zusammenzubrechen.
Jetzt ist das gesunde Zwanghafte in mir zum Zwang geworden, der
mich beherrscht, mich unter Druck setzt – und die Menschen um
mich herum. Ununterbrochen. Und mich krank macht – wie auch
jene, die mit mir leben.

> Übung für den Leser
> Damit Sie körperlich – und in der Folge vielleicht auch innerlich – den Zustand ständiger Zwanghaftigkeit nachempfinden können, nehmen Sie einmal eine »gezwungene« Haltung ein. Stellen Sie sich vor, Sie seien ein Roboter. »Verfestigen« Sie diese Körperhaltung. Ganz gleich, in welcher Position sich Ihre Arme und Hände und Beine und Köpfe jetzt befinden, bewegen Sie sich mit kleinen, kurzen, ruckartigen, mechanischen Bewegungen durch den Raum. Präzise kleine Bewegungen, die sich immer wiederholen. Sie sind jetzt eine »Maschine«, ein »Roboter«...
> Versuchen Sie während dieser Übung festzustellen, was mit Ihrer Wahrnehmung geschieht.
> Worauf richtet sich Ihre Konzentration während der Fortbewegung in dieser Haltung?
> Wie fühlen Sie sich dabei?
> Was wird Ihnen wichtig während dieses Experiments?
> Und eine Zusatzfrage: Gibt es eine Musik oder mehrere Musikstücke, die Sie sich als »Begleitung« für diese Roboter-Übung vorstellen können?

Vielleicht ist es Ihnen bei der Übung wie jenen Menschen ergangen, die zwanghaft *sind* und mittels Ordnungssystemen unbedingt das Chaos dieser Welt (in sich und außer sich) bezwingen wollen: Ihre Wahrnehmung und Konzentration richten sich auf ihre Umgebung, auf ihren Kontext. Überall, wo etwas nicht »in Ordnung«, nicht »okay« ist, dagegen muß sofort etwas getan werden. Die Energie, die im Übermaß in diese Richtung investiert wird, geht zu Lasten der Fähigkeit, sich selbst – und andere – wahrzunehmen. Der zwanghafte Mensch ist ein As darin, alles zu überblicken und durchzuorganisieren – von Schreibtisch und Schublade über den Tagesplan der Familie bis hin zu Konzernangelegenheiten. Und er wirkt oft wie ein Analphabet gegenüber seinen eigenen emotionalen Bedürfnissen und jenen anderer. Die Sache zählt, nicht die Beziehung. Die Tagesordnung muß eingehalten werden, Gefühle gehören da nicht hin (auch und gerade, wenn die Tagesordnung Kündigungen, Rügen, Kritik vorsieht).

Die Übung übertreibt das, was wir als positive Kraft der Beständigkeit, der »verläßlichen Wiederkehr«, der Ordnung in uns haben, weil manche von uns wirklich das Ordentliche ins Zwanghafte über-treiben und damit zeigen, wie Sie sich fühlen – und was Sie brauchen.

Denn wieder steht hinter dem zu meiner Beständigkeit, meiner Festigkeit und Ordnung gehörenden Schatten eine Angst, eine Grundangst, die jeder in sich trägt: *die Angst vor der Vergänglichkeit* dessen, was mich umgibt, und letztlich meiner selbst. Angst vor dem Vergänglichen bedeutet Angst vor Wechsel, vor Änderung, vor Neuem. Ich kann diese Angst in unterschiedlichen Dimensionen spüren: Ich kann sie spüren bei der endgültigen Trennung von einem mir bisher nahen Menschen – gleichgültig ob durch Scheidung oder Tod. Ich kann sie auch spüren bei Gesundheitsproblemen – dann geht es noch direkter um mich, und ich bange jeder Änderung entgegen.

Oder ich spüre diese Angst vor Wechsel, vor Änderung schon bei den kleinsten Dingen: der verlegte Gegenstand auf dem Schreibtisch; das Umleitungsschild auf einem vertrauten Weg; die neue Frisur des Partners – und reagiere mit Panik, denn diese kleine Änderung steht für das Ganze, für die letzten großen Änderungen im Leben und des Lebens, gegen die ich machtlos bin.

Also kämpfe ich manchmal schon gegen die winzigsten Änderungen an, als ginge es um die letzten, die großen Veränderungen: die Trennung von anderen – und von meinem Lebendigsein.

> Übung für den Leser
> Sammeln Sie einmal Ihre zwanghaften Anteile, und zwar die, die Ihren Alltag in seiner nötigen, normalen Ordnung halten. Fallen Ihnen da »Ihre kleinen Ordnungshilfen« ein und auf?
> Und diejenigen, die schon ganz schön ausgewachsen sind? Bei denen Sie sich aufregen, wenn sie durcheinandergeraten...?
> Und weiter: Gibt es allgemeine Themen aus Religion und/oder Politik (Gott-und-die-Welt-Themen), Fragen der Erziehung oder auch Therapie-Themen dieses Buchs, die Sie mit verfechten, für die Sie in eigenen Diskussionen kämpfen? Oder gegen die Sie ankämpfen?
> Besonders an Meinungen können wir unsere Art des *Verharrens* erkennen: Halten *wir* an einer Meinung fest? Oder halten wir auch noch andere an dieser eigenen Meinung fest – in der Annahme, unsere Welt bricht zusammen, wenn nicht alle daran festhalten?

Von den Wurzeln des Übermaßes unserer Zwanghaftigkeit

Ein kleines Kind, das von seiner »Ausrüstung« her besonders vital, aktiv und temperamentvoll ist, »eckt öfter an« in seiner Umgebung: an Möbeln, Vasen, gedeckten Tischen – und an den seelischen Möbeln, seelischen Vasen und seelischen gedeckten Tischen seiner Eltern, Geschwister und anderen Bezugspersonen. Denn diese haben allesamt bereits ihre ausgeprägten eigenen Ordnungen, die nicht gefährdet werden dürfen. Sei nicht so laut, laß das, tu das, tu das nicht; stell das wieder hin oder stell das ja nicht wieder da hin... So kann »der Zwang« beginnen, der eines Tages das Kind dazu zwingt, sich selbst ununterbrochen zu zwingen, damit es weniger oder am besten möglichst gar nicht mehr aneckt, damit es perfekt wird...

Für jedes Kind sind Grenzziehungen durch die Erwachsenen lebensnotwendig (von der heißen Herdplatte angefangen über das Überqueren einer Straße bis hin zum seelischen Bereich, wenn das interessierte Töten eines Insekts oder Hamsters begrenzt werden muß). Es geht nicht darum, in Erziehung (oder Therapie) grenzenärmer oder gar grenzenlos zu denken und zu handeln, sondern es geht um das nicht *zu frühe Begrenzen* der Vitalität und Kräfte eines Kindes.

In der Musiktherapie wird ein stark zwanghafter Patient lange begleitet werden müssen, damit er sich von starren Rhythmus-Mustern oder ewig gleichen Melodiefetzen, an denen er festhält, um sich festzuhalten, lösen kann. Damit ihm die Befreiung angeboten werden kann durch eine Improvisation, durch eine »nicht vorhersehbare« Musik, die auch das ungebremste, wilde, aggressive Gefühl ausdrücken darf. Was dieser Patient als Kind nicht durfte und sich selbst später nicht erlaubte.

Um wieder »klassische Phasen« zu bemühen: Schwere und schwerste »Zwangsneurosen« und andere zwanghafte Erscheinungen haben ihre Wurzeln in der sogenannten analen Phase. Erinnern Sie sich jener Zeit, in der wir auf dem Topf saßen und etwas hineinmachten, was eigentlich zu uns gehörte...?

Vielleicht wurde es uns sofort weggenommen – ohne Kommentar, vielleicht sogar mit Ekel? Dabei war es doch unser erstes eigenes Produkt, für dessen »Abgabe« wir Zuwendung erwarteten, Anerkennung...

Gleich welche Bilder wir zu dieser Phase früher Kindheit erinnern: Es ist diejenige, in der Behalten und Loslassen geübt wird, Besitz und Teilen. Aber oft wurde es eben nicht geübt, sondern erzwungen...

Zurück zum »Normalen« unserer dritten inneren Kraft. In unserer Zusammenstellung (die ich ja ständig und unbedingt und möglichst nach jedem Abschnitt zu erinnern und nachzuschlagen bat [wirkt sie, meine Zwanghaftigkeit, mit der ich die

Ordnung, meine Ordnung dieser Buchstruktur, versuche aufrechtzuerhalten?]) finden Sie die Merkmale des Zwanghaften unter dem freundlichen Wort »Dauer« aufgelistet. Das »normale« Zwanghafte in mir äußert sich also am deutlichsten in meinem Bedürfnis nach Dauer, nach Anhalten – von Beziehungen, von Orten, der Anordnung auf Arbeitstischen, von Meinungen, von Sauberkeit »innen« wie »außen«.

Übung für den Leser
Fällt Ihnen aus Ihrem Plattenschrank oder Ihrer CD-Sammlung Musik ein zum Wort »Zwang« oder »zwingen«? Zwingende Musik? Eine, die Sie festbindet, auf engem (Ton-) Raum hält oder führt?
»Strenge Musik«? Eine Musik, der Sie nach einer Weile gern entkommen würden?
Oder eine Musik, die auf Sie »ordentlich« wirkt, ganz besonders ordentlich, ja geradezu vorbildlich? Korrekt im Ablauf, in der Interpretation?
Gibt es unter Ihren Musiken eine, die besonders »zuverlässig« ist? Deren Ablauf voraussehbar beziehungsweise voraushörbar ist? Und einschätzbar in ihrer Wirkung auf Sie?
Welche Merkmale hat die Musik, die Sie »zwingt«?
Welche jene, die Ihnen ein Gefühl von Ordnung, von Solidität oder von Verläßlichkeit gibt?
Welche Erinnerungen lösen sie jeweils aus? An welche Menschen, Situationen oder Zeiten?
Welche Instrumente hören Sie besonders deutlich? Welche erst bei genauerem Hinhören, weil sie vorher verdeckt waren, zugedeckt, bezwungen...?

Musik, die zur Ordnung zwingt

Auch hier werden wir wieder mit der funktionellen Ebene beginnen, mit jener Ebene also, auf der Musik zunächst auf unser Vegetativum einwirkt.

Der Arzt und Musiktherapeut Aleks Pontvik schwor in den Anfängen (vierziger Jahre) seiner zunächst sowohl medizinisch-naturwissenschaftlich als auch an C. G. Jung orientierten Musiktherapie auf Musik von Johann Sebastian Bach. Dessen heute als streng, zu seiner Zeit jedoch als progressiv empfundene Musik mit ihren durchgängigen Zeitmaßen und präzise festgelegten Rhythmus- und Klangstrukturen bietet sich in der Tat als Beispiel für Beständigkeit und Kontinuität, somit für Sicherheit und Verläßlichkeit an. Und das war auch die Meinung von Pontvik und C. G. Jung (der das Hören Bachscher Musik als »Gespräch mit Gott« ansah).

Damit allein jedoch (mit »ein bißchen Bibel, ein bißchen Wortspiel«: Gertrud Loos über Hans von Bülows Satz »Am Anfang war der Rhythmus«) kommen wir in der modernen Musiktherapie als Psychotherapie nicht allzu weit. In der heutigen Musikwissenschaft wird aus Bachs Musik der Zeit des auslaufenden Barock eher das Revolutionäre, Aufrührerische, Aufrüttelnde aufgegriffen. Und die Möglichkeit genutzt, die Wirkung des »Rhythmus« auf die menschliche Seele einmal mit Hilfe analytischer Kategorien, zu beschreiben. In der Therapie jedoch wurde und wird barocke und spätbarocke Musik (und da gibt es noch »bravere« Beispiele als Bach, zum Beispiel Telemann oder Händel) weiter eingesetzt. Ausgegangen wird dabei von der Annahme, daß ein aus dem Gleichgewicht geratener Seelenhaushalt durch eine bestimmte Musik (barocke, vornehmlich Bachsche, aber auch klassische) wieder ins Gleichgewicht gebracht werden kann. (»Die vollkommene Musik hat ihre Ursache. Sie kommt aus dem Gleichgewicht« – vorangestelltes Motto in den »Grundgedanken« von Pontvik). Diese mir und anderen heute etwas simplifizierend erscheinende Sichtweise wird modifiziert (auch innerhalb der Bachschen Epoche wurde »Avantgarde« gewittert, angeprangert und dies besonders beim Johann Sebastian selbst). Zum einen.

Zum anderen kann es ein vollkommenes »Gleichgewicht« der seelischen Kräfte nicht geben. Vielmehr sind unsere inneren Kräfte ständig in Bewegung, im Fließen – mit den dazugehörigen fließenden Grenzen und unterschiedlichen Akzentuierungen. Aus dieser Perspektive kann psychische Gesundheit definiert werden als »fließender Austausch zwischen unseren inneren Kräften und Komplementärkräften« (Gegenkraft im Sinne von ausgleichender Kraft). Mit »Gleichgewicht« assoziiere ich eher die »austarierte Waage«, die es in unserer Seele wahrscheinlich nur im Zeitmaß des »Augenblicks« gibt, der Zeit zwischen zwei Augenlidschlägen...

Folgt man unserer Definition, so könnte Krankheit bedeuten, daß eine Kraft zu stark dominiert, weil sie fixiert, weil sie festgehalten wurde und die anderen Kräfte bindet – oder auch frei schießen läßt...

Wie auch immer Bach gegen Herzrhythmus- oder seelische Gleichgewichts-Störungen auf der vegetativen Ebene wirken mag, als standardisiertes Musik-Mittel sind mir Bachsche Klänge zu schade. Eine gute Gymnastik-Musik kann möglicherweise dasselbe bewirken, vielleicht sogar mehr (weil sich dem Patienten schon mitteilt, wann etwas »Tanz-Musik« ist, wann nicht. Und Bach schrieb nicht gerade vorwiegend Musik zum Tanzen.)

Aber wodurch wirkt Bach-Musik oder Barock-Musik eigentlich so »zwingend«, so »gleich gewichtend«?

Musik, welche die meisten meiner »normalneurotischen« Patienten als »ordentlich«, als das Gegenteil von »Chaos«, als »klar« bezeichnen, ist besonders durch gleichmäßige, zuverlässige, voraussehbare *Zeitgestaltung* gekennzeichnet. Weniger durch den Klang der Instrumente oder die Lautstärke, die nur den Eindruck von gleichbleibend vermitteln müssen, um als ordentliche, klare Musik dem zwanghaften Teil in uns entsprechen zu können. Was aber heißt »Zeit« und deren Gestaltung in der Musik?

Da wir diese Frage aus der musik(psycho-)therapeutischen Sicht bedenken wollen, will ich an dieser Stelle kurz auf einen Vortrag der Würzburger Psychotherapeutin/Musiktherapeutin Gertrud Loos, »Nachdenken über Rhythmus«, eingehen, dessen Thema sie in ihrem Buch »Spielräume« noch eindrucksvoll erweitert.

Rhythmus-Spiel-Räume

Auch Gertrud Loos geht in ihrem Konzept davon aus, daß der Mensch bereits im Leib der Mutter durch deren Herzschlag lebenslang geprägt wird. Das heißt, auch sie ist der Auffassung, daß der Säugling über das coenästhetische System seine Umwelt erhört.

Psychoanalytisches mit musikalischem Denken verbindend, kommt sie zu folgenden Aussagen:

Bezogen auf unser Thema der ordnenden Kraft des Zwanghaften in uns, die manche Hörer Barock-Musik und Bach-Musik so stark (am stärksten Bach) als »ordentliche Musik« empfinden läßt, ist für sie am Rhythmus sowohl der »begrenzende Halt« als auch die »fließende Bewegung« das Wesentliche.

Während Klang und Rhythmus Urphänomene der Natur seien, sei der musikalische Rhythmus stets eine Form menschlichen Gestaltens gewesen. Und Rhythmus könne so unterschiedlich gestaltet werden, wie es unterschiedliche Menschen gäbe. »Echter Rhythmus ist unbewußt«, so Gertrud Loos, »wer ihn zählen muß, hat ihn noch nicht.« Ein solcher Mensch, der »seinen Rhythmus noch nicht hat« zählt bis das Stück »steht« – in der Musikstunde mitunter bis zur Verzweiflung... Dann steht es aber gewiß nicht mit »fließender Bewegung« innerhalb des begrenzenden Halts (beispielsweise des Metrums), sondern buchstäblich wie ein Klotz: 1, 2, 3, 4... Und wehe, es schleicht sich ein Fehler ein... Ein solcher Spieler *spielt* nicht mit dem Rhythmus, er *hält sich* daran fest. Das Zwanghafte in ihm begnügt sich nicht mit der für diese

Musik notwendigen Ordnung, um in ihr und mit ihr spielen zu können. Dieser Spieler ängstigt sich um den *Verlust* der Ordnung, der Richtigkeit seines Spielens. Und zwingt die Musik *vom Metrum aus*, vom immer gleichbleibenden Zeitmaß. Er ist fixiert auf die präzise Einhaltung dieses seines Ordnungssystems. Und entsprechend fixiert wird er in dieser und einer anderen Musik immer wieder darauf achten, den Beat (= Gleichschlag) zu halten.

Bach und lebendig gespielte Barockmusik, Klassik oder Folklore der dritten Welt oder auch die Countrymusic der Neuen Welt – sie alle scheinen »regelmäßig« zu sein, vom Regelmaß zu leben. Diese verengte Sicht, dieses verengte Hören strengt der zwanghafte Hörer an – und es strengt ihn an. Bis zur Überanstrengung.

Ein zwanghafter Mensch wird also vor Anstrengung überhören, wie frei und fließend die Bewegungen beispielsweise der klassischen Musik eigentlich sein müssen, damit wir sie genießen können, damit sie uns mitreißt.

Der zwanghafte Hörer, der nach Musik greift, um die innere Unsicherheit durch den akustischen Halt der Musik aufzufangen, wird in der Musiktherapie eine sehr aufmerksame Wegbegleitung durch den Therapeuten brauchen, um quasi auf einer Umwegschleife von »ordentlicher« Musik wegkommen und freie Klänge und Bewegungen genießen zu können. Mitten im finstersten Barock.

Bis er sich jedoch zu diesem Schritt entschließt, wird der übermäßig Zwanghafte computergesteuerte Rhythmusprogramme hören – und damit seine innere Fixiertheit immer weiter verstärken. Vollzieht er diesen Schritt, wird er in der Improvisation lebendiges, alles andere als fixiertes Leben erfahren. »Niemals führt ein freischwebender Rhythmus in die Stereotypie – das kann nur ein exakter Gleichschlag tun«, schreibt Gertrud Loos.

Menschen, die den exakten Gleichschlag in der Musik suchen und darin »Musik« empfinden, empfinden oft auch die Rhythmen des Lebens im Großen (Tag und Nacht, Schlaf und Wachen, Jahreszeitenablauf, Menstruationszyklen, Lebensphasen) wie im Kleinen (eigenen Atem und Puls oder der des Partners) als eingeengt. Und Einengung ruft immer Angst hervor oder verstärkt die vorhandene Angst...

Rhythmus ist die »Freiheit im Gesetz der Ordnung«, sagt Loos und definiert: »Das Gleichgewicht innerhalb dieser Polarität zu finden, nennen wir psychische Gesundheit.« Und ich will ergänzen: Schon das bewußt gestaltete lebenslange Suchen nach diesem Gleichgewicht kann als »Akt von Gesundheit« gesehen werden...

Der zwanghafte Anteil in uns jedoch kann – ins Übermaß gewuchert – nichts weiter, als Gesetzen und Ordnungen folgen, diese stets suchen. Um es noch einmal zu betonen: zu Lasten des lebendigen Fließens, wie wir es in den Rhythmen des Lebens, vom Atem über die Mensis, von den Jahreszeiten bis zu den Lebenszeiten, erleben! Und Musik ist stets ein Spiegel dessen, wie ein Mensch mit den natürlichen Rhythmen umgeht. Ob er diese Musik nun selbst schreibt oder aufführt, hört oder improvisiert.

Vom Zweiertakt, der uns zu Bodenständigkeit zwingt

Wie weit die Forschung den Zusammenhang von »Musik als Spiegel menschlichen Ausdrucks« und »Wirkung von Musik auf den Hörer« differenzieren kann (beziehungsweise könnte), soll am Beispiel »Takt« und »Rhythmus« gezeigt werden, auf das auch Fritz Hegi eingeht: »Ein Gleichschlag ist noch kein Rhythmus, er ist eine Puls-Bewegung. Ordnung in die Bewegung (Hegi zitiert hier Platons Definition von Rhythmus) bringt erst die sich wiederholende Betonung.«

Wir betonen in einer Reihe von beliebig vielen Schlägen im Gleichmaß dadurch, daß wir in die gleichen Schläge und Schlagfolge unterschiedlich Kraft, unterschiedlich Dynamik investieren, und zwar nach dem Zufallsprinzip, also mal hier, mal dort. Es bleibt »aleatorisch« (alea = lateinisch: Würfel), also würfelhaft zufällige »Schlagmusik«. Wiederholen wir aber einfachste Betonungen innerhalb unserer Schlagfolge, entsteht Takt im Puls, entsteht Rhythmus, entsteht Ordnung in der Bewegung.

Es hat sich herausgestellt, daß schon die einfachste Taktart, der Zweierschlag, (1,2 – 1,2 oder links, rechts – links, rechts im einfachen Grundschritt) hinsichtlich ihrer Wirkung auf unsere Seele von tiefer Bedeutung ist.

Der einfache Zweierschlag (gehen Sie einmal mit normalen Schritten eine Strecke im Raum ab!) kann als »Voran«, »Nach vorn« empfunden werden. Mit einem Zweier bewegen wir uns zuverlässig auf unserer Mutter Erde, verlieren nie den Boden unter den Füßen, haben festen Halt, spüren Sicherheit... Es ist also kein Wunder, daß sehr zwanghafte Patienten an solchen Taktarten geradezu kleben, sowohl in der Musik, die sie hören, als auch in der, die sie improvisieren. Der feste Zweier ist für sie lebensnotwendig. Ist Gegenkraft zur Angst vor Verlust, vor zu rascher, zu großer Veränderung.

Der Zweierschlag beziehungsweise seine Betonung, seine »Ordnung in der Bewegung«, und darüber hinaus überhaupt die geradzahligen Taktarten in der Musik, gibt einen besonders klaren Spiegel des Zwanghaften in uns ab, das sich vom schlichten Bedürfnis nach Rigidität bis zur Erstarrung auswachsen kann.

Die vierte Kraft oder
»Ich kümmere mich um immer Neues«

Das Komplement zur Erdanziehungskraft, zur Zentripetale, die die Dinge am Planeten festhält und die Menschen auf den »Boden der Tatsachen« holt, ist die Fliehkraft, auch Zentrifugalkraft genannt. Darin steckt das lateinische Wort fuga, was Flucht bedeutet. Und fluchtartig heben sich auch Dinge wie Menschen aus einer Kurve, in die mit zu großer Geschwindigkeit gerast wird... Schwächer, aber immer noch beobachtbar wirksam, hebt sich der Sitz am Karussell mitsamt dem Kind höher, je schneller das Gefährt sich dreht...

Der Mensch kann sich auch ohne Karussell »abgehoben« fühlen, von Fliehkräften erfaßt. Und mit diesem Gefühl am besten leben – unabhängig von Normen, Wert- und Ordnungssystemen und Beständigkeiten, die die Lebensgrundlage des zwanghaften Menschen bilden (um die kümmert sich das Zwanghafte in uns).

Was für die Erde die Zentrifugalkraft, ist für die menschliche Psyche die hysterische Kraft. Sie steht für Wandel, Änderung, Neues, gegen Beständiges, Wahrendes, Altes, Traditionelles, Bindendes, Festbindendes. Sie fürchtet alles Zwanghafte, Rigides, Stures, ewig Gleichbleibendes im Leben, fühlt sich geradezu davon bedroht.

Vom Griechischen »Hystera« (= Gebärmutter) abstammend, wurde der Begriff »Hysterie« als psychologische Kategorie zum erstenmal in einer Zeit verwendet, in der Medizin, Psychologie, kurz: Humanforschung, fast ausschließlich von Männern repräsentiert wurden. Beschrieben wurden damit hauptsächlich Frauen, die mehr oder weniger anfallartig Gegen- oder Abwehr zeigten. Meist in Situationen mit bestimmten Ablaufmustern, aus denen sie durch ihren »hysterischen Anfall« auszubrechen suchten. Die Etablierung dieses Begriffs war ein Ausdruck der Hilflosigkeit dieser Männer gegenüber scheinbar unerklärlichen Symptomen, die Frauen häufiger zu entwickeln schienen als sie selbst. Und so nimmt es denn nicht wunder, daß es heute einen Nachholbedarf hinsichtlich der »Hysterie-Forschung« an Männern gibt. Denn – und das ist unser »positiver« Ansatz – die Kraft zur Veränderung, zum Wechsel, zur Gegenwehr wirkt in Frauen wie in Männern.

Dennoch gewinne ich der Beibehaltung der eigentlich desavouierenden Kategorie Hysterie auch Bestaunenswertes, Bewundernswertes ab, und zwar aus folgendem Grund: Die Hystera der Frau, ihre Gebärmutter, ist ja der Ort unserer Menschwerdung; ihm ist es primär vorbehalten, der Schaffung von Neuem, von Änderung, von (Menschen- und Generations-)Wechsel »Raum zu geben«. Vielleicht war die erste Benennung des Hysterischen somit doch eine unbewußte »positive Fehlleistung« jener männlichen Diagnose-Künstler . . . ?

Mit dem »Hysterischen« in uns ist also eine Kraft gemeint, die, wir wissen es bereits, wie alle anderen Kräfte auch ihre Licht- und Schattenseiten hat. Ohne diese Kraft würden wir nicht »Neues« in Partnerschaften, Ideen, Themen, Situationen anstreben wollen und können – und würden »gezwungenermaßen« verkümmern, durch den Zwang, »es in Ordnung weitergehen zu lassen«.

Somit ist das Hysterische die Gegenkraft zum Zwanghaften; sie treibt uns zu neuen Ufern, in alle Richtungen des Erinnerns, des Kosmos und der Erkenntnis über uns selbst und andere. Und ebenso wie das »normale Zwanghafte« in uns ist das »normale Hysterische« eine positive, eine weiterbringende Kraft, eine Innovation garantierende Kraft im Menschen, die in seiner Kunst, seiner Wissenschaft und seiner Forschung wirkt. Positive Kraft im Großen.

Und im Kleinen, im Alltag? »Laß uns doch endlich mal in den Ferien woandershin als immer nur nach . . . fahren!« Schon weitet sich der heimatliche Sichtkreis, für den das drastische Plattdeutsch das Wort »Toilettendeckel-Radius« erfunden hat (Übersetzung ins Hochdeutsche). Oder einmal andere als immer nur dieselben Freunde einladen. Was da »immer dasselbe« ist, bezieht sich jedoch auf das eigene Gefühl, das eigene Erleben mit immer denselben Menschen, was sich oft erst ändert, oft erst aus Erstarrung heraus in Bewegung gerät, wenn der berühmte »Dritte« von außen hinzutritt.

Diesen oder dieses »Dritte« beschreibt der schweiz-amerikanische Psychotherapeut Paolo J. Knill ausführlich, indem er es als Lebenserfahrung der Bibel aufspürt (»Wo zwei in meinem Namen zusammen sind, da will ich unter ihnen sein . . .«) und es auf allgemeine psychotherapeutische Zusammenhänge überträgt, wonach zwischen Patient und Therapeut auch immer »etwas Drittes«, etwas Eigenes, »Neues« entsteht – selbst wenn der Therapeut in die »alte« Vater- oder Mutterrolle steigt . . .

Knill erforscht die Funktion des »Dritten« bis in die Kunsttherapien und besonders bis in die Musiktherapie hinein: Indem der mit bildnerischen Mitteln arbeitende Kunsttherapeut den Ton- oder Lehmklumpen zwischen sich und den Patienten legt und beide daran frei modellieren, beginnt etwas Neues, noch nie Dagewesenes zu entstehen. Der Lehmklumpen erhält unter den vier formenden Händen eine Gestalt. Und diese Gestalt bringt in den Verlauf dieses Prozesses immer deutlicher *eigene Kräfte* ein... Oft berichten Künstler wie Patienten davon, daß der bearbeitete Lehmklumpen eine Eigendynamik entwickele, sie – die eigentlichen Gestalter – steuere und weiterführe. Das Dritte ist wirksam geworden.

Ebenso in der Musiktherapie. Therapeut und Patient finden sich in eine freie Improvisation hinein, indem sie zunächst an Instrumenten oder mit der Stimme ihre ersten Töne suchen... Und bald beginnt etwas Drittes wirksam zu werden, das aus den Klängen selbst »heraustönt«. Und dieses Tönen (von tonus) bedeutet Spannung und Erleben von Spannung, die Musiktherapeut wie Patient weiterführt.

Daß die Improvisierenden aus musikalischen Tonklumpen, die Gestaltenden aus Erdtonklumpen Neues gestalten und erleben, ist auch der inneren Kraft des Hysterischen zu verdanken. Ohne diese Kraft gäbe es keine Künstler und keine Kunst, keine »Welt der Bühne« als »Bühne der Welt«, keine kleine oder große Musik... Nichts Neues gäbe es.

Die Schattenseite...

... dieser Kraft ist – wie bei allen Kräften – das Übermaß oder das Un-Maß ihres Wirkens. Übermäßige hysterische Kraft kann zur Unfähigkeit führen, Bindungen einzugehen und zu halten (vor lauter Neugier). Diese Bindungsarmut kann sich auf Menschen und damit Kommunikation beziehen, auf die Arbeit oder auch auf Meinungen und Vorstellungen. Wird diese hysterische Kraft am Ende zur Hysterie, zur Krankheit, erscheint uns der Betreffende als jemand, der seine Partner und Meinungen »wechselt wie seine Hemden«, als himmelhochjauchzend über etwas oder jemanden und zu Tode betrübt, wenn die Reize des Neuen nachlassen, sich

»einschleifen«. Dann beginnt die Angst zu wirken, zu treiben, die hinter übermäßiger hysterischer Kraft steht: die *Angst vor dem Begrenztsein*, dem Endgültigen, dem Unausweichlichen. Wie das Zwanghafte in uns fürchtet auch das Hysterische die »letzte Begrenztheit«, den Tod. Aber während sich der zwanghafte Mensch in Sammelwut stürzt, um seine Sammlungen ihn selbst überdauern und »fortgesetzt« zu wissen, indem der zwanghafte Mensch sich kein Haus baut, sondern Straßenzüge (»Denk-Mäler« posthum!), begegnet der hysterische Mensch der letzten Begrenztheit durch die Vorwegnahme dauernder Freiheit, wie sie zum Beispiel die christliche Religion verheißt. Freiheit von Partnerschaften (indem er viele aneinanderreiht, um in keiner eine starke Bindung zulassen zu müssen); Freiheit von Meinungen anderer (»Da bin ich völlig anderer Meinung als Sie! Da bin ich für das Gegenteil... egal wovon...«; Freiheit von einer eigenen festen Meinung (»Was gebe ich auf mein Geschwätz von gestern. Keiner kann mich hindern, seit gestern klüger geworden zu sein...«, um Konrad Adenauer frei zu zitieren).

Diese Freiheit ist eine Scheinfreiheit. Riemann nennt sie Freiheit »gegen etwas«, nicht »für etwas«. Das maßlose Freiheitsstreben des Hysterikers ist nichts als permanente Gegenwehr gegen das Bedrohende, das in der Erstarrung liegt. Das Tragische an diesem Freiheitsverlangen, welches »gegen etwas« strebt, ist, daß die zuverlässige Kraft der Bindung, also Wärme und Liebe, Krisenfestigkeit und Krisenvertrautheit, in gleichem Maße verkümmert, wie es selbst wächst.

Übung für den Leser
Sie sollen jetzt einmal versuchen, ein Gefühl fürs Hysterische zu bekommen – vielleicht...
Sie stehen auf einer Türschwelle mit Blick in den Raum, Ihr Zimmer vielleicht. Tun Sie so, als beträten Sie diesen Raum zum erstenmal. Jetzt spielen Sie dort einen Menschen, der diesen Raum sofort mit allem, was er an Reizen bietet,

ausprobiert. Gehen Sie an den Möbeln vorbei und fahren
Sie mit den Fingern darüber. Heben Sie mit der Fußspitze
die Teppichecke hoch und lassen Sie sie umgeschlagen liegen... Tippen Sie mit den Fingern auf ein Paar Tasten des
Klaviers – wenn vorhanden... Oder knipsen Sie an Lichtschaltern herum... Heben Sie eine Blumenvase hoch und
stellen Sie sie woanders hin...
Ihre Handlungslinie: Gehen Sie auf alles zu und auf nichts
länger ein.
Verändern Sie dabei ständig Ihre Körperhaltung. Bücken
Sie sich mal oder recken Sie sich, schütteln Sie sich oder
probieren Sie das Chaiselongue von Tante Grete aus.
Das alles machen Sie rasch in loser Folge... Was Ihnen
halt so kommt, entgegenkommt und einfällt... Aber bleiben Sie nicht lange dabei... Es lockt das nächste vor
Ihnen...
So wahllos, wie Sie greifen, umstellen, anfassen und antippen, so wahllos lassen Sie dabei Ihre Arme und Beine
schlenkern, den Kopf pendeln...
Stellen Sie sich bei diesem Gang durch den Raum vor, Sie
seien eine Marionette, die vom lenkenden Faden befreit ist
und haltlos durch die Welt schlenkert...
Können Sie Ihre Gefühle während der Übung beschreiben?
Worauf konzentrierte sich Ihre Wahrnehmung?
Sind Ihnen dabei Menschen aus Ihrer Umgebung eingefallen, deren Verhaltensweisen einige dieser Merkmale des
»Alles und nichts« zeigen?
Und: Können Sie aus Ihrem »inneren Musikrepertoire«
eine Musik erinnern, die Ihrem Gefühl während der
Übung und danach entspräche?

Den gerade beschriebenen Typus der Körperhaltung nennen amerikanische Psychologen »irrelevant«. Und damit ist ein Mensch gemeint, der sich auf jeden Reiz zubewegt, sich überall und allzeit von jedem zu Neuem reizen läßt und es nirgendwo lange aushält.

Was da nicht »ausgehalten« wird, ist die *Angst vor der Gewöhnung*, davor, daß das eben noch Neue grau und unlebendig, alltäglich und »oll« wird (was im Plattdeutschen »alt« heißt).

Dieses Bild trifft – verstärkt – auf den Menschen zu, der von einem besonders ausgeprägten hysterischen Anteil in sich beherrscht wird: ständig in Bewegung, nicht(s) festhaltend und nicht festgehalten werden, getrieben von der Angst vor dem immer Gleichen und Gewöhnlichen.

Die Wahrnehmungsperspektive eines solchen Menschen ist besonders »weitwinklig« (positiv ausgedrückt), was immer auch Verlust an Tiefe und Schärfe, also Diffusität bedeutet.

Der hysterische Anteil in uns, hat er ein Übermaß erreicht, läßt uns in unseren Beziehungen »weitwinklig« und diffus sein, und zwar sowohl darin, wie wir sie beginnen, als auch darin, wie wir sie leben und beenden. Auch Wohnorte und Berufe können wir »streuen«, wechseln, manchmal wenig oder nie (wie es der zwanghafte Teil in uns wünscht), manchmal aber auch so oft wie jenes bewußte Hemd...

Entsprechend sind bei solchen Menschen weder die Selbst- noch die Fremdwahrnehmung, auch nicht die Wahrnehmung einer Situation (Kontext, Raum, Zeit usw.) sonderlich ausgeprägt. Im Gegenteil: Ein hysterischer Anteil im Übermaß bedeutet vor allem eine Verkümmerung jeglicher Wahrnehmung; die dafür benötigte Kraft ist zu breit gestreut, zu flachatmig, zu diffus, was sich in einem »hysterischen Anfall« nur am deutlichsten zeigt, während das unauffälligere »Hysterisch-Sein« tiefgreifende, langfristige Folgen hat. (Siehe wieder einmal unsere »Persönlichkeitstypen«.)

Beispiel-Szene aus der Therapie

Während meiner Ausbildung erlebte ich einmal eine der Lehrtherapeutinnen unseres Colleges während einer ambulanten Behandlung eines elfjährigen Jungen, und zwar in der ersten Begegnungssitzung. Die Eltern von Dick (nennen wir ihn einmal so), waren beide anwesend (die Therapeutin arbeitete familientherapeutisch). Sie begannen sofort mit der Aufzählung all der Unglücke, die dem Jungen widerfahren waren. Sie hatten ihn früh in einem selbstinitiierten Kinderladen untergebracht, in dem er ebenso viel durfte wie zu Hause: nämlich fast alles. Das ging bis zum Hineinschütten von Kakao in den Bechstein-Flügel, was ebenso wenig verhindert (begrenzt) wurde (»völlig straffreie Erziehung«!) wie die Zerstörung eigenen oder fremden Spielzeugs; die Ferienorte der Familie wurden bereits mit dem Dreijährigen besprochen, ebenso die Tagesabläufe; der Fünfjährige mußte nie vor zehn oder elf Uhr abends ins Bett...

Der elfjährige Dick nun hatte Kontaktprobleme, die sich verstärkten. Er habe keine Freunde, keine Lieblingsfächer in der neuen Schule, zeige enorme Konzentrationsschwächen und sei nicht zu bewegen, irgendeine Form von Systematik, von Ordnung zu entwickeln, weder im Schultornister noch im Zimmer, erzählten Dicks Eltern weiter.

Während des Berichts seiner Eltern wanderte Dick im Raum umher und verhielt sich so, wie es in der letzten Übung beschrieben wurde. Alles faßte er an: alle Instrumente, die Schulter der Therapeutin, die Videoanlage und mich, der ich die Anlage bediente... Einfach alles, nur um sofort weiterzugehen, ziellos, wie ich empfand, mit einem tieftraurigen Gesicht...

Dann unterbrach die Therapeutin kurz die Erzählung der Eltern und lud Dick freundlich, aber bestimmt ein, näher zu kommen. Dick – ein auffälliger, zartgliedriger, schmaler und »kleiner« Junge – kam auch zu ihr und blieb vor ihr stehen. Die Therapeutin spreizte die jeansbehosten Beine und bedeutete dem Jungen, sich vor sie auf den Boden zu setzen. *Was dieser tat.* Ohne Kommentar und unbeeindruckt von dem Erstaunen, das mich und offensichtlich auch die Eltern erfaßte. Zum Entsetzen der Eltern und zu meiner Verblüffung stellte die Therapeutin dann ihre Beine links und rechts neben dem Jungen auf, so daß dieser wie von zwei Tempelsäulen eingerahmt saß. *Was dieser zuließ*. Und nicht nur das! Kurz darauf, der Bericht der Eltern hatte wieder stockend eingesetzt, führte die Therapeutin einen Arm des Jungen um ihr danebenstehendes Bein, so daß der Eindruck einer Schere, einer Klammer um ihn herum, noch verstärkt wurde. Ich erinnere noch meine Überraschung, als der Junge daraufhin an der Therapeutin hochsah und von sich aus seinen zweiten Arm um ihr zweites Bein legte – sich ihr freiwillig ganz auslieferte.

In dieser Sitzung – und ausführlicher in ihrer Nachbearbeitung mit mir gemeinsam – ging es dann um Grenzenlosigkeit und Grenzziehung. Die Therapeutin schilderte ihren Eindruck: Daß diesem Jungen in wichtigen frühen Phasen seiner Kindheit wichtige Grenzziehungen in Form von freundlichen Geboten und – manchmal – strengeren Verboten nicht angeboten worden seien – in der irrigen Annahme, diese würden ihn einengen. Wobei nicht verstanden worden sei, daß die Vermeidung von Begrenzungen auch den *Verlust von Sicherheit* bedeute.

Diese Eltern hatten aufgrund einer mißverstandenen Ausdeutung antiautoritärer Erziehung ihrem Jungen somit auch die Chance vorenthalten, mit Grenzen, die einem gesetzt werden, umgehen und leben zu lernen. Auch mit Grenzen, die man selbst setzt. Und so war dieser Junge »grenzenlos« – was sich in seiner Bindungsunfähigkeit, in seinem hilflosen Umgang mit Reizangeboten äußerte. Jede länger von außen an ihn herangetragene Anforderung bedrohte ihn, ließ Ängste »hysterisch« durchbrechen. Zu den Eltern hatte die Therapeutin bei dieser Erstbegegnung wenig gesagt, darauf vertrauend, daß diese selbst sahen, wie ihr Sohn ihre »Schere« annahm.

Ich werde nie vergessen, welches Erstaunen die Eltern dann zu Beginn der zweiten Sitzung zeigten, als ihr Sohn vor ihnen den Therapieraum betrat, ohne Umschweife auf die Therapeutin zuging, vor ihr stehen blieb und – als diese ihre Beine wieder öffnete – sich freiwillig in sein »Gefängnis« auf den Boden begab. Dieses Gefängnis war für Dick eine Befreiung. Wahrnehmungspsychologisch gesehen hat erst diese Position dem Jungen eine längerfristige Betrachtung seiner Umgebung ermöglicht.

Die langsame Entwicklung seiner Konzentrationsfähigkeit wurde mit Musik begleitet; die »Stücke«, die er auf Instrumenten improvisierte, wurden allmählich länger und »enger«. Aus der zunächst chaotisch anmutenden Lärmphase schälte sich langsam, aber sicher eine erste Struktur heraus – Dicks eigene Struktur. Möglich wurde das durch das Angebot der Therapeutin, ein musikalisches Chaos spielen zu dürfen, in das sie sich selbst zunächst mit »eigenem Chaos«, dann mit erstem sanften Rhythmus-Spiel einbrachte, was der Junge nun wiederum in sein Spiel einzubeziehen hatte.

Bei einem solchen Spiel geht es um das Kennenlernen von Grenzen, die dort gezogen werden, wo die Freiheit des Partners beginnt. Wäre Dick ein stark zwanghafter Partner gewesen, hätte die Therapeutin ihn vielleicht mit einem streng metrischen Spiel »abgeholt«, um ihm dann »Chaos« anzubieten. (Weswegen manche Patienten in Erstsitzungen darüber staunen, wie »falsch« ausgerechnet der Musiktherapeut spielt.)

Von den Wurzeln des Übermaßes hysterischer Kraft

Menschen, die schon als Kinder ein besonders ausgeprägtes Temperament, eine starke Gefühlswelt und dementsprechende Spontaneität, diese Gefühlswelt auszudrücken, zeigen, verweisen mit diesen erfreulichen Wesensseiten auch auf besonders ausgeprägte innere hysterische Kraftanteile. Riemann erwähnt die »angeborene Lebhaftigkeit« als begünstigenden Faktor der hysterischen Kraft (und tatsächlich gibt es heute bereits Untersuchungen, die Temperament als in erster Linie genetisch vorbestimmt ausweisen, weniger als milieugeprägt).

Ob sich der hysterische Anteil in uns übermäßig stark entwickelt oder nicht, wird in einer relativ späten Kindheitsphase entschieden (in der sogenannten ödipalen Phase). Es ist die Zeit, in der ein solch besonders temperamentvolles Kind sich abzulösen beginnt von den Eltern (und diesen dabei meist kritischer begegnet als ein zurückhaltendes, verhaltenes Kind); es ist gleichzeitig jene Zeit, in der es von den Eltern und anderen Bezugspersonen ernst genommen werden will. Gerade in dieser Phase beginnender kritischer Haltung (»Der Lack blättert ab von den Eltern«) braucht es zuverlässige Leitbilder und – im guten Sinne – Autoritäten, die das Kind und seine Kritik nicht nur aushalten, sondern auch annehmen. Durchaus auch im Sinne freundschaftlicher Grenzziehung, die die Nöte der Reifung im Kind mildert, verringert und eben »begrenzt«. Also ein ganz gegenteiliges Verhalten wird hier von den Eltern verlangt, als es Dicks Mutter und Vater an den Tag legten, indem sie ihrem Sohn alles erlaubten – und für den damit alles wertlos wurde...

Auch Einzelkinder, das konnte nachgewiesen werden, zeigen häufig eine einseitig gesteigerte hysterische Kraft, und zwar in solchen Fällen, in denen das Kind als Partnerersatz herhalten muß. Es gerät dann zu früh in Verantwortungsbereiche, die es überfordern und eine normale Schrittfolge der Reifung verzögern oder verhindern. Andere Faktoren – das zeigen alle Patientenbiographien –, die zum Übermaß des Hysterischen führen, sind beispielsweise unglückliche Elternehen oder ungleich gewichtete Dominanzen der Elternteile (»Vater/Mutter hatte bei uns die Hosen an...«), Verhältnisse also, welche dem Kind nicht die notwendige Zuverlässigkeit, Berechenbarkeit und Kontinuität bieten, und aus denen es hauptsächlich lernt, was am besten zu vermeiden ist. Folglich meidet es Bindungen (Vertrauen) auf Dauer beziehungsweise explodiert (hysterisch), wenn sich eine Situation zu einbindend entwickelt.

Die ödipale Phase, also jene Zeit, in welcher das »Pflaster« für die spätere Hysterie gelegt wird, ist, wie wir bereits sahen, auch die Phase, in der das Kind seine geschlechtliche Rolle und Identität am (Vor-)Bild der Eltern oder anderer Bezugspersonen zu orientieren sucht. Sind diese Beziehungen jedoch nachhaltig gestört, kann ein Mensch nur schwer und manchmal nie seine eigene Identität finden und wird daher sein Leben lang im immer wieder Neuen danach suchen.

Neben den »normalen« Hysterien als Krankheitsbilder unterscheiden wir noch sogenannte »reaktive« Hysterien. Hierbei handelt es sich um ein Reaktionsmuster, das ein Mensch in Antwort auf eine unerträglich zwanghafte Umgebung ausprägt; es ist also sozusagen gar nicht »seine eigene« Hysterie. Ein Beispiel: Sehr viele Schauspieler stammen aus Elternhäusern, die Bilderbuchbeispiele präziser, immer berechenbarer Abläufe waren (Abläufe des Tages, Abläufe von Ritualen der Zuwendung), bis hin zur »Hülse«, zum reinen Formalismus (»einmal in der Woche abends und Sonntagmorgen liebt sich das westliche Durschnittspaar...«) mit deutlich zwanghaftem Charakter.

Ein Mensch mit starker hysterischer Kraft wird den Partner mitreißen und ist auch oft in einer Gruppe der »mitreißende« Typ. Sein Problem: Er braucht sein Gegenüber meist zur dauerhaften Bestätigung seiner selbst, nicht als »partnerschaftlichen Partner«... Aussagekräftiges Zitat eines Mannes in einer Beratungsstunde auf eine Frage nach seiner Ehe: »Oh – ich und meine Frau – wir lieben mich wahnsinnig...« Die Angst vor dem grauen Alltag läßt Menschen oft fliehen aus einer Beziehung – aus der zu starren Ordnung dieser Welt, die für alle und alles so schrecklich gewöhnlich endet... in Vergängnis.

Unser Beispiel sagt natürlich nicht aus, daß Schauspieler *per se* hysterischer sind als jeder andere, sondern es soll vielmehr zu folgendem Gedanken führen: Triebkraft der künstlerischen Seiten in uns, die ja immer nach Änderung, nach Veränderung drängen, ist stets die hysterische Kraft.

Musik als Ausdruck hysterischer Kraft

Die Lichtseite des Hysterischen in uns bedeutet Fähigkeit zum Wechseln, Verändern, Lösen, zum Aufbruch; seine Schattenseite, die dem Übermaß an Angst vor dem Endgültigen entspringt, dagegen Aufbrechen, Flucht, Panik.

Auch für das Hysterische stellt Musik eine Art Spiegel dar, in dem wir uns zwar nicht sehen, aber – ebenso wirksam – hörend verstehen beziehungsweise verstanden fühlen können. Verstanden in unserem Bedürfnis nach »Aufbruch«, wie auch in dem Bedürfnis nach »Aufbrechen«. Ich verwende das Begriffspaar »Aufbruch – Aufbrechen«, um die ganze Bandbreite des Förderlichen und des Belastenden der hysterischen Kraft uns zu versinnbildlichen. Aufbruch steht für die Lichtseite; Aufbrechen (mit der Beimischung des Destruktiven bis Brutalen) für die Schattenseite.

Musik, nach der ich in einer »Aufbruchstimmung« greife, ergreift mich vielleicht auch deshalb, weil ich mit ihr eine »Spiegel-Musik« gewählt habe, eine Musik, die meine psychische Befindlichkeit »wiedergibt«, mir diese noch einmal zeigt, sie in mir verstärkt. Diesen Griff tun wir manchmal bewußt, meist jedoch unbewußt. Das kann dann eine Musik sein, die von ihrem Aufbau her »im Fluß«, »mitreißend« ist, möglicherweise weil Komponist und Interpreten sie aus einer ähnlichen Gefühlslage heraus geschrieben beziehungsweise aufgeführt haben. Der ältere »Bildungshörer« würde, befände er sich im euphorischen Stadium der Verliebtheit, dann vielleicht nach Mozarts »Reich mir die Hand, mein Leben« greifen, der jüngere Hörer womöglich nach dem Titel »Ich will dich!« von den »Ärzten«.

Beide Hörer werden zu »Hörer«-Typen, weil sie einen bestimmten »Gefühls«-Typ repräsentieren. Beide greifen nach Musik, die ihre Seele die berühmten Bäume ausreißen läßt. Mit noch mehr Kraft, als sie es ohnehin schon tut...

Und auch hier: Die »unlogische« Musik...

Ein »logischer« Griff ist es, wenn der Hörer sich Musik auswählt, die sowohl von ihren Absendern (Komponist, Arrangeur, Interpret) als auch von ihrer »mitreißenden« Struktur her (ergotrop, schnellere Tempi, beschwingte Rhythmen usw.) genau seinen Seelenzustand trifft.

Außer solch »logischen« Griffen (auf die zum Beispiel die Plattenindustrie abzielt, wenn sie für pubertierende Altersstufen eine bestimmte »Aufbruchsmusik« in der Werbung hochjubelt und damit auf die funktionellen Wirkungen der Musik spekuliert) gibt es »psycho-logische« Zusammenhänge zwischen den inneren hysterischen Anteilen der Hörerpersönlichkeit und »ihrer Musik«. Denn die Musik aus meinem Platten-/Kassettenfundus, nach der ich in »Aufbruchsstimmung« greife, kann – wie in allen Zusammenhängen von »Hörerstimmung« und »Musikstimmung« – scheinbar in völligem Gegensatz zu meiner Gefühlslage stehen. Da hört ein Mensch beispielsweise das Largo von Händel oder softe amerikanische Countrymusic, wenn seine Seele in Aufruhr, in Aufbruch, in Umwälzung ist...

Hier kommen wieder jene »Gesetze des einzelnen« ins Spiel, seine persönliche musikalische Sozialisation und gefühlsmäßige Besetzung einer bestimmten Musik, die für ihn »Aufbruch« oder »Aufbrechen und Aufruhr« symbolisiert. Vielleicht wurde in seiner Kindheit häufig Händels Largo oder eine ähnliche Musik immer dann gespielt, wenn sich die Familie in einer Art Aufbruchssituation befand...

Der Vater einer Mitschülerin meiner Tochter startet in jeden längeren Wochenendtrip und in jeden Urlaub im Auto, indem er eine Kassette mit Beethovens Dritter Sinfonie, der Eroica, einlegt. Aus der erklingt während jeder ersten Kilometer der Reise der zweite Satz, »marcia funebre« (»Beerdigungsmarsch«). Das ist beziehungsweise war die »Aufbruchstimmung« dieses Mannes, die seine Kinder (allerdings nur eine Zeitlang) protestlos übernahmen. Ein mithörender Nachbar dagegen würde mit diesem

Marsch vielleicht jene »Ruhe« und »Würde« oder »Verschmelzung mit dem Tod« assoziieren und dagegen ganz »üblicherweise« beim eigenen Ferienantritt zu »Im Frühtau zu Berge« greifen.

Warum sich in bestimmten Situationen das »Psycho-logische« gegen das »Logische« durchsetzt, kann mithin, um es noch einmal zu betonen, nur vor dem Hintergrund der besonderen Lebenskonzeption des einzelnen Hörers geklärt werden.

Der Dreiertakt, der uns gen Himmel führt

Erinnern wir, wie wir bei der Betrachtung der zwanghaften Teile in uns den Zweiertakt deuteten: »Immer schön auf dem Boden bleiben«, immer ganz verläßlich das Gleichgewicht von 1,2 und 1,2 im Schritt erleben, der so leicht zum Trott werden kann... etwas, das die hysterische Kraft in uns überaus ängstigt...

Doch auch im lebendigen Fluß musikalischer Bewegung gibt es eine Betonungsmöglichkeit, eine Taktform, die mit dem Bedürfnis nach Wechsel, mit der Lust am »Raus aus allem!«, mit unserer hysterischen Kraft also assoziiert werden kann: der Dreiertakt (und alle ihm verwandten ungeraden Taktarten).

Denn der erste Schlag eines Dreiers (in der Dirigierfigur) oder sein erster Schritt (beim Walzer) geht zwar besonders betont *in* die Erde, drängt nach unten, um dann jedoch gleich anschließend über die »2« als »Brücke« zur »3« zu führen, die uns buchstäblich von dieser Erde »hebt«, uns »abheben« läßt.

In der kleinen Dirigierfigur macht das die Hand, im Walzer spüren wir es am und im ganzen Körper: Er »fliegt« in Neues hinein, hebt vom Gewöhnlichen ab, strebt »gen Himmel«, weil er dort den Himmel wähnt. Alles dies sind Merkmale, mit denen das Wirken unserer hysterischen Kraft umschrieben werden kann.

Dennoch muß eine solche »Deutung« wieder nicht heißen, daß sie für alle Menschen auch »Bedeutung« hat. Hysterisches kann sich in der Natur der Musik wie in der Natur des Menschen natürlich auch völlig anders ausdrücken als im Dreiertakt.

Übung für den Leser
Betrachten Sie – ein letztes Mal in diesem Buch – Ihre Musik unter dem Aspekt, welche Stücke davon Ihnen »aus der Seele« gespielt erscheinen, wenn Sie sich in »Aufbruchsstimmung« fühlen, in der Stimmung, »was Neues wär fällig« oder »raus aus dem alten Trott«!
Gibt es vielleicht eine Musik, mittels derer Sie sich gern in eine solche Stimmung versetzen würden?
Hören Sie sich die ausgewählte Musik einmal daraufhin an:
Ist sie »Spiegel« Ihrer Aufbruchsstimmung?
Löst sie eine solche Stimmung in Ihnen aus?
Wirkt sie möglicherweise diese Stimmung verstärkend?
Was ist Ihnen beim Anhören unter dem Aspekt »Bausteine« wichtig. Wie sind Tempo und Dynamik?
Wie ist der Takt? Können Sie danach gut schreiten? Oder tanzen?
»Hebt« die Musik Sie?
Wenn ja, wohin? Zu Erinnerungen vielleicht? An frühere Situationen, in denen Sie diese oder eine ähnliche Musik hörten...?
Oder an Personen? Welche Personen? Wie kommen Ihnen diese Personen vor im Blick auf die verschiedenen seelischen Kräfte in uns Menschen?
Wie sind Ihre Gefühle bei diesem Erinnern?
Gibt es »Aufbruch«, »Wechsel«, »Änderung«, »Neugier«, »Gier auf Neues« in diesen Gefühlen?
Oder etwas ganz anderes vielleicht...?

Musik als Spiegel, Musik als »Schirm«

»Erkennt« ein Hörer mit starken inneren hysterischen Anteilen in einer Musik Hysterisches, so bedeutet das, daß er sich selbst (in seinem gegenwärtigen Zustand) in dieser Musik erkennt, daß er sie, die ihm »aus der Seele gespielt« erscheint, zum Spiegel seiner selbst macht.

Dieser Vorgang »des zum Spiegel seiner selbst machen« ist eine Form der Projektion: Wir sehen etwas, das in uns selbst liegt, in Musik (oder auch einen anderen Menschen) »hinein«. Musik kann also nicht nur in ihrer Spiegelfunktion, sondern auch in ihrer Funktion als Leinwand, als Schirm betrachtet werden, auf den wir unseren (hier: hysterischen) Seelenzustand projizieren. (In der Psychoanalyse spricht man von einem »Projektionsschirm«.)

Doch das Spiegeln funktioniert auch in umgekehrter Richtung: Die eine oder andere Musik mit deutlich ergotropen Merkmalen des »Mitreißenden«, des »Aufbrechens zu neuen (klanglichen) Ufern« spricht besonders den hysterischen Anteil in uns an, aktiviert und verstärkt ihn. Das heißt, in diesem Fall agiert die Musik, nimmt sich unsere Psyche beziehungsweise deren Reaktion zum Spiegel.

Vom Schmetterlingsschlag im Hysterischen, im Chaos und in der Musik

Werfen wir wieder einmal einen Blick auf unser Kräfte-Schema. Dort werden die Merkmale des (Normal-)Hysterischen in uns u. a. unter dem Begriff »Wechsel« summiert. Die Kraft zum Wechsel, der Wunsch nach Wechsel, das starke Bedürfnis nach Wechsel – von der Zimmereinrichtung angefangen bis zu Änderungs- und Wechselwünschen, die ganze Institutionen und Großgruppen betreffen: Was uns treibt, ist die hysterische Kraft, und zwar zum wohltuenden wie auch zum schädigenden Wechsel.

Alles in allem ist Wechsel etwas Musikalisches. Kein einzelner

Ton, kein Klang, kein kleiner Ablauf »hält sich« länger. Es verändert sich unendlich vieles im einzelnen Ton wie im Gesamt eines großen Akkordes. Das für die Musiktherapie so Spannende: Der einzelne Ton, der sich innerhalb des gesamten Tongeflechts verändert, verändert mehr oder weniger ohrenfällig sofort auch das Ganze. Und hier zeigt sich eine Parallele zur gegenwärtigen »Chaos-Forschung«, wie sie verschiedene (Natur-)Wissenschaften derzeit verstärkt betreiben: Lange dachten wir, daß die Natur und ihre Gesetze berechenbar und somit (meist) auch vorausberechenbar seien. Inzwischen wissen wir, daß »selbst der Flügelschlag des Schmetterlings das Wetter ändern kann« (Uwe von der Heiden), weil sich die Natur um uns immer mehr als »Chaos« herausstellt, »das eine sensible Ordnung ist«.

Ähnlich kann auch das Kräftespiel im Menschen gesehen werden: als (scheinbares) Chaos, das eigentlich eine (hoch)sensible Ordnung darstellt. Ändert nur eine Kraft ihre Richtung, so ändert das den ganzen Menschen. Eine kleine psychische Veränderung in mir, und ich höre Vertrautes anders beziehungsweise ich höre anderes, Unvertrautes.

Oder nehmen wir ein anderes Beispiel: die freie Musikimprovisation in einer experimentellen Schulmusikstunde oder in einer Musiktherapie-Gruppe. Das Zusammenspiel von lauter Menschen, die keineswegs alle vorher ein Instrument in der Hand gehalten haben, hört sich wie Höllenlärm an, wie »Chaos«. Tatsächlich ist es der sensible, unbewußte Ausdruck verschiedener einzelner; jeder von ihnen prägt jeden anderen, und jeder Ton prägt jeden anderen Ton. In der musikalischen Improvisation wird die sensibelste aller Erscheinungen, die nur scheinbar »chaotisch« sind, erfahren: das sich unbewußte Ausdrücken der menschlichen Seele oder Psyche. Unvorhersehbar. Eben improvisiert.

Musikimprovisation ist das »Kern-Forschungszentrum« jeder psychotherapeutisch verstandenen Musiktherapie-Sitzung, ist Arbeit am und mit dem Schmetterlingsflügelschlag der Seele, der in Musik seinen Ausdruck sucht. »Unvorherhörbar«. Und sich niemals wiederholend.

Vom Hysterischen in Musik- und anderen Psychotherapeuten

Ohne die hysterische Kraft in uns würden wir unflexibel sein und beispielsweise in dieser Welt der Mobilität weder neue Plätze und Situationen noch neue berufliche Tätigkeiten erfahren und kennenlernen können – wir würden nicht vorankommen (auch im übertragenen Sinn). Allmähliches Beherrschtwerden durch das Hysterische aber bedeutet, daß die Betreffenden von einer Gegend in die andere ziehen *müssen* und somit heimatlos werden; daß sie, begünstigt durch den »flexiblen Arbeitsmarkt«, Berufe wechseln wie ihr (schon mehrfach zitiertes) Hemd – auf Kosten der Identifizierung mit dem Beruf.

Dies trifft besonders auch auf Menschen in Psychotherapie- und in Helfer-Berufen zu. Viele von uns Helfern sind mit dem Helfen im dritten oder vierten Beruf beschäftigt, nach zahlreichen Studiengängen und Zusatzausbildungen. Und dies hat mitnichten ausschließlich positive Motivationshintergründe. Oft steckt hinter dem Wunsch, (Musik-)Therapeut oder etwas ähnliches werden zu wollen, der Drang nach Freiheit, die uns Studienbewerber oder Berufswechsler stets nur »aus etwas heraus führen soll« (frustrierende Einsamkeit oder Partnerschaft, Berufsmißerfolg u. a.), statt in etwas hinein.

Hier ist auch der Unterschied zwischen Ausbildung und Fortbildung angesiedelt. Fortbildung, Zusatzausbildung – ein guter, erneuernder Weg, auf den uns das Hysterische in uns führt, das – hier hilfreicherweise – Angst vor ständig Gleichem hat; und eine Sicherheit für den Patienten, von Fachleuten begleitet zu werden, die »auf dem laufenden« sind.

Jagen sich hingegen Wochenendseminare mit Workshops und Selbsterfahrungsgruppen, folgt eine Fortbildung oder eine Arbeitsstelle auf die andere, stellt sich zwangsläufig die Frage, ob es hier nicht um eine Flucht (woher und wohin auch immer), um das Wirken jener Zentrifugalkraft handelt, welche den Menschen keine Heimat finden läßt. Vor lauter Mißtrauen.

Von Renardo, dem Fuchs,
vom Riesen Golo, von Kartoffelkopp und Marguerite
oder: Typisierungen

In dem Kinderfilm »Lilli« agiert ein Puppenspieler auf einem Markt mit folgenden vier Puppen: dem Fuchs Renardo (ein Dieb, hinterhältig, ständig Kompromisse mit sich und anderen eingehend), dem Kartoffelkopp (behende, klug), dem Riesen Golo (feige, dumm, Tölpel) und schließlich mit Marguerite (eitel bis dorthinaus, neidisch, von Egoismus zerfressen).

Diese Typisierung (um die Hauptperson, das arme Mädchen Lilli, herum) ist für Kinder zu dem gleichen Zweck erfunden worden, wie Denkmodelle von erwachsenen Menschen für andere erwachsene Menschen.

Während die Typisierung in »Lilli« als Strukturierhilfe für das rezipierende Kind dienen soll (gut/böse, schwach/stark, liebenswert/verabscheuungswürdig), ist es für uns Erwachsene eine Hilfe, wenn wir beispielsweise in einer neugebildeten Gruppe »typisieren«. Wir gehen dabei spontan vor, indem wir einander »heimlich« Etiketten verpassen (»blöder Esel«, »aufdringlicher Ehrgeizling«, »scharfe Frau«, »dumme Pute« usw.). Dieses Verhalten ist der Versuch, einer uns fremden Umgebung (die neue Gruppe) eine »Ordnung« zu geben. Und indem wir unsere noch so oberflächlichen (der »aufgeblasene Geck« entpuppt sich als ganz liebenswerter Softie, der »weiche Typ« wird zum harten Brokken...) Ordnungsvorstellung verinnerlichen, machen wir uns sicherer...

Wozu Typisierungen?

Auf weniger spontaner Ebene, auf formeller, auf beruflicher Ebene, gar dort, wo es um »professionelle Menschenkenntnis« geht und damit um (Psycho-)Diagnostik, hilft uns dann zum

Beispiel das Riemannsche Denkmodell mit seinen vier Grundängsten, aus denen sich spezifische Kräfte entwickeln, oder auch ein anderes Modell.

Auch Dörner arbeitet in seinem für viele Helferberufe zur »Bibel« gewordenen Werk »Irren ist menschlich« mit den Grundformen der Angst in uns, die sich als Kräfte beziehungsweise Schwächen äußern, jedoch nicht nur damit.

Er beginnt seine Typologie (die oft genug mißbraucht wurde und wird) mit dem Typ des Helfers (»Der sich und anderen helfende Mensch«), an den sich sein Buch auch insgesamt richtet. Solche »Zuordnungen« wie die zum Helferberufe, sind für manche eine entlastende Ordnungshilfe gegenüber dem Fremden, Bedrohenden. »Na ja, wer Psychologie studiert, hat's nötig« oder »Arbeite lange genug in der Psychiatrie, und du bleibst ganz drin« oder »Der ist Pastor, der muß immer harmonisieren...« sind Ausdruck für solche Entlastungen durch Einordnung, Zuordnung, Etikettierung.

Neben dieser Funktion der Etikettierung, der Benennung der Kräfte unseres Selbst, gibt es schlicht die Notwendigkeit, die Bedürfnisse des einzelnen, immer weiter differenzieren zu lernen, und so – und nur so – zu einer angemessenen Behandlung (= Begleitung) psychisch und emotional kranker Menschen zu kommen. Den seelischen »Bedarf« eines Patienten ergründen, geschieht meist dadurch, daß dieser Mensch in Begleitung des (Musik-)Therapeuten zu ebenso frühen wie entscheidenden Zeiten seines Lebens zurückkehrt, in denen er seinen Bedürfnissen nicht oder zuwenig nachgehen durfte. Oder auch zuviel...

Eine weitere Differenzierung

Aus dieser notwendigen Differenzierung heraus entstanden (Denk)Modelle des Menschen und seiner Seelenkräfte. Jede Zeit hatte ihre eigenen Modelle mit ganz unterschiedlichen fein oder grob differenzierenden Merkmalen. Die Kategorisierung nach vier Grundkräften stellt nur eine Möglichkeit der »Modellierung« oder auch eine Art »Basis-Hilfe« dar.

Erweiterbar wird die von uns aufgegriffene Riemannsche Klassifikation unserer inneren Kräfte (schizoid, depressiv, zwanghaft, hysterisch) durch folgende weitergehende Differenzierung:
- Der »geistig sich und andere behindernde Mensch«
- Der »sich und andere liebende Mensch« (Schwierigkeiten mit der Sexualität)
- Der »sich und andere versuchende Mensch« (Abhängigkeit/Sucht)
- Der »sich und andere tötende Mensch« (Selbsttötung, Fremdtötung)

Eine andere Möglichkeit weiterer Differenzierung besteht darin, das anzustrebende Gesunde und das behandlungsbedürftige Kranke im Menschen auf die verschiedenen Abschnitte seines Lebens zu beziehen. Vor diesem Hintergrund entstehen auch in der Musiktherapie Spezialisierungen solcher Art, wie vorzugsweise mit Kindern und Jugendlichen zu arbeiten. Oder mit Frühgeborenen. Oder mit Erwachsenen. Oder mit Senioren im dritten Lebensabschnitt. Oder mit Sterbenden. Oder... oder... oder.

Wir verdanken solch differenzierter und differenzierender Forschung und therapeutischen Arbeit eine immer verfeinertere Sichtweise vom Dürfen und Bedürfen des Menschen und von seinem Umgang damit (das Therapieziel moderner Psychotherapien lautet schließlich überwiegend »Hilfe zur Selbsthilfe«). Allerdings setzen wir uns so auch der Gefahr aus, vor lauter Lust am »Schubladisieren« die Ganzheitlichkeit des Menschen aus dem Auge zu verlieren, das Zusammenspiel aller seiner psychischen Kräfte mit den Kräften seines Geistes und seines Körpers.

Der Nachteil der von uns vorgenommenen Strukturierung, die die Kräfte in uns Menschen der Verständlichkeit halber zwangsläufig nacheinander aufgreift, besteht in dem möglichen Mißverständnis, daß auch die Kräfte in einer Art Abfolge wirken oder wirken können; etwa in jener Lebensphase die eine Kraft, in einer späteren eine andere... Das ist keineswegs der Fall.

Ein Mensch wird niemals – in dieser oder jener Phase – ausschließlich von einer einzelnen seiner inneren Kräfte und Ängste beherrscht. Es wirken immer Teile aller unserer inneren Kräfte und Ängste auf uns ein (und in der Folge auch auf die uns umgebenden Menschen).

Zum Beispiel wird ein deutlich schizoider Mensch, den die Angst umtreibt, in der Symbiose mit einem Partner unterzugehen, gleichzeitig auch von der Sehnsucht nach Nähe, nach Liebe, also von seiner depressiven Kraft angetrieben...

Oder nehmen wir den zwanghaften Bürovirtuosen und Paragraphenhengst. Möglicherweise träumt er von wilderen Wochenenden und Ferien als mancher hysterische Aktionist... (Oft genug träumen wir nicht nur den »ganz anderen Teil« in uns, sondern wir leben ihn auch.) Schreckensmeldungen vom pedantischen Regierungsdirektor, der heimlich wildeste Orgien feiert und mit Drogen handelt, oder vom friedliebenden Nachbarn, der plötzlich zum Amokläufer wird und eine halbe Schulklasse niederschießt, weisen auf das Vorhandensein und – allerdings in extremer Weise – Wirken verschiedener Kräfte im Innern des Menschen hin.

Ebenso sind die vergleichsweise unauffälligen »Ausgleichshandlungen« des Chef-Discjockeys einer Großstadt-Disco zu sehen, der privat ein passionierter Ikonen-Sammler ist, seine Sammlung mit Akribie und Leidenschaft verwaltet und teils mit einer perfekten Systematik ausbaut, die den Direktor eines Staatsmuseums vor Neid erblassen ließe.

Oder ein ganz alltägliches Beispiel: Während ich abtrockne und alle Besteck- und Geschirrteile wirklich ganz zuverlässig, ganz genau an den Stellen in Schubladen und Schränken verstaue, wo sie »eben immer hingehören«, um die Küche »ganz« werden zu lassen, mich also von meinem zwanghaften Anteil, meiner Angst vor dem Chaos in der Küche leiten lasse, höre ich möglicherweise gleichzeitig eine Musik im Radio, die meinen »hysterischen Wünschen« entgegenkommt: wildeste Rockmusik oder das improvisierte Gedonner eines Schlagzeugsolos.

Stets wirkt alles, was ich an Triebfedern, an Kräften und dahinterstehenden Ängsten in mir trage, gleichzeitig. Es gibt »Häufungen« bestimmter Kräfte (beispielsweise wirken oft hysterischer und schizoider Anteil zusammen, so daß diagnostisch von »schizoid-hysterischen Mischstrukturen« in einer Persönlichkeit gesprochen wird); es gibt Häufungen dieser Art innerhalb einer Gruppe und Großgruppen (so daß eben manche Autoren unsere gesamte [westliche] Welt als »schizoid-narzißtisch« bezeichnen). Doch glücklicherweise wird heute nur noch selten derart verkürzend und statisch klassifiziert und diagnostiziert. Heute sprechen wir weitaus komplexer miteinander, übereinander, weil es so einfach eben nicht ist mit unserem »Kräftehaushalt«. Er *ist* sehr komplex und deshalb zu kompliziert, als daß man ihn (und damit einen Menschen) »kurzdiagnostizieren« könnte. Auch psychologische Diagnosen allein – diese beziehen sich ja immer »nur auf« Menschenkenntnis, auf die Kenntnis vom Menschen (jemand sei ein »unkomplizierter Mensch«) greifen nicht mehr. Denn meist sind seine Schatten verdeckter, liegen tiefer verborgen im Innern seiner Kugel...

Die Wenn-dann-Menschenkenntnis

Ebensowenig wie nur eine Kraft allein wirkt, sondern immer alle gleichzeitig, ebensowenig können wir von linearen Ursache-Wirkung-Beziehungen im Seelen-Haushalt ausgehen, obwohl wir uns genau von einer solchen vereinfachenden »Mechanik« sehr gern verführen lassen. »Die hat schon mehrere Ehen hinter sich – na, bei dem Vater muß man ja wohl bindungsunfähig werden...«

Oder: »Sein Vater fiel im Krieg, und die Mutter vergötterte ihn jetzt so sehr – wie soll der dabei selbständig werden...«

Oder – noch kürzer: »... kommt aus einem typischen Beamtenhaushalt.«

Oder: »Armes Mädchen. Soll von den Eltern in ein Internat gegeben worden sein.«

Das alles sind Beispiele für die Geschwindigkeit, mit der manche von uns sich der Mühe differenzierter Arbeit und Denkens entledigen wollen. Und der Angst, das beim andern beobachtete Auffällige könnte sich auch in einem selbst regen...

Volkssprüche wie »Pastors (Lehrers) Kind und Müllers Vieh gedeihen selten oder nie« zeigen die lange Geschichte solcher Bequemlichkeiten beziehungsweise Ängste...

Letztlich dienen auch diese Volksweisheiten wieder nur dazu, unserer Welt »Etiketten zu verpassen«, damit sie überschaubarer wird, denn Überschaubares ängstigt weniger.

Vom selbständigen Wechsel der Kräfte in uns

Wie wenig gültig eine Sichtweise ist, die bei einem Menschen das Wirken einer einzelnen psychischen Kraft feststellen will (»Die ist ja hysterisch«, »Das ist ja ein total zwanghafter Typ«), sehen wir auch daran, daß ein solcher Mensch im Laufe seines Lebens sein gesamtes Verhalten ändern kann, manchmal bis zum »Nicht wieder zu erkennen«. »Seit er berufstätig ist, hat er sich total gewandelt. Wenn ich daran denke, wie der als Sechzehnjähriger war...«)

Als beste Beispiele bieten sich hier die Pubertät und unser vierter Lebensabschnitt an. In der Pubertät sind unser Erscheinungsbild und unser Verhalten aufgrund gravierender hormoneller und psychischer Umstellungen meist deutlich anders als vorher und schon wenige Jahre später. In unseren »Sturm-und-Drang-Jahren« werden wir von einer völlig anderen »Kraft-(Stoff-)Mischung« gesteuert als in allen anderen Lebensphasen. Im hohen Alter, in jenem vierten Lebensabschnitt, gestaltet sich unser inneres Kräfteverhältnis wiederum ganz anders. Beispielsweise verhalten sich in jüngeren Jahren deutlich hysterische Menschen jetzt meist auf ganz natürliche Weise zwanghafter. »Natürlich« bedeutet, sie sind nun mehr angewiesen auf die enge, überschaubare Ordnung um sich herum, in den äußeren Schubladen und Schränken, wie meist auch in ihren »inneren Schubladen«, in ihren Meinungen über Gott und die Welt und den Sinn (und Unsinn) des Lebens.

Doch nicht nur zwischen und innerhalb längerer Lebensphasen wechselt die Dominanz und das Zusammenspiel unserer psychischen Kräfte (scheinbar deshalb, weil immer nur andere, bisher verdecktere Kräfte stärker zum Zuge kommen), sondern das kann auch innerhalb eines einzigen Tages passieren: Da wirkt ein Mensch morgens eher depressiv, in sich gekehrt, wie ein typischer Morgenmuffel, um abends geradezu als Salonlöwin/-löwe daherzurauschen...

Unsere Musik wechselt mit

Unsere seelischen Kräfte befinden sich also permanent im Wechsel, im Austausch, in gegenseitiger Beeinflussung. In diesem komplexen lebendigen Geflecht kann sich nun die gerade vorherrschende innere Kraft eine bestimmte Musik als Spiegel oder Ausdrucksmöglichkeit suchen, es kann aber auch eine der verdeckteren Kräfte auf der Schattenseite unserer Persönlichkeitskugel sein, die sich auf diese Weise bemerkbar macht. In jedem Fall ist Musik, die wir hören oder improvisieren, *immer* Ausdruck irgendeiner unserer vier Grundkräfte oder – um Riemann zu folgen – einer unserer vier Grundängste.

Kommt es bei uns nun zu einem deutlichen seelischen Stimmungsumschwung, dann wechseln meist auch unsere Musikvorlieben. Wir neigen dann mehr einer anderen, einer neuen Musik zu, die uns aus der (neuen) Seelenstimmung gespielt zu sein scheint und diese dadurch verstärkt. Es kann auch sein, daß wir zu einer anderen Musik greifen, um uns bewußt einmal in eine andere Stimmung zu versetzen (»So ein Tag, so wunderschön wie heute...«).

Musik wechselt also mit uns mit: über den Tag, manchmal innerhalb einer einzigen Stunde oder noch kürzerer Zeitabstände.

Es kann aber auch sein, daß wir eine ganze Lebensphase eine bestimmte Musik bevorzugen: vielleicht Pop-Musik in Pubertät und Adoleszenz, Jazz im dritten Lebensjahrzehnt usw. Die meisten Erwachsenen berichten, daß sie in ihrer Jugend halt »Entsprechendes gehört« hätten, heute aber etwas völlig anderes bevorzugten...

Und es gibt auch Menschen, die durch alle Lebensphasen hindurch an einer bestimmten Musik hängen, was auch mit hängenbleiben, mit abhängig geblieben sein zusammenhängen kann. Nicht muß.

Vom Wechsel der Umgebung und vom Wechsel der Musik

In der modernen Gruppenpsychologie und -therapie spielt das – schon sehr alte – Wissen eine wichtige Rolle, daß sich kein Mensch in jeder Gruppe gleich verhält. Im Gegenteil. Auch verändert er sich nicht nur minimal von Gruppenerlebnis zu Gruppenerlebnis, vom Arbeitsplatz zur Familie, von der Familie zum Verein oder, im Urlaub, zum Feriendorf, sondern er kann innerhalb kürzester Zeit einen solchen Wechsel vollziehen, daß man ihn eben »gar nicht wiedererkennt«. Freudige wie schreckliche Ereignisse, überhaupt alle streßreichen Situationen, sind dazu angetan, plötzlich einen Menschen »entstehen zu lassen«, an dem eine »ganz neue Seite« zu entdecken ist.

Doch es ist keine neue Seite, die da bemerkt wird, es ist lediglich eine bisher nicht wahrgenommene Kraft, eine von der »anderen Seite der Kugel«, die dieser Mensch den anderen bisher noch nicht gezeigt hat.

In diesem Zusammenhang ist auch zu sehen, daß jemand zwar mit einem ganz eigenen Musikverständnis und -geschmack in Gruppen geht, daß sich dieses Musikverständnis aber innerhalb dieser einen spezifischen Gruppe von Menschen ändert, modifiziert. Mich auf eine Gruppen-Musiktherapie einzulassen, bedeutet also auch und zunächst, die sich hier bietende Chance zu nutzen, meine mir bisher unbekannten Seiten zu entdecken, und dazu gehören mitnichten nur die finsteren Tiefen meiner Seele, sondern oft genug auch Wesensseiten und Kräfte, die sich als kostbar und bereichernd erweisen. Für den Patienten und für jene Menschen, die mit ihm und um ihn herum leben.

Diese Chance, eine neue Gruppe als »anderes Lernfeld« zu nutzen, in dem die »anderen« Seiten in mir freigelegt und aktiviert werden, das mich also weiter zu mir finden läßt – diese Chance bietet jede Therapiegruppe.

In der *Aktiven Musiktherapie* wird das Provozieren, das Hervorrufen meiner »neuen«, meiner anderen Seiten dadurch verstärkt, daß ich zu etwas aufgefordert werde, was ich sonst nicht (mehr) *getan habe*: Spielen. Daß ich mit Instrumenten etwas machen soll, was ich bisher zu wenig tat: Neues gestalten.

In der *Rezeptiven Musiktherapie* geschieht diese Veränderung der Situation für den Patienten dadurch, daß wir die Musik zum »Hör-Spiel« nutzen. Das heißt, wir beschäftigen den Menschen mit dem ungewohnten und neuen Medium Musik, mit dem er sich sonst nie beschäftigt hat. Ein anderer wesentlicher Aspekt ist, daß mit Musik besonders die rechte Hemisphäre, die »gefühlsbetonte« Seite unseres Gehirns angesprochen wird, und somit Veränderungen erreicht werden, die zu den anderen Seiten, den anderen Kräften, führen können. Und diese damit für den Patienten entdeckbar machen.

Was unsere seelischen Kräfte primär beeinflußt

Ich will noch einmal auf die oben angesprochene Wenn-dann-Sichtweise zurückkommen. Aus mehreren Gründen handelt es sich hier nicht nur um ein verkürzendes, sondern meist auch in die Irre führendes, »irre Wahrnehmung« provozierendes Denken.

Diese Gründe sind zugleich diejenigen, die die einzelnen Kräfte in uns begründen und »auf unserem Grund« entstehen, wachsen und sich entwickeln lassen:

Einmal gehört zu unserem Grund die Anlage, das was uns als unser genetisches Programm von unseren Vorfahren (Eltern, Großeltern usw.) mitgegeben wurde. Dabei sind für den hier abgehandelten thematischen Zusammenhang nicht Haar- und Augenfarbe wichtig, dafür aber beispielsweise das Temperamentsniveau, das – nach gegenwärtigen Erkenntnissen – überwiegend genetisch bedingt ist.

Auch wenn die Wissenschaft in zuverlässigen Zeitabständen – etwa alle fünfzehn Jahre – wieder zu gegenteiligen oder einschränkenden Behauptungen kommt, es bleibt genug, um zu staunen, was alles in uns vorprogrammiert ist. Als weiteres kommen die Umweltbedingungen hinzu, in die hinein wir gezeugt und geboren werden (jedermann weiß heute von der Bedeutung der Außenwelt für das ungeborene Leben im Uterus). Es ist manchmal ein großer Unterschied, ob ich auf dem Land oder in der Großstadt »ausgetragen« und ertragen werde. Der wichtigste prägende Teil der Umwelt jedoch ist die Familie, als erste Bezugsgruppe, in die der Mensch hineingeboren wird.

So wie jeder von uns ein ganz individuelles, einmaliges genetisches Muster aufweist, so wie wir in eine Außenwelt hineingeboren werden, die niemals mit der eines anderen Menschen vollkommen identisch ist, so ist auch unsere seelische und körperliche Konstitution einzigartig und zugleich überaus komplex.

Und Musik, die wir hören oder spielen oder auch vermeiden, ist *Ausdruck dieser Einzigartigkeit*, weswegen Aktive wie Rezeptive Musiktherapie stets vom einzelnen aus- beziehungsweise auf diesen eingeht.

Übung für den Leser
Suchen und notieren Sie – sozusagen als »letzten Rundumschlag« dieses Buchteils – Eigenschaften bei sich, die Sie selbst als besonders stark ausgeprägt empfinden.

Falls Sie das Buch nicht nur bis hierher gelesen haben sollten, sondern auch die Übungen zu Körperhaltungen und »Seelenhaltung« gemacht haben sollten, dann lesen Sie bitte Ihre Aufzeichnungen nochmals durch und vergleichen Sie:
Bei welcher unserer inneren Kräfte hat sich bei Ihnen besonders viel »angesammelt«?
Bei welcher besonders wenig?
Bei welcher Kraft fielen Ihnen besonders viele Musikbeispiele ein?
Bei welcher besonders wenige oder gar keine?
Überdenken Sie nochmals den Zusammenhang zwischen einer gehörten Musik und ihren Funktionen.
Welche Musik in Ihrer Sammlung von Auffälligkeiten ist »Spiegel Ihrer Seele«, »aus Ihrer Seele gespielt«? Und somit »Schirm«, auf den sich Ihre Projektionen, Ihre Gefühle konzentrieren«?
Welche Musik haben Sie genutzt, um in eine bestimmte Stimmung zu kommen, in der Sie vorher nicht waren?
Erinnern Sie: Erinnerungen an Situationen, Personen und Emotionen sind oft mit dem Anhören von irgendwie vertrauter Musik verbunden. Welche Situationen und/oder Personen und Emotionen erinnern Sie bei der von Ihnen besonders häufig gehörten Musik?
Welche Situationen und/oder Personen und Emotionen erinnern Sie bei einer Musik, die Sie nur sehr selten hören?
Ergründen Sie einmal, warum Sie möglicherweise eine Musik besonders bevorzugen – und eine andere besonders vernachlässigen.
Sehen Sie einen Zusammenhang zu den derzeit in Ihnen besonders stark ausgeprägten psychischen Kräften?
Oder zu den weniger stark ausgeprägten?

»Nacharbeit« zu dieser Übung:

Sie werden vielleicht mit Hilfe dieser Übung nochmals auf zwei Erkenntnisse stoßen: zum einen darauf, wie abhängig Ihre eigene Selbsteinschätzung ist (Was ist bei mir »auffällig?) von der Normensetzung Ihrer Umgebung, vom Vergleich mit anderen. Vielleicht würde das »Auffällige« an Ihnen in einer ganz anderen Ecke dieser Erde, schon an einem anderen Arbeitsplatz, in einer anderen Gruppe von Freunden, Bekannten usw. weniger auffällig oder gar normal sein?

Zum anderen ist – vielleicht – deutlich geworden, daß es neben »negativen« Auffälligkeiten, die so gern und so rasch in psychiatrischen Diagnosen ihren Platz finden, immer auch »positive« Auffälligkeiten gibt. Sie sind vielleicht nicht apathisch und antriebsarm und deshalb am Arbeitsplatz auffällig. Aber möglicherweise sind Sie extrem auffällig, weil Sie ein »Workaholic« sind, ein Arbeitstier? Was eigentlich nicht weniger behandlungsbedürftig wäre...

Die Grenzen zwischen »normal« und »unnormal« sind fließend. Oder um es anders zu sagen: Wir »Nicht-Patienten« unterscheiden uns nur graduell von jenen, die die Gesellschaft zu Patienten gemacht hat. Oder die sich selbst als solche sehen...

Sollte Ihnen die Abhandlung über die eine oder andere unserer inneren Kräfte wenig oder fast nichts gesagt haben beziehungsweise nichts davon auf Sie zuzutreffen zu scheinen – tauschen Sie sich doch einmal darüber mit einem Menschen Ihres Vertrauens aus. Denn die Wahrscheinlichkeit ist sehr hoch, daß alles, was Sie nicht bei sich sehen, in Ihnen besonders stark ausgeprägt ist...

Teil 3
Vom Musikmachen und Musikhören beim Improvisieren – Aktive Musiktherapie als Psychotherapie

»Seelenausdruck« in der musikalischen Improvisation

»Das ist mir aus der Seele gespielt« sagen wir oft, wenn wir vertraute Musik hören oder auch »neue Musik« kennenlernen. »Neu« ist hier relativ zu verstehen: Um neue Musik als »aus der eigenen Seele gespielt« empfinden zu können, muß sie in uns sehr Vertrautes, im »Unbewußten unserer Seele« Bekanntes angerührt haben.

Im nachfolgenden Buchteil geht es um eine ganz andere Situation, es geht um Aktive Musiktherapie, in welcher der Mensch »aus der Seele spielen« kann. Das heißt, er sitzt diesmal selbst an einem Instrument und spielt in freier Improvisation, und der musikalische Ausdruck in der Improvisation wird zum Ausdruck seiner Seele. Dabei ist es unerheblich, ob dieser Mensch nun zum erstenmal seit der Schulzeit wieder an einem Xylophon sitzt und sich unbeirrbar am »Alle meine Entlein schwimmen auf dem See« festzuhalten sucht inmitten des fremden Instrumenten- und Tonangebots, oder ob er schon einige oder gar alle im Musiktherapie-Raum vorhandenen Instrumente kennt, sie im Spiel der freien Improvisation ausprobiert und damit »seine« Musik gestaltet.

Es ist also eine andere Situation als das reine Auswählen und Hören von Musik, und doch ist es auch hier unser Unbewußtes, das sich im Spiel mit Instrumenten (wie in jedem anderen Spiel!) zeigt – deutlich weniger »maskiert«, vielleicht sogar »unmaskiert«, als wenn wir beispielsweise reden würden.

Musikalische Improvisation – Spiel ohne Maske

Die Schauspieler auf den Bühnen antiker Theater ließen durch ihre Masken, mit denen sie ihre jeweiligen Rollen anzeigten, ihre Stimmen hindurchtönen. Im Spiel mit Musik hingegen, im frei gestalteten Klang einer Improvisation, gibt der einzelne Mensch an einem der vielen Ton-, Klang- und Geräuschwerkzeuge ohne Umweg, *ohne Maske*, seinen seelischen Kräften Ausdruck. Distanz und Nähe, Wechsel- und Dauerhaftes, sowohl die Übertreibung als auch die Verkümmerung dieser Aspekte findet sich im Raum des musikalischen »Spielraums« wieder.

Die Brücke zwischen unseren seelischen Kräften und ihrem musikalischen Ausdruck in der Improvisation ist unser aktives Spiel am Instrument.

Von Verstopfung und Durchfall oder: (Kontakt-)Störungen unserer Seelenkräfte und ihr musikalischer Ausdruck

Fritz Hegi – Musik- und Gestalttherapeut – beschreibt in seinem für die Musiktherapie wichtigen Buch »Improvisation und Musiktherapie« jenen Ausdruck, welchen sich die in uns wirkenden psychischen Kräfte in der musikalischen Improvisation suchen.

Dabei greift er nicht auf dieselben Begriffe zurück, wie wir sie hier bisher zur Beschreibung psychischer Kräfte genutzt haben. Er folgt vielmehr der Tradition der Gestalttherapie Fritz Pearls, indem er dessen Konzept der »Kontaktstörungen des Menschen« (in dem sich seine Bedürftigkeit, Gekränktheit, Erkrankung äußern) seiner Therapie zugrunde legt.

Auch wenn in diesem Buch in erster Linie das Positive, das »Normale« der psychischen Kräfte in uns und deren Ausdruck hervorgehoben wird, einschließlich unserer »erträglichen Makken«, so geht es in der klinischen Arbeit mit Patienten doch zwangsläufig um das »gestörte« Wirken der inneren Kräfte, um Störungen in der Kommunikation zwischen dem einzelnen und seiner Umwelt. Erst wenn wir spüren »Ich bin mir selbst (und anderen) nicht mehr erträglich. Ich komme allein mit mir nicht mehr zurecht – ich brauche Hilfe«, gehen wir zum Therapeuten.

Der einzelne spürt oder erkennt in der Regel nicht selbst, daß seine Kommunikation mit seiner Umwelt gestört ist – dafür aber die Menschen seiner Umgebung. Er ist für diese unerträglich geworden und geht deshalb »in Behandlung«. Oder er »wird gegangen«, indem man ihn einweisen läßt...

In der therapeutischen Behandlung nun wird es wichtig, das Übermaß oder die Verkümmerung unserer seelischen Kräfte herauszuarbeiten und zu benennen. In der Musiktherapie kommt hinzu, zu erkennen, wie sie sich in der musikalischen Improvisation äußern.

Dabei auffallend ist, daß sich die gestalttherapeutische Sichtweise und Benennung der »Kontaktstörungen« deutlich mit den bisher in diesem Buch erarbeiteten Persönlichkeitskräften, die jemanden zum »Typ« werden lassen, verschränkt.

Hegi unterscheidet fünf Formen von Kontaktstörungen (nach Pearls). Wir werden der Reihe nach auf sie eingehen, verbunden mit Hinweisen auf ihren Zusammenhang mit unseren seelischen Kräften. Sodann wollen wir uns »ansehen«, wie sich diese Kontaktstörungen in der Improvisation anhören. An späterer Stelle wird es dann darum gehen, wie solche Störungen, wie das Übermaß unserer seelischen Kräfte beziehungsweise ihre Verdeckung oder Blockierung, musiktherapeutisch begleitet werden können.

Die erste Störung: Vorsichtigkeit oder Introjektion

Ein solchermaßen gestörter Mensch wird von der Vorsicht vor allem Lebendigen, vor der eigenen Spontaneität, vor allem Unkontrollierbaren bestimmt und verhält sich entsprechend vorsichtig in der freien Improvisation. Das Unbekannte, das Spontane, das Unkontrollierbare könnten mich ja überschwemmen und fortreißen, ich könnte »mich nicht mehr wiedererkennen« – oder andere...

Introjektiv (= Aufnahme von Anschauungen, Motiven usw. der anderen ins eigene Selbst) ist dieses Verhalten deshalb, weil ein solcher Mensch die Grenzen zwischen sich selbst und seiner Umgebung in sich selbst hineingenommen hat. Sicherheitshalber. Aus Angst, im unkontrollierten Zustand zu beherrschend zu werden oder auch nur deplaziert zu wirken, schwächt sich dieser Mensch, indem er alles, was aus der Außenwelt kommt, in sich hineinfrißt, -schluckt, -wirft. Kränkungen, Schmerz, Leid, Ärger. Er schluckt alles, der »arme Schlucker«, unfähig, seiner Umgebung kein klares eigenes Ich entgegenzusetzen.

Im normalen Gesprächsverhalten zeigt sich solche Übervorsichtigkeit in dauerhaften Wortwendungen wie »Doch, doch – es geht mir gut« (befragt, ob er sich mit dem Fragenden auch gut fühle). Oder: »Ja, finde ich auch« (wenn andere zur Entrüstung, zum Ärgern einladen). Er ist der Mitläufer- und Mitspieler-Typ, in dessen Inneres niemandem Einsicht gewährt wird.

In musikalischer Hinsicht nimmt diese Person, was halt angeboten wird, und »schluckt« es vorsichtig: Ob es nun das Zweierspiel an einer Pauke oder an der Mundharmonika sein soll: Sie nimmt jede Einladung an. Ob sie nun von jemandem eingeladen wird, den sie mag, oder von jemandem, den sie gräßlich findet: Es ist unerheblich. Ob jemand sie zu schnellen, rasanten oder langsamen, lange Weile langweilenden Dialogen auf Instrumenten einlädt: Sie geht mit. Sie hört auf, wenn andere aufhören. Und sie fädelt sich ein, wenn andere begonnen haben. Nehmen, Annehmen, was und wer wie da auch immer kommt...

Von den seelischen Kräften und den dahinterstehenden Ängsten scheint hier am stärksten die depressive Kraft zu wirken, die Angst vor der Selbstwerdung, vor der eigenen Identität. Lieber kreise ich – vorsichtig – um jede Sonne, die sich bietet. Auch um die kleinste, und auch um jene, welche ich eigentlich meiden möchte. Insofern kann sich Vorsichtsverhalten mit depressiver Komponente zwar als Näheverhalten manifestieren, aber diese Nähe ist nicht echt, nicht authentisch, schon gar nicht stark oder partnerbezogen. Sie ist eher eine Nähe aus prinzipieller Vorsicht...

Auch zwanghafte Teile scheinen sich in diesem Verhalten auszudrücken: das Bedürfnis nach Ordnung, nach Wahrung des möglichst immer Gleichen – weil mir darin nichts passiert, ich mich im immer gleichen Maß, im Gleichmaß der Stimmung, kenne und beherrsche. Und andere kenne und beherrsche. Ich will die Geister gar nicht erst rufen, die ich dann in mir und um mich herum nicht mehr loswerde. Auch Schizoides, Spaltendes, Trennendes kann sich also hineinmischen in eine solche seelische Befindlichkeit und damit auch in den musikalischen Prozeß.

Die zweite Störung: Manipulation oder Projektion

Ein in der musikalischen Improvisation stark manipulierender Mensch verhält sich zum Beispiel folgendermaßen: Er »haut auf die Pauke«, auf das Paukenfell, mit dem selbstverständlichen Anspruch, daß »die Musik da ist, wo er ist« und alle ihm zu folgen haben, weil er es so gut macht.

Dieser Mensch projiziert, indem er seinen Mitspieler, sein Gegenüber als Leinwand nutzt und seine eigenen (verdrängten) Erwartungshaltungen auf diesen menschlichen Schirm projiziert. Etwa so: »Bei deiner schlaffen Musik muß ich mal was Richtiges spielen...« Und los geht's auf der Pauke...

Was er dabei auf den anderen projiziert und auch tatsächlich erlebt, ist (die eigene) Müdigkeit, Mattigkeit, Schlaffheit – die eigene Angst davor, womöglich selbst so sein zu können.

Möglicherweise reagiert einer (oder mehrere Spieler) dann sogar auf den in solcher Art manipulierenden Menschen, indem er mitmacht. Solche Kommunikation würde beider Probleme aber nur noch verschlimmern. Es kann nämlich sein, daß der manipulierende Spieler nur deshalb mit einem bestimmten Spieler in Kontakt kommt, weil bei diesem starke depressive Anteile »im Spiel sind«, weil er ein schwacher, unsicherer, abhängiger Mitspieler ist.

Der projizierend manipulierende Spieler wird dies spüren, und zwar daran, daß er keine echte Befriedigung aus diesem Kontakt gewinnt. Ein Lahmer ist mit einem Blinden zusammengekommen...

Und trifft unser Manipulator nun auf einen wirklich starken, echten, selbständigen Spieler? Dann wird ihn dieser neue Kontakt noch mehr beunruhigen, weil er sich einer Gegenmacht ausgesetzt sieht, die seine Ängste verstärkt. Machtspiel wie Spiel mit dem Schwachen verstärken die Störungen, verhindern weiter Kommunikation...

Ziehen wir in Erwägung, welche unserer seelischen Kräfte hier »am Werk« sein könnte, so scheint hauptsächlich das Hysterische solch ein Verhalten zu bewirken; das starke Bedürfnis nach Aufbruch – mit den jeweils dazugehörigen Rückzügen, wenn nicht alles um mich herum mit aufbricht, Neues schafft, ausbricht. Der hysterische Anteil in uns *sucht sich seine Umgebung* als Austragungsort für unsere eigenen Konflikte. In gewisser Weise tun das alle unsere seelischen Kräfte, wenn sie ins Übermaß gewachsen oder auch verkümmert sind. Das Hysterische in uns macht sich jedoch besonders deutlich, unübersehbar, spektakulär bemerkbar – natürlich auch in der Improvisation: unüberhörbar, dominant, projizierend, manipulierend. Und nicht – zum Vergleich – so leise, so unauffällig, so mitlaufend, so mitspielend wie der Vorsichtige.

Und im Gespräch? Auch hier wird projiziert und manipuliert. »Du hast was gegen mich! Das merk ich deutlich...« (obwohl er selbst es ist, der den anderen ablehnt). Oder: »Alle hier in der Gruppe sind nur so niedergedrückt (oder fröhlich), weil...«

Die dritte Störung: Verstopfung oder Retroflektion

Die »Verstopfung«, die ein Mensch in seinem Kommunikationsverhalten zeigen kann, und die sich als Störung darin und in ihm dauerhaft entwickeln kann, verbindet Hegi mit dem Begriff und dem Prozeß der »Retroflektion« (wörtlich: Zurückbiegen, Zurückbeugen). Was da in jenen Menschen »zurückgebeugt« wird, von dem wir sagen, er »retroflektiere«, ist das, was dieser Mensch so dringend nötig vom anderen braucht. Ein Beispiel: Da wartet jemand auf die Anerkennung durch einen Partner oder eine Gruppe, auf Zuneigung, auf Liebe – und kriegt sie nicht oder nicht in der erwarteten Weise. In dieser Not wirkt ein »retroflektierender« Mensch »verstopft«. Er leidet schweigend vor sich hin, frustriert über das, was er nicht bekommt.

In der musikalischen Improvisation spielt er zwar, doch hauptsächlich mit sich allein. Er gibt sich selbst das, was er von anderen so gern haben würde: Halt, Unter-Halt, Nähe. Eine unbefriedigende Nähe, diese mit sich selbst produzierte Nähe...

Ein solchermaßen Verstopfter »stoffwechselt« in der musikalischen Kommunikation sozusagen (fast) ausschließlich mit sich selbst: Er bekommt nichts, und er gibt nichts her... Der Kreislauf einer lebendigen Interaktion nimmt in seiner Improvisation die Richtung einer trotzigen Einbahnstraße. Sprachlich drückt sich das zum Beispiel in »Na, dann eben nicht«-Formeln aus.

Von unseren seelischen Kräften scheint es vor allem unsere depressive Kraft zu sein, die retroflektierendes Verhalten bewirkt. Im Übermaß entwickelt, führt sie zu Niedergeschlagenheit, durchaus manchmal verbunden mit stillem Trotz, Beleidigtsein, Isoliertheit.

Was hier noch hineinspielen kann, ist die Kraft des Zwanghaften, des »Festhaltens« (als eine Variante des Verstopftseins). Und auch über die schizoide Kraft können wir beim Typus »Verstopfter« nachdenken. Vielleicht *will* dieser Mensch die Grenzziehung zwischen sich und den anderen, obwohl er sich eigentlich genau nach diesen anderen sehnt.

Welche Kräfte in welchem Grad zur »Verstopfung«, zum »verstopften Spiel« führen, ist individuell unterschiedlich und kann immer nur in Zusammenarbeit mit dem einzelnen Menschen deutlich gemacht werden.

Die vierte Störung: Durchfall oder Deflektion

Hierbei handelt es sich um die ebenso drastische wie naheliegende (und auch realitätsnahe) Entsprechung zur Verstopfung. Und wie »Durchfall« wirken sowohl Improvisations- als auch Gesprächsverhalten eines solchermaßen »geplagten« Menschen. Auf Partys und Konferenzen, am Eßtisch und auf Spaziergängen – eben überall – wirkt er etwa so: unermüdlicher »Salonlöwe« (-löwin), stets bereit zum small talk, doch nie zu wirklichem Gespräch. Mit allen Menschen und über alle Themen, alle Welten und alle Götter redet solch ein Mensch, wahllos – in seinen Partnern und seinen Themen.

Und wie er spricht, so spielt er auch oft: Mit jedem und allem, überflutend, sich und seine Chancen zu echter Begegnung verschwendend. Denn wer fühlt sich in einer Runde von Musikspielern (oder Gesprächspartnern) schon durch einen Blick angesprochen und gar eingeladen, wenn der Kontakt Signalisierende unentwegt und inflationär *alle* mit seinem Blick lächelnd streift und *jedem* einladend zunickt?

Ein inflationär kommunizierender Mensch spürt sehr wohl den Wert seiner Kommunikation: Sie ist für andere wertarm bis wertlos. Die Folge: Er vereinsamt, fühlt sich isoliert – was er mit seinem Kommunikationsverhalten doch gerade vermeiden wollte. Er spielt in der Improvisation eine Katze, die sich ständig in den berühmten eigenen Schwanz beißt und dabei jault, weil es ihr nicht gelingt, den verzweifelt gesuchten Kontakt zur anderen Katze (oder zum Kater) herzustellen. Hegi (und die Gestalttherapie) spricht in diesem Zusammenhang vom »Kontaktpunkt, der nicht getroffen wird«, vom Ziel, »über das hinausgeschossen wird«, von der »Mitteilungswut, die in Verzweiflung führt, weil sie ohne Echo bleiben muß...«

Wir finden im »Durchfallverhalten«, wie Hegi es aus der Beobachtung musikalischer Improvisation mit diesem Typus heraus beschreibt, in der Deflektion, wie die Gestalttherapie es bezeichnet, gleich mehrere Merkmale des Wirkens unserer hysterischen Kraftanteile: Auf- und Ausbrechen; himmelhochjauchzend, zu Tode betrübt; Bindungsunfähigkeit und Bindungsangst; Sehnsucht nach Bindung, die nicht einengt, nicht Angst macht.

Wir finden auch die depressive Kraft, die es jedem und allem recht und wohl machen will, die dem anderen gefallen muß, um ihn nicht zu verlieren.

Wieder bedarf es bei der musiktherapeutischen Betreuung eines solchen Menschen des »inneren Suchprozesses«, um seine Ängste aufzuspüren und über die Freisetzung und Verstärkung der Gegenkräfte auszugleichen, die oft genug im mitspielenden Gegenüber in der musikalischen Improvisation, im Gegenüber in der Therapiegruppe, im Gegenüber des Therapeuten selbst zu finden sind – und in einem selbst dann »anklingen« und wachsen können...

Die fünfte Störung: Anpassung oder Konfluenz

Hegis Begriff der Anpassung basiert auf Beobachtungen dessen, wie sich ein kontaktgestörter Mensch mit stark entwickelter »Konfluenz« (Konfluenz = Zusammenfluß) in der Improvisation äußert.

Was da zusammenfließt, ist die Kraft des Schwächeren (die dieser zusammengeflossen sehen und erleben möchte) mit der Kraft eines (vermuteten) Stärkeren. Um sich selbst stärker, überlebensfähiger, runder zu machen, als man allein je sein könnte.

Übermäßige Anpassung, das Bestreben mit einem anderen (oder einer Gruppe) zu verschmelzen, bedeutet den Verlust des eigenen Profils beziehungsweise den Zustand, ein solch eigenes Profil nicht entwickelt zu haben, nicht entwickeln zu können.

In der musikalischen Improvisation schwimmt diese Person im und mit dem Strom der vorhandenen, der angebotenen Musik. Spielt einer einen Rhythmus – der »Konfluierende« fließt mit seinem Spiel hinein. Möglichst wechselt er noch zu einem ähnlichen oder demselben Instrument. Wird ein Akkord mit langsamen, ausschwingenden Klängen angeboten, spielt der (Über-)Angepaßte sich irgendwie da hinein. Und beim gemeinsamen Anhören des Tonbandmitschnittes kann er nicht mehr erkennen, welches »sein Teil« am Spiel war. Und auch die anderen hören es nicht heraus.

Die Grenzen zwischen dem Innen und dem Außen sind bei einem solchen Menschen nur fließend; eine eigene Vitalität, eine eigene Identität kann sich entweder gar nicht oder nur kümmerlich entwickeln.

In dieser Verhaltensbeschreibung tauchen bereits jene Merkmale auf, wie wir sie von der depressiven Kraft kennen. Sie scheint die Hauptantriebskraft für angepaßtes Musik-Spiel zu sein.

Übung für den Leser
Voraussetzung für diese Übung: Mehrere Leute um Sie herum, eine kleine Gruppe von Menschen (etwa fünf Leute), die am menschlichen Verhalten und seinen Entsprechungen in der musikalischen Improvisation interessiert sind.
Notieren Sie auf fünf gleichen Zettelchen jeweils eine der eben erarbeiteten Kontaktstörungen. Auf einem Zettel steht »Vorsichtigkeit«, auf dem zweiten »Manipulation« usw.
Jetzt sammeln Sie alle Instrumente um sich, die Sie und Ihre Mitspieler gerne in einem Experiment spielen würden. Nehmen Sie im Kreis Platz, so daß Sie einander sehen können, und lassen Sie jetzt die Zettel ziehen wie ein Los. Es gibt keine Niete, sondern jeder gewinnt quasi eine »Spielanweisung«. Auf ein Signal hin (zum Beispiel Arme hoch oder

> Licht ein/aus oder ein verabredeter Ton) spielt jeder auf freigewählten Instrumenten dasjenige Verhaltensmuster, welches auf seinem Zettel steht: Der eine spielt seinen »Durchfall«, indem er wahllos und ununterbrochen jeden und alles anspielt, einlädt usw., der andere spielt seine »Verstopfung« – wie eben eine Verstopfung gespielt werden kann...

Nacharbeit zu dieser Übung:
Während Sie spielten – wer von den anderen fiel Ihnen besonders auf? Wie lautet Ihre eigene Diagnose? (Denken Sie daran, es wurde das gespielt, was auf dem Zettel stand, also nicht unbedingt »sich selbst«...)
Wie fühlten Sie selbst sich in Ihrem Zettelspiel? »Lag« Ihnen dies Spiel? Oder war das, was Sie spielen mußten, Ihnen sehr fremd? Und wie erinnern Sie Ihre Wahrnehmung? War diese sehr eng – an das eigene Spiel gebunden? Oder blieb Ihnen genügend Zeit und Raum, Ihr Umfeld wahrzunehmen?
Wenn Sie weiter vertiefen mögen: Schlagen Sie ein paar Seiten zurück. Dort finden Sie unsere wichtigsten »Raster«, durch die wir wahrnehmen. So oder so...
Und weiter: Es lohnt sich, darüber nachzudenken und sich auszutauschen, in welchen »Spielmustern« wir uns besonders wohl beziehungsweise überhaupt nichts fühlten... In jedem Fall erfahren Sie Wichtiges über sich selbst...
Beispielsweise kenne ich Menschen, denen eine bestimmte Spielart »ganz fremd« erschien, als sie selbst sie spielen *sollten* oder auch bei einem anderen beobachteten. Sie stellte sich aber als eben diejenige heraus, die die anderen Partner nun gerade mit diesem Spieler verbanden... Ich entdecke meine eigenen Seiten eben meist zuerst im anderen – und nur durch die Mithilfe anderer bei mir selbst...

Aktive Musiktherapie mit ihrem Arbeitsmittel der freien Improvisation bedeutet, daß wir jeden einzelnen Menschen mit seiner besonderen Weise des Spielens vertraut machen und mit ihm gemeinsam nachforschen, was dahinter steht: an positiven Kräften wie an erschwerenden Ängsten und Kränkungen. Und mit ihm lernen, wie mit diesen Ängsten umgegangen werden kann. Es bedeutet auch, daß sich der Musiktherapeut bei jedem Menschen neu die sorgfältige Mühe machen muß, das besondere, einmalige Geflecht der verschiedenen Seelenkräfte in seinem Spiel zu erkennen, angemessen mit ihm zu spielen und ihn therapeutisch begleiten zu können – ein Prozeß, von dem auch der Therapeut profitiert.

Menschentypen = Spieltypen?

Wenn Ihnen, lieber Leser, die gerade geschilderten Zusammenhänge eingeleuchtet haben sollten, dann ist es um so wichtiger, daß wir uns an dieser Stelle den Gefahren dieses Denkens zuwenden. Denn ähnlich wie das Modell der vier Persönlichkeitstypen (schizoid, depressiv, zwanghaft und hysterisch) dazu verführt, andere Menschen und sich selbst starr auf einen Typ festzulegen, so verführt auch die Beziehung zwischen individuellen Störungen und ihrem Klangbild in der Improvisation zu Vorurteilen.

Und Vorurteile oder Urteile oder Gutachten (die eigentlich meist »Schlechtachten« sind) darf es in einer Psychotherapie nicht geben, in der die Diagnose, das Erkennen seiner selbst *vom Patienten ausgehen* – in Begleitung durch den Therapeuten.

Die Aufzählung der Kontaktstörungen und ihren Klangbildern ist keine Auflistung von Diagnosen. Klangbilder *sind* zwar Abbilder der Seele desjenigen, der sie erzeugt, aber was genau hinter einem »verstopften« oder »manipulierenden« Spiel steht, das kann nur das Gespräch ergeben, und zwar auch nur als ausschnitthafter Einblick in die jeweilige Befindlichkeit des Spielers. Ein »verstopftes« Spiel – »verstopft« in der Wahrnehmung des Zuhörers und/oder Mitspielers – kann für den Spieler sehr wohl ein behutsames, zurückgenommenes, zartes Spiel gewesen sein. Und was dem Zuhörer zart und behutsam erschien, kann wütend und angriffig gemeint gewesen sein.

Gefühltes aussprechen

Nur wenn der Spieler seine Gefühle mitteilt, die sich während des Improvisierens einstellen, kann der Zuhörer letztlich erkennen, inwieweit *sein* Gefühl beim Zuhören und das Bild, das er sich vom Spielenden gemacht hatte, der Situation des Spielers tatsächlich entsprechen.

Hier setzt das klärende Gespräch an, die gesprächstherapeutische Bearbeitung jener Wahrnehmungen und Gefühle, die beim Improvisieren entstanden oder wiedererstanden sind. Spieler und Mitspieler, Improvisierender und mitimprovisierender Therapeut tauschen ihre Wahrnehmungen von sich selbst und voneinander aus und versuchen, diese Wahrnehmungen in bezug zum gegenwärtigen Leben des Klienten zu setzen und dieses gegenwärtige Sein von seiner Vergangenheit her zu verstehen.

Dieses Verstehen des individuellen Klangbildes und seines spezifischen Lebenshintergrunds ist die Basis für eine therapeutische Arbeit, bei der Veränderungen im Lebenskonzept des Klienten angestrebt werden. Denn das ist ja der Grund, warum der Klient zum Therapeut kommt. Kein Mensch sucht Therapie, der nicht unter Druck steht, unter Leidensdruck. Selbst wenn der Leidensdruck sich darin äußert, daß man zu wissen glaubt: Bei mir ändert sich nichts mehr. Nichts bewegt sich mehr. Oder umgekehrt: Es ist alles in Bewegung, in Aufruhr, Chaos droht...

Improvisieren, was einem »völlig fremd« ist

Ein weiterer Grund, das Klangbild eines musikalisch improvisierenden Menschen nicht linear als Abbild seiner Persönlichkeit interpretieren zu können, als ausschließlich typisch für ihn, liegt darin, daß wir, wie auch bereits angesprochen, in der spontanen, offenen, unmaskierten Improvisation gar nicht immer nur uns selbst spielen, sondern oft auch das (vermeintliche) »Gegenteil« von uns.

»Ich erkenne mich gar nicht wieder bei diesem Spiel«, staunt mancher, der sich nach einer Improvisation beim Musiktherapeuten vom Tonband oder Video-Mitschnitt alles noch einmal anhört oder ansieht. Er staunt über sein spontanes, starkes, kräftiges Spiel an der Pauke, obwohl er selbst sich und andere ihn sonst ganz gegenteilig kennen: schüchtern, ängstlich, abwartend. Und umgekehrt: Da sitzt jemand hilflos suchend oder blockiert vor seinem Instrument, der sich selbst und den anderen sonst als dominant, ausdrucksstark und als »Betriebsnudel« erschienen war.

Das, was da als »Gegenteil« bestaunt wird, als »völlig fremd« und zum Spieler »nicht zugehörig«, gehört ihm aber doch, gehört zu ihm, wurde in seinem Spiel »er-hört«.

»Heute habe ich ganz neue Seiten an dir entdeckt«, sagt ein Mitspieler zu einem anderen nach einer Improvisation. Eine solche Äußerung, ein solches »Feedback« zeigt, daß die scheinbar fremde, völlig neue Seite, die da im Spiel hörbar wurde, Teil der Persönlichkeit des Spielers ist, bisher nur verschüttet war, ein verkümmertes Dasein im Unbewußten fristete... Und Verkümmertes, analytischer formuliert: Verdrängtes, äußert sich meist in Kummer, der sich eben nicht nur in Kummerfalten einen Kanal sucht, sondern in neurotischen Verzerrungen und Störungen, die sich an ganz anderen Stellen bemerkbar machen als den vermuteten.

Deswegen geht die Psychotherapie (so auch Musiktherapie) davon aus, daß es nicht die direkten Wege sind, die uns unsere Schattenseiten deutlicher und bewußter machen (und damit bewußt integrierbar, so daß wir immer mehr eine »ganze« Persönlichkeit werden dürfen), sondern die indirekten Wege. Diejenigen, die wir zunächst oft als Umwege, als irrtümlich eingeschlagene Richtungen ansehen.

Die Schweizer Psychoanalytikerin Monica Monico sieht im Labyrinth ein Sinnbild für menschliche Lebensfähigkeit schlechthin.

Aus diesem Sinnbild leitet sie einen Gedanken ab, der eine ganze Psychotherapie-Forschung initiieren könnte: Die Umwege, die ein Mensch im Labyrinth wandert, sind Wege, die er wandern *muß*, um wieder aus dem Labyrinth herauszufinden.

In der Therapie geht es darum, diese Umwege als die Wege des eigenen Lebens zu erkennen und anzunehmen. Nur die Wege, die im Labyrinth *um das Zentrum herum und zu ihm hin führen*, geben Gewähr für Innehalten, Zurückblicken, Weiterfinden, vor einer neuen Wand stehen, erneut innehalten, zurückblicken... Selbst der Rückschritt, den ein Mensch zu machen fürchtet und beklagt, kann vor dem Hintergrund dieses Sinnbilds derjenige Weg sein, der aus dem Labyrinth seines Lebens herausführt; herausführt aus der Krankheit, der Krise, irgendwann aus dem Leben...

Tatsächlich beschreitet der Mensch im kretischen Labyrinth auf dem Rückweg vom Zentrum denselben Weg – in der anderen Richtung. Und begegnet dabei – sich selbst. Mitsamt der Erinnerung an die Gefühle, die er auf dem Hinweg hatte.

Meist werden in der Musiktherapie wie in jeder Psychotherapie mit analytischem Hintergrund die schmerzhaft lastenden Gefühle erinnert. Jedoch: Der Rückweg ist der Fortschritt... Und nicht erst im letzten Lebensabschnitt, von dem wir immer noch fälschlicherweise das Bild des Menschen als eines innerlich wie äußerlich verkümmernden, kurz: alternden Wesens zeichnen – obwohl wir in diesem Lebensalter dem Ausgang nahe sind, dem Ausgang aus dem Labyrinth des eigenen Lebens, in dem die glatten, geraden Wege sich als diejenigen herausstellten, auf denen nicht das Außerordentliche in uns selbst entstand. Nur auf scheinbaren Umwegen, durch scheinbare Rückschritte kann das Außerordentliche wachsen, das uns reifen läßt. Eben älter, dem Ausgang beziehungsweise dem Schluß des Kreises, der mit dem Eintritt in das Labyrinth seinen Anfang nahm, entgegen...

Zu diesem Zentralthema jeder Therapie, wie der (Lebens-)Weg eines Klienten für diesen annehmbarer werden kann, wo der Sinn der von ihm bisher als Irrweg, als Umweg, als Rückschritt, als Leidensweg empfundenen Krankheit liegen könnte, gehört auch die Erkenntnis Johann Wolfgang von Goethes: Das Außerordentliche geschieht nicht auf glattem, gewöhnlichem Wege.

Solche Worte müssen nicht gleich dadurch wertärmer sein, daß sie inflationär zitiert werden und abgegriffen sind. Die neuerliche Lektüre des »Faust« nach meiner ersten Lehrtherapie hat mir persönlich tiefere Erfahrungen mit meinem Selbst eröffnet. Eben Selbsterfahrung der eigenen Licht-Schatten-Wechselbeziehung.

> Übung für den Leser
> Zum Thema Irrweg, Umweg, Rückschritt.
> Versuchen Sie sich zu erinnern (wenn Sie wollen und können, im Gespräch mit einem Partner): Gab es solche schweren Wege in den vergangenen Jahren, auf denen Sie zunehmend mehr das Gefühl entwickelten, es seien falsche Wege, Irrwege? Wie verhielten Sie sich damals? Was geschah?
> Wie fühlen Sie sich heute, wenn Sie auf diese Zeit(en) zurückblicken? Erkennen Sie einen Sinn in diesem damals für Sie falschen Weg? Was sind Sie damals umgangen? Womit gingen Sie um?
> Und bei Ihrem Partner: Sehen Sie bei ihm Wege, deren (konstruktiver) Sinn erst viel später deutlich wurde?
> Läßt sich eine Situation, ein »Schlüsselerlebnis« erinnern, in dem Ihnen einer Ihrer »Schatten« deutlich wurde? Wo Ihnen jemand sagte: »So kenn ich dich ja noch gar nicht«! Oder wo Sie selbst das Gefühl entwickelten: »Ach, das bin ich ja auch!?«

Vom Schatten-Spiel in der Improvisation

Mary Priestley folgt mit ihrer Definition von Musiktherapie C. G. Jungs Verständnis vom »Schatten«, wonach dieser die unaktualisierten, im Dunkel angesiedelten Kräfte der Persönlichkeit mit seinem Mantel überdeckt. Meist sind es unsere abgespaltenen und bekämpften Persönlichkeitsanteile, die beschattet sind.

In der musikalischen Improvisation der analytisch ausgerichteten Aktiven Musiktherapie haben wir eine Möglichkeit gefunden, im freien Spiel dorthin Licht zu bringen, wo das Dunkel uns bremst, blockiert. Und mir ist es wichtig, zu ergänzen: Es gibt auch Seiten an uns, die im Schatten bleiben sollten! Nicht immer lebt es sich mit einer behandelten Kränkung besser als mit einer unbehandelten... Ich denke dabei an überlebende KZ-Opfer, an Flüchtlinge und Vertriebene und auch an Schwerkriminelle... Nicht jedem Opfer ist damit gedient, das Trauma, seine Verletzung, reproduzierend anzuschauen und in der Wiederholung zu verarbeiten.

Mary Priestley hält Aktive Musiktherapie daher auch hauptsächlich bei jenen Patienten für anwendbar und angebracht, bei denen diese Aussicht besteht: durch Bewußtwerden und Betrachtung einer Kränkung und deren Hintergrund eine Verbesserung der Lebensqualität zu erreichen. »Music and shadow« (Musik und Schatten) ist die Kurzformel für ihr Behandlungskonzept mit Musik, das in der freien Improvisation den verschütteten Zugang zum Schatten öffnet. Wobei oft das aktuelle Leiden umgangen wird, und zwar durch das Assoziationen auslösende Spiel (Liebe und Haß, Bedrohliches und Verführendes, Vater und Mutter, Druck und Gegendruck). Überhaupt sehe ich solchen »Um-Gang« mit der Krankheit, mit der Kränkung, als dem Umweg vergleichbar, der heilsam ist, wenn erst einmal sein Sinn erkannt...

Von Schatten sprechen auch die bereits erwähnten Thomann und Schulz von Thun, die ebenfalls das Persönlichkeitsmodell von Riemann weiterentwickelten.

Von der inneren »Heimat« des Menschen und von seinem »Fernweh«

»Heimatgebiet« oder »aktueller Standort« meint die jeweils besonders deutliche innere Kraft oder Kräfterichtung eines Menschen, sein »Kennzeichen«. Vielleicht sind die Kennzeichen eines Menschen seine besonders auffällige Fähigkeit zur Nähe und sein Nähebedürfnis (depressive Kraft). Oder die innere »Heimat« ist das ordnende Moment, die Fähigkeit, Unklares schnell und überzeugend zu strukturieren – und die Abhängigkeit von Ordnung und Struktur (schizoide Kraft). (Wenn Sie mögen, blättern Sie nochmals zurück zu unserer Graphik.)

Zu diesen »Heimatgebieten« kommen nun Gebiete hinzu, die sozusagen »gegenüber« dem Heimatstandort der einzelnen Persönlichkeit liegen, ihr aber in gleichem Maß zugehörig sind: ihre Schatten. Beispiel:

Ein Mensch mit deutlichen Merkmalen eines »Nähe-Typs« (depressive Kraft) zeigt in der Beziehung zu einem Partner oder zu einer Gruppe seine ganz andere Seite, nämlich die der Sehnsucht nach Unabhängigkeit, nach Autonomie – was der schizoiden Kraft in uns entspricht. Wie sehr zu einer depressiven Kraft auch die schizoide Gegenkraft gehört, demonstriert ein solcher Nähe-Typ dadurch, daß er sich auf der Beziehungsebene bevorzugt einem Partner zuwendet, der eben diesen »anderen« Teil, den er selbst scheinbar nicht oder nur in geringem Maß hat, auffällig repräsentiert. Der Wunschpartner ist dann vielleicht ebenso ein »Distanz-Typ«, wie er selbst ein »Nähe-Typ« ist.

Nicht erst seit Therapiezeiten, sondern schon aus alten Volksweisheiten (»Gegensätze ziehen sich an« oder »Das Glück ist immer da, wo ich nicht bin«) sowie aus fast jeder Art von Literatur wissen wir vom Zusammenhang von »Heimat« und »Schatten«, vom Paar, in dem jeder vom anderen durch dessen Andersartigkeit, durch dessen Gegenpol-Charakter fasziniert ist. Anspruchslose wie anspruchsvolle Literatur ist voll von solchen Gegensatz-Paaren, in denen jeder im anderen dasjenige liebt, das er selbst nicht oder nur wenig hat. Da heiratet der »Schoßhüpfer«, wie ich einen Menschen nenne, der sich allein nicht gut fühlt, sondern nur neben einem anderen (starken) Menschen, eine starke Frau (oder umgekehrt). Oder da sind zwei Männer seit der Schulzeit befreundet, von denen der eine den himmelhochjauchzenden, zu Tode betrübten Part übernommen hat und der andere den soliden, ruhigen, gleichmäßigen, zwanghaften...

Ich nenne solche Partnerschaftsstrukturen »komplementär«. Das heißt, die Partner ergänzen einander um die Wesensteile oder Persönlichkeitskräfte, die man/frau selbst weniger zur Heimat hat, wonach man/frau sich aber sehnt.

Komplementäre Partnerschaftsstrukturen finden wir natürlich nicht nur im »Paar«, bei dem oft zu voreilig die als Paar lebende Zweiergruppe erinnert wird. Sie funktionieren beispielsweise auch am Arbeitsplatz, indem ich mit der Kollegin besonders gut, mit jenem Kollegen gar nicht kann. Oder denken wir an Lehrer-Schüler-Beziehungen: Auch diese sind in ihrer Qualität davon abhängig, wie sehr sich die wechselseitigen Heimatgebiete und Schattenfelder anziehen oder abstoßen.

Beziehungen leben davon, daß sie »verkraftbar« sein müssen, schreiben Thomann/Schulz von Thun. Komplementäre Partnertypen sehe ich in diesem Sinne als einander ausgleichend – das Nicht-Verkraftbare ausgleichend. Das (negative) Gegenstück wäre ein Paar, bei dem sich Heimatgebiete und Schattenfelder zueinander nicht komplementär, sondern »kompensatorisch« verhalten – im Sinne des Ausgleichs von Gegensätzen, die gar nicht mehr ausgleichbar sind. Etwa wenn der Partner eine frühere Erkrankung (Kränkung) des anderen durch seine Präsenz »wettmachen« soll. Oder wenn eine krankhafte Bedürftigkeit nach dem Partner (Depression als Erkrankung), eine Abhängigkeit vorliegt. In solchen Partnerschaften kann »Anhänglichkeit als Geschenk« nicht wachsen. Denn man bedient sich des anderen als Medizin für die Seele – ohne es zu wissen...

Hier setzt Gruppenmusiktherapie an (wie auch andere Gruppentherapien). Zumindest mit der Garantie, daß sich in einer

Gruppe die verschiedendsten Persönlichkeiten begegnen und am Gegenüber gelernt werden kann, wie mit Heimatgebiet und Schattenfeld umgegangen werden kann, so daß der Umgang miteinander wirklich partnerschaftlich wird.

Schatten-Spiele sind Projektions-Spiele

Projektion bedeutet in der Psychoanalyse – erinnern Sie sich? – das Erkennen einer Wesensseite im anderen Menschen, die eigentlich in einem selbst ist, aber verdrängt wurde. Der eigene »Schatten«, von dem wir hier sprechen und den wir in der musikalischen Improvisation spielen, aus der Seele und von der Seele spielen können, wird im oben dargestellten Beziehungsmodell auf den Partner projiziert. Diesen »Schattenprojektionen« können wir mittels musikalischer Improvisation begegnen, denn Improvisation in der Musiktherapie findet immer in einer Gruppe statt, wobei unter Gruppe auch die kleinste Gruppe, die Zweierbeziehung von Klient und Musiktherapeut, verstanden wird. Die Graphik auf Seite 175 zeigt Beispiele für solche Schattenprojektionen, die sich auch in Improvisationen äußern, und deretwegen wir das Klangbild nicht als vollständiges Abbild der inneren Kräfte des Spielers nehmen dürfen. Er ist in jedem Fall eine komplexere Persönlichkeit, als sein Spiel wiedergibt. Wir sind immer reicher als das, was wir zeigen, was wir ausdrücken. Reicher um das, was wir nicht ausdrücken. Und reicher um das, was in unserem Schatten-Spiel deutlich werden kann.

Ein Rückschritt-Thema

Einen Rück-Schritt will ich noch mit Ihnen vollziehen, zum Hören von Musik, was schließlich nahezu jeder von uns macht (das Hören). Selbst jener Mensch, welcher Musik vermeidet, wo immer er kann, investiert Energie in Musik – indem er sie vermeidet.

Und Vermeiden verzehrt nachweislich mehr Energie als Zulassen. Was Menschen übrigens vermeiden, wenn sie Musik zu vermeiden glauben, sind oft ihre Gefühle. Die Angst, von ihren Gefühlen überschwemmt zu werden, läßt sie Musik vermeiden. Sie gehen beispielsweise nicht auf Beerdigungsfeiern, weil die Musik ihnen »den Rest geben würde«. Und damit verbalisieren sie etwas Wesentliches, ihnen gar nicht Bewußtes: Musikhören in ohnehin gefühlsgespannten, ritualisierten Situationen (Hochzeit, Beerdigung) verweist nur allzuoft auf den »Rest in uns«, auf unsere Schattenseite, die vom Licht gebannt ist.

»Musik gibt einem den Rest« erlebten hartgesottenen Soldaten der Weltkriege, die erst beim »Ich hatt' einen Kameraden«-Trompetensolo am Grabe Gefühle in sich entdeckten, weil die Musik diese Gefühle auslöste, löste. Und von Lösen sprechen wir nur im Zusammenhang zu vorheriger Spannung, Krampf, Streß.

Solche »Lösungen durch Musik« erfahren selbst junge, moderne Sportler, wenn sie zum erstenmal auf dem Siegertreppchen stehen und ihre Nationalhymne hören (müssen), die sie nie zuvor mit sich selbst in Verbindung gebracht haben, geschweige denn mit starken positiven Gefühlen.

Wir hören nicht nur »typisch« —
wir hören auch unsere Schatten-Musik

Wir hatten erarbeitet, daß die in uns wirkenden Kräfte, die uns zu »Typen« werden lassen, ihre Entsprechung in derjenigen Musik haben können, die wir bevorzugen. Das Beispiel des stark zwanghaften Menschen, der seine Ordnungssucht im ununterbrochenen Anhören von Barockmusik mit klaren Metren, mathematisch fundiertem Generalbaß und strengen Figurabläufen verstärkt und sich selbst in dieser Musik findet, weil sie ihm aus der Seele gespielt erscheint, mag ein plattes Beispiel sein, weil es so oft strapaziert wird. Was ihm aber nichts von seiner »Treffsicherheit« nimmt.

Spannender an diesem Beispiel war ja, was ein solcher Mensch mit dem Anhören dieser Musik gleichzeitig an Angst auszugleichen versucht. In diesem Fall seine Angst vor Chaos, vor Umkippen, vor Überschwemmung oder vor verzehrendem Feuer.

Ähnlich wie in der aktiven musikalischen Improvisation plötzlich ein Mensch davon ganz überrascht ist, welch »fremde« Musik er selbst da gestaltete. Ähnlich wie er – zum Beispiel in einer solchen Gruppenmusiktherapie – staunt, welch »andere« Seiten bei ihm hervortreten, ähnlich können wir staunen, welch »andere«, scheinbar ganz »gegenteilige« Musik jemand bevorzugt. Gegenteilig zu seinem sonstigen Erscheinungsbild.

Bleiben wir beim »Zwanghaften«. Mag sein, daß ein solcher Mensch sich in Barockmusik ergießt (und darin ertrinkt), weil er sich woanders nicht mehr als Hörer tummeln möchte, also keine Kenntnis von anderem gewinnt, also vor anderem, Fremdem immer größere Ängste entwickelt ... Es geschieht aber ebenso, daß ein Mensch, der sich sonst als zwanghaft sieht und auch so von anderen gesehen wird, in seinem Plattenschrank zum Beispiel »Gegen-Musik«, (wie Gong-Musik) stapelt und mit dieser wahre seelische Orgien feiert. Orgien feiern – eigentlich eher Sache des Hysterischen im Menschen. Gong-Musik – eigentlich eher Sache des Depressiven im Menschen ... Das »Eigentliche« des einzelnen Menschen, man kann es nicht oft genug betonen, ist eben zu komplex, als daß man es mit Ausschnittsdiagnosen erfassen könnte.

Die Musik, die wir gern hören, ist selten einseitig und meist wesentlich vielseitiger, als wir uns selbst vorkommen. Der häusliche Plattenschrank birgt verschiedene Richtungen, verschiedene Gattungen, Stile, Besetzungen. Da finden sich neben kleinen zarten Kammermusiken die riesigen Oratorien, seien sie nun von Bach, Händel oder Mozart oder von den Rockstars und Popstars oder »Ernste-Musik-Komponisten« der Gegenwart.

Es ist lohnenswert, einmal darüber nachzusinnen – allein oder in der Gruppe, nach welcher Musik ich in welchen »Stimmungen« greife, denn es ist eben nicht immer eine der jeweiligen Stimmung entsprechende Musik. Vielmehr hören wir oft genug ebenso »komplementär«, wie wir komplementäre Partner suchen. Es ist dann Musik, die mehr unserer Schattenseite entspricht, dem, wonach wir uns sehnen, weil wir es derzeit nicht haben oder fühlen. Auch in solchen Situationen gibt uns Musik »den Rest«, der uns sonst nicht begegnet.

> Übung für den Leser
> Notieren Sie (noch) einmal Ihre Gedanken beim Betrachten und Lesen der Cover Ihrer Platten, noch besser: beim Anhören einer Musik, die Ihnen selbst als gar nicht so typisch für Sie vorkommt:
> Wofür könnte diese »untypische« Musik bei Ihnen stehen?
> Welcher »Schatten« hat sich womöglich in Ihnen geregt?
> Was Sie in diesem Zusammenhang auch tun können: Erinnern Sie sich an Musik, die Sie nicht ausstehen können ...
> Manchmal (aber natürlich nicht bei Ihnen!) steht auch »unausstehliche Musik« für eigene Schattenseiten, für jene Seiten, die ich an mir unausstehlich fände – wenn ich sie näher betrachten würde ...
> (Weshalb manche von uns sie ja lieber auf der Schattenseite belassen ...)

Von der Macht des Instruments oder: Was mich danach greifen läßt

Die Überschrift soll ausdrücken, was in der Aktiven Musiktherapie bereits wichtig ist, *bevor* ein Klient den ersten Ton auf einem von ihm gewählten Instrument spielt: Da ist etwas am und im Instrument, was den Menschen anzieht – oder abschreckt ...

Kein Klient, der vor der Vielfalt der Instrumente in einem

Musiktherapie-Raum steht, greift zufällig nach einem Klangwerkzeug oder läßt es zufällig abseits liegen. Vielmehr »fällt ihm etwas zu«, wenn er sich für ein Instrument entscheidet, was nicht nur mit ihm, sondern auch mit eben jenem Instrument zu tun hat.

Was da aus dem Instrument heraus bereits wirkt, wenn es noch nur so »in der Ecke herumsteht«, ist seine Symbolkraft. Und von Instrumenten als Symbolträgern soll dieser Abschnitt handeln. Genauer: Wie ihre Symbolkraft in der Psychotherapie genutzt werden kann.

Jeder, der sich mit Musik beschäftigt, hat es sofort mit Symbolen und ihrer Kraft zu tun – bewußt oder unbewußt. Jede Musik »steht für etwas«, was über sie hinausweist und eine bestimmte Bedeutung für den Musikhörer oder den Spieler hat. Z. B. der ganze Teil dieses Buches, in dem es um Persönlichkeitskräfte geht, die in uns wirken und sich in Musik ausdrücken, behandelte immer auch die Symbolkraft, die Musik als solche für den einzelnen, für ganze Gruppen, manchmal für Großgruppen haben kann.

Symballein-Symbol – was ist das?

Das griechische symballein bedeutet sinngemäß zusammenwerfen, etwas zusammenbringen, vergleichen. Das daraus abgeleitete »Symbol« ist etwas, worin etwas zusammengeworfen, zusammengebracht wurde.

Denken wir an den schlichten Ehering. Der, der ihn trägt, weiß um dessen materielle Beschaffenheit: Das kreisförmige Gebilde besteht aus Edelmetall (585 Gold meistens), innen sind der Name des Partners (meistens) und das Heiratsdatum eingraviert (meistens). Symbolwert bekommt dieser Ring nicht durch diese Datenansammlung, sondern durch die Bedeutung, die der Träger diesem Ring verleiht: Er steht für die Beziehung zu einem anderen Menschen; er erinnert an die Liebe zu ihm, die frühere und die jetzige. Der Ring »bedeutet« dem Träger etwas (hoffentlich), was weit über den Wert als Schmuckstück hinausgeht.

Oder – weniger verbreitet als Symbol – der Kontrabaß. Der lehnte an einem Montagmorgen in meinem Musiktherapie-Raum (alle sechs Wochen begann eine neue Gruppenmusiktherapie auf meiner damaligen Station) in der berühmten unauffälligen Ecke, fast hinter der Gardine versteckt. Werner, ein neuer Patient, suchte sich dieses schwere, große Instrument für eine Improvisation im Kreis aus und zupfte einzelne Saiten. Fast andächtig tat er das, schüchtern ...

Im Gespräch nach der Improvisaion, in welchem innere Bilder, Gefühle, Wahrnehmungen im weitesten Sinn an- und ausgesprochen werden können, die einem während des Spiels wichtig wurden, sagte Werner nur: »Ich habe an meine Frau gedacht« (mit der er in Trennung lebt). Wieder später, diesmal nach »unwichtigen, nebensächlichen« Erinnerungen gefragt (weil diese unwichtigen Randerinnerungen, diese blassen Bilder sich oft als die wichtigsten herausstellen), ergänzt er: Der Körper von Streichinstrumenten erinnere ihn immer an den Körper einer Frau. Und wenn seine Frau Cello spiele und das Instrument zwischen den Beinen halte, dann habe er stets sexuelle Phantasien. Außerdem sei es schließlich ein Streichinstrument – und das wiederum erinnere ihn an streicheln ...

Werners Assoziationen zum Kontrabaß sind gar nicht so selten. Die Körper der Streichinstrumente eines Orchesters erinnern viele Menschen an weibliche Rundungen. Ebenso wie die Kuppelbauten von Kirchen an das Weibliche, das Rundende erinnern sollen in Abgrenzung zu den gen Himmel weisenden spitzen Kirchtürmen, die besonders fixe Deuter gern als Symbol für den Phallus sahen und sehen. Jean Gebser schildert die Entwicklung dieser Symbole in seinem Werk »Ursprung und Gegenwart« gründlicher, ergründender, und bietet an, vom weiblichen und männlichen Prinzip in uns und um uns herum zu sprechen, »das sich seine Symbole sucht«.

Gleichwohl: Wir sind von so vielen Symbolen umgeben, die derart stark unser Unbewußtes mit steuern und es »sichern« beziehungsweise verunsichern, daß C. G. Jung sich veranlaßt fühlte, einen großen Teil seines Lebenswerks der Erforschung von Symbolen, ihre Entstehung und Wirkung auf den Menschen zu widmen.

Was ein Symbol zum Symbol macht

Ich fasse die wesentlichen Komponenten, die ein Symbol als solches charakterisieren, einmal zusammen, indem ich mich nicht – wie sonst üblich – auf C. G. Jung beziehe, sondern auf Paul Tillich, der sich mit Symbolwerten und Symbolwirkungen als Theologe beschäftigte und dabei Jungs Erkenntnisse aufgriff. Für ihn sind hier vier Merkmale entscheidend:

- Ein Symbol ist *uneigentlich*. Tillich meint damit das, was wir vorhin am Beispiel »Ring« anschnitten: den Unterschied zwischen dem Material in seiner gewöhnlichen, profanen Bedeutung und dem, *was es eigentlich ausdrückt*. Dieses Eigentliche wird nicht direkt angesprochen, sondern indirekt – eben in der Symbolhaftigkeit. Der Ring bedeutet Treue. Für Werner bedeutete der Kontrabaß die Frau, seine Frau ...
Die Wirkung eines Symbols spielt auf etwas an, was nicht unmittelbar greifbar oder aussprechbar ist. Ein Symbol wirkt, indem es etwas andeutet. Auch das macht seine Bedeutung aus. Das Eigentliche, worauf ein Symbol hinweist, ist nicht anwesend. Weswegen Tillich den Begriff »uneigentlich« einführte. Uneigentliches finden wir in der Musiktherapie beim Instrument mindestens in zweierlei Hinsicht: Einmal verweist das bloße Vorhandensein des Klangkörpers auf den Klang, der noch gar nicht hörbar ist, und doch »schon da«. Weiteres Uneigentliches finden wir (beispielsweise) im »weiblichen Prinzip«, für das die Klangkörper der Streichinstrumente stehen können.
- Ein Symbol ist *selbstmächtig*. Ein Wort, das sich am besten aus sich selbst heraus erklärt. Im Symbol selbst wirkt eine Macht, durch die es an dem Anteil hat, worauf es verweist. Beispiel: Das Zepter in der Hand des Königs oder die Weltkugel in der

Hand des Kaisers oder Christi. »König« und »Kaiser« sind bereits Symbole, weil sie für etwas stehen, auf etwas hinweisen, nämlich auf die Macht einer politischen Institution. Doch die Symbole König und Kaiser lassen sich weiter versymbolisieren durch das Zepter oder eben die Weltkugel – worin wir übrigens wiederum Symbole für das männliche und weibliche Prinzip sehen können. In religiösen Symbolen findet sich beides gepaart: Da hält Gott-Abraham oder ein menschlicher, aber von Gott eingesetzter Kaiser oder (zu Weihnachten) der Christusknabe im lockigen Haar die Weltkugel in der Hand, auf der sich das Kreuz erhebt. Wer will, kann mit Kugel den weiblichen Uterus assoziieren, aus dem alles Neue geboren wird, und das Kreuz mit dem Mann, dem Männlichen. Und immer gibt es auch andere Deutungsmöglichkeiten: das Kreuz als Symbol für den aufrecht stehenden Menschen, das Kreisrunde als Schlange und dieses wiederum als Symbol für das Böse (von wegen gespaltener Zunge...)

Im Instrumentarium eines Musikraums findet sich Selbstmächtigkeit beispielsweise in der Wirkung der großen Pauke: Neben ihrem uneigentlichen Merkmal, das ihre Möglichkeit des Tönens andeutet, provoziert sie bei den meisten Menschen die Vorstellung des »machtvollen Tönens«. Weswegen wir »stille« Menschen nicht unbedingt gleich an die Pauke rennen sehen, sondern oft erst einmal an weniger Lautes, weniger Machtvolles.

Andersherum: In dem Musiktherapie-Projekt Heimerziehung, das ich bis 1982 für das Landesjugendamt in Köln betreute, waren ebendiese großen Pauken und überhaupt Percussionsinstrumente, die man mit Schlegeln schlagen (!) konnte, durfte, mußte, der absolute Renner in den zunächst ausschließlich Jungengruppen (Vierzehn- bis Siebzehnjährige). Da war es nicht damit getan, daß die Symbol-Analysen-Freaks den Schlegel zum Phallus-Symbol erklärten, mit dem sich die Jungen noch männlicher zu machen glaubten, als sie sich ohnehin wähnten. Es war ebenso die Selbstmächtigkeit der Pauke, der

Percussions überhaupt, welche »mächtig« zog. Im Verlauf des Projekts lernten die Teilnehmer in der Einzel- wie auch in der Gruppenmusiktherapie auch die zarten, empfindsamen, empfindlichen Seiten eines großen Schlaginstruments kennen und spielen. Sie lernten ebenso, Aggressionsausbrüche auch auf den leisen Saiten eines Streichinstruments, eines Zupfinstruments zu erhören und zu verstehen.

- Ein Symbol muß das Merkmal der *Anerkanntheit* oder *Akzeptanz* (Akzeptation) tragen. Symbole entstehen nicht »einfach so«. Sie werden nur dadurch lebendig und wirksam, daß sie über sich hinaus auf etwas verweisen, was unserem Unbewußten »etwas sagt«. Dieses kann ein symbolhafter Gegenstand bei einem einzelnen Menschen erreichen, aber auch in einer Gruppe, in einer Großgruppe, einer ganzen Nation, einem Kulturkreis, erdweit...

Beispiele:
Da trägt jemand einen kleinen, unscheinbaren Stein ständig in seiner Tasche mit sich herum, der niemand anderem etwas anderes bedeuten würde als eben dies: Das ist ein kleiner, unscheinbarer Stein. Für seinen Träger jedoch ist er Erinnerung an den letzten Spaziergang mit dem geliebten Vater vor dessen Siechtum und Tod. Hier anerkennen Bewußtes wie Unbewußtes die Symbolhaftigkeit des Steins.

Trägt derselbe Mensch – weiteres Beispiel – einen Siegelring, dann ist dieses Siegel mit speziell diesem Wappen darauf von Angehörigen der Familie anerkannt. Selbst jene, die den Ring und das Wappen vehement ablehnen und es ihrem Bedürfnis nach Lösung aus den Familienbanden bekämpfen, kennen auch die Bedeutung des Symbols, anerkennen es in dieser seiner Bedeutung.

Und weiter: Trägt unsere Person auch noch eine Fahne mit Verbandswappen in der Hand – dann ist es die Großgruppe, der Verband, innerhalb dessen dies Wappen oder Signet anerkannt ist. Bei Nationalfahnen wäre es die Anerkanntheit durch die jeweilige Nation.

Bleiben wir bei den Fahnen: Obwohl das Wappen oder die Farbkombination einer Flagge auf der anderen Seite der Erdkugel möglicherweise gar nicht bekannt ist, ändert das nichts an ihrer Funktion als Symbolträger für eine bestimmte Gruppe von Menschen. Es gibt Ring oder Kreuz vergleichbare Symbole, die bekannt sind, seit es soziales menschliches Leben gibt. C. G. Jungs Lehre von den »Archetypen« verzahnt sich hier mit Symbolik.

In der Musiktherapie kommt das Merkmal der »Anerkanntheit« zum Beispiel dadurch ins Spiel, daß die Rhythmusinstrumente (Fellinstrumente, Percussion, Schlagwerk aller Art) oft als »Führungsinstrumente« angesehen werden – so lange, bis deutlich wird, daß »alles an Gefühlen auf allem ausdrückbar« ist. Anerkanntheit beobachten wir auch, wenn ein Mitspieler ein Instrument mit in die Runde bringt, das ganz klar aus dem Konzertsaal stammt: eine Querflöte, eine Violine, ein Oboe. So ist auch das von vielen Musiktherapeuten bevorzugte Klavier in seiner herausragenden Bedeutung anerkannt. Eine andere musiktherapeutische Beobachtung aber ist, daß gerade das Angebot von Konzertinstrumenten in den Anfangsphasen einer Gruppe, die sich mit Improvisation, mit freiem Spiel beschäftigen will, das genaue Gegenteil ihrer Ziele bewirkt: Wie gebremst, manchmal wie gelähmt, hocken die Menschen vor den anderen Instrumenten und warten...

In der Musiktherapeutenausbildung wird daher großer Wert darauf gelegt, daß der Therapeut nicht nur »sein studiertes Instrument« beherrscht, sondern ebenso vertraut und ausdrucksstark und frei mit anderen Instrumenten umgehen kann, ob es nun das Orff-Instrumentarium ist, die Welt der Gong-Musik, Block- und andere Flöten oder auch Schlagzeug.

○ Ein Symbol muß das Merkmal der *Anschaulichkeit* tragen. Gemeint ist damit nicht allein Aussehen, äußere Form. Obwohl Musikinstrumente durchaus meist schon rein äußerlich Kunstwerke sind – weswegen unzählige Geigen und Trompeten, Trommeln und Hörner ihr materiales Leben und das Leben

ihrer Besitzer lang als Zimmerschmuck zum Hängen an der Wand verurteilt bleiben, und nur kleine Kinder oder »Kinderreste« im Erwachsenen sehnsüchtig danach greifen. »Darf ich mal...?«
Nein, mit dieser Anschaulichkeit ist die Brücke zwischen äußerer und innerer Wirklichkeit gemeint. Ein Symbol eröffnet mit seinem Äußeren den Zugang zum Inneren und wirkt darin, weswegen wir von »innerer Wirklichkeit« sprechen. Die äußere Anschaulichkeit ermöglicht und erleichtert sozusagen die innere Anschaulichkeit: Unsere Seele kann diese von außen ausgelöste Wirklichkeit innerlich schauen. Und umgekehrt: Durch innere Betrachtung ergibt sich oft eine neue Anschauung des Äußeren, des Symbols. Es ist von beiden Seiten unserer Brücke zwischen Innenwelt und Außenwelt anschaulich geworden.
In der Musiktherapie vollzieht sich dieses Wechseln auf der Brücke zwischen innen und außen ununterbrochen, egal ob wir Musik hören oder auf einem Instrument spielen oder improvisieren. Das Musikinstrument löst bereits eine innere Einstimmung auf den Klang aus, wenn es »einfach nur da steht«. Und kommt dann der Klang, schwingt diese Wechselbeziehung zwischen Klang und Psyche in ununterbrochener Anschaulichkeit (hier besser »Anhörbarkeit«), verstärkt und getragen von der optischen Anschaulichkeit des Klangkörpers Instrument.
Anschaulichkeit eines Symbols hängt auch mit dessen *Vergleichbarkeit* zusammen. Etwas im Symbol muß mit dem, worauf es hinweist, eine (äußere) Ähnlichkeit haben, und sei sie noch so geringfügig. Beispielsweise kann der geschlossene Ring an eine Krone erinnern, und das Unbewußte macht daraus: Liebe und Treue sind die Krone des Lebens mit demjenigen Menschen, dessentwegen man diesen Ring trägt. Oder der Ring ist nicht geschlossen, sondern offen geschmiedet und erinnert an eine Schlange – an Klugheit, Wissen, Macht, Überlegenheit...
Ein Symbol kann auch durch anderes als anschauliche Details

auf das verweisen, was es stellvertritt: durch die Provokation einer fernen, skizzenhaften, diffusen Ahnung... So kann der Ring, wenn er silbern ist, an den Mond, an Nächte erinnern. Wenn er aus Gold ist, an die Sonne, an Reichtum...
Jeder Mensch entwickelt seine eigene Symbolwelt, die nur ihm zugänglich ist. Und gleichzeitig wächst er in eine Welt von Symbolen hinein, die er mit einigen wenigen anderen Menschen teilt oder auch mit einer großen Gruppe, einer Nation, oder sogar dem gesamten Kulturkreis. Oder gar der Menschheit mit ihrem »Kollektiven Unbewußten«, wie C. G. Jung jenen Teil des Es nennt, von dem er annimmt, daß er in uns allen wirkt, daß wir alle dieselben Bilder in uns tragen. Und mit von ihnen leben...
Um unsere Gedanken zur Anschaulichkeit eines Symbols noch einmal zusammenzufassen: Nur wenn der Gegenstand, den wir anschauen, im winzigen oder auch nur im erahnten »zusammengeworfen« Detail werden kann, zusammenfällt mit etwas anderem und damit dem Unbewußten einen Vergleich erlaubt, kann er als Symbol wirken.

Musikalisch improvisieren heißt mit Symbolen spielen

In der analytisch ausgerichteten Musiktherapie ist die Symbolkraft von Musik und Instrumenten von durchgängiger Bedeutung. Der Musiktherapeut deutet ihre Symbolik in bezug auf den Klienten, bietet seine Deutungen dem Klienten an und hinterfragt sie in Hinsicht auf dessen Lebenskonzept. Oft ergibt sich dann für den Klienten ein neues Bild von sich selbst – ein Lichtbild, ein Schattenbild

Einige Details haben wir bei den Instrumenten und ihrer möglichen Symbolhaftigkeit schon angedacht:
- Die Instrumentenkörper der klassischen Streicherfamilie (Violine, Viola, Cello, Baß) sowie verwandter Instrumente wie Streichpsalter und Fideln oder Harfen und Leiern als Zupfin-

strumente symbolisieren für viele Menschen das weibliche Prinzip, verweisen auf das Mütterliche, Frauliche; im positiven Fall auf die Geborgenheit, den Schutz und die Zärtlichkeit, die der weibliche Körper repräsentiert. Eine Harfe, überhaupt die einzelne Saite jedes Streich- oder Zupfinstruments, führt oft zu Assoziationen des Berührens, des Tastens und Betastens eines anderen. Etwas, das wir auch mit der Erinnerung des Kontakts von Mutter und Säugling verbinden.
Manche Menschen haben bei denselben Instrumenten vollkommen andere Erinnerungen... Oder diese haben für sie überhaupt keine Symbolbedeutung.

- Die Gruppen der Holzblasinstrumente, wie beispielsweise der Blockflötenfamilie, Oboe, Klarinette, Querflöte usw., symbolisieren dagegen eher das männliche Prinzip, stellen für manche gar phallische Symbole dar. Für andere wiederum etwas gänzlich anderes... oder ganz Neues.
- Die Gruppe der Blechblasinstrumente (seltener im Instrumentarium eines Musiktherapeuten anzutreffen, aber von Patienten gar nicht so selten als Lieblingsinstrument bezeichnet) mit ihrem strahlenden Messingkleid (»Gold«) und überlagernden Ton bedeutet für manche Patienten die Möglichkeit, sich durch ihren Gebrauch stark und mächtig zu machen, die eigene körperliche Größe mit ihren Klängen zu erweitern... Die Symbolik, die Posaune, Trompete, Tuba, Fanfare usw. tragen, besteht für manche im »Ich will dich umpusten« oder (beim Anhören) im »Umgepustet werden«.
- Percussions werden oft als »Aggressionsinstrumente« und »männlich« gedeutet – »schon wegen der Schlegel, mit denen geschlagen wird«, wie eine »männergeschädigte« Patientin es einmal im Gespräch nach einer Improvisation ausdrückte.

Solche und andere Deutungen sind, denke ich, stets subjektiver Natur, doch diese »Subjekte« haben ihre »guten«, oft auch tragischen Gründe für die Be-Deutungen, die sie dem Instrument geben...
In der therapeutischen Arbeit sehe ich es angesichts der Verfüh-

rung zu verallgemeinernden Deutungen als ganz besonders wichtig an, daß diese Deutungen *vom Klienten* kommen. Der Musiktherapeut kann das seine dazu tun – oder es auch lassen, wenn der Klient mit seiner eigenen Interpretation seinen eigenen Weg allein weitergeht.

Denn wir sprachen schon davon: Die angeblich »zarten« Instrumente können von einem anderen Menschen zu wildem Aggressionsausbruch benutzt werden. Umgekehrt ist auf einer großen Pauke der zärtlichste Dialog zwischen Menschen möglich.

Es läuft nicht immer so »klassisch« oder »erwartungsgemäß« wie in jener Paartherapie, in der ich das Ehepaar vor einer Improvisation zum Auswählen eines Instruments einlud: Er: ein denkbar verhaltener, überaus höflicher, nachgiebiger, angepaßter Mensch; sie: ein Ausbund an Temperament, Exzessivität und Dominanz (»Komm, setz dich dahin, nein, nicht dahin – dort scheint dir das Licht in die Augen. Ja, dahin. So ist's recht...«)

Und dann spielten sie – er auf meinem kleinsten Triangel und sie – Sie haben es erraten! – auf der großen Kesselpauke, die als Leihgabe von einem Musikaliengeschäft noch herumstand...

Das Instrument und sein »Appell«

»Appell« kennen wir aus der Sprache des Militärs. Einem Appell »leisten wir Folge«, bei einem Appell stehen wir stramm.

Die Niederländerin Wil Waardenburg verwendet im Zusammenhang mit Instrumenten in der Musiktherapie das Wort »Appell«. Wenn auch in einem anderen Sinn als dem obengenannten. Wie jeder Gegenstand, so senden auch Instrumente »Reizsignale« aus. Und gerade Instrumente sind Gegenstände, die einen »besonderen Reiz« auf uns Menschen ausüben, weil sie über sich hinaus auf etwas Weitergehendes verweisen. Der vorangegangene Abschnitt hat das thematisiert.

Instrumente wirken mit ihren Reizsignalen auf uns besonders appellierend. Und je nachdem, ob ein Instrument einen Menschen schwach oder stark anzieht, können wir von hohen oder niedrigen »Appellwerten« sprechen. Die Leier beispielsweise hat für den einen Mitspieler einen sehr hohen Appellwert mit ihren Saiten und dem geschwungenen Rahmenkörper, für den Nachbarn möglicherweise einen viel niedrigeren. Dies läßt ihn die Leier kaum betrachten, läßt nicht »in Betracht kommen«, daß sie gleich, wenn die Improvisation beginnt, zu »seinem« Instrument wird. Er greift lieber zur Marakas, jenem südamerikanischen Rhythmusinstrument (das wiederum für einen anderen einen niedrigen Appellwert hat).

Eine Gruppe Jugendlicher wird sich in einem Schulmusikraum erfahrungsgemäß erst einmal auf das Schlagzeug stürzen, weil es für diese Altersstufe (in der es um Profilgewinnung, um Profilierung geht, um Gegenmacht zur Macht der Erwachsenen) ganz allgemein über den höchsten Appellwert verfügt. Daß dies so ist, hängt ebenfalls mit dem Unbewußten der Spieler zusammen. Die Symbolkraft, mit der Instrumente an uns appellieren, ist abhängig davon, wie stark sie »uns etwas sagen«. Vielen Ähnliches, manchen ganz anderes, eben Eigenes... Der schüchterne Ehemann griff zum kleinsten Triangel – weil dieses ihm etwas über ihn Hinausgehendes mitzuteilen versprach, an ihn appellierte, etwas in ihm anrührte, sich in Beziehung zu ihm setzte.

Selbst wenn wir in einem Musiktherapieraum vor lauter von den Instrumenten auf uns einstürmenden Reizen oder »Appellen« ganz »wahllos« nach etwas greifen, was wir gar nicht näher kennen und »eigentlich gar nicht bewußt wollten« – im Gespräch später ist es spannend zu hinterfragen, wie wir uns sonst in einem vollkommen neuen Umfeld bewegen. Gehen wir da auch auf einen Menschen in der neuen Gruppe zu, der uns »eigentlich gar nicht interessiert?« Möglicherweise ergeben sich interessante Verbindungen zwischen dem Ereignis in der Therapie und dem umfassenden Lebenskonzept des Spielenden.

Wir gehen zielgerichtet und spontan, sicher und direkt auf

Instrumente zu – oder zögernd, abwartend, auf uns zukommen lassend. Wie auf Menschen gehen wir auf Instrumente zu. Um dann oft genug mit etwas dazusitzen, was wir gar nicht wollten ...

Von der Bedeutung des Instruments für seinen Spieler

»Sagt Ihnen Ihr Spielverhalten etwas im Blick auf Ihr sonstiges Verhalten?« – könnte der Hintergrund des anschließenden Gesprächs sein. Ob der Betreffende nun immer pfeilgerade auf dasselbe Instrument zuschießt und vier Sitzungen lang darauf spielt – oder ob er »immer noch nicht das Wahre gefunden hat«: Nicht nur beim lieben Gott gibt es keine Zufälle, sondern auch in der Musiktherapie als Psychotherapie nicht. Doch Auskunft über seine Assoziationen, seine Gefühle in bezug auf ein Instrument, über das eigene Spiel- und Alltagsverhalten gibt nicht der Musiktherapeut (hoffentlich), sondern der Klient. Der Therapeut kann begleitende Fragen und Deutungen *anbieten*; auf keinen Fall darf er versuchen, seine Deutungen beim Klienten durchzusetzen.

Manchmal bedarf es keines Hinterfragens, welche Bedeutung ein bestimmtes Instrument oder das Improvisieren für einen Menschen hat. Manchmal »spricht es für sich selbst«. Zum Beispiel im Fall einer suchtkranken Patientin, die ich in den drei Monaten ihrer stationären Behandlung musiktherapeutisch (Gruppe) begleitete.

Bei der ersten Improvisation griff sie zum Becken und spielte dieses als einziges Instrument die beiden Improvisationen dieser ersten Stunden hindurch. »Das hat es mir angetan«, äußerte sie dann im Gespräch. Nach der zweiten Sitzung, in der sie wieder ausschließlich Becken spielte, kam sie zu mir und bat darum, das Instrument mit auf ihr Zimmer nehmen zu können, was sie dann auch tat. Fortan spielte sie – mit und ohne Besen – auch in ihrem Zimmer auf dem Becken und mit dem Becken, vorausgesetzt, sie war allein und störte niemanden. Und es störte sie wiederum nicht, als sich eine Bettnachbarin freundlich-amüsiert über sie lustigmachte, als sie das Becken zum Schlafen unter ihr Kopfkissen zu legen begann. Was sich hier zeigte (und oft in der Musiktherapie thematisiert wurde), war die Funktion des sogenannten »Übergangsobjektes«, zu welchem sich das Becken allmählich für unsere Patientin mauserte. Ein Übergangsobjekt ist beispielsweise auch der Teddybär, den das Kind ständig mit sich herumträgt, wenn es sich in jener Entwicklungsphase befindet, die durch den Übergang zu Selbständigkeit, die Lösung aus der Abhängigkeit von der Mutter gekennzeichnet ist. Die ausgediente alte Puppe, der Teddybär usw. sind Gegenstände, »Objekte«, die das Kind an die innige Zeit mit seinem allerersten Objekt erinnern – an die Zeit mit der Mutter. Indem es jetzt das Spielzeug mit sich herumträgt, trägt es ein Symbol für jene Zeit der Einheit mit der Mutter mit sich herum. Und ist damit stärker in seiner Selbständigkeit, als wenn es kein solches Übergangsobjekt besäße, vielleicht weil man es ihm verweigert hat ... »Auffällig« wird ein Mensch erst, wenn er auch als Erwachsener nicht ohne den alten Teddybären einschlafen kann.

Im Fall der suchtkranken Patientin vermittelte ihr Umgang mit dem Becken viele Einsichten darüber, in welchem inneren Entwicklungsstadium sich diese Frau gerade befand, was sie besonders brauchte, da sie es früher, sehr viel früher hatte vermissen müssen ...

Das Becken hatte für diese Frau einen hohen Apellwert; es erinnerte sie in seinem Aussehen (rund, gewölbt, leise schwingend) wie in seinem lange ausschwingenden Klang immer wieder an eine ferne Zeit – in welcher der ruhige Ausschwingungsvorgang der frühen Kindheit jäh unterbrochen worden war. Seitdem suchte diese Frau den verlorengegangenen Teil des »Klangs ihrer Kindheit«. Und wurde in dieser Suche süchtig. Für die meisten Suchtkranken stellt das Suchtmittel einen Ersatz für dasjenige dar, was ihnen versagt geblieben ist und wonach sie eigentlich suchen. Diese Patientin fand mit dem Becken ein Ojekt, das in ihrem Innern neue Möglichkeiten der Suche eröffnete. Nach den drei Monaten stationärer Behandlung bat sie um Einzeltherapie, zusätzlich zur Nachsorge-Gruppe. Daraus wurde eine insgesamt neunzehnmonatige gemeinsame Arbeit, in der das Hauptthema die Mutter war. Wenn sie von der Mutter sprach oder beim Instrumentenspiel das Thema Mutter »dran« war, hob sie oft das Becken über ihren Kopf und ließ es dort ausschwingen. »Wie ein kleines Haus«, sagte sie einmal... Und eben dieses war ihr damals kaputt gemacht worden.

Das Spiel auf dem Instrument als Symbol

Neben der Symbolkraft, die das Instrument über seine Appellwerte realisiert, ist das Spiel auf dem Instrument (die Musik, in der Improvisation der gestaltete Klang) das »Hauptmaterial«, das symbolisch besetzt wird.

Fritz Klausmeier weist in diesem Zusammenhang darauf hin, daß sich Musikinstrumente besonders gut dafür eignen, frühe Verletzungen und Kränkungen, die nicht verkraftet werden konnten und somit verdrängt werden mußten, »an sich zu ziehen«. Wir können hier durchaus von der »Begabung des Instruments« sprechen, Ausdruckmittel für die unbewußten Ängste und Wünsche des Spielers zu sein. Vorausgesetzt, daß dieser Spieler improvisiert, *aus sich heraus spielt*. Nicht Vorhersehbares spielt. Jede Vorgabe einer musikalischen Regel wäre eine Schranke für das Unbewußte, eine Be-Schränkung der Improvisation.

In der Improvisation »projiziert« der Spieler seelisch Nichtverkraftetes auf das Instrument. Dieses kann *im Spiel* auch tiefsitzenden Verdrängungen Ausdruck verleihen, es kann »jubeln oder weinen« (Klausmeier).

Nicht nur das Instrument an sich bezieht durch seinen Spieler Symbolkraft, sondern auch – und das ist von zentraler Bedeutung – sein Spiel darauf.

Apropos Einschränkung durch vorgegebene Regeln... Natürlich wird in zahllosen musiktherapeutischen Situationen mit Regeln gearbeitet. »Alle nacheinander spielen ihre Musik« oder

»Jeder spielt zunächst einen einzigen Ton« beispielsweise sind solche »Vorschriften«. Sie werden absichtlich zur Begrenzung, zur »Beschränkung auf einen Ausschnitt der Verantwortung« eingesetzt. Mit Regeln wird erreicht, daß ein Mensch den Umgang mit Grenzziehungen üben kann. Mit Regeln bekommt ein Mensch ein hilfreiches Geländer, an dem er sich festhalten kann... das er auch »loslassen« und umstoßen kann – um sich so im Umgang mit »fallenden Regeln« zu erleben.

Vom Zusammenhang zwischen Spieler und seinem Spiel

Da spielen sie nun zusammen eine freie Improvisation, ein Klient und sein Musiktherapeut. Wie wird nun der Zusammenhang zwischen dem Spiel des Klienten und seinem Lebenskonzept thematisiert? Hier einige Fragen, die im musiktherapeutischen Setting einen Zugang zum Leben des Klienten eröffnen können, das dieser ja irgendwie ändern möchte. Sonst wäre er nicht, in Erwartung von Hilfe, zu einem Therapeuten in die Praxis, in die Klinik, in die Beratungsstelle gekommen.

Die Thematisierung des Zusammenhangs von Spiel und Spieler geht in der Musiktherapie von der Musik aus, genauer: von ihren einzelnen Bausteinen und dem Gesamteindruck, wie wir es in Teil 2 erarbeitet haben.

Beispiele:

Ein Klient spielt stets mit seiner individuellen Kraft (Dynamik), die sich dann in der Musik ausdrückt. Die Frage, die er sich mit Hilfe des Musiktherapeuten stellen kann, könnte so lauten: »Wie empfinde ich mein Spiel in bezug auf meine Kraft?« Und zwischen »kraftvoll« und »kraftlos« liegt ein ungeheures Spektrum... Die Anschlußfrage könnte dann lauten: »Wie sehe ich meine Kraft derzeit außerhalb dieses Spiels?« Jetzt kann der Klient aus seinem gegenwärtigen Leben erzählen, wo er sich stark und vor allem, wo er sich schwach oder kraftlos fühlt. Um dann zu versuchen, diesem Gefühl in der Musik Ausdruck zu geben.

Jemand spielt eine Folge von Tönen, eine Melodie in einer Improvisation. Wir lauschen dieser Melodie, dieser Folge von Tönen nach und fragen uns nach dem Eindruck, den diese Melodie hinterläßt: »Weist sie nach oben? Aufwärts? Oder nach unten? Ständig wegsackend?« Im anschließenden Gespräch ist mancher Klient dann rasch beim Thema der »Melodie seines Lebens« ... Gibt es Zusammenhänge zwischen der gespielten Melodie und derjenigen, die meine Seele sonst im Leben singt?

Ein Mensch spielt Klänge, Zusammenklänge verschiedener Töne. Was verbindet er mit dem gespielten musikalischen Zusammenklang? Förderliches, Gutes, Schönes oder Enges, Beängstigendes, Lastendes? Und wie sieht er das »Zusammensein«, das »Zusammenklingen« mit anderen in seinem sonstigen Leben? Gibt es da Ähnlichkeiten, Verbindungen, Widersprüche?

Oder der Rhythmus, den jemand spielt. Wie wirkt der auf mich? »Das ist meine Krücke, mit der ich durch das Spiel humpele«, sagte ein Patient kürzlich. Und: »Freie Klänge machen mir Angst.« Von dort kamen wir auf die Krücken, mit denen er durch sein gesamtes gegenwärtiges Leben humpelt. Und auf die Angst vor der Freiheit...

Oder die musikalische »Form«, die jemand seiner Musik gibt. Wie ist sie für mich? Klar oder unklar, scharf oder weich. Es folgen viele Gesprächsausflüge, in denen es um Identität, um Profil geht, das derjenige für sich ersehnt.

Um es zusammenzufassen: Die Arbeit am Zusammenhang von Spiel und Spieler in der Improvisation, genauer: die Art und Weise des Spielens, zentriert sich stets um die Frage: »Was wird in der musikalischen Improvisation *noch* ausgedrückt?«

Die meisten Musiktherapeuten, die psychotherapeutisch ausgerichtet arbeiten, stellen diesen Zusammenhang zwischen Spiel und Spieler aus dem Hier und Jetzt, aus der unmittelbaren Gegenwart der Therapiesitzung her. Die eben skizzierten Fragen können dann in die Realität des gegenwärtigen Lebens des Klienten und, je nach psychoanalytischer Ausrichtung, zurück bis in die frühesten Lebensstadien des Klienten, bis in seine früheste Kindheit führen. Immer aber dient ein solches Hinterfragen des improvisierten Spiels der Verbesserung der aktuellen Lebenssituation. Meist besteht der Erfolg der Musiktherapie (wie fast aller Psychotherapien) nicht im Weghaben-Wollen von etwas (der Kränkung, der Lebenskrise, der Krankheit, des Leidens), sondern im *Erlernen des Umgangs* damit. Gleichzeitig ist mit diesem Erlernen des Umgangs mit der Krankheit oder der Krise in der Gegenwart oft eine neue Art der Zukunftskonzeption verbunden, was auch bedeutet, auf künftige Krisen und Krankheiten vorbereitet zu sein, sie bei Eintritt konstruktiver verarbeiten zu können. Mögliche »Rückfälle« werden akzeptiert und verlieren so ihre Bedrohlichkeit und Unbewältigbarkeit.

So gesehen, »heilt« Musiktherapie nicht, aber sie kann »*heilsam*« sein, wie Gertrud Katja Loos es einmal ausdrückte.

Um es noch einmal hervorzuheben: Entscheidend wichtig bei dieser Art therapeutischer Arbeit ist es, daß die Deutungen vom Klienten kommen und der Musiktherapeut ihm lediglich Deutungsangebote unterbreitet, ihn begleitet – sowohl im musikalischen Zusammenspiel als auch vom therapeutischen Ansatz her.

Die musikalische Improvisation ist das Spielfeld, das Übungsfeld, das Experimentierfeld für neue Erfahrungen im Umgang mit sich selbst und mit dem anderen. Und diese Erfahrungen können – wenn die Therapie gelingt – nach und nach in die Realität außerhalb des Musiktherapie-Raums eingebracht werden.

Was für die Musik das Instrument...

... ist für das (menschliche) Leben der Körper. Ich spreche damit eine These an, mit der die Musiktherapeutin Ulrike Höhmann in dem bereits erwähnten Projekt »Musiktherapie in der Inneren Medizin« im Schweizer Brig arbeitet. (»Was für das Leben der Körper, das ist für die Musik das Instrument«).

Aus dieser These ergibt sich eine weitere spannende Frage für die Musiktherapie: Gibt es eine Verbindung zwischen der Art, wie ein Patient mit seinem Instrument umgeht, und der Art und Weise, wie er mit seinem Körper verfährt?

Beziehen wir die »Appelle« mit ein, die einen Menschen zu einem Instrument greifen lassen oder auch nicht, können auch folgende Fragen wichtig werden: Sagt die Entscheidung eines Patienten für ein bestimmtes Musikinstrument etwas aus über seine Beziehung zu seinem Körper (der in der Inneren Medizin als krank diagnostiziert wurde)?

Sagt die Art und Weise, *wie* er das Instrument spielt (oder austauscht, ablehnt, daran klammert) etwas aus über die Art, wie er mit sich und seinem Körper umgeht?

Am Beispiel eines Balafons listet Ulrike Höhmann vier Instrumenten-Elemente auf, welche auf die Elemente des menschlichen Körpers – in seiner Verbundenheit mit Geist und Seele – hinweisen.

- Jedes Instrument verfügt über eine Tonquelle, über selbstklingendes Material, das in Schwingung gerät und diese Schwingungen weitersendet. Beim Balafon – wie überhaupt bei allen Stabspielen, beispielsweise auch beim Orff-Instrumentarium – sind es die Klangstäbe. Nach Höhmann trägt dieser *klanggebende Teil* Merkmale des Männlichen.
- Als zweites Element nennt Höhmann den Resonanzkörper als *klangaufnehmender, -empfangender, mitschwingender Teil* eines Instruments. Er ist offen, bereit – weiblich.
- Das Gerüst des Instruments, das Gestell (»Skelett«) ist sein *haltgebender* Teil.

○ Das Instrument als *Skulptur*, als *Schmuckstück* ist Sinnbild der Lebendigkeit.

Im Zusammenwirken dieser vier Elemente sieht Höhmann den charakteristischen Klang eines Instruments entstehen.

Vor dem Hintergrund ihrer Erfahrungen beim Bau jenes Balafons, bei dem Gedanken über Männliches und Weibliches in der Symbolwelt eines Instruments ebenso mitschwangen wie Erkenntnisse über die Strukturparallelen von Musikinstrument und menschlichem Körper (Quelle des Lebens, Resonanz/Empfang des Lebens, Lebenshalt, Lebenscharakteristik), lassen sich wichtige Anregungen für unseren Musiktherapie-Bereich entwickeln, beispielsweise, Klienten/Patienten ein (ihr) Instrument selbst bauen zu lassen.

Diese Methodik ist in der analytisch-psychotherapeutisch ausgerichteten Musiktherapie gleichermaßen unterentwickelt wie erfolgversprechend. Die sogenannte »sozialpädagogische Musiktherapie«, wie sie in Heimen, auf Abenteuerspielplätzen usw. praktiziert wird, bezieht den Instrumentenbau dagegen schon länger in ihre Arbeit ein, allerdings ohne dieses Verfahren analytisch-psychotherapeutisch zu reflektieren.

Alles in einem Instrument – alles in einem Menschen

Wir haben uns auf den vorangegangenen Seiten mit der Bedeutung der Symbolwelt in der Musiktherapie beschäftigt. Wir haben gesehen, daß jeder Mensch ganz eigene Assoziationen, Deutungen, Bedeutungen hat beziehungsweise entwickelt; daß ein Instrument nicht per se über Symbolcharakter verfügt, sondern daß sich dieser aus den (unterschiedlichen) *Empfindungen des Menschen* ergibt. Ein Cello oder eine Querflöte *sind nicht so oder so*, sondern sie können so oder so empfunden werden, können mit dem Männlichen und/oder Weiblichen, mit diesem und jenem assoziiert werden.

Diese »Mehrfacheigenschaft« eines einzelnen Instruments verweist auf den Gedanken von C. G. Jung, daß auch in jedem Menschen weibliche wie männliche Anteile miteinander korrespondieren. »Anima« und »Animus« sind die Begriffe, mit denen seine Theorie entwickelt wurde, welche mit dazu führte, daß wir heute nicht das eine dort und das andere woanders suchen, sondern das Vielfältige im einen, im einzelnen. Und umgekehrt.

Wir wissen bereits: Kein Mensch verfügt über dieses oder jenes Persönlichkeitsmerkmal im Sinne unserer Kräfte des Schizoiden, Depressiven, Zwanghaften und Hysterischen, sondern wir alle tragen *alles* in uns, wenn auch unterschiedlich stark ausgeprägt und wirkend.

Das Improvisieren auf einem Instrument bedeutet in der Psychotherapie eine der wirkendsten Möglichkeiten, an Verschüttetes, Verkümmertes, wenig Entwickeltes heranzukommen und es neu zu beleben – weil der Mensch im Musikinstrument ähnliche Elemente vereint, sie dort symbolisiert findet, wie er sie selbst in sich trägt.

Ein bereits zitierter Buchtitel greift (in abgewandelter Form) den Grundgedanken auf, der der analytisch angelegten Aktiven Musiktherapie zugrunde liegt: Der Mensch spielt auf »seinem« Instrument das, was er nicht sagen kann. Indem er das Instrument als Ausdrucksmittel benutzt, »veräußert« er etwas, spielt es aus der Innenwelt seiner Seele nach draußen, wo es hörbar wird. Für den Therapeuten und vor allem – für ihn selbst.

Aus der Seele gesungen.
Von der Bedeutung der Stimme für den Menschen und der Nutzung dieses Wissens in der Musiktherapie

»Sag ein Wort, und ich sage dir, wie es dir geht.« Solche Schnelldiagnostik, die manche vielleicht für wünschenswert halten oder gar zu betreiben versuchen, gibt ebensowenig her, wie ein Blick in die Augen eines anderen Menschen umfassend Einblick in dessen Seelenzustand gewähren kann (obwohl die Augen durchaus eine Art »Fenster zur Seele« sind).

Auf die menschliche Stimme bezogen, traf jener Kollege jedoch einen zentralen Pukt, der zu mir auf der Tagung des Deutschen Blindenlehrerverbandes 1989 in Hamburg sagte: »Erzähl mir etwas, und ich fühle mit, wie du fühlst.« Dieser Kollege war – wie viele seiner Lehrerkolleginnen und -kollegen in den Blindenschulen – selbst von Geburt an blind und nutzte sein Wissen darum, daß die Seele sich besonders der Stimme als Ausdrucksmittel bedient – auch wenn wir uns noch so oft hinter und mittels der Stimme zu verstecken suchen.

Auch der normal hörende Mensch kennt diese Feinheiten der Stimme, die besonders deutlich werden, wenn wir den Sprechenden nicht sehen, beispielsweise wenn wir telefonieren. Dann brauchen manche Menschen, die sich vertraut sind, nur die ersten Worte des anderen zu hören, und schon unterbrechen sie ihn mit der Frage: »Sag mal, hast du was? Da ist doch was!« Und trotz noch so heftiger Beteuerung des anderen, es sei wirklich *nichts*, stellt sich – oft erst viel später – heraus, daß »etwas war«. Gespürt haben sie es gleich, ohne Erklärungen, am kleinen Zittern oder der winzigen Spur mehr Schärfe – sie »hörten« über die Stimme des anderen aus seiner Seele.

Unsere Stimme zeigt, *wie* »stimmig« sich der Sprechende in dem fühlt, *was* er sagt. Ob es »stimmt« – das Was (Inhalt) und das Wie (das Gefühl, mit dem es gesagt wird), also auch ob die

Beziehungsebene der miteinander Sprechenden stimmt. Eine seichte Konversation kann inhaltlich höflich-freundlich sein, doch das Timbre »schwingt mit« – oft genug Antipathie, unterdrückte Aggression, Haß (weswegen auch von »lauthafter Biographie« gesprochen wird [eine Bezeichnung des Stimmbildungsfachmanns Gundermann]).

Darüber hinaus ist die Stimme, so wie wir sie aktuell gebrauchen, ein Indikator für unsere Befindlichkeit und ein Diagnoseinstrument. Der Redner, der mit Angst vor sein Publikum tritt, hört es öfter selbst: Meine Stimme ist belegt, was sie zwei Stunden vorher bei demselben Thema vor einer vertrauten, sichernden Gruppe noch nicht gewesen war. Das Publikum, zuhörende Menschen hören und fühlen diese feinsten Schwankungen – wenn auch nicht immer bewußt, da abgelenkt durch den Inhalt der Rede.

Der Grund für diese Interdependenz zwischen Gefühl und Körper-Stimm-Reaktion liegt im Vegetativum, jenem Teil des Nervensystems, den wir nicht willkürlich steuern können. Wir lernten ihn im Zusammenhang mit Funktioneller Musik weiter vorn bereits kennen. Erinnern Sie? Ergotrope Musik – trophotrope Musik . . . ?

Bei der »Lenkung« dessen, was wir hören, spielt der (vegetative) Nervus Vagus eine zentrale Rolle, so daß wir bei bestimmten Musik- (und Geräusch-)reizen von »vagotoner Beeinflussung« sprachen. Dieser Vagus speist mit einem Nervenzweig auch unseren Kehlkopf. Was Wunder, daß alles, was uns an Stimmungen widerfährt – glückselige wie lebensbedrohliche und alles, was dazwischen liegt – in der Stimme sein Abbild, sein Hör-Abbild, seinen »Spiegel« findet, den wir und andere ab-hören können. Wenn wir Ohren haben, zu hören. »Da ist doch was. Du hast doch was. Das hör ich doch.«

Oder denken wir an den berühmten »Frosch im Hals«, den der Mensch verzweifelt wegzuräuspern versucht, was meist zum Gegenteil führt, weil Verkrampfung und Verschleimung im Stimmbandsystem sich erst lösen können, wenn er psychisch entspannt ist und nicht verzweifelt mit Räuspern, mit »Schön-Machen« beschäftigt. Dieser »Frosch im Hals« ist schon Symbol genug dafür, wie wir unsere Stimme am liebsten immer hätten: Ohne dieses Froschhafte (was das Märchen benutzt, um »Häßliches« darzustellen). Klangvoll, ruhig, sicher, flexibel, einfach schön wünschen wir uns unsere Stimme – und damit uns.

Wie sehr auch die Alltagserfahrung (und somit die Erfahrungspsychologie) den Zusammenhang zwischen Stimme, Stimmausdruck und Befindlichkeit des Trägers bestätigt, zeigen 90 (!) Redewendungen, welche die Musiktherapeutin Sabine Rittner gesammelt hat. Alle führen sie auf diesen Zusammenhang zu: Hör dich an, *wie* du sprichst (oder ein anderer). Und du wirst eine weitere Botschaft aus deiner (seiner) Seele bekommen, du wirst etwas mehr über ihr (Wohl- oder Schlecht-)Ergehen erfahren.

Alle Persönlichkeitskräfte, die wir im Mittelteil dieses Buches erarbeitet haben, alle unverwechselbaren Kräftemischungen aus Schizoidem, Depressivem, Zwanghaftem und Hysterischem – sie alle kommen ebenso unverwechselbar über die Stimme zum Ausdruck. Die Obertonreihe, die einem Klang erst seine ureigenste »Farbe« gibt – auch sie färbt die einzelne Menschenstimme einmalig. Oft so ausgeprägt, daß wir einander erst oder sofort an der Stimme erkennen. Nicht umsonst bedient sich die Kriminalistik der einfachen Methode des »Stimmfindens« (Stimmanalyse), um Menschen zu finden...

Die Stimme »appelliert« am stärksten.

Im Zusammenhang mit der Analyse der Musikinstrumente (warum wirkt gerade dieses Instrument in dieser Weise auf mich so stark berührend und anziehend beziehungsweise, warum schreckt es mich ab?) hatten wir uns schon der Frage von Nähe und Distanz »genähert«, die wir mit Instrumenten verbinden und über diese ausdrücken. Je stärker uns ein Instrument und/oder dessen Klang anzieht, beschäftigt, fasziniert, desto stärker wird seine Fähigkeit, an Schichten unseres Unbewußten zu appellieren, desto höher ist sein Appellwert, desto niedriger der anderer Instrumente.

Die menschliche Stimme nun hat einen fast unerreichbar hohen Appellwert. Auf keinen instrumentalen Klang reagiert der Mensch so direkt und so berührt wie auf den Klang der menschlichen Stimme – um sie tagtäglich inflationär zu ge- und damit zu mißbrauchen: durch hohle Konversation, durch die Tatsache, daß er mit derselben Stimme ungezählt viele Leerformeln von sich gibt.

Aus der Stimme klingt unsere Persönlichkeit in all ihren verschiedenen Anteilen, unsere Psyche tönt hindurch, unsere so oder so »gestimmte« Seele. Die Stimme als Ich-Ausdrucksmittel verfügt (abgesehen von der Gefahr, sie als Maskierungsmittel zu benutzen) über die stärkste Fähigkeit, Nähe oder Distanz auszudrücken, Gefühle auszudrücken: Liebe, Begehren, Zärtlichkeit ebenso wie Wut und Haß.

Wie sehr die menschliche Stimme wahrhaft *alles* ausdrücken kann – vom Belanglosen bis zum Sensationellen – zeigt folgende Szene, die die meisten Menschen wohl selbst schon so ähnlich erfahren haben dürften, ohne sie jedoch als »Selbsterfahrung« reflektiert zu haben.

Bahnhofsszenerie. Sie warten auf jemanden, dem Sie sich nah verbunden fühlen. Der Zug läuft ein. Er hält. Die Türen fliegen auf. Menschenmassen quellen aus den Waggons. Nur 150 Meter entfernt erspähen Sie »Ihren« Menschen. Versuchen Sie jetzt einmal, dieser Person über die zwischen Ihnen beiden wallende Menschenmasse hinweg auf sich aufmerksam zu machen. Sie könnten laut »Tante Erika« sagen; Sie könnten »Tante Erika« rufen; Sie könnten vielleicht sogar »Tante Erika« brüllen. Ihre Tante Erika wird kaum reagieren, weil viele andere Menschen einander rufen, ansprechen, anbrüllen. Hingegen verspricht ein kleiner Unterschied Erfolg: *Singen* Sie doch einmal »Tante Erika«, langgedehnt und in deutlich höherer Stimmlage, auf diesem proppevollen Bahnsteig. Es ist so gut wie sicher, daß sich nicht nur Tante Erika – Sie glücklich erkennend – zu Ihnen umdreht, sondern auch noch die meisten Menschen, die zwischen Ihnen und der Tante stehen, eilen, warten, hetzen. *So hoch ist der Appellwert einer – gesungenen – Stimme!*

Die gesungene Abiturprüfung

Ein Fallbeispiel aus dem schon älteren und damit bekannteren therapeutischen Praxisfeld der Behandlung von Stotterern. Der neunzehnjährige Abiturient Jan war in einer intakten Familie in Westfalen aufgewachsen, stotterte aber seit seinem sechsten Lebensjahr. Im selben Jahr begann für ihn – als Folge eines Verkehrsunfalls mit dem Schulbus – ein fast einjähriger Aufenthalt in verschiedenen Spezialkliniken. Sein linkes Augenlicht war durch eine Glasschnittwunde wochenlang gefährdet; die Ausheilung seines Schädelbasisbruchs zog sich durch die Augenoperationen ebenso hin wie die seines Schleudertraumas. Mutter, Vater und eine Schwester der Mutter, gleichzeitig Patentante des Jungen, wechselten sich im Rooming-in in den verschiedenen Kliniken ab und mühten sich, durch besondere Zuwendung die Belastungen des Kindes mitzutragen. Dennoch blieb jenes Stottern zurück, das den Jungen um so mehr Pein und Scham fühlen ließ, je mehr er in die Pubertät kam, sich für Mädchen interessierte und seine (sehr guten) schriftlichen Schulleistungen jämmerlich relativiert erlebte, wenn er sich mündlich beteiligte. Denn er war ein Perfektionist, seit der Rehabilitation nach dem Unfall sogar in mehrfacher Hinsicht: körperlich ein Ästhet, sportlich ein Crack und intellektuell einigen seiner Lehrer überlegen.

Als ich ihn kennenlernte, stand er kurz vor dem Abitur. Sein seit Jahren mit ihm arbeitender Sprach- und Stimmtherapeut hatte Kontakt zu mir aufgenommen, weil Jan in der Vorbereitung auf die mündlichen Prüfungen derartige Rückfälle zeigte, daß sein Abschluß gefährdet schien. Das zuständige Bildungsreferat sah keine Möglichkeit der Prüfungsbefreiung. Im gemeinsamen Gespräch mit Jan, seinen Eltern, seinem ihn besonders betreuenden Deutschlehrer und dem Sprachtherapeuten erinnerte Jan uns daran, daß er sein Stottern manchmal gar nicht »brauche«, nämlich dann, wenn er singen könne. Auch der verbale Austausch mit seiner Freundin erfolgte weitgehend in einem freien Singsang. Ich schlug sofort vor, das weitere Gespräch, welche Herangehensweise an die Prüfungen für Jan nun am besten sei, nur noch in solchem freien Singsang zu führen. Der Deutschlehrer, Jans Vater und Mutter erröteten zwar und äußerten Verlegenheit, aber alle Anwesenden machten schließlich mit. Überhaupt keine Probleme hatte Jan. Er sprach mit seinem Sprachtherapeuten, seinem Lehrer, seinen Eltern und mir fließend und ohne zu Stottern. Das Singen und Sangsingen erinnerte Jan an die Zeit vor seinem Unfall (und damit vor seinen zahlreichen Behinderungen und – in Folge davon – narzißtischen Kränkungen) – und in jener Zeit hatte es kein Stottern gegeben.

Wir haben dann mit dem Oberschulrat, der Direktorin, dem Deutschlehrer und einem weiteren Kollegen anderthalb Tage in Klausur geübt – nämlich jegliche Wortkommunikation, jegliche Frage-und-Antwort-Struktur (»Könnte ich bitte noch mal den Zucker haben«, »Wie erklären Sie sich dieses stürmische Wetter?«) zu singen! Fünf Erwachsene, davon vier Mitglieder der Prüfungskommission für die Abiturabnahme übten Singen – für das Fragen von Jan und für das Kommentieren und Führen seiner Antworten. Es war nicht nur eine der lustigsten Klausurtagungen mit einer Prüfer-Runde, die ich je erlebt habe, sondern es war auch eine der am nachdenklichsten stimmenden Abiturprüfungen, die ich miterleben durfte. Als ein Musiktherapeut, der sehr wohl wußte – wie auch Jan und seine Prüfer –, daß wir keinerlei Hintergrundbearbeitung von Jans eigentlichen Problemen geleistet hatten, sondern nur eine zeitlich begrenzte Krisenintervention.

Dennoch wird uns allen die Interpretation von Rainer-Maria Rilkes »Cornet« unvergessen bleiben, die Jan seinen Prüfern in rezitationsähnlichen Gesängen vortrug. Ich erinnere, daß nach dieser uns alle tief bewegenden Prüfung, in der jedes Wort von Jan, aber auch jedes Wort der Prüfer, und zwar in allen Prüffächern gesungen wurde, der Oberschulrat auf dem Gang mehr zu sich selbst als zu uns den vieldeutigen Satz sagte: »Ich werd' verrückt!« Womit er, wie wir auf unsere Nachfrage hin erfuhren, die Möglichkeiten meinte, die für ihn in einer solch völligen Andersartigkeit einer Prüfungsatmosphäre lagen.

Im Mutterleib »stimmt« es – und draußen?

Bei der Geburt hören die anwesenden Menschen die Stimme des Säuglings zum erstenmal. Damit bemerkbar gemacht hat er sich aber längst während seiner »Karriere« im Mutterleib. Der Fetus – das zeigen intrauterine Mikrofonaufnahmen (von denen Tomatis berichtet) – reagiert bereits stimmlich. Er »tönt«, wimmert, gibt Laute von sich.

Mit derselben Stimme erreicht er durch die ganze Zeit seiner frühesten und frühen Kindheit, daß er seine Nahrung erhält: die physische Nahrung, von der Mutterbrust über die Flasche bis zur festen Speise, und die psychisch-emotionale Nahrung, von der Berührung über das Streicheln bis zum Sich-Getragen-Fühlen (vorausgesetzt, er ist von ihn liebenden und umsorgenden Bezugspersonen umgeben).

Meist ist diese physische und psychische (Er-)Nährung mit stimmlichen Lautgebungen durch die jeweilige Pflegeperson verbunden. Ob begleitende Sprechgesänge oder Kinderlieder, ob gesprochene Dialogteile oder unartikulierte Laute der Zuwendung wie »Eieiei« und »Oioioi« oder »Sojaja« (Laute, die in allen Kulturkreisen verblüffend ähnlich sind) – lebenslang werden wir in den Tiefen unseres Unbewußten mit Stimmausdruck eine »heile Welt« assoziieren. Heil deshalb, weil uns »Stimme« (und damit ist nicht die Spachfrequenz geschierter Konversation zum Zweck der Maskierung gemeint) an jene Zeit erinnert, in der Kränkungen und Verletzungen und Beängstigungen der Seele noch erträglich schienen. Denn Beängstigungen und Belastungen sind wir von Geburt an ausgesetzt. Das Entfernen der Mutter mit ihrer nahrhaften Milch-Brust, ihrer stimmlichen und körperlichen Zärtlichkeit ist bereits eine Beängstigung, eine Bedrohung und führt zu ersten Verlustängsten. Aber wir ertragen sie noch, diese Kränkung, und deshalb führt sie nicht – wie spätere, »untragbare« Kränkungen – zur Krankheit. Wir ertragen sie, weil auf das Entfernen (meist) umgehend wieder das Nahen, die Nähe folgt.

Die tiefe Erinnerung an Stimme reicht noch tiefer, noch weiter zurück als bis zur Geburt. Auch Alfredo Tomatis thematisiert in seinen Forschungen die Fähigkeit des Fetus, die Stimme der Mutter wahrzunehmen. Der Fetus – im Uterus der Mutter, in deren »Innenraum« – erlebt diese Stimme durchaus als »Zeichen der Außenwelt«, des Außenraums. Postnatal und lebenslang wird diese Brückenfunktion der menschlichen Stimme zwischen »Innen« (jetzt im Sinne von Seele) und »Außen« den heranwachsenden Menschen begleiten.

Und genau aus dieser Brückenfunktion der Stimme bezieht die Arbeit, das Spiel mit der Stimme ihren (musik-)therapeutischen Wert. Und von daher können wir nur dankbar sein, daß unsere Stimme weniger verstellbar ist als der Inhalt dessen, was sie vermittelt.

Leise ist vornehm und was noch?

Die Bildung und Ausbildung der menschlichen Stimme in unserem Kulturkreis ist – auf weiten Strecken – die Geschichte einer Stimmbildungs-Katastrophe, die Geschichte der Verengung unseres Stimmausdrucks auf gesellschaftlich vorgegebene Normen, durch Grenzen, die eng sind (und »Enge« hat nicht nur etymologisch mit »Angst« zu tun). Das (verinnerlichte) Gebot, die Stimme nach bestimmten (ebenso verinnerlichten) Normen zu heben und zu senken, steht in Wechselbeziehung zu einem weiteren Gebot unserer Zeit: den »emotionalen Haushalt« (welch zeitgemäßes Wort für unsere Gefühle!) angemessen zu »heben und senken«, ausgeglichen zu halten... der Verträglichkeits- und Erträglichkeitstoleranz unseres sozialen Umfelds angemessen...

Ähnlich wie in den bürgerlichen Kreisen der Generation unserer Urgroßeltern und Großeltern ein blasser Teint noch gleichgesetzt wurde mit »vornehm«, weil er das Nicht-nötig-Haben körperlicher Arbeit signalisierte, stand auch die leise, zurückgenommene Stimme für vornehm und darüber hinaus für die – erwünschte – Beherrschung der Gefühle. Heute wissen wir zwar, daß eben diese Zeit um die Jahrhundertwende eben nicht die Zeit war, in der die Menschen ihre Gefühle beherrschten, sondern vielmehr umgekehrt: Ihre (verdrängten) Gefühle beherrschen die Menschen, doch dies Wissen wird heute nicht durchgreifend genug berücksichtigt. Im Gegenteil. Da wissen wir als Eltern und Erzieher, als Lehrer, Therapeuten und Jugendfürsorger sehr wohl um die Notwendigkeit der freien Ausdrucksentwicklung für die kindliche Persönlichkeit, aber die Anzahl der Bolz- und Abenteuerspielplätze in städtischen Ballungszentren, welche emotionalen und damit stimmlichen Freiraum gewähren könnten, steht in einem abenteuerlichen Unverhältnis zum Bedarf, zum Bedürfnis, zur Bedürftigkeit der Heranwachsenden. Verfügen Kinder und Jugendliche in ihrem Wohnumfeld über keinen solchen Platz für all die alten und neuen Abenteuerspiele, müssen sie ihre seelischen Abenteuerspiele, die sich immer auch stimmlich äußern, oft genug an den Mittagsruhezeiten der Wohnanlieger ausrichten. Dieselbe Ein-Engung, also Angst-Mache, davor, die Stimme anders zu heben als »normal«, als genormt unauffällig, erleben sie in den Neubauten der Reihenhäuser oder Wohnblocks. Wie sozial sich die Baugenossenschaften selbst auch immer sehen mögen, die Schalldurchlässigkeit der Wände zum Nachbarn (innerhalb oder außerhalb der Familie) ist meist so zuverlässig hoch, daß den Kindern weder eine Kissenschlacht noch ein Versteckspiel noch eine Reise nach Jerusalem möglich werden, ohne anhören zu müssen: »Könnt ihr nicht leiser spielen...«

Wir sind angewiesen auf Regeln, die den Freiraum des Ausdrucks ebenso wie seine Einengung zeitlich begrenzen. Wir sind angewiesen darauf, daß wir im Unterricht, in Konzerten oder Gottesdiensten nicht grenzenlos mit dem Ich-Ausdrucksmittel Stimme dem Ich freien Ausdruck geben. Denn diese Stimme ist von früher Kindheit an gefangen im Enkulturationsprozeß, so beschreibt es Fritz Klausmeier, das heißt, wir kennen uns nicht aus im stimmlichen Ausdrücken seelischer Extreme. Und diese Nichtkenntnis des eigenen stimmlichen Ausdrucks führt beim heranwachsenden Kind auch zu einer Nichtkenntnis der psychisch-emotionalen Vielfalt seiner Seele, all ihrer »Hebungen und Senkungen«, vergleichbar mit der Atmung.

In Vokalimprovisationen innerhalb der Musiktherapie geht es somit um die nachgeholte Erfahrung, die eigene Stimme, das Ich-Ausdrucksmittel des Menschen, als Ausdrucksmittel gerade der »verbotenen«, unterdrückten, verschütteten, verkannten Anteile im Menschen nutzen zu können. Unterdrückte Aggressionen wie unterdrückte Zärtlichkeiten können zwar über das von außen herangezogene »Fremd-Instrument« zunächst eher spontan und im wörtlichen Sinn un-befangen ausgedrückt werden. Da sich die befangene Psyche aber durch eine befangene Stimme ausdrückt, sehe ich die stimmliche Arbeit des Klienten in der Therapie als ein ebenso wichtiges Ziel an wie die Arbeit an Instrumenten.

Ein freies Spielendürfen mit der Stimme und damit ein Ausdrückenlernen konstruktiver wie destruktiver Aggressivität auf frühkindlichen und nachfolgenden Entwicklungsstufen ermöglicht nicht nur eine fluidere und differenziertere Ausdrucksfähigkeit psychischer Regungen und damit, Unterdrückungen und Verdrängungen entgegenzusteuern, sondern führt auch zu einer insgesamt ausgeglicheneren emotionalen Befindlichkeit.

Wer in Dorf oder Stadt...

In den siebziger Jahren habe ich im Auftrag der Evangelischen Fachhochschule Rheinland-Westfalen-Lippe, Düsseldorf, Messungen auf verschiedenen Schulhöfen durchgeführt, um den Lautstärkepegel in den großen Pausen vergleichen zu können, den ich als Indikator für gebremste und unterdrückte beziehungsweise fließende Aggressivitätspotentiale entwickelt hatte. In den meisten Fällen handelte es sich um Schulen inmitten von Ballungsgebieten auf der linksrheinischen Seite, in vier Fällen um gleich große und altersmäßig ähnlich strukturierte Schulen kleinerer Städte mit landwirtschaftlichem Hintergrund in Ost-Niedersachsen. Die Messungen ergaben, daß in städtischen Ballungsgebieten die Lautstärken (Dezibel) mehr als doppelt so hoch lagen als in den Kleinstädten. Die Beobachtungen des sonstigen Pausenverhaltens rundeten das Bild ab: Die motorische Wucht, mit der die Kinder und Jugendlichen im Großstadtraum nach dem Pausenzeichen auf die Schulhöfe drängten, stand für uns in Zusammenhang zur akustischen Aggressivität, die sich im Schreien, Grölen, Überschreien, Niederschreien äußerte. Deutlich weniger »Ausdruck« meinten wir in den ländlichen Gebieten im Blick auf »akustischen Freiraum«, auf »Stimmgewalt in der Pause« feststellen zu können. Während die Klassenbefragungen im Ballungsgebiet die Freizeit der Schüler als (akustisch) ähnlich eingeengt auswiesen wie die Unterrichtszeit in der Schule, berichteten 84 Prozent der Schüler im ländlichen Bereich von ihren Spielräumen auf den elterlichen Höfen beziehungsweise Wohnsiedlungen im Kontext dörflicher Gemeinden, wo »wir machen können, was wir wollen«.

Hintergrund unserer Studie war nicht, für einen unbegrenzten Freiraum zu plädieren, in dem »gemacht werden kann, was gewollt wird«. Es ging darum, nachzuweisen, daß es für das freie Spiel eines urban aufwachsenden Kindes *zu wenig* Freiräume gibt, das zu tun, was es will. Der Stimmausdruck der Kinder und Jugendlichen war uns ein Indikator dafür, wie psychisch eingeengt die meisten von ihnen spielen müssen. Im positiven Fall reichten die Bolz- und Abenteuerspielplätze aus, um sich ohne inneren psychischen Stau (und entsprechenden stimmlichen Stau), dort einordnen zu können, wo Ordnung und Grenzziehung hilfreich sind (Unterricht, Sportspiele, familiäre und formelle Gesprächsebenen usw.). In Variation jenes bekannten Spruchs war die simple Erkenntnis hinter unseren komplizierten Beobachtungen diese: »Sag mir, wieviel wirklichen (Spiel-)Freiraum du (das Kind, der Jugendliche, der Erwachsene) für *deinen* Ausdruck am Tag, in der Woche... nutzen kannst – und wir können mitfühlen, wie dein inneres Gleichgewicht von Chaos und Ordnung aussieht...«

Das Experiment mit dem Witz

Einblick in die tiefsitzende Umgangsweise der Menschen unseres Kulturkreises mit ihrer Stimme gab mir auch ein Experiment, das wir mit amerikanischen Kollegen starteten. Es ging um die Frage: Wie reagiert der Mensch spontan, wenn er eigentlich nicht spontan sein darf? In genau solchen Situationen (Schulleiterkonferenzen, akademische Gremien, Konzertveranstaltungen, Gottesdienste usw.) begaben wir uns als Video-Team. Angemeldet waren wir als Studentengruppe, die eine Untersuchung zum Thema Körpersprache mit Filmaufnahmen stützen wollte.

Die »Versuchsanordnung« sah folgendermaßen aus: Wir setzten uns jeweils »hinten« unter die Teilnehmer, weiter weg vom Prediger/der Bühne/der Schulleitung. Jeweils nach einer Anfangszeit, die wir als »Eingewöhnen« konzipiert hatten, muß jeder von uns seinem ahnungslosen Nachbarn einen Witz erzählen. Diese »seitliche Kommunikation« – der verführte Nachbar und sein Witzeerzähler – wurde von der Kamera gefilmt. Uns kam es auf den Moment an, in dem jemand spontan reagierte – oder auch nicht. Und darauf, wie das passierte.

Folgende Reaktionsfolge beobachteten wir bei 76 Prozent der 65 Tapes, die wir anschließend auswerteten, indem wir bei der Wiedergabe »slow motion« einsetzten und die einzelnen Schritte aufteilten (Voraussetzung war natürlich, daß der zum Witz verführte Nachbar bereitwillig zuhörte – meist motiviert durch die bereits langweilende Tagesordnung).

1. Die stimmliche Reaktion bestätigte, daß der Mensch nur seine Stimme als spontanen Ausdruckskanal benutzt. Kein Fall begegnete uns, wo diese Reaktion mittels irgendwelcher Gegenstände wie Kugelschreiber o. ä. erfolgte. (In der musikalischen Gruppenimprovisation ist es das Musikinstrument.)

2. Das beobachtete Hand-auf-den-Mund-Legen interpretierten wir – zusammen mit unseren Gesprächspartnern – als Geste, mittels derer der soeben spontan geäußerte stimmliche Ausdruck »zurück in den Körper geschoben«, versteckt werden sollte.

3. Mit dem gleichzeitigen Blick in die Runde zeigte der spontan Reagierende an, daß er eine Sanktionierung seines stimmlichen Ausdrucks erwartete (was die zweite Kamera bestätigte, die die jeweilige »Leitungsperson« beziehungsweise andere Teilnehmer in ihren Reaktionen auf den unerwarteten stimmlichen Laut vom anderen Ende des Tisches zeigte, die zwischen Irritation, Verunsicherung oder auch Neugier angesiedelt waren).

Noch einmal – es geht mir nicht um eine zu jeder Zeit freisetzbare, ungebremste vokale Äußerung, »weil einem danach gerade ist«, bewußt oder unbewußt. Es ging uns bei diesem Experiment und mir in der therapeutischen Arbeit darum, die psychische Klammer, das innere Gefängnis, die Befangenheit, die unseren Ich-Ausdruck unfrei sein läßt (aus den weiter oben dargestellten Gründen), bewußt zu machen und aufzuweichen.

»Kinder, wir werden albern...« – Eine Vokalimprovisation in der Gruppenmusiktherapie

Wir – das sind – wie meistens in einer Therapiegruppe – sechs bis acht Menschen. Wir sitzen im Kreis, und ich lade – wie meistens – dazu ein, sich ein bis zwei Instrumente in den Kreis zu holen, mit deren Klang und Handhabung vertraut zu machen, sie zu erforschen (lateinisch = explorare, weswegen wir die erste Phase einer Gruppenimprovisation »Explorationsphase« nennen).

Nachdem wir die letzten »Ausprobiertöne« haben ausschwingen lassen, lade ich zu einem einfachen Spielprozeß ein, dessen Strukturablauf aktuell weniger wichtig ist als meine Einladung, zu den Tönen des Instruments die eigene Stimme tönen zu lassen, Summtöne oder – wer will – offene Vokale, Hauptsache, die Stimme und die Töne fühlen sich bequem an.

»Be much comfortable...« geben wir uns als Motto. Wir – das sind Teilnehmer einer Gruppenmusiktherapie-Sitzung der Psychiatrie einer ostamerikanischen Universität – weitgehend Kurzzeitpatienten, die »zur Beobachtung« für 14 Tage auf der Station sind. Darunter appellative Suizid-Kandidaten und Menschen, die mit Prüfungsängsten konfrontiert sind, wodurch viele hintergründige Angst-Dimensionen spürbar werden, Angstneurosen... »Be much comfortable...?«

Ich nenne eine zusätzliche Spielmöglichkeit: »Du kannst dir ein Ohr zuhalten, wenn du mit der Stimme summst oder singst. Dann hörst du dich selbst mit dem einen Ohr innen und mit dem anderen die Mitspieler draußen.« Während die ersten Teilnehmer ihre Stabspiele und Percussion-Instrumente spielen und erste Summ- und offene Töne in das Klangspektrum hineinschwingen, stelle ich die Videokamera an, die den ganzen Kreis mit der nun folgenden Improvisation aufnehmen soll. Immer mehr Stimmen werden laut. Es entstehen Akkorde, Tonschichtungen übereinander und Tonverläufe nacheinander. Melodien und Akkorde bilden sich und verschwinden wieder, wechseln sich ab und verändern sich. Die Instrumente, die wir aus den Schränken und Ecken in den Kreis hineingeholt hatten und die den Klangteppich darstellten für unsere ersten Stimmtöne, verlieren nach und nach an Bedeutung.

Die ersten Lautspiele erheben sich über den Summ- und Vokal-Stimmbrei; Gickser, Gluckser neben gregorianischen Rezitationstönen; dazwischen Gelächter. Einige lachen laut auf hohen und tiefen Tönen, andere lächeln und hören in sich hinein, während sie sich beide Ohren zuhalten. Eine Frau sagt kopfschüttelnd mit ihrer Sprechstimme: »Kinder, wir werden albern!« Andere nehmen ihren gesprochenen Satz auf: »Kinder, wir werden albern!« wird von den Rezitations- und Melodiesängern, von den Akkordkünstlern und Sprechsängern moduliert. Die Frau hat aufgehört, den Kopf zu schütteln und piekst mit hohen Tönen in den Tonbrei.

Im anschließenden Austausch über die Stimmerfahrungen der Mitglieder dieser Gruppe überwiegt deutlich die Überraschung über die Spielmöglichkeiten der Stimme. »Ich wußte gar nicht, daß ich das machen kann.« »Das klang ja wie der Chor in einem mittelalterlichen Kloster.« »Bienenschwarm mit Königin.«

Wir sehen uns den Videofilm an, und ich bitte die Teilnehmer, sich auf die Körpersprache zu konzentrieren, die sie sprachen, während ich nicht nur – wie üblich und vertraut – zum Spiel mit den Instrumenten einlud, sondern auch die Möglichkeit mit der Stimme erwähnte. Einige Teilnehmer entdecken im Film, wie sie unwillkürlich mit der Hand an ihre Kehle fahren, als ich »Singstimme« und »Summstimme« erwähne. Andere fahren mit der Hand höher zum Kopf und kratzen sich dort. Wieder andere hören wir sich einfach räuspern, dann sehen wir sie den Kopf schütteln, sie räuspern sich erneut, lachen, erröten... Streßsymptome...

Folgende Fragen ergeben sich aus dieser Szenerie:

Wie kommt es, daß unsere Stimmung eine »Streßstimmung« wird, wenn wir unsere Stimme als das einzusetzen versuchen, was sie immer schon war – nicht nur Mittel zum Informationsaustausch, sondern auch Ausdrucksmittel für Spiel und Spaß, für Trauer und Wut, für Zärtlichkeit und Liebe. Warum geraten wir nicht in diesen Dis-Streß, wenn wir nicht das Instrument Stimme einsetzen, sondern zum Instrument greifen, das wir von außen an uns heranholen, aus dem Schrank, aus der Ecke?

Die »geschiente« Stimme

Erwachsene Teilnehmer einer Gruppenimprovisation mit Musik sind meistens von den Reizen geradezu gefesselt, die von den angebotenen Instrumenten ausgehen. Das winzige Cymbel-Paar, die größeren Schlag- und Stabinstrumente, die Flöten, Streichinstrumente, das Klavier, die südamerikanischen Folklore-Instrumente oder die aus einfachen Materialien selbstgebauten Klangwerkzeuge. Der einzelne Klient wird zu einem bestimmten Instrument eine Beziehung aufnehmen, wenn dessen Appellwert für ihn hoch genug ist. (Wir sprachen bereits davon.) Da fühlte sich der eine von der großen Pauke angezogen, ein anderer greift nach einer Mini-Rassel aus Südamerika. Keiner von ihnen greift ohne Grund nach diesem oder jenem Instrument, keiner vermeidet ohne Grund das eine oder das andere Instrument. Der Grund dafür liegt im jeweiligen individuellen Lebenshintergrund, in den meist sehr komplexen Wünschen und Abneigungen des Betreffenden. Auch das wurde bereits erörtert.

In den vorangegangenen Sitzungen der Gruppe war immer angeboten worden, aus »den zur Verfügung stehenden Instrumenten, welche auch immer ihr wollt« zur Improvisation auszusuchen. Und in keiner Improvisation hatte jemand zu seinem ureigensten Instrument, der Stimme, »gegriffen«, indem er summte oder sang.

Das gewählte Musikinstrument hingegen wurde in seinen verschiedenen Klangerzeugungsmöglichkeiten ausführlich erforscht. Die einfache Handtrommel wird von einem Spieler nicht nur »orthodox«, vielleicht wie in der Schule gelernt, sondern auch verfremdet gehandhabt. Es wird buchstäblich er-forscht, und zwar indem das Instrument von innen gespielt wird, von den einfassenden Holzrändern aus. Und so entstehen überall neue, auch »handtrommelunübliche« Klänge.

Derselbe Spieler aber, der durch Be-Greifen von allen Seiten wirklich begreifen will, errötet bei dem Wort »Stimme«, räuspert sich, bereitet sich in einer bestimmten Weise darauf vor, gleich in einer bestimmten Weise Töne von sich zu geben. Schöne Töne, normale Töne – vorhersehbare beziehungsweise vorherhörbare Töne...

Wir sind unter anderem aus folgenden Gründen fähig, »Ungeplantes« zwar spontan auf einem Instrument auszudrücken, nicht aber (oder nur schwer) durch unsere Stimme. Ein »Normalneurotiker« unserer Zeit (das sind wir alle) gestaltet musikalischen Ausdruck auf einem Instrument in einer Gruppe in dem sichernden Un-Bewußtsein (Gefühl), daß dieser Ausdruck für die anderen Menschen seiner Gruppe *nicht sein* Ausdruck ist, sondern der des Instruments.

Sein Unbewußtes, diese größte aller unserer Erfahrungs-Sammelzentralen, dieses Meer aller unserer Erinnerungen, die unser Bewußtes eben nicht erinnert, bewirkt, daß der Spieler das Instrument, welches er von außen zu sich selbst heranzieht, nicht als Teil seines Selbst sieht. Und folglich auch dessen Ausdruck nicht. Ein auf dem Instrument gestalteter musikalischer Ausdruck ist für den Spieler im Anfangsstadium seiner musikalischen Selbsterfahrung Ausdruck des Instruments und nicht des eigenen Ichs.

Das ist der Grund, warum ich am Anfang auf einem Instrument ver-rückt spiele, Ver-rücktem in mir im musikalischen Instrumentenspiel Spiel-Raum geben kann. Wir sprechen daher auch von »strukturellem Schutz«, den uns ein Instrument gibt – sowohl physisch-räumlich als auch psychisch. In dem Augenblick aber, wo der Mensch auf »seine Stimme« angesprochen wird, erfolgt die Warnung aus dem Unbewußten. Denn Stimme *ist* unmittelbares Ich-Ausdrucksmittel. Vor-Sicht, Vor-Hören ist geboten, und ich »sehe meine Stimme vor«, indem ich mich räuspere, den Schleim meiner Stimmbänder weghaben, den Ausdruck meines Ichs möglichst schön, normal, unauffällig gestaltet wissen will. Und ich erröte bei der Vorstellung, dies könnte nicht so sein, meine Stimme, mein wirklich eigener Ich-Ausdruck könnte krächzen, verdeckt, belegt, zu zitterig oder zu durchdringend daherkommen. Ich fahre mir an den Hals, um meine Stimme zu prüfen, und kratze mir den Kopf, weil es mir bei der Aufforderung, meine Stimme zu spielen, an die Seele geht.

Übersicht: Sicherung und Verunsicherung im Umgang mit musikalischen Instrumenten und mit der Stimme

Sichert beim Improvisieren	Instrumentale Ebene ↑	Verunsichert beim Improvisieren
Erwachsene, Jugendliche und ältere Kinder. (»Da macht das Instrument den Klang und nicht ich ... deshalb kann ich alles spielen ...«)	»Summ-« und andere lautliche Ebenen	Kinder im Elementarbereich (erste Sozialisationsinstanzen), geistig und mehrfach behinderte Partner und Unfallgeschädigte sowie geriatrische Patienten. (»Da muß ich was Fremdes anfassen, einen Schlegel halten ... Ich habe selbst schon genug mit mir zu tun ...«)
Verunsichert in Anfangssituationen. (»Ich laß mich doch nicht auf den Arm nehmen. Das ist was für Kinder.«)	Singen und Spielen mit offenen Vokalen ↓	Sichert beim Improvisieren

In jedem Fall gilt: Was ich (der Musiktherapeut, der Lehrer, der Begleiter) als musikalischer Ausdruckstherapeut gern habe und gern anbiete, kann durchaus eine Barriere für den Ausdruck und die Motivation des eingeladenen Partners sein. »Abholen« ist da der Zugang zum Partner, Erforschen und Erforschen lassen, was dieser Partner gerne als Gestaltungsmittel unter den vielen Instrumenten wählt – und nachsinnen, wofür das Instrument steht, das er wählt ...

Methodisches zur Vokalimprovisation

Im Schema kennzeichnet die linke Pfeilrichtung die Reihenfolge, die ich in der therapeutischen Arbeit mit älteren Kindern, Jugendlichen und Erwachsenen im zweiten Lebensabschnitt (vom »jungen Erwachsenen« bis zum Ende des zweiten Lebensabschnittes, also dem Ende des normalen Berufslebens) meist bevorzuge. Bei meiner Einladung zur musikalischen Improvisation schließe ich also die Stimme nie aus, indem ich ganz allgemein zur Einbeziehung »von allem«, was da tönen und klingen kann, auffordere. Meist holen sich die Menschen also die Musikinstrumente heran, die buchstäblich herumstehen, und nutzen (noch) nicht ihre Stimme.

Später – noch in derselben Sitzung oder einer folgenden, je nachdem, wie »zubetoniert« mein Partner oder meine Partner sind – lade ich dann direkt »zum Summen oder Singen zu dem Instrument« ein. Die meisten meiner erwachsenen Klienten nehmen dann das Angebot »summen« an, vermeiden jedoch weiter die offene Vokalise, das Spielen mit der offenen Stimme.

Hintergrund für diesen zweiten Schritt des Summens zum Instrument: Der Klient hört bereits Töne im Raum, denen er die empfindlichsten Töne seiner selbst, die Töne seiner Stimme, zugesellen kann. »Es ist schon etwas da, und ich bin nicht die erste«, wie es eine Klientin einmal formulierte. Ihr war es unmöglich, in den »leeren Raum« hineinzusingen. Nachdem sie aber diese (psycho-)akustische Hemmschwelle überwunden hatte, entwickelte sie eine wunderbare, andere mitreißende stimmliche Kreativität.

Tiefenpsychologisch gesehen, repräsentiert dieses Summen in der Improvisation eine Stufe, auf der das Unbewußte sozusagen in eine stabilere Hab-Acht-Stellung geht, weil es ab jetzt wirklich um den eigenen, nicht mehr »rückholbaren« Ausdruck, den Ich-Ausdruck, geht, der »noch in mir ist«, »mir noch mehr gehört als den anderen«. Dieses »Noch« taucht sehr oft auf, wenn Klienten den inneren Weg ihrer Gefühle bei der Wiederentdeckung und Entwicklung ihrer Stimme als musikalisches Ausdrucksmittel schildern.

Und dieses »Noch« als letzte Bastion fällt beim Übergang zum Singen und Spielen mit offenen Vokalen (siehe Schema), das sich meist selbständig aus der Summ-Ebene ergibt. Vorausgesetzt, die Vertrautheit mit der eigenen Stimme konnte von selbst wachsen. Den ersten offenen Stimmlauten, auch gemischt mit Summlauten (»Noch einmal in mich zurückgehen...«), folgen meist Zeichen der Regression: Lachen, Kichern, Grinsen, Gähnen, Schmatzen, Rülpsen. Den einen gelingt dieser »Rückgriff« in die Zeit, in der (noch) gespielt werden durfte; andere wehren sich (noch) dagegen (»Ich laß mich doch nicht verarschen!«, »Kinderkram!«). Der Prozeß durch die Regression hindurch zur Progression, zum »Schritt in das Hier und Heute«, ist unterschiedlich lang. Wie rasch der einzelne vorankommt, hängt davon ab, wie lange er braucht, seine Abwehr zu bearbeiten und zu überwinden. Irgendwann ist es dann aber immer so weit. Und der/die Betreffende meist sehr überrascht. »Wie schön das klingt.« »Ich kann ja richtig singen.« »Wir könnten ja direkt auftreten.« »Wie ein Chor im Kloster hören wir uns an.«

Diese Stufung vom Instrument über das Summen zur offenen Voca stellt also eine »Sicherungsstufung« dar. Ich biete damit dem Klienten und der Gruppe ein Geländer an, das die Wiederentdeckung des verletzlichen Ich-Ausdrucks absichert, einbetten soll. Und vermeide somit von vornherein, daß es zu einer »Umkehrung des Angebots« kommt, die das völlige Gegenteil des Angestrebten bewirken würde. (»Jeder kann singen!« »Vergessen Sie die Schule und daß Sie nicht singen können, hier können Sie es!« Nach dem Motto: Gleich hinein mit deiner Stimme und in deine Stimme.)

Eine direkte, übergangslose Forderung der Stimme im musikalischen Spiel würde die Reproduktion der Situation des Heraustretens aus dem Schutzraum Gruppe und des Vorsingen-Müssens bedeuten. Da kann man noch so überzeugend versichern, in der Musiktherapie gebe es kein Richtig oder Falsch. Ich spreche hier vom Umgang mit Klienten einer Anfängergruppe, nicht von einer länger bestehenden Improvisationsgruppe oder einer Kollegengruppe bei Tagungen oder Kursen. Letztere – Fortgeschrittenengruppe in der Klinik oder Kollegengruppen – erlebe ich ganz gegenteilig, geradezu »scharf auf Vokalimprovisationen«, weil sie sich ideal »einstreuen« lassen. Zwischen oder nach ermüdenden Doppelvorlesungen (auf Tagungen) oder als Entlastung vom »therapeutischen Wasserkopf-Gefühl« (bei therapeutisch überversorgten Patienten in der Klinik).

Auch in der Arbeit mit Jugendlichen ist mir diese Sicherungsstufung höchst wichtig geworden. Während meiner Tätigkeit im Bereich der Sonderpädagogik/Heimerziehung im Landesjugendamt des Landschaftsverbandes Rheinland stellte sich die Arbeit mit der Stimme im Kreis von Jugendlichen als *die* Hemmschwelle dar. Ich lernte, daß Jugendliche manchmal noch stärker als Erwachsene die Einbeziehung ihrer Stimme in musikalische Improvisation verzögern, und zwar deshalb, weil sie durch jede Art von Spiel, ganz besonders durch das Spiel mit der Stimme (am meisten durch jede Form des Singens) an eben jene Zeit erinnert werden, die sie mit allen Kräften hinter sich lassen wollen: ihre Kindheit. Dabei besetzen besonders die Jüngeren unter ihnen Stimmspiele um so stärker mit der Angst, sich damit wieder dem »Kinderkram« zu nähern, je mehr sie in jugendliche Subkultur und zu Teen-Habitus drängen (Bundeswehrjacke, Jeans, irgendeine Uni-Form einer Gruppe als Ausgleich für ihre noch nicht ausgeprägte Persönlichkeit).

Zur Klientel, die eine umgekehrte Sicherung benötigt (erst die Stimme, dann die Hinzuziehung des Instruments; im Schema rechter Pfeil von unten nach oben), gehören nach meiner Erfahrung in der Regel geistig behinderte Partner, sämtliche Kinder im Elementarbereich (bis etwa sieben Jahre) und Menschen im dritten Lebensabschnitt (Senioren bis geriatrische Fälle).

In diesen Improvisationspartnern erlebe ich Menschen, die noch (im ersten Lebensabschnitt) oder wieder (im dritten Lebensabschnitt) einen unbefangenen Zugang zum spontanen Ausdrucksmittel Stimme haben. Ob beim Tierspiel mit der Kindergartengruppe auf dem Fußboden oder im Umgang mit den eigenen Kindern: Die Begegnungen finden nicht nur unten auf dem Boden statt, sondern sind auch vorwiegend stimmlicher Natur. Erstes elementares Ausdrucksmittel ist stets die Stimme. Kein Kind wird als erstes nach einer Handtrommel greifen, um spontan zu reagieren.

Ähnliches gilt für die Erfahrungen im Praxisfeld der Arbeit mit Menschen im dritten Lebensabschnitt. Ob nun im Seniorenheim oder im klinischen Bereich, die hier tätigen Sozialarbeiter und Therapeuten berichten übereinstimmend von der Freude und der Lust, die alte Menschen beim Singen (meist der Lieder ihrer Kindheit) und bei Kommunikationsspielen zeigen, in denen die Stimme kreativ eingesetzt wird. Mehrere vergleichende Untersuchungen zum Kommunikationsverhalten sehr junger Menschen (Kinder) und alter Menschen (im fortgeschrittenen dritten Lebensabschnitt) haben erbracht, daß sich die Spiel-Kommunikationsmuster beider Gruppen ähneln. Vielfach wurde auch bestätigt, daß sich Kinder und (Ur-)Großeltern in Spiel- und Konfliktsituationen nonverbal weitaus besser verständigen können als die (mittlere) Generation der Eltern mit ihren Kindern.

Bestätigt werden diese Untersuchungsergebnisse durch verschiedene Analysen, die bei Projekten vorgenommen wurden, bei denen man Altersheime und Kindergärten unter einem Dach untergebracht und Kindern wie Senioren ein fluides, kreatives Kommunizieren ermöglicht hatte. Ich vermute, daß – gefördert durch diese Form des Zusammenlebens – eine Vielzahl körpersprachlicher und präverbaler Signale zur Wirkung kommt, die der mittleren Generation (vorübergehend) verlorengehen, weil die Leistungsgesellschaft diesen »Mittleren« im Lebenskreis das Gegenteil von offener, expressiver, spielerischer Kommunikationsbereitschaft abverlangt.

Geradezu als vorbildlich für uns sogenannte Nichtbehinderte sehe ich geistig behinderte Improvisationspartner an, was den Umgang mit der Stimme betrifft. Ähnlich wie gesunde Kinder und sehr alte Menschen lassen uns geistig behinderte Klienten in der Improvisation auf eindrucksvolle Weise erleben, wieviel von unseren stimmlichen Ausdrucksmöglichkeiten verlorengegangen ist, und – sie lassen uns diesen Ausdruck neu erlernen. Meine Arbeit mit geistig behinderten Kindern im Benninghof bei Mettman/Düsseldorf lehrte mich stärker als manches lehrtherapeutische Unterfangen, einige meiner mich behindernden Befangenheiten aufzugeben und verschüttete kreative Potentiale in Körpersprache, Mimik und Stimme freizulassen.

Im Instrumenten-Kapitel, einige Seiten weiter vorn, sprachen wir über das »Material«, das ein Instrument uns zur Gestaltung anbietet. In musiktherapeutischen Vokalimprovisationen gehören zu diesem »Material« neben den Stimmebenen Summen, Sprechen, Singsprechen, Singen noch viele weitere Ebenen oder Komponenten; sie alle fördern den unbefangenen, un-gefangenen Ich-Ausdruck. Hier eine kurze Auflistung dessen, womit »gestimmt« und »eingestimmt« sowie »stimmig« gemacht werden kann:

○ Lautliche Äußerungen, die als »stimmlose« Konsonanten (zum Beispiel Zischlaute) bekannt sind. Zahlreiche Tierimitationen und musikalische Geschichtenumrahmungen bedienen sich ihrer.
○ »Stimmhafte« Konsonanten (die oben erwähnte Summebene gehört auch dazu).
○ Alle »stimm-offenen« Äußerungen wie die geschilderten Vokal-Improvisationen, wobei die Töne einzeln oder nacheinander (als Melodie) klingen.
○ Artikuliert gesprochene Äußerungen, die in der Improvisation jedoch Spiel-Funktion haben, weniger als »Botschafts-träger« fungieren.
○ Alle bei stimmlicher Aktivität mitschwingenden Körpergeräusche: vom Husten und Niesen über Darm- oder Gelenkgeräusche bis zu Atmung und »innerem Puls«, den der andere nicht hören kann. Der musiktherapeutischen Einladung Folge leisten, zuerst und dann immer wieder auf diese Körpergeräusche zu hören, bedeutet für viele, ihre Stimme von vornherein »begleitet« und nicht für sich zu erleben und zu erlernen,

sondern als Teil und Ausdruck der Gesamtpersönlichkeit. Nicht als »geschientes«, verfälschtes (da an anderen ausgerichtetes) Instrument.

Frühe Dialoge oder: Was haben Musikmachen und -hören mit der menschlichen Entwicklung zu tun? *(E. Weymann)*

Die »Macht der Musik« ist unbestritten. In den Lebenswelten unseres Alltags gibt es kaum einen Bereich, in dem wir nicht zumindest zeitweise von Musik berührt, angeregt oder beruhigt werden. Oft fühlen wir uns dadurch erfreut – mitunter aber auch gestört und belästigt. Das Phänomen Musik beschränkt sich eben nicht auf jene Situationen, in denen wir uns ausdrücklich einer Musik zuwenden, uns also gezielt mit »Musikmachen« oder »Musikhören« beschäftigen. Im Laufe des Tages begegnet den meisten von uns Musik häufiger als Kulisse, als Berieselung, auch als Filter (damit wir im Restaurant die Gespräche und Kaugeräusche am Nachbartisch nicht hören) usw. Musik durchzieht unser Leben – oft mehr, als wir es wünschen oder wissen, denn das Musik-Erleben kann sogar unterschwellig seine Wirksamkeit entfalten, also ohne daß wir bewußt darauf aufmerksam werden.

Von daher scheint es kaum verwunderlich, daß sich eine moderne Therapieform dieses machtvollen Mediums bedient. Und da wohl jeder von uns einschlägige Erlebnisse mit Musik hatte, erscheint es den meisten Leuten selbstverständlich, daß Musiktherapie »hilft«.

Tatsächlich ist aber nicht so leicht zu klären, was es mit der viel gepriesenen (und häufig mißbrauchten) »Eindringlichkeit« der Musik eigentlich auf sich hat. Warum eigentlich berührt uns Musik manchmal so tief, geht uns unter die Haut, bewegt uns »im Innersten« oder macht uns unruhig? Was machen wir mit Musik, wenn wir sie hören, das heißt, in welchen seelischen Zusammenhang stellen wir sie (bewußt oder unbewußt)? Wozu verwenden wir sie – psychologisch gesehen – im täglichen Leben oder auch in feierlichen Augenblicken?

Die Art und Weise, wie in der Musiktherapie mit Musik umgegangen wird, ist ein Spezialfall der Musikkultur, besser: ein Präzedenzfall. Wenn es uns gelingt, den psychologischen Wirkungszusammenhang besser zu verstehen, der in der Musiktherapie beim Musikhören oder beim Improvisieren hergestellt wird, könnten wir daraus auch Rückschlüsse auf die allgemeinen, die alltäglichen Umgangsformen mit Musik ziehen. So gesehen ist Musiktherapie ein Teilgebiet (musik-)psychologischer Forschung.

Diesem Thema (Spezialfall Musiktherapie) wollen wir im Folgenden nachgehen, indem wir uns mit einigen entwicklungspsychologischen Gedankengängen vertraut machen, vor allem mit der Auffassung beziehungsweise Schlußfolgerung, daß in den aktuellen Umgang mit Musik frühe Erlebnisse des Menschen hineinwirken. Musik rührt, wenn wir diesen Theorien folgen, an Erlebnisschichten, die sich in einer (höchst schöpferischen) Zeit lange vor dem Sprechenlernen (präverbal) herausgebildet haben. Vor diesem Hintergrund wird vielleicht besser verständlich, warum Musik im allgemeinen ein »Dauerhit« und Musiktherapie im besonderen so erfolgreich ist.

Stellen Sie sich eine alltägliche Situation vor: zwei Menschen im Gespräch. Sie wechseln Worte, reden über irgendein Thema, ihre Sätze verlaufen in mehr oder weniger melodischen Bögen, sind in eine bestimmte Rhythmik gegliedert und begleitet von Blicken, Mimik, gestischen Hand- und Körperbewegungen. Und nun denken Sie sich die Begriffe, die Wort-Bedeutungen einmal weg. Was bleibt? Es bleiben Sprachmelodie und -rhythmus, Gesten und Blicke: ein Austausch von Klängen und Bewegungen. Eine Verständigung jenseits von Worten. Sofort sind Sie mit dieser Vorstellung in einer völlig anderen Welt.

Wie es einem in einer solchen anderen Welt ergehen kann, hat ausgerechnet ein Sprachforscher, Roland Barthes, einmal eindrucksvoll beschreiben. Er befand sich auf einer Reise durch Japan, dessen Sprache er nicht verstehen konnte; er war damit sozusagen »sprachlos«. Ich zitiere einen Ausschnitt aus seinem Essay.

»Die rauschende Masse einer unbekannten Sprache bildet eine delikate Abschirmung; sie hüllt den Fremden (sofern das Land ihm nicht feindselig gegenübertritt) in eine Haut von Tönen, die alle Entfremdung der Muttersprache vor seinen Ohren haltmachen läßt: die regionale oder soziale Herkunft dessen, der da spricht; das ihm eigene Maß an Kultur, Intelligenz und Geschmack; das Bild, durch das er sich als Person konstituiert und das er von anderen erkannt wissen will. (...) Die unbekannte Sprache, deren Atem, deren erregenden Hauch, mit einem Wort, deren reine Bedeutung ich dennoch wahrnehme, schafft um mich her, im Maße wie ich mich fortbewege, einen leichten Taumel und zieht mich in ihre künstliche Leere hinein, die allein für mich existiert: Ich lebe in einem Zwischenraum, der frei von jeder vollen Bedeutung ist.«

Nicht-sprachliche Verständigungsformen treten in der Regel eher in vertraulichen oder intimen Situationen in den Vordergrund, so zum Beispiel wenn ein Trauriger getröstet, ein Ängstlicher beruhigt werden soll. Besonders jedoch natürlich in der Zwiesprache der Liebenden und in jenem frühen Dialog zwischen Mutter (und Vater) und Kind, der unser aller Entwicklung so entscheidend prägt.

Frühe Formen der Verständigung

Schon die vorgeburtliche Periode der menschlichen Entwicklung kann als *dialogischer Vorgang* angesehen werden. Mutter und Kind sind in ihren Körperfunktionen eng aufeinander bezogen. Auch emotionale Veränderungen bei der Mutter teilen sich über physiologische Vorgänge dem Ungeborenen mit und werden entsprechend beantwortet, beispielsweise durch Körperbewegungen. »Vor der Geburt sind Fötus und Umwelt harmonisch verschränkt, sie gehen ineinander über. Es gibt keine Objekte in dieser Welt, nur Substanz und Raum ohne Grenzen.« (Balint)

Mutter und Kind bilden eine Zweieinheit, eine Dyade, innerhalb derer sie sich kontinuierlich aufeinander abstimmen müssen. Durch diese ständige, unwillkürlich ablaufende Abstimmung wird dem unaufhörlichen Wandel der Lebensbedingungen innerhalb und außerhalb der Dyade Rechnung getragen. Doch die Belastbarkeit dieser Verständigungseinheit ist begrenzt. In extremen Situationen nämlich, bei schweren Krankheiten der Mutter oder des Kindes, bei erschreckenden oder erschütternden Erlebnissen o. ä., besteht die Gefahr, daß eine kritische Grenze überschritten und die Interaktion unterbrochen wird. Schwere Schäden oder auch eine Fehlgeburt können die Folge sein.

Auch nach der Geburt bleiben Mutter und Kind so aufeinander bezogen, daß das spontane Verstehen und Befriedigen der kindlichen Bedürfnisse im Mittelpunkt mütterlichen Bemühens stehen kann. Einigung, Verständigung, Austausch von Mitteilungen und Zuwendungen beinhaltet das, was Lorenzer »gestisches Zusammenspiel« nennt. In diesem dialogischen Hin und Her vollzieht sich die Entwicklung des Kindes als ein von Mutter und Kind aktiv gestalteter Prozeß. Das Heraustreten des Kindes aus dieser Einheit mit der Mutter in die umgebende Wirklichkeit geschieht langsam, Schritt für Schritt, und ist stets von vermittelnden Interaktionserfahrungen begleitet und getragen. Mit Interaktionen meine ich beispielsweise die stimmlichen Zwiegespräche zwischen Kind und jenen Bezugspersonen, welche die ersten Krabbelversuche begleiten. Die Eroberung der neuen Räume muß unterstützt und abgesichert werden durch die begleitende Stimme der Mutter oder der anderen Bezugspersonen, die so die »Rückfragen« des Kindes beantworten.

Zwischen Mutter und Kind besteht ein *affektives Klima*, das sich durch den Austausch von kommunikativen Zeichen und Signalen herausbildet, die zum Beispiel den folgenden Wahrnehmungskategorien angehören: ». . . Gleichgewicht, Spannungen von Muskulatur und anderem, Körperhaltung, Temperament, Vibration, Klangfarbe, Resonanz, Schall und wahrscheinlich noch eine Reihe anderer, die der Erwachsene kaum bemerkt, und die er gewiß nicht in Worte fassen kann.« (Spitz) »Was (...) wahrgenommen wird, ist etwas sehr Abstraktes, nämlich Intensität, zeitlicher Ablauf, wie etwa Dauer, Rhythmus, Takt, und eine globale Gestalt.« (Köhler)

Diese Auflistungen erinnern stark an eine Beschreibung von Elementen, wie sie der Musik zugrunde liegen – manche direkter, andere, wie Gleichgewicht und Spannung, in indirekter, übertragener Form.

> Übung für den Leser:
> An dieser Stelle möchte ich Sie zu einem kleinen Experiment einladen. Es geht darum, sich in eine Situation einzufühlen, in der wir wohl alle schon gewesen sind, die wir aber »vergessen« haben. Wenn Sie wollen, können Sie sich dazu in einen bequemen Sessel setzen oder sich hinlegen und die Augen schließen. Jetzt versuchen Sie einmal, sich in die Empfindungswelt eines Säuglings hineinzuversetzen, der nach dem Trinken satt und zufrieden in den Armen der Mutter liegt und sanft gewiegt wird! Was für Eindrücke mag das Kind haben, was nimmt es auf? Was ist für es beispielsweise zu sehen, was zu hören; gibt es irgendwo Spannung oder Druck; wie ist die Temperatur; wie ist seine Lage, seine Bewegung? – Wenn Sie sich eine Weile in diese Lage eingefühlt haben, versuchen Sie als nächstes, einige Ihrer Erfahrungen in Worte zu fassen. Soweit die »Versuchsanordnung«.

Wie ist es Ihnen ergangen? Vielleicht ähnlich wie mir, nämlich daß das Einfühlen noch zu recht plastischen Erlebnissen führte, das Beschreiben dieser Erlebnisse jedoch eher schwierig wird. Als würde man an die Grenzen des Sagbaren stoßen...

Derartige Empfindungen von (ganz)körperlichem Wohlsein, wunschloser Geborgenheit, Eins-Sein mit der umhüllenden Umgebung, mehr oder weniger diffusem Licht, Klängen und Bewegungen entziehen sich weitgehend dem sprachlichen Ausdruck. Oder anders gesagt: Uns fehlen dafür die Worte.

Wollen wir aber treffende Worte und angemessene Umschreibungen für diese Gefühle finden, müssen wir meist auf die Sprache der Dichtung, der Poesie und die rhythmischen Strukturen der metaphorischen Bildsprache zurückgreifen – kurz: die Sprache wird »künstlich«, wird zur Kunst. Mit ähnlichen Schwierigkeiten haben es übrigens die Autoren erotischer Schilderungen oder die Berichterstatter kulinarischer Abenteuer zu tun...

Andere »Sprachen« (wie Malerei, Tanz, Musik) haben es leichter, derartige »ganzheitliche« Erfahrungen zu formulieren. Musik *ist* bereits ungegenständliche Bewegungsgestalt. Sie bewahrt in ihrem »gestischen Geschehen«, in ihren »gestalteten Atmosphären« eine Vielzahl solch grundlegender menschlicher Erfahrungen in symbolischer Form.

Erfahrungen werden zur Sprache gebracht

In der kindlichen Entwicklung gibt es eine entscheidende Zäsur, die für unseren Gedankengang sehr wichtig ist: das Sprechenlernen. Das kindliche »Weltbild«, welches sich aus der Fülle der bisher gemachten Erfahrungen herausgebildet hat, wird nun »zur Sprache gebracht«. Der Psychoanalytiker Alfred Lorenzer beschreibt das Sprechenlernen ganz allgemein als »Einpassung kindlichen Erlebens in die Formen einer bestehenden Sprachgemeinschaft«. Dies kann allerdings nicht umfassend und vollständig geschehen, denn unsere Sprache verfügt (wie jede Sprache) nur über einen begrenzten Wortschatz, der aus der im Prinzip unendlichen Menge an Erfahrungen, Erlebnissen und Bedeutungen nur bestimmte herausstellt und benennt. Jede Sprache trifft hier übrigens interessanterweise eine etwas andere Auswahl.

Das aber bedeutet auch, daß nicht alle Erfahrungen in der jeweiligen familiären, institutionellen oder (globaler) kulturellen Umgebung oder Situation benennbar sind, in Sprache ausgedrückt werden können. Vieles bleibt unaussprechbar und unausgesprochen. Manche Erfahrungen werden auch nachhaltig unaussprechlich gemacht, das heißt von einer »kulturellen Zensur« aus dem Sprachzusammenhang verdrängt. (Vielleicht war es also mehr als ein scherzhafter Ausdruck, wenn in den »besseren Kreisen« der Generation unserer Eltern oder Großeltern ein Gegenstand, den man heute gemeinhin und ohne allzu große Scheu (Unter-)Hose nennt, mit »die Unaussprechlichen« bezeichnet wurde.) Und mitunter geschieht diese kollektive Verdrängung bestimmter Erfahrungen so gründlich, daß die zugrunde liegenden Sachverhalte komplett »vergessen« werden.

Die »Sprachgemeinschaft« entscheidet, worüber man spricht und worüber nicht. Als Sprachgemeinschaft fungiert zunächst die Familie, darüber hinaus aber auch das soziale Umfeld, in die die Familie jeweils eingebettet ist (Nachbarn, Freunde, Berufskollegen), bis hin zum gesamten kulturellen Kontext der jeweiligen Sprache. (Ein interessantes Beispiel ist hier die bis noch vor ganz kurzer Zeit deutlich erkennbare unterschiedliche Ausgestaltung derselben Sprache in den beiden deutschen Staaten.) Aber da Sprache ja bekanntlich ständig im Wandel begriffen ist (wie ihr sozialer Kontext), erregt oft schon wenige Jahrzehnte später keinerlei Anstoß mehr, was in der Generation zuvor auszusprechen noch undenkbar gewesen ist.

Das Einführen der Sprache, das Sprechenlernen, bringt für das Kind also Bahnungen und Kanalisierungen seines Erlebens mit sich, Festlegungen, die Einschränkung und Orientierung zugleich bedeuten. Die Sprache »als das System der konventionell zugelassenen Bewußtseinsformen«, wie es Lorenzer formuliert, benötigen wir, um uns mit anderen Menschen (auch mit uns selbst) zu verständigen. Doch was geschieht mit den aus der Sprache und dem Bewußtsein ausgeschlossenen Erlebensformen? Sind sie damit verloren gegangen, aus der Seele ausgelöscht?

Durch zahlreiche Alltagsbeobachtungen (etwa der buchstäblichen »Fehlleistungen«), aber auch durch therapeutische Erfahrungen sind die Psychoanalytiker zu der Ansicht gekommen, »daß im Seelenleben nichts, was einmal gebildet wurde, untergehen kann, daß alles irgendwie erhalten bleibt und unter geeigneten Umständen, zum Beispiel durch eine so weitreichende Regression, wieder zum Vorschein gebracht werden kann.« (Freud)

Lorenzer stellt sich bildhaft vor, daß die Wörter der Sprache »umgeben sind« von diesen abgesunkenen Erinnerungsspuren, den Spuren früherer, nicht verwörterter Erfahrung. Er vergleicht dieses seelische Umfeld mit einem »Halo«, einem Hof, wie man ihn gelegentlich um Sonne oder Mond beobachten kann. Dieses Umfeld bildet beispielsweise auch – und das ist für uns besonders interessant – den (unbewußten) Erfahrungshintergrund des Phantasierens; auch bei künstlerischer Tätigkeit wird er aktiviert. Auch hier werden »ausgeschlossene« Erfahrungen (eines Individuums, einer Gesellschaft) neu ins Spiel zu bringen gesucht; sie kehren wieder, um womöglich in einem neuen akzeptablen Zusammenhang zum Vorschein (zur Geltung) gebracht zu werden. (Hiermit hängen jene Gefühle der »Anstößigkeit« angesichts aktueller Kunstprodukte zusammen...)

Ganz ähnlich gestalten sich therapeutische Prozesse. Durch entsprechende Anreize und Angebote des Therapeuten (freie Assoziation, Improvisieren) wird der Umkreis und Hintergrund der bewußten Erfahrungsformen des Klienten »ins Spiel« gebracht. In der *Art* seines Improvisierens (Intensität, zeitlicher Ablauf), im assoziierten *Zusammenhang* seiner Einfälle, in der (unbewußten) Gestaltung seiner Beziehungsaufnahme zum Therapeuten finden dann frühere Erfahrungen ihren Spiegel. Auch hierin scheint häufig »Anstößiges« auf (oder einst für anstößig Gehaltenes), das aber nun – in der Therapiesituation, durch den Therapeuten – *anders* aufgenommen und beantwortet werden kann. Wenn es gut geht, entsteht in der Improvisation (im Gespräch etc.) ein Entwicklungsspielraum. Dieser ist zum einen jenem entwicklungsfördernden Spielraum einer »guten« Mutter-Kind-Beziehung vergleichbar, zum anderen eben auch mit dem »innovativen Kontext« künstlerischer Produktion, in welchem Neues entsteht.

Haben Sie übrigens mal versucht, ein »abstraktes« Bild zu malen – also eines, das nicht lediglich die sichtbare Wirklichkeit mehr oder minder adäquat abbildet, sondern bei dessen Gestaltung Sie sich durch Ihre Phantasie haben leiten lassen? Wenn ja, können Sie sich vielleicht daran erinnern, daß Ihnen Ihr Werk irgendwie fremd und zugleich ganz vertraut vorkam – es war Ihnen neu und hatte doch mit Ihnen zu tun, denn es war ja schließlich Ihnen »eingefallen« (oder »aufgetaucht«). Vielleicht war es von diesem Fundus früherer Erfahrungen mitgestaltet worden?

Ähnlich mag es unseren Klienten in der Musiktherapie ergehen, die, nachdem sich das erste Befremden über die ungewohnte Tätigkeit gelegt hat, verwundert ihre musikalischen Produktionen zur Kenntnis nehmen, als tief vertraute und doch unbekannte Formenbildungen »aus dem Unbewußten«.

Erfahrungen bilden sich in der Gestik ab

Jeder Mensch hat sein eigenes Repertoire an Körper-(Ausdrucks-)bewegungen. Beispielsweise kann man jemanden schon von weitem an seinem Gang erkennen; das Spiel der Hand-, Rumpf- und Kopfbewegungen, das eine Rede begleitet, empfinden wir als »typisch« für einen Menschen usw. Die Ausgestaltung dieser Bewegungsformen hat eine lange individuelle Geschichte, in die neben aktuellen »gesellschaftlichen« Einflüssen (die Lässigkeit in der Jugendclique, die Straffheit im militärischen Umfeld, um nur zwei Beispiele zu nennen) auch sehr frühe Erfahrungen eingehen: etwa die Geschmeidigkeit oder Verkrampftheit, die Sicherheit oder Ängstlichkeit, die Gehemmtheit oder Herzlichkeit der Mutter im Umgang mit ihrem Kind. Und die motorische Antwort, mit der dieses Kind sich darauf einstellt. Ja, es lassen sich darüber hinaus geradezu familientypische Bewegungsrepertoires feststellen, die auch Aufschluß geben können über seelische »Haltungen«, »Einstellungen«, über Bewegungsmöglichkeiten und Bewegungstabus innerhalb der Familie. Im gestischen Ausdruck zeigt sich also ein Aspekt der Geschichte des Individuums – und damit auch der Geschichte seiner Entbehrungen, Mangelerfahrungen und Traumatisierungen, die neben den förderlichen und »nährenden« Erfahrungen jede Biographie mit prägen. Solche Muster herauszuarbeiten – und zu überschreiten ist ein Tätigkeitsfeld der Bewegungstherapie.

In transformierter Form findet sich diese »Gestik« jedoch auch in jedem anderen Ausdruck wieder. Insofern haben es auch die Kunsttherapie, in der gemalt und gestaltet wird, und die Musiktherapie (u. a.) mit der – symbolisierten – Gestik eines Menschen zu tun. So schreibt Reichelt: »Für die musiktherapeutische Praxis erscheint mir die diagnostische und therapeutische Beachtung des gestischen ›Bedeutungsfeldes‹ beziehungsweise ›Ausdruckelementes‹ insofern wichtig, da sich in ihm die jeweils individuellen Ausdrucksstrukturen zeigen. Das sich gestisch manifestierende impulsive oder zurückhaltende, aggressive oder zurückweichende Handeln wird sich bis in die ›Gestik‹ einer Melodie, eines Rhythmus oder eines Klanges fortsetzen.«

Das improvisierende Spiel mit Klängen und Rhythmen, wie es in der Musiktherapie praktiziert wird, ermöglicht also einen Rückgriff auf die unbewußte Ebene früher gestischer Modelle. Es tauchen Erlebnisstrukturen aus der frühesten Säuglingszeit auf: umhüllt sein, erschrecken über das andere; geborgen sein, verlassen sein; allein sein in Gegenwart eines anderen, rufen und antworten; sich nähern und entfernen etc.

In psychoanalytischer Terminologie geht es hier um eine »Regression im Dienste des Ich« (Kris) oder um eine »Regression um der Progression willen« (Balint). Damit soll zum Ausdruck gebracht werden, daß es sich bei diesem Rückgriff nicht lediglich um eine Rückzugsbewegung, eine Flucht aus der Gegenwart handelt, sondern daß diese Exkursion in Bereiche der Vorformen und des Ungeformten neben der Begegnung mit Fixierungen und Bruchstellen der Entwicklung auch ein »Zurück zu den Quellen« der eigenen Kreativität ermöglicht. Angeregt wird dadurch eine Gegentendenz zur Verfestigung, eine Auflösung und Neuformierung. Dadurch, daß der Therapeut als Teilhaber an diesem gemeinsamen Prozeß auf die gestischen Angebote des Klienten anders antwortet, als es der Klient früher selbst getan hatte, ergibt sich die Chance einer verändernden Weiterführung. So können neue Erfahrungen die alten ergänzen oder erweitern, kann das Individuum neue Versionen oder Variationen des für ihn »typischen« Erlebens und Verhaltens ausprobieren.

Einschränkung und Erweiterung

In der letzten Sitzung einer längeren musiktherapeutischen Behandlung in der Klinik schaut sich die junge Frau im Musikraum um und sagt nachdenklich: »Die Musikinstrumente sind wie die ganze Welt, aus der ich mir herausnehmen kann, was ich brauche.« Dann erinnert sie sich an die ersten Stunden mit diesen Musikinstrumenten (und mir als Therapeuten).

Wie eingeengt war sie sich vorgekommen, wie undenkbar war ihr der Versuch erschienen, eine Trommel oder gar den Gong zum Klingen zu bringen. Erst nach und nach hatte sie diese Instrumente »entdeckt« und in ihr Spiel einbezogen. Für die ersten Improvisationen mit mir hatte sie das Metallophon ausgewählt, weil sie glaubte, damit meinen Erwartungen am besten entsprechen zu können. Sie pflegte immer viel darüber nachzudenken, was andere von ihr erwarten oder über sie denken könnten. Damals glaubte sie, ich erwarte von ihr, daß sie etwas Nettes, Harmonisches und Angenehmes zustande bringe. Darum hatte sie zum Metallophon gegriffen – obwohl sie, wie sie jetzt sagt, es eigentlich nie gemocht hat.

Ein Detail vielleicht: die Erweiterung der eingeengten Spielfähigkeit. Ist das wichtig? Lassen sich daraus irgendwelche Schlüsse ziehen? Können wir in dieser Folge von dem »braven« Metallophon über Trommeln und Gong bis hin zur »ganzen Welt« der Instrumente Anzeichen einer Entwicklung sehen?

Wäre es nicht schneller gegangen, wenn die junge Frau angeregt worden wäre, gleich in der ersten Stunde »auf die Pauke« zu hauen? Wahrscheinlich nicht. Denn erstens war uns beiden noch nicht klar, welche Ausdrucksdimensionen sich im Laufe der Zeit entwickeln würden. Zweitens *konnte* sie zu dem Zeitpunkt noch gar nicht anders handeln, als sie eben handelte: das Metallophon nehmen und nett und angenehm scheinen.

Es ist nicht damit getan, von einem Gerät zum anderen zu wechseln. Das Spielen bestimmter Instrumente ist ja in der Musiktherapie nicht Selbstzweck (»Wenn du alle durchhast, bist du hier fertig«), sondern es manifestieren sich in der Art der verwendeten Instrumente eben auch bestimmte *Beziehungsformen* – mit sich, mit anderen, »mit der Welt.« Das Beziehungsrepertoire der Klientin war im wesentlichen – stark vereinfacht ausgedrückt – reduziert auf »gute Miene zum bösen Spiel machen«. In diesem Verhalten spiegelte sich wie in einem »lebenden Bild« die gesamte Problematik der Klientin; es war sozusagen ein »Symptom« ihrer Lebensgeschichte, mit der sie nicht recht weiterkam. Diese Lebensgeschichte war Gegenstand der Behandlung. Die Aufforderung, anders zu spielen, wäre einer Abwendung gleichgekommen. Statt *wie ist das zu verstehen*, hätte es: *Das wollen wir hier nicht haben* bedeutet.

Die Unfähigkeit, bestimmte Beziehungsformen zu leben, kann nicht durch Anleitung oder Überredung behoben werden. Das würde lediglich zu einer – weiteren – Verdeckung des zugrundeliegenden Problems führen. Das erfährt jeder, der einem gehemmten Mitmenschen rät, doch einmal »aus sich herauszugehen«, oder der einer psychischen Störung (wie zum Beispiel einem Zwangssymptom) mit guten Ratschlägen beizukommen sucht. Die (eingeschränkte oder verstellte) Beziehungsfähigkeit kann nur *allmählich entwickelt* oder entfaltet werden, möglicherweise im Rahmen einer therapeutischen Beziehung.

In diesem Sinne lieferte die anfängliche Beschränkung der

Klientin auf dieses eine Instrument gleichermaßen ein recht genaues Abbild ihrer momentanen Fähigkeit, Beziehung zu gestalten, wie die Erweiterung ihrer Spielmöglichkeiten die Entfaltung ihrer Beziehungsformen spiegelt. Daß die Vision von den Musikinstrumenten als der »ganzen Welt«, die nun zur freien Verfügung steht, noch nicht ganz ihrer psychischen Realität entspricht, erlebt die Klientin, als sie sich zum Abschied eine Reise durch das gesamte Instrumentarium wünscht, bei der ich sie begleiten soll. Sie will *alle* Instrumente in ihre »Komposition« einbeziehen. Hinterher sagt sie, sie sei sehr glücklich gewesen, alles das gemacht haben zu können, was sie wollte; allerdings seien ihr manche Instrumente doch noch unheimlich gewesen, manches müsse sie eben erst noch kennenlernen.

»Spielen ist Handeln« – Vom Umgang mit Musikinstrumenten

Es gehört zu den Besonderheiten in der Musiktherapie (wie auch der anderen künstlerischen Therapieformen), daß Klienten und Therapeuten *handelnd* miteinander im Spiel sind. Die Spiele stellen keine Tests dar, die dem Experten die Möglichkeiten geben, Punkte zu notieren, zu vergleichen und distanziert zu beurteilen. Sie ähnen wirklich eher den Spielen der frühen Kindheit. Geben und Nehmen, Austausch, ein Wechselspiel zum Kennenlernen, zum gemeinsamen Herausfinden, was wir noch nicht wissen, was noch nicht ist.

Einen verständigen Fürsprecher findet die Musiktherapie in dem großen Psychoanalytiker und Kindertherapeuten Donald W. Winnicott, wenn er schreibt: »Ich gehe von dem Grundsatz aus, *daß sich Psychotherapie in der Überschneidung zweier Spielbereiche vollzieht, dem des Patienten und dem des Therapeuten.* Wenn der Therapeut nicht spielen kann, ist er für die Arbeit nicht geeignet. Wenn der Patient nicht spielen kann, muß etwas unternommen werden, um ihm diese Fähigkeit zu geben; erst danach kann die Psychotherapie beginnen. Der Grund, weshalb das Spielen so wichtig ist, liegt darin, daß der Patient gerade im Spielen schöpferisch ist (...) Was ich hier über das Spielen bei Kindern sage, trifft eigentlich genauso für Erwachsene zu, nur lassen diese Dinge sich viel schwerer beschreiben, wenn das Material des Patienten sich hauptsächlich in verbaler Kommunikation äußert. Ich bin der Meinung, daß wir uns darauf einstellen müssen, daß Spielen in der Analyse von Erwachsenen genauso Aussage ist wie in unserer Arbeit mit Kindern. Es manifestiert sich beispielsweise in der Wortwahl, in der Stimmführung und ganz sicher in der Stimmung.« Und um wieviel deutlicher noch in den Spielen der Musiktherapie...

Als »Ort« dieses Spielens postuliert Winnicott einen »potentiellen Raum (potential space) zwischen Kleinkind und Mutter«, der beide miteinander verbindet. Dieser Spielraum kann je nach Entwicklungsstadium sehr unterschiedlich ausgestaltet sein. Von der Verschmelzung bis hin zum gleichberechtigten gemeinsamen Spielen, in dem sich zwei Spiele überschneiden. Der potentielle Raum des Spiels ist weder ganz »innerlich«, noch ganz von der »äußeren« Realität bestimmt, sondern im Übergang zwischen beiden angesiedelt: Das Spiel weist sowohl Merkmale der seelischen »Behandlungsformen« der Spieler auf wie der Eigenarten des »Spielmaterials«.

In diesen Übergangsbereich gehören (in der Musiktherapie) beispielsweise auch die Instrumente. Sie werden wie »Übergangsobjekte« behandelt. Einerseits »sind« sie schon etwas, verfügen über bestimmte Materialqualitäten (Holz, Metall, Fell), Größe und Gewicht, Klangfarbe, Resonanz etc. und kulturelle Bedeutung, eine Geschichte etc. Andererseits »werden« sie im Spiel für die Spieler zu etwas, sie bekommen individuelle Bedeutung. Sie werden durch die Spieler »besetzt« – nach ihren persönlichen Absichten und Bedürfnissen und vor dem Hintergrund ihrer bisherigen Erfahrungen. Ich muß dem Instrument in dieser Weise erst »Leben« eingeben, damit es mir etwas »sagt«. Das ist nur möglich, wenn ich mich auch nach den Gegebenheiten des Instrumentes richte: Es ist auch psychologisch gesehen ein Unterschied, ob ich auf einer Trommel oder einem Glockenspiel spiele; beide fordern unterschiedliche Umgangsweisen des Spielers heraus.

Jene junge Frau konnte mit vollem Recht sagen: Die Musikinstrumente sind wie die ganze Welt..., denn diese repräsentieren tatsächlich eine ganze Welt von Materialien und Klängen, damit eine Welt von Umgangsformen, zu denen sie herausfordern und verlocken, und eine Fülle von Möglichkeiten.

Neue Spielräume. Über das Improvisieren in der Musiktherapie *(E. Weymann)*

Wir sind von Klängen umgeben

Ist Ihnen schon einmal auf einem Waldspaziergang aufgefallen, daß das Holz, das die Waldarbeiter in ordentlichen Stapeln zum Trocknen aufgeschichtet haben, klingt, wenn man es anschlägt? Mit einem harten Stock können Sie darauf spielen wie auf einem Ur-Xylophon. Jedes Holz klingt anders, mal heller, mal tiefer oder dumpfer.

Kinder lieben es, mit einem Stöckchen im Vorbeigehen an einem metallenen oder hölzernen Gartenzaun entlangzustreichen und ein lautes Klappern oder Ratschen zu erzeugen. Gern treten sie auch mit lautem Scheppern eine leere Cola-Dose vor sich her.

Vielleicht haben Sie auch schon einmal aufgehorcht, wenn in der Geschirrabteilung des Kaufhauses der Verkäufer eine Anzahl Teller, Tassen oder Gläser bevor er sie einpackt auf ihre Unversehrtheit überprüft, indem er jedes Teil kurz anschlägt. Was einen Sprung hat, gibt keinen klingenden Ton. So kommt man ganz nebenbei in der eher künstlichen Atmosphäre eines Kaufhauses in den Genuß eines kleinen Glocken-Spiels.

Diese Beispiele lassen sich leicht vermehren – und Ihnen fallen sicherlich auch noch eigene Erlebnisse dazu ein. Die Welt klingt – und die Dimensionen des Klanges bieten eine Möglichkeit, etwas über die Welt in Erfahrung zu bringen. Was vermittelt uns der Klang? Beispielsweise erfahren wir etwas über die innere Beschaffenheit von Materialien, ihre Weichheit oder Härte, ihre Dichte und Elastizität, ihre Homogenität oder Brüchigkeit. Das sind Eigenschaften, die auf andere Weise nicht so leicht herauszufinden sind (der Geschirrverkäufer müßte sehr lange und genau hinsehen, ob der Teller nicht doch einen kleinen Sprung hat...)

Unsere Orientierung im Raum wird durch das Hören unterstützt. Oft hören wir etwas, bevor wir es sehen; wir hören »um die Ecke«. Der Blinde hört, wo er sich befindet: Am Klang der Schritte, am Widerhall der Geräusche erfährt er etwas über die Art und Größe von Räumen, über die Enge oder Weite von Straßen und Plätzen, über das Herannahen von Gefahren etc. Natürlich gilt dies alles auch für Menschen, die nicht blind sind. Nur sind bei ihnen diese Fähigkeiten weniger geschult und werden weniger bewußt genutzt...

Übung für den Leser
Lassen Sie sich einmal mit geschlossenen Augen von einem anderen durch die Wohnung und das Treppenhaus führen und achten Sie auf die Unterschiedlichkeit der Klangräume, die Sie durchlaufen.
Oder andersherum: Verstopfen Sie sich die Ohren und gehen Sie dann einen Weg, den Sie gut kennen. Was ist ohne Gehör anders?

Oft erfahren wir noch etwas anderes: Wir hören etwas von der »inneren Beschaffenheit«, der Laune oder Stimmung eines Menschen, der Geräusche oder Klänge hervorbringt. Wir erfahren zum Beispiel etwas von der »Mutwilligkeit« der Kinder in ihrem Vergnügen am Lärm.

Und solche Beispiele kennen Sie bestimmt auch: Wenn Sie mit einem Menschen länger zusammenleben, hören Sie schon an der Art, wie der Partner den Tee in der Tasse umrührt, ob er Ärger hatte... (Ich hatte einmal eine Nachbarin, eine alte Frau, die zu manchen Zeiten auffallend laut und häufig die Türen aufriß und zuschlug. Dann wußten wir: Jetzt geht es ihr wieder nicht besonders gut. Ein kurzes »zufälliges« Gespräch auf der Treppe hat dann oft Wunder gewirkt.)

Wir bekommen also durch das Hören sehr viel mehr Informationen vermittelt als uns meist oberflächlich bewußt ist. Auch im Gespräch sind die Wortinhalte nur ein kleiner Teil dessen, was wir vom anderen wahrnehmen. Die Rede wird begleitet von einer Vielzahl von nichtsprachlichen, »nonverbalen«, Mitteilungen, die wir zum Teil *sehen* – Gestik/Mimik/Körperhaltung und Körpersprache – zum Teil *hören* wie
- die Sprachmelodie,
- die Klangfarbe der Stimme,
- der Rhythmus, in dem die Worte aufeinander folgen (fließend oder abgehackt),
- die Dynamik; ob jemand heftig, kraftvoll oder matt spricht.

Damit sind nur einige gut erkennbare Merkmale genannt worden. Und sicher nehmen wir weitere Informationen über andere Sinne auf.

Diese menschliche Eigenart, seelische Bewegungen ständig auch nicht-sprachlich (zum Beispiel klanglich) zum Ausdruck zu bringen, aber auch unsere Fähigkeit, solche *Mitteilungen* zu verstehen, macht sich die Musiktherapie zunutze. Hinzu kommt die Möglichkeit der *Orientierung in der Welt*, der Welterfahrung, die die klangliche Dimension bietet. Das sind gewichtige Gründe, warum es hilfreich sein kann, daß Menschen, die noch nie ein Musikinstrument in der Hand hatten, in der Musiktherapie auf

Trommeln, Harfen, Xylophonen oder anderen Instrumenten improvisieren – und daß andere mitspielen oder zuhören und etwas damit anfangen können.

Wozu eigentlich improvisieren?

»Improvisieren als Tätigkeit ist uns irgendwie schon bekannt und unterliegt selten der systematischen Beobachtung; es hat etwas zu tun mit Ausprobieren, Herumkramen, mit planlosem Aussuchen und Stöbern. Improvisierende Tätigkeiten erscheinen eher am Rande des Ernstes des Lebens als »Vorbereitungs- oder als Zwischenzeit«, zum Beispiel wenn wir auf Reisen sind, umziehen, in einer fremden Umgebung sind oder neue Bekanntschaften machen.« (Grootaers)

Vielleicht nehmen Sie sich einen Augenblick Zeit, zu überlegen, woher Sie das Improvisieren kennen, wo Sie in Ihrem Alltag gelegentlich improvisieren müssen (oder wollen?).

»Da muß ich jetzt mal improvisieren«, sagen wir, wenn wir nicht planmäßig weiterkommen, wenn die Dinge sich doch anders entwickeln, als gedacht: Es kommen mehr Gäste zum Essen als erwartet, oder ich stelle beim Kochen plötzlich fest, daß ich eine Zutat zu kaufen vergessen habe; bei einem Referat werden Fragen gestellt, auf die ich nicht vorbereitet bin; beim Einbau einer Arbeitsplatte stelle ich fest, daß ich nicht ganz richtig gemessen habe.

Alle diese Versuche, mit unerwarteten Problemen fertig zu werden, könnte man auch unter das Motto stellen: »Not macht erfinderisch.«

Wenn man etwas erfinden oder entdecken will, wenn man auf einen Einfall hofft oder neue Lösungen sucht, kann man sich auch planmäßig in eine Lage bringen, in der Pläne außer Kraft gesetzt sind. Mittels »Brainstorming« zum Beispiel, ein Verfahren, das gelegentlich von Arbeitsgruppen zur Hilfe bei Problemlösungen eingesetzt wird. Die Gruppe läßt dabei ihren Gedanken und Einfällen zu einem Thema freien Lauf, jeder sagt ohne zu überlegen und zu sortieren, was ihm durch den Kopf geht. Alles wird zunächst aufgeschrieben. Erst hinterher werden die Einfälle gesichtet und auf ihre Brauchbarkeit hin eingeschätzt. Meistens ist irgendein neuer Aspekt aufgetaucht, über den man dann weiter nachdenken kann.

Schon im 15. Jahrhundert hat Leonardo da Vinci in seinem Lehrbuch der Malerei Anregungen für eine »neue Art des Schauens« gegeben. »Sie besteht darin, daß du auf manche Mauern hinsiehst, die mit allerlei Flecken bekleckst sind, oder auf Gestein von verschiedenem Gemisch...« Er rät seinem Leser, »manchmal stehen zu bleiben und auf die Mauerflecken zu sehen oder in die Asche am Feuer, in die Wolken, oder in Schlamm und auf andere solche Stellen; du wirst, wenn du sie recht betrachtest, sehr wunderbare Erfindungen in ihnen entdecken (...) Durch verworrene und unbestimmte Dinge wird nämlich der Geist zu neuen Erfindungen wach.« Wann haben Sie zuletzt auf dem Rücken auf einer Wiese gelegen und den Wolken zugesehen, wie sie sich in Drachenkämpfe, lustige Köpfe und bergige Landschaften verwandelten?

Vielleicht könnte man auch sagen, daß der Geist bei solchen Übungen absichtlich in eine gewisse Notlage gebracht wird, weil zunächst nichts Bestimmtes zu erkennen ist. Und auch diese Not macht erfinderisch, denn sie kann zu neuen Lösungen führen.

Heinrich von Kleist beschrieb dieses Erleben sehr genau in seinem Essay »Über die allmähliche Verfertigung der Gedanken beim Reden«. Er versucht in einer »verwickelten Streitsache« eine Lösung zu finden und erzählt seiner Schwester von seinen noch unklaren Ideen. »... weil ich doch irgendeine dunkle Vorstellung habe, die mit dem, was ich suche, von fern her in einiger Verbindung steht, so prägt, wenn ich nur dreist damit den Anfang mache, das Gemüt, während die Rede fortschreitet, in der Notwendigkeit, dem Anfang nun auch ein Ende zu finden, jene verworrene Vorstellung zur völligen Deutlichkeit aus, dergestalt, daß die Erkenntnis, zu meinem Erstaunen, mit der Periode fertig ist.«

Es ist wohl kein Zufall, daß Sigmund Freud, der Begründer der Psychoanalyse, eine ähnliche Methode bei der psychotherapeutischen Behandlung erfand. Die sogenannte »Grundregel« in der Psychoanalyse, die freie Assoziation, bedeutet, daß der Patient aufgefordert wird, alles zu sagen, »was ihm in den Sinn kommt, auch wenn es ihm unangenehm zu sagen ist, auch wenn es ihm unwichtig oder sogar unsinnig erscheint«. Der Patient soll damit darin unterstützt werden, zu »erzählen, was er nicht weiß«, das heißt, was ihm noch nicht bewußt ist.

Aber auch in der Kunst, insbesondere in der Musik, wie wir schon wissen, ist das Improvisieren eine bewährte Methode, zu lebendigen und neuartigen Gestaltungen zu kommen. Während viele Musiker gewohnt sind, »über« bestimmte Lieder, Melodien oder Themen zu improvisieren – indem sie sich von der Melodie anregen lassen, diese variieren und ausschmücken –, gibt es auch Künstler, die gerne »frei« improvisieren. Ein solcher Musiker erzählt von seinen Beobachtungen bei der Entstehung einer Melodie:

»Schon wenn ich auf meinem Instrument nur einen einzelnen Ton spiele, ist das, als ob ich eine kleine Bewegung in die Welt setze: eine Ausdehnungsbewegung, mal wie eine Ausbauchung, mal wie eine Spitze. Es ist erst nicht mehr als eine Daseinsäußerung, ein Statement – hier bin ich. Und dabei könnte es bleiben. Ich gebe einen Ton an, der wieder verklingt und erneut gegeben werden muß.«

Der Ton kann aber auch ein Impuls sein, der ein klingendes Geschehen in Gang setzt, eine Woge ins Rollen bringt. Der Maler Paul Klee hat das einmal in seinem Aufsatz »Schöpferische Konfession« für die Entstehung einer Zeichnung so beschrieben: »Ein gewisses Feuer, zu werden, lebt auf, leitet sich durch die Hand weiter, strömt auf die Tafel und auf der Tafel, springt als Funke, den Kreis schließend, woher es kam: zurück ins Auge und weiter...«

Ist die Intensität des gesetzten Anfangs also groß genug und kann die Erregung aufrechterhalten werden, wird daraus so etwas wie ein Satz, eine Aussage. Es entsteht aus Tönen eine Figur, eine *bestimmte* Bewegung, die über die bloße Ausdehnung hinausgeht. Ich würde das nun eher ein Ausgreifen nennen, eine handlungsähnliche Bewegung. Und ich merke: Jetzt, wenn ich dieser Bewegung im Spiel folge, ist es nicht mehr ganz beliebig, was ich spiele. Ich folge einer inneren Logik – wie man auch sonst in einer Handlung oder einer Rede einer inneren Logik folgt, die sich aus dem Zusammenhang ergibt. Dabei bin ich auf eine besondere Weise wach und gespannt und prüfe die sich ständig verändernden Verhältnisse zwischen den gespielten Tönen und Rhythmen und dem, was daraus werden könnte. Ich glaube, ich setze dabei ein Gespür für seelische Maße und Gewichte ein, wenn man das so sagen kann. Damit erkenne ich, ob etwas stimmig in seinem Verlauf ist, oder ob Brüche und Aussparungen darin sind, die ich allerdings oft auch absichtlich hineinbringe, um dem Ganzen Reibung und Spannung zu geben.

Richtig aufregend wird es, wenn ich mit anderen Musikern zusammenspiele. Dann entstehen aus den Überschneidungen der einzelnen Äußerungen ganz unerwartete Momente, Klangfarben, Klangbilder, auf die ich alleine nie gekommen wäre – und aus denen sich wieder neue Wendungen und Ideen ergeben.«

Die »fremde Welt« des Musiktherapieraums

Begleiten wir doch einmal jemanden, der zum ersten Mal in den Musiktherapieraum kommt. Er hat vielleicht von Bekannten, von Mit-Patienten in der Klinik oder aus einer Zeitschrift schon einige Informationen über Musiktherapie bezogen: Daß man dort selbst Musik macht, daß auch geredet wird, daß es manchmal laut werden kann etc. Nun betritt er einen größeren Raum mit vielen Musikinstrumenten. Besonders auffällig ist der große Gong und das Innenleben eines alten Klaviers: Sein mit Saiten bespannter Rahmen lehnt an der Wand wie eine Art Harfe. Dann gibt es verschiedene Stabspiele (Xylophone, Metallophone, Glockenspiel); schön verzierte afrikanische Trommeln, eine Pauke, mehrere Becken. Auf einem Tisch liegen einige Bambusflöten, kleinere Saiteninstrumente, Fingercymbeln und Glöckchen. An der Seite noch ein »richtiges« Klavier. An der Wand ein fremdartiges, langhalsiges Saiteninstrument und – wieder vertrauter – eine Gitarre. Irgendwie sieht es aus wie in einer Werkstatt oder – diese Assoziation wird durch die aufgehängten Mikrophone und Lautsprecher noch verstärkt – wie in einem Tonstudio.

Der erste Anblick löst »gemischte« Gefühle aus. Trotz der Verlockung, die von den vielen Instrumenten auszugehen pflegt, tauchen oft auch sogleich Befürchtungen auf, zu versagen, mit diesen Geräten nicht umgehen zu können, unmusikalisch zu sein. Häufig stellen sich dann Erinnerungen an die Schulzeit ein: Vorsingen in der Klasse, gescheiterte Blockflöten-Versuche, der Lehrer, der einen in seiner eigenen Hilflosigkeit als »Brummer« oder »unmusikalisch« abgestempelt und zum Schweigen verdammt hatte. Das sitzt fest und behindert das unbefangene Herumprobieren. Darüber muß erstmal geredet werden. Es kann aber auch sein, daß der Anblick der Musikinstrumente Erinnerungen an langgehegte Wünsche weckt: einmal selbst Musik zu machen, zum Beispiel.

Der Therapeut wird erklären, daß für die Musiktherapie keine Vorkenntnisse gebraucht werden, daß es beim Improvisieren keine »falschen« Töne gibt, daß ein wenig Neugier und die Bereitschaft, Erfahrungen zu machen, ausreichen, um den Zugang zur Musiktherapie zu finden. Etwas Gewöhnung sei allerdings schon nötig, bis man in den erklingenden Tönen seine eigene Musik wiedererkennen könne und man das »Geklimper« nicht mehr als »Kinderkram« empfinde. So könne man dann möglicherweise einen neuen Zugang zu seinen schöpferischen Seiten aber auch zu seinen seelischen Hemmnissen und Begrenzungen finden. Denn in den Improvisationen entstehende Klanggebilde lassen sich vergleichen mit einer fremden Sprache, die zu verstehen es Zeit braucht – auch wenn man diese Sprache selbst hervorgebracht hat.

Es gilt ja, sich mit unbekannten oder unverstandenen Seiten seiner Seele vertraut zu machen.

Jetzt wird sich unser Protagonist erst einmal in Ruhe im Raum umsehen, einzelne Instrumente berühren und sie vorsichtig zum Klingen bringen. Der Therapeut bittet ihn schließlich, sich für einen ersten Spielversuch ein oder mehrere Instrumente auszusuchen. Er selbst nimmt sich auch ein Musikinstrument und sagt vielleicht: »Probieren Sie einfach die Instrumente aus. Lassen Sie den Tönen freien Lauf. Spielen Sie, was sich so ergibt. Ich spiele auch etwas.«

Einfach spielen?

Viele Menschen empfinden es als sehr schwierig, etwas zu tun, was sie nicht »richtig« gelernt haben. Sie fürchten, sich damit eine Blöße zu geben, zu versagen oder ausgelacht zu werden. Was für Kinder selbstverständlich ist, sich die Welt spielerisch probierend und experimentierend zu erobern und anzueignen, scheint für die meisten Erwachsenen nicht mehr akzeptabel zu sein. Oft haben wir doch den Anspruch (oder es wird von uns gefordert), daß wir fertige Könner sind. Was wir können, suchen wir vielleicht noch zu perfektionieren, alles andere aber überlassen wir lieber Fachleuten – oder eben Kindern...

So empfinden viele die Aufforderung, einfach mit den Musikinstrumenten zu spielen, obwohl man das nie »gelernt« hat, als Zumutung, als eine Art »umgekehrten Kulturschock«, als etwas, das zunächst nicht ins Lebenskonzept hineinpaßt. »Ja, wenn ich das gelernt hätte, würde ich sicher gern mit Ihnen spielen – aber ich kann ja noch nicht einmal Noten lesen.«

Außerdem wird »Spiel« oft in Gegensatz gebracht zu »Ernst« – und jemand, der mit gewichtigen Problemen in eine Therapiepraxis kommt, erwartet mit Recht, daß er damit ernstgenommen wird. Und wieso soll er dann mit dem Therapeuten »spielen«?

Gerade das Musikmachen gilt als eine hochspezialisierte, von unzähligen Regeln bestimmte Tätigkeit, an die ich mich als Laie doch besser nicht heranwage. Man sollte schon jahrelang lernen und üben, um sich hier zu beteiligen. Die Perfektion schallt uns ja auch allgegenwärtig aus den Lautsprechern entgegen und beeinflußt unsere Ansprüche.

In gewisser Weise fordern wir also unsere Patienten auf, wieder zu Kindern zu werden, die einfach neugierig auf etwas Unbekanntes zugehen und experimentierend herausfinden wollen, was man damit machen kann. Gerade diese Suchbewegung ist es, die vielen Menschen helfen kann, einen neuen Weg der Lebensbewältigung zu finden.

Aber noch etwas anderes ist ungewohnt in der Musiktherapie (und das hat sie mit anderen Psychotherapieformen gemeinsam): Der Therapeut verhält sich nicht ganz so, wie es der Patient üblicherweise von einem Helfer erwartet. Der Patient ist, wenn er in eine Klinik kommt, auf eine Behandlung gefaßt, eine deutliche Aktivität des Behandlers, der gegenüber sich der Hilfesuchende eher rezeptiv oder passiv verhält (das Wort Patient heißt in seinem lateinischen Ursprung der Erduldende). Er wartet auf eine sorgfältige Begutachtung (Diagnose), die Gabe eines Medikaments, den Handgriff oder Eingriff des Helfers, Verhaltensanweisungen.

Jemand, der in eine Beratungsstelle kommt, erwartet wiederum zunächst einmal Beratung; Antworten auf schwierige Fragen, Problemlösungen. Und auch im Musiktherapie-Raum ist so manchmal die erste Frage: »Was soll ich denn spielen?«

Der Hilfesuchende wird jedoch bald merken, daß hier etwas anderes im Vordergrund steht: Eine bestimmte Aktivität ist gefordert, eine eigene Suchbewegung. Der Therapeut sagt ihm aber zu, daß er ihn nach Kräften bei der Suche unterstützen wolle, und erläutert, daß Psychotherapie eine *gemeinsame* Erforschung der schöpferischen Möglichkeiten und (krankheits- oder persönlichkeitsbedingten) Begrenzungen des Patienten ist. Den Weg bestimmt der Patient – für die sicheren Rahmenbedingungen sorgt der Therapeut.

Solange das noch nicht ganz klar ist, stellt der Patient viele

Vermutungen über den Sinn des Improvisierens an. Er denkt zum Beispiel vielleicht, daß es sich bei der Improvisation um einen diagnostischen Test handelt, vergleichbar einer Röntgenaufnahme oder einem EKG, aus denen der Experte verborgene Strukturen herauslesen kann. Hat jemand diese Vorstellung, fragt er vielleicht nach zwei Minuten gemeinsamen Spiels: »Reicht es schon – oder soll ich noch etwas weiterspielen?«

Oder er/sie hat die Vorstellung, daß das Spielen gut tun werde, weil es Entspannung, Abfuhr oder Erleichterung verschaffe und man sich dadurch harmonischer fühle. Häufig wird dabei an das Abreagieren aufgestauter Gefühle gedacht, mit Bildern von Dampfkesseln und Druckventilen, oder an die heilende Gabe zauberhaft harmonischer Klänge, ähnlich einer Ur-Muttermilch oder einer (süßen) Arznei.

Diese Ideen sind ja nicht ganz falsch. Sicherlich eröffnet eine Improvisation dem Experten diagnostische Möglichkeiten. Gewiß hat die Musiktherapie kathartische, entspannende oder harmonisierende Komponenten. Der vielleicht wichtigste und wirksamste Aspekt der Musiktherapie aber ist das gemeinsame schöpferische Spiel, welches sowohl die Erkundung von Erlebnis- und Verhaltensstrukturen des Patienten ermöglicht als auch deren Weiterentwicklung fördert.

Die Aufforderung zum Improvisieren bedeutet zuallererst eine Einladung, etwas Ungewußtes, Ungewisses geschehen zu lassen. Auch der Therapeut weiß nicht genau, worauf er sich einläßt, was geschehen wird. Dabei wäre der Ausdruck »geschehen lassen« nur halb zutreffend, denn es ist ja nicht so, daß Patient und Therapeut passiv auf Eingebungen warten. Sie stellen ja das Geschehen selbst her. Genauer gesagt: Sie sind beide sowohl aktiv als auch passiv; sie handeln und lassen es gleichzeitig zu, daß sie behandelt (beeindruckt, angeregt, gestört) werden, vom anderen und von den Eigenschaften der Instrumente, den Klängen und Rhythmen. Jedenfalls ist die Entwicklung einer Improvisation unvorhersehbar im wahrsten Sinne des Wortes: lateinisch improvisus = nicht vorhergesehen, unvermutet.

... und was macht der Therapeut?

»Ich spiele auch etwas«, hatte der Therapeut nach seiner Spiel-Aufforderung gesagt. Was spielt er denn? werden Sie vielleicht fragen. Was verfolgt er für Ziele mit seinem Spiel? Er hat sein Handwerk ja gelernt – will er den anderen etwa beeinflussen oder provozieren, ihn unterstützen und anregen – oder seine Reaktionsfähigkeit testen? Oder will er mehr begleiten? Und was hieße das?

Es ist tatsächlich eine auffallende Eigenart der Musiktherapie (im Unterschied zu anderen Therapien), daß hier der Therapeut unmittelbar *aktiv wird*, und daß sein Handeln hörbar ist. Zwar ist der Therapeut in jeder Psychotherapie *Beteiligter*, schließlich geht es ja immer um die Begegnung zweier Menschen (oder Menschen einer Gruppe), aber bei anderen Therapien ist diese Beteiligung weniger sichtbar oder hörbar, sie ist mehr »innerlich«. Der Therapeut hört vorwiegend zu (etwa in der Psychoanalyse oder der Gesprächstherapie) oder er schaut hin (zum Beispiel in der Kunsttherapie oder der Bewegungstherapie). Und ist im übrigen sehr aktiv in seinen Gedanken und im Nachspüren seiner inneren Regungen. In der Musiktherapie jedoch wird seine Beteiligung unmittelbar hörbar.

Und noch etwas: Im Gespräch sind wir darauf angewiesen, daß nicht alle gleichzeitig reden, sondern schön nacheinander. In der Musik kennen wir seit der Entdeckung der Mehrstimmigkeit die Möglichkeit, daß mehrere Stimmen gleichzeitig an der Herstellung des Klanggewebes beteiligt sind. Wobei es in der Musikgeschichte große Unterschiede gibt, welche Verhältnisse diese Stimmen zueinander eingehen: zum Beispiel, ob es um die Stützung und Entfaltung einer Hauptstimme geht oder um das Miteinander eher eigenständiger Stimmen. Solche Unterschiede lassen sich auch in den Improvisationen der Musiktherapie finden.

In Gruppen klingt es an einem Tag so, als ob jeder gegen jeden um die Vorherrschaft kämpfen würde; andertags dann spiegeln sich im Zusammenspiel Rücksicht und Anteilnahme. Oder die

Gruppenmitglieder fördern und unterstützen das Spiel des einzelnen.

In der Einzeltherapie kommt es auch dazu, daß die beiden Spieler konsequent aneinander vorbeispielen; oder daß sie sich auf bestimmte Weise »zu nah« sind, so daß die Bewegungsfreiheit eingeschränkt ist. Oder es kann geschehen, daß ein Klient (siehe Beispiel unten) alles daran setzt, das Spiel des Therapeuten (!) zu fördern.

Das Achtgeben auf solche »Verhältnisse«, die sich wie von selbst, in jedem Fall ungeplant und ohne Verabredung zwischen den Beteiligten, ergeben, kann sehr wichtig sein: Oft erfährt man hier mehr als aus Worten. Dieser komplexe Zusammenhang von Tönen, Bewegungen, Handlungen, Gedanken, Gefühlen und Worten wird in der Fachliteratur gelegentlich unter dem Begriff »Szene« gefaßt. Im Theater würde man auch nicht nur auf die Worte oder nur auf die Dekoration achten – man nimmt die ganze Szene wahr. In der Therapie befindet sich aber nicht eine Person auf der Bühne, die andere im Zuschauerraum, sondern beide sind Teil der Szene, stellen sie her. Wobei der Therapeut sich darauf einstellt, vom Patienten (unbewußt) in den gemeinsamen Improvisationen und in seinen Erzählungen bestimmte Rollen, Haltungen, Positionen übertragen zu bekommen. Außerdem ist er besonders darin geschult, solche komplexen Situationen mit Hilfe des »szenischen Verstehens« erkennen zu können.

Zwei Beispiele:

Eine Musiktherapeutin erzählt: »Ein jüngerer Mann ist neu in der Musiktherapie. Ich weiß noch nicht viel von ihm. Er ist sehr sympathisch. Er kam zu uns in die Beratungsstelle, weil er unter Ängsten und Depressionen litt. Bei einer der ersten Improvisationen (er spielt auf einem Metallophon, ich spiele Klavier) bemerke ich, wie gut das Zusammenspiel mit ihm klappt; ich brauche mich überhaupt nicht anzustrengen – es geht wie von selbst. Ich fühle mich kreativ, gewandt und sicher, kann mich gut entfalten. Das wundert mich etwas, denn ein solches Einverständnis beim Musikmachen braucht sonst meist wesentlich länger, wenn es sich überhaupt einstellt. Er sagt nachher zu meinem Erstaunen, daß ihn das Spiel außerordentlich angestrengt habe. Ich teile ihm mein Erleben mit und frage ihn, ob er diese Konstellation kenne. Es fallen ihm gleich mehrere Situationen dazu ein. Er wolle es immer allen Leuten recht machen, könne es nicht ertragen, jemanden zu enttäuschen. Und dann erzählt er, daß er sich schon als kleines Kind immer für seine Mutter verantwortlich fühlte, die oft leidend war. Er habe ein so feines Gespür für die Mutter entwickelt, daß er schon beim Reinkommen quasi ›riechen‹ konnte, wie es ihr ging, und versucht habe, ihre Wünsche zu erfüllen, ohne daß sie nur ein Wort sagen mußte. Nach dem Tod des Vaters war er derjenige, der sich um die Mutter gekümmert habe. Seine eigene Trauer habe er erst etwa ein halbes Jahr später spüren können, sei dann aber in eine depressive Krise mit Angstzuständen verfallen.

Es wundert ihn, wie schnell sich das gewohnte Muster auch hier einstellt, und er versucht in den nächsten Spielen, einmal mehr seinen als meinen Bedürfnissen zu folgen, was ihn zunächst sehr unsicher macht.«

Ein Kollege, Rolf Reichelt, der in einem psychiatrischen Krankenhaus arbeitet, zeigt in seiner Beschreibung einer Szene aus der Musiktherapie mit einem psychisch schwer gestörten Mann, daß sich im Musikmachen oft etwas abspielt, was dem Patienten noch gar nicht bewußt und sprachlich zugänglich ist. Häufig ist also die musikalische Szene der sprachlichen Vergewisserung zeitlich voraus. Im folgenden Beispiel geht es – vereinfacht gesagt – um eine Kontaktaufnahme.

»Unser Spiel erscheint mir chaotisch, ohne Bezug. Herr P. spielt harmonisch, aber seine Harmoniewechsel wirken auf mich irregulär und unvorhersehbar. Ich würde gern mit ihm spielen, aber ich finde keinen Einstieg. Sobald ich eine harmonisch logische Sequenz identifiziere und darauf eingehen will, ist er schon wieder woanders. Ich versuche mein Bestmögliches – aber ich spiele oft ›falsch‹, bis auf einige Ruhepunkte. Nach geraumer Zeit spüre ich eine gegenseitige Annäherung. Ich weiß nicht, worauf diese beruht, aber ich treffe seine Harmonik besser. Allmählich scheint sich eine Form zu bilden. Wir kommen uns immer näher, bis das Spiel gemeinsam harmonisch beendet wird. Aber es ist anscheinend noch nicht zu Ende. Obwohl der Schluß so eindeutig war, bleibe ich gespannt. Nach einigen Sekunden beginnt Herr P. wieder. Jetzt passen unsere beiden Stimmen zusammen, wir spielen ein gemeinsames Stück, das sich in schöner Ruhe harmonisch voranbewegt und auf einem verschmelzenden Fermaten-Schluß endet. Die musikalische Nähe findet ihre Entsprechung in meinem emotionalen Erleben der Situation. Ich fühle eine tiefe Verbundenheit mit Herrn P. und habe das Gefühl, etwas Beglückendes erlebt zu haben. Herr P. wieselt herum, scheint unsere Musik nicht wahrgenommen zu haben, spricht in der für ihn typischen zerfahrenen Weise mir unverständliche Sätze.«

Herr P. »scheint die Musik nicht wahrgenommen zu haben«; seine Worte sind dem Therapeuten unverständlich. Im Erleben des Therapeuten sind zwei zunächst getrennte Welten entstanden. Die beglückende Annäherung, wie sie sich in der Musik ergeben hat, scheint (noch) nicht in die Welt der Worte transformierbar zu sein. Wie Herr P. über das Zusammenspiel denkt, wissen wir nicht – er spricht darüber nicht, jedenfalls nicht so, daß es für den Therapeuten verständlich wäre. Fest steht nur, daß er am Annäherungsprozeß teilhatte. Er hatte die Nähe zunächst abgewehrt, dann zugelassen und mit hergestellt. »En passant« wurden sich beide einig über die Strukturierung des Spiels, über den Halbschluß und das Ende. Sie haben sich handelnd verständigt. Selbst wenn der Therapeut keine sprachliche Bestätigung des Erlebens des Patienten erhält, hat er durch das Spiel doch eine Gewißheit: daß Herr P. unter Umständen fähig ist, Nähe zuzulassen oder herzustellen (wie bruchstückhaft auch immer), und daß er der Beziehung zu ihm, dem Therapeuten (zumindest für diesen Moment) zugestimmt hat.

Was bewirkt das Improvisieren?

Gerade dann, wenn die Worte für die Verständigung nicht zur Verfügung stehen (wie im letzten Beispiel), kann es buchstäblich not-wendig sein, mit dem musikalischen Spiel eine andere Verständigungsebene zu erschließen. Es wird dadurch »Spielraum« geschaffen, in dem sich Beziehungen und strukturierte Realitätserfahrungen entwickeln.

Aber auch bei Menschen, die in ihrem sprachlichen Ausdruck überhaupt nicht beeinträchtigt sind, kann es sozusagen »interne Verständigungsprobleme« geben, und zwar dadurch, daß Teile des seelischen Organismus abgespalten, herausgehalten oder zum Schweigen gebracht werden. Solche dem Individuum meist völlig unbewußten (Not-)Maßnahmen bleiben häufig nicht ohne Folgen. Sie können mitunter zu ernsten psychischen oder psychosomatischen Störungen führen. Wie in einem solchen Fall die musiktherapeutische Improvisation zur Selbstverständigung beitragen konnte, zeigt ein weiteres Beispiel:

Eine junge Frau, die sich schon mehrere Wochen in einer psychosomatischen Klinik befand, bemerkte immer deutlicher unterschiedliche, zum Teil heftige Gefühlsbewegungen. Früher hatte oft allein der Körper reagiert: Ihr blieb die Luft weg, die gesamte Muskulatur verkrampfte sich, sie konnte kein Wort mehr herausbringen. Das machte ihr dann verständlicherweise Angst. Sie fürchtete zum Beispiel zu ersticken. Sie haßte ihren Körper für diese unverständlichen Reaktionen.

Im Laufe der Behandlung merkte sie, daß diese Symptome in ganz bestimmten Situationen auftraten. Sie spürte, daß es dabei meistens einen Zwiespalt gab: wenn sie beispielsweise einen Wunsch äußern oder eine Forderung stellen wollte und gleichzeitig ihr Gegenüber damit nicht belasten wollte; wenn sie auf jemanden wütend war, aber fürchtete, der Angesprochene könnte sie deshalb verlassen. Sie hatte mit der Zeit gelernt, diese zwiespältigen Impulse gar nicht mehr so recht wahrzunehmen, ahnte aber nun, daß die lästigen, manchmal beängstigenden Körpersymptome irgend etwas damit zu tun haben mußten. Indem die Klientin die verborgenen zwiespältigen Impulse und die damit verbundenen Gefühle wieder zu spüren begann, machte sich eine neue Unsicherheit bemerkbar: Sie wußte nicht damit umzugehen, ihr fehlten wieder die Worte, sie fürchtete zu explodieren oder jegliches Maß zu verlieren.

Bei diesem Kennenlernen der seelischen Dynamik half ihr neben den Körpersymptomen, die ihr nun zu Signalen für zwiespältige Situationen wurden, das Improvisieren in der Musiktherapie. Indem sie hier »musikalische Verhältnisse als seelische Verhältnisse« wahrzunehmen lernte, bekam sie auch ein Gespür für seelische Maße und Entwicklungen. Sie spürte im Spiel zum Beispiel sehr genau, was noch fehlte, was die Gestaltung noch brauchte. So sagte sie nach einer Improvisation: »Ich habe gemerkt, das Stück ist hier noch nicht zu Ende – ich muß noch ein anderes Instrument dazunehmen. Das war nicht vom Kopf her gesteuert, sondern ich habe einfach gespürt: Da fehlt noch was, da müssen noch andere Töne hin.«

Diese Worte zeigen, daß sie im Begriff war, über die Erfahrungen beim Improvisieren eine neue Sicherheit im angemessenen Ausdruck zu gewinnen. Das Gespür für stimmige Gestaltung erlebter seelischer Bewegung war ihr völlig abhanden gekommen. Und damit wuchs ihr nun eine Ausrüstung zu, mit der sie auch zwiespältige Impulse und heftige Gefühle nicht mehr abwehren mußte, sondern sie in ihr Leben, in die Gestaltung ihrer Beziehungen integrieren konnte.

Abbilder seelischen Geschehens

In der Musiktherapie sehen wir die von Patient und Therapeut gemeinsam improvisierte Musik als ein bewegtes »Abbild« seelischen Geschehens.

Die ersten Töne, die der Patient spielt, vom Therapeuten behutsam unterstützt und beantwortet, spiegeln bereits die für den

Patienten charakteristischen Umgangsformen mit der Welt. Mehr und mehr ordnen sich die Töne wie nach einem verborgenen Plan, so daß sich später der Patient verwundert darin wiedererkennt. Das Spielen »verwickelt« die beiden Spieler in eine gemeinsame Gestaltung, die von Gefühlen, Gedanken und inneren Bildern begleitet ist.

Es ist eben nicht so, daß es beim Improvisieren um das Abreagieren oder den Ausdruck bereits definierter Gefühle geht (traurig, wütend, überdrüssig, etc.), sondern eher umgekehrt: Man könnte sagen, daß sich im Spiel wie von selbst eine Art musikalische Szenerie einstellt. Diese Szenerie ist in den Klängen und Rhythmen sinnlich wahrzunehmen und in der Wirkung in Affekten und Gefühlsbewegungen zu spüren.

Und noch einmal Theorie oder: Schmetterlinge »vor die Linse geholt« – ein Ausflug zu einigen wissenschaftstheoretischen Problemen der Musiktherapieforschung *(E. Weymann)*

Ein Freund erzählte mir einmal, wie er an einem schönen Sommertag den Flug eines Schmetterlings filmen wollte. Er hatte sich ganz unbefangen ans Werk gemacht und war mit seiner Ausrüstung auf eine Wiese gegangen, über der viele Schmetterlinge herumschwirrten. Als er nun filmen wollte, begannen die Schwierigkeiten: Wenn er einen Falter mit dem Zoom-Objektiv »herangeholt« hatte, ihn also groß genug hätte abbilden können, erwies es sich als fast unmöglich, seinen Bewegungen, seinem taumelnden, »unsteten« Flug mit der Kamera zu folgen, ihn »im Bild« zu halten. Wählte er aber eine andere Einstellung, wäre das Tier im Bild kaum noch zu erkennen gewesen. Zu einem zusätzlichen Problem wurde die Filmausrüstung. Kamera und Tasche behindertern ihn so, daß er bei seinem Lauf über das unebene Gelände mehrmals fast gefallen wäre.

Wie erfaßt man den Flug eines Schmetterlings? Ich gebrauche dieses Bild, um auf einige Probleme und Tücken der Musiktherapie-Forschung hinzuweisen, auf die ich im folgenden – unsere Thematik abschließend, abrundend – etwas näher eingehen will.

Das »musikalische Element« ist sehr beweglich, eindringlich, ohne konkret zu werden, flüchtig, wandelbar. All dies gilt in besonderem Maße für die improvisierte Musik, wie sie beispielsweise in der Musiktherapie entsteht. Wie läßt sich ihre Wirkung wissenschaftlich erforschen, ohne sie in unzusammenhängende Einzelteile aufzulösen und ohne ihren Sinn zu verfehlen? Die damit verbundenen Schwierigkeiten haben häufig dazu geführt, daß man sich bei der Untersuchung musiktherapeutischer Situationen lieber an ihren sprachlichen Anteilen oder an anderen klar erkennbaren kommunikativen Handlungen wie Blickkontakten etc. zu orientieren versuchte – und die entstandene Musik eher nebenbei abhandelte.

Was ist eigentlich »wissenschaftlich«?

Auch erfahrenen Zeitgenossen fällt es heute schwer, zu sagen, was wissenschaftlich ist und was nicht. Die Zeiten sind vorbei, daß nur solche Forschungsergebnisse als wissenschaftlich galten, die unter den kontrollierten Bedingungen des Experiments hervorgebracht, in Zahlen ausdrückbar und statistisch abgesichert waren.

Der gegenwärtige Präsident der Deutschen Forschungsgemeinschaft, Hubert Markl, beispielsweise orientiert sich nicht an irgendwelchen hehren Wissenschaftsidealen, sondern formuliert pragmatisch: »Vielleicht ist es besser, Wissenschaft nicht nach dem zu kennzeichnen, was sie ist, sondern nach dem, was Wissenschaftler tun. Sie suchen Wissen, also zutreffende Aussagen über die Wirklichkeit, die sie erkennen wollen. Zuverlässig soll ihr Wissen sein, das heißt, bei Überprüfung nicht zu widerlegen.«

Auch in diesen drei Sätzen sind freilich bereits einige Fallstricke verborgen (wie auch ihrem Autor nicht entgangen ist): Wer oder was entscheidet beispielsweise, ob eine Aussage zuverlässig ist? Wie wirklich ist die Wirklichkeit? (Watzlawick) Gibt es nur die eine Wirklichkeit, oder erzeugen nicht unterschiedliche Sichtweisen jeweils verschiedene Wirklichkeiten? Welches Wissen ist unwiderlegbar? Und ist nicht gerade das Nachprüfen und gegebenenfalls Widerlegen von wissenschaftlichen Aussagen eine Hauptarbeit der Wissenschaft?

Fragen wie diese sind Gegenstand wissenschaftstheoretischer Diskussionen, wie sie auch in bezug auf die Musiktherapieforschung geführt werden. Es ist dabei zu reflektieren, welche Aspekte der Musiktherapie man zum Gegenstand der wissenschaftlichen Auseinandersetzung machen, welche Perspektive man ihnen gegenüber einnehmen und mit welchen Methoden man sich ihnen nähern will.

Die Wirklichkeit zum Sprechen bringen

Vorformen wissenschaftlichen Vorgehens finden sich – mal wieder – im Alltag. Indem wir uns ein Bild von den uns umgebenden Dingen, Situationen und Menschen machen, eine bestimmte Sichtweise einnehmen, und indem wir Wege und Strategien suchen, wie wir mit unserer Wirklichkeit am besten zurechtkommen, betätigen wir uns bereits (vor-)wissenschaftlich. Das Wort »Theorie« stammt vom griechischen Wort »theorein« (= Betrachtung, Anschauung) und »Methode« vom griechischen »methodos« (= der Weg zu etwas hin).

Wir beobachten, unterscheiden, vergleichen, ordnen ein usw. Dabei wissen wir auch, daß unsere (Alltags-)Theorien nicht immer stimmen, daß unsere Wege nicht immer die richtigen sind – kurz, daß die Wirklichkeit doch immer noch etwas anders ist, als wir sie gerade erkennen und beschreiben können. Und diese Diskrepanz zwischen Modell und der Realität existiert auch in der wissenschaftlichen Forschung und ist als solche immer ins Kalkül zu ziehen.

Entscheidend dafür, wie die Wirklichkeit »zum Sprechen gebracht« wird, ist, welches Verhältnis der Forscher zu seinem Forschungsgegenstand einnimmt, welches *Erkenntnisinteresse* er verfolgt und wie er sich seinem Forschungsgegenstand nähert, also welche Methoden er verwendet. Jede methodische (Be-)Handlungsform (wie Zerlegen, Belasten, Umkreisen, Mitbewegen, Abtasten, Beobachten) bringt andere Aspekte des erforschten Gegenstands hervor. Das Zerlegen fragt nach der Zusammensetzung, Belasten nach der Stabilität, Umkreisen nach unterschiedlichen Perspektiven, Mitbewegen nach Bewegung und Beweglichkeit etc. »Die Gegenstände der Wissenschaft liegen nicht fertig da, sondern müssen durch eine bestimmte Art des Fragens erst aufgeschlossen werden«, schreibt der Wissenschaftstheoretiker Helmut Seiffert. Es gilt also, dem Forschungsgegenstand angemessene Arten des Fragens (Methoden) auszuwählen.

Forschung zur Musiktherapie

An mehreren Stellen in diesem Buch wurden bereits einzelne Forschungsbemühungen erwähnt, mit denen man in den letzten Jahren der Musiktherapie beizukommen suchte. In den Fachzeitschriften standen zuweilen – wie unvereinbar – erlebnisnahe (aber sicher manchmal unsystematische) Falldarstellungen hochkomplizierten, mit großem technischen Aufwand betriebenen neurophysiologischen Untersuchungen oder nach den Methoden der empirischen Sozialforschung ermittelten Ergebnissen gegenüber. Sicherlich sollte kein Forschungsansatz von vornherein als für die Musiktherapie wertlos deklariert werden. Jedoch ist der *Geltungsbereich* der gewonnenen Aussagen jeweils sorgfältig zu reflektieren.

Hierzu ein Beispiel: Bei sogenannten psycho-physiologischen Untersuchungen werden gleichzeitig mehrere organische Funktionen wie Atmung, Herzschlag, Hirnströme registriert, während die Versuchsperson Musik hört. Aus den entsprechenden »polygraphischen« Kurven läßt sich die vegetative Antwort eines Menschen auf eine bestimmte Musik erkennen. Wird eine solche Versuchsreihe mit statistisch ausreichend vielen Versuchspersonen durchgeführt, lassen sich aus den gewonnenen Daten Mittelwerte bilden und die durchschnittliche Wirkungsintensität eines bestimmten Musikstücks feststellen. Für die Praxis sind diese Ergebnisse vor allem dort relevant, wo es um funktionelle Anwendungsfelder von Musik geht (zum Beispiel Musik als Einschlafhilfe oder als Adjuvans in der Anästhesie.) Aber: »Durch psycho-physiologische Untersuchungen kann man nur das »Ausmaß«, nicht aber die *Art* des Erlebens verfolgen«, wie der Neurophysiologe Gerhart Harrer betont. Eine solche Forschung betrachtet den Menschen unter dem Blickwinkel der Physiologie, der Lehre von den Lebensvorgängen und Funktionen des menschlichen Organismus. Ihre Ergebnisse haben daher zunächst auch nur für diesen Bereich Geltung. Übertragungen, Übertragbarkeit (Kompatibilität) in andere Bereiche, in denen andere Kategorien und ein anderer »wissenschaftlicher Gegenstand« interessieren, sind immer problematisch. Es müssen jedenfalls sehr genau die »Übersetzungsregeln« beachtet werden.

Musiktherapie im engeren Sinn (als Psychotherapie) wird daher zunächst (das heißt »unübersetzt«) von solchen physiologischen Erkenntnissen weniger berührt. Da sich ihr Erkenntnisinteresse wesentlich auf psychische Prozesse richtet (wie sie beispielsweise in zwischenmenschlichen Verhältnissen, in musikalischen Gestaltbildungen oder in Gefühlen zum Ausdruck kommen), muß sie sich zwangsläufig auch anderer Methoden bedienen, nämlich solcher, mit denen über die genannten Phänomene etwas ausgesagt werden kann.

Musiktherapeutische Prozesse stellen, sofern wir Musiktherapie als *psychischen Prozeß* untersuchen wollen, stets *einmalige, nicht wiederholbare* Vorgänge dar. So wie es keine zwei gleichen Menschen gibt, so gleicht auch keine Improvisation, keine menschliche Begegnung der anderen. Die »Individualität« der handelnden Subjekte und Ereignisse in der Musiktherapie ist ein

Hauptargument gegen die Anwendung empirisch-statistischer Methoden. Diese setzen nämlich voraus, daß die Untersuchungsgegenstände Merkmale aufweisen, die gleich sind oder zum Zwecke der Untersuchung gleich betrachtet werden können (quantifizierbare Eigenschaften). Ohne diese Voraussetzung kann ja nicht gezählt und gemessen werden.

Zweifellos gibt es auch in der Musiktherapie-Forschung Fragestellungen, die eine quantifizierte Betrachtung erlauben oder sogar erfordern, beispielsweise bei der Untersuchung der Arbeitsbedingungen von Musiktherapeuten (Boller, Muthesius) oder der Zusammensetzung der Klientel. Das therapeutische Geschehen und die in diesem Zusammenhang entstehenden musikalischen Gestaltungen hingegen gehen solchen Methoden »durchs Netz«.

Qualitative Verfahren

Hier ist die Domäne der sogenannten qualitativen Verfahren, die (im Unterschied zu den quantifizierenden Verfahren) nach *Sinn* und *Bedeutung* von Phänomenen suchen. Indem phänomenologische und empirisch-hermeneutische Methoden (Beschreibung, teilnehmende Beobachtung, Einfühlung, szenisches Verstehen etc.) auch die Subjektivität und das komplexe »Gespür« des Forschenden einbeziehen, sind sie eher geeignet, den Besonderheiten psychischer oder kreativer Phänomene gerecht zu werden und sie in ihren Wirkungen zu erfassen. Auf dem Gebiet psychologischer Forschung werden diese Methoden u. a. von der Psychoanalyse und anderen tiefenpsychologischen Schulen und von verschiedenen Richtungen der humanistischen Psychologie verwendet. Diese manchmal so genannten »geisteswissenschaflichen« Methoden fragen nicht in erster Linie nach möglichst *objektiven Daten*, sondern sie suchen – aus gutem Grund – einen *subjektiven Zugang*. Die Wahrnehmung psychischer Prozesse ist durch die Sinne allein nicht möglich: seelische Bewegungen, Gedanken, Gefühle sind nicht unmittelbar sichtbar oder hörbar. Sie lassen sich nur durch das »Instrumentarium« unseres eigenen seelischen Geschehens erschließen, das heißt durch »Introspektion« (Beobachtung eigener Gefühle und Gedanken) und »Empathie« (Sicheinfühlen in die Gefühlswelt anderer). »Diese Methoden setzen schon immer die Lebenspraxis, das ›gelebte Leben‹ voraus. Der geisteswissenschaftlich Arbeitende kann seinen Gegenstand nur verstehen, weil und sofern er ihm durch seine eigene Lebenserfahrung vermittelt worden ist.« (Seiffert)

Das »fremde« Erleben wird mit Hilfe eigenen Erlebens zu fassen versucht. Das eigene Erleben wird so zum »Instrument« einer wissenschaftlichen Vorgehensweise, in der der subjektive Faktor kein *Störfaktor* ist, sondern geradezu eine *Bedingung*.

Daß diese Einstellung Probleme mit sich bringt, ist nicht zu bestreiten. Denn in meine »Wahrnehmungen« gehen auch meine Vorurteile, Einstellungen und Normen ein und variieren das Bild, das ich mir vom anderen mache. Hier ist über Absicherungen nachzudenken, die solche Gefahren verringern könnten – ganz auszuschließen sind sie nicht. Diese möglichen Sicherungen liegen einerseits im geplant methodischen Vorgehen, also gewissermaßen in den Spielregeln, an die sich der Untersucher hält (Tüpker: »kontrollierte Subjektivität«), andererseits in der Interpretation der gewonnenen »Daten« auf der Basis eines systematisierenden theoretischen Konzepts. Selbstverständlich ist eine angemessene Ausbildung des Untersuchers erforderlich, die gründliche Einübung und Selbsterfahrung umfaßt sowie eine externe Kontrolle (Supervision).

Wie schon in anderen Kapiteln dargestellt, ist es in der Musiktherapie häufig eine Art »Beziehungsdiagnostik«, die zu Erkenntnissen über die *Bedeutung* bestimmter (musikalischer) Phänomene führt.

Die Beobachtung von Übertragungs- und Gegenübertragungsverhältnissen, wie sie die Psychoanalyse pflegt, das »szenische Verstehen«, das den Blick auf ein Gesamtbild von Beziehungen und Umgangsformen lenkt, sind hier geeignete Wahrnehmungseinstellungen.

Als »musiktherapeutische Besonderheit« tritt hier noch das Beobachten der gemeinsam hergestellten Musik hinzu. Das Musikmachen stellt in der Musiktherapie ein spezifisches Mittel dar, mit dem psychische Prozesse erfaßt werden können. Denn die Strukturen und die Prozeßgestalt der Improvisation können als Erscheinungsform, als Ausdruck der Strukturen und Gestalten seelischen Geschehens verstanden werden; sie lassen seelische Wirkungen sinnlich in Erscheinung treten, in unserem Fall: hörbar werden.

Forschung in der Praxis

Und jetzt will ich noch einmal auf das Schmetterlingsbild vom Anfang zurückkommen. Den Flug des Schmetterlings zu erfassen, bedeutet, nicht nur diesen einen Falter an diesem einen Sommertag gut zu beobachten, sondern ihn an mehreren Tagen zu begleiten oder auch mehrere Schmetterlinge über längere Zeit zu verfolgen. Nach und nach entdecke ich Gemeinsamkeiten und Unterschiede; ich erkenne Typisches, Charakteristisches; ich lerne zu beschreiben und in gewisser Weise auch verallgemeinernd vorauszudenken. Dazu gehört auch, daß mir auffällt, welche Bedingungen den Flug mitbestimmen – Luftströmungen und -temperatur, Futterplätze und Paarungsverhalten u. a. m. Ausgehend vom Individuellen, vom Einzelphänomen, komme ich zum Allgemeinen, zum alle Einzelphänomene Verbindenden – und von dort wieder zum einzelnen zurück. Das sind die »Forschungsbewegungen« – auch in der Musiktherapie. So entsteht Theorie nach und nach als ein systematisches Erklärungsmodell in engem Bezug zur Ebene der Erscheinungen, der Phänomene.

Wenn man Forschung etwas breiter versteht, so beginnt sie bereits in der Therapiestunde: Der Therapeut erforscht gemeinsam mit dem Klienten dessen teilweise unbewußtes und in wichtigen Aspekten unverstandenes und eingeengtes Lebenskonzept, wie es sich in der therapeutischen »Situation zu zweit« spiegelt. Es wird nach dem Typischen, dem immer Wiederkehrenden in dieser Biografie gesucht und nach dem, was Verwandlung verspricht, was als »Anzeichen des Neuen« ebenfalls in jeder Lebensgeschichte zu finden ist.

Eine andere Forschungsebene ist die »Supervision«. Hier versucht ein kompetenter Kollege oder eine Kollegengruppe sich in eine erzählte Fallgeschichte einzufühlen. Auch dies geschieht mittels Empathie und Introspektion bzw. mit Hilfe der Rekonstruktion der Musik des jeweiligen »Falles«.

Forschung im engeren Sinne wird dann betrieben, wenn Erfahrungen und Erkenntnisse aus mehreren Therapiesituationen, -abläufen, -ereignissen in einem verallgemeinernden Zusammenhang gebracht werden können. Sei es in einer gründlichen nachträglichen Ausarbeitung eines abgeschlossenen Therapieprozesses, in Form einer »Kasuistik«, worin neben der Klärung des Gesamtzusammenhangs auch übergreifende Erkenntnisse zu psychologischen Abläufen oder über »Krankheitsbilder« deutlich gemacht werden, oder sei es in Form einer vergleichenden Studie, in der mehrere Fallgeschichten in einen größeren Kontext gestellt werden, zum Beispiel um wiederkehrende Momente im Behandlungsprozeß (Behandlungsschritte), bestimmte Einzelprobleme der Behandlungsmethodik oder die musikalischen Improvisationen unter typologischen Gesichtspunkten zu untersuchen. Für die wissenschaftliche Analyse von improvisierter Musik aus der Musiktherapie hat sich in der Praxis beispielsweise eine Form der methodischen »Beschreibung und Rekonstruktion« (Tüpker, Weymann) bewährt. Stets müssen Vermittlungs- oder Übersetzungsschritte gemacht werden zwischen dem phänomenal Erlebten und der Sprache, die für wissenschaftliche Rekonstruktionen nun einmal unumgänglich ist. Dabei hat es sich als ratsam herausgestellt, die Forschungen grundsätzlich vom Phänomen her zu organisieren und diesen »empirischen« Bezug nie ganz aufzugeben, damit man das, was man erfassen will, nicht »unversehens« aus den Augen (und Ohren) verliert.

Anhang

Informationen und Tips
zur Musiktherapie

Einzelmusiktherapie

Die Einzelmusiktherapie (EMT) ist ein psychotherapeutisches Verfahren, das im Rahmen einer *vertrauensvollen Beziehung* zwischen Klient und Therapeut, einer »Situation zu zweit«, zur Anwendung kommt. Die EMT arbeitet auf tiefenpsychologischer Basis und geht erlebnisorientiert vor. Zur Arbeitsweise gehört die (meist gemeinsame) Improvisation mit Musikinstrumenten, das Anhören und Analysieren der Tonbandaufnahmen dieser Improvisation und das Gespräch. Die Improvisationen entwickeln sich entweder ganz ohne strukturierende Verabredungen oder unter einem Thema, das sich aus Gesprächen und aktueller (Beziehungs-)Situation ergibt.

Ausgehend von den Improvisationen, die in der Musiktherapie den Hauptweg zum Unbewußten des Patienten darstellen, wird das (unbewußte) Lebenskonzept des Patienten zu erkunden versucht. Im Wechsel von Improvisieren, Hören und Sprechen werden sowohl die Probleme wie auch die Chancen seiner in eine Krise geratenen Lebensmethode sinnlich-szenisch »ins Spiel gebracht«. Frühere Schädigungen, Entwicklungsblockaden, Konflikte werden so zu verstehen versucht. Die Behandlung stellt gewissermaßen einen »Entwicklungsgang« dar, in dem mit Hilfe künstlerisch-kreativer Methoden ungenutzte Potentiale gefördert, neue Lösungen angeregt und andere Versionen der Gestaltungsfähigkeit des Klienten erprobt werden können. Damit werden auch die

Fähigkeiten, auf die Alltagswirklichkeit »angemessen« zu reagieren und sie zu gestalten, unterstützt und erweitert.

Der Therapeut sorgt dafür, daß die Behandlung in einem *geschützten Raum* stattfindet. Das heißt, er ist für Raum, Zeit und Instrumente, für Ungestörtheit und Verschwiegenheit verantwortlich.

Eine Sitzung dauert in der Regel 50 Minuten. Dauer und Frequenz der Behandlung richten sich zum einen nach institutionellen Gegebenheiten (zum Beispiel Verweildauer in der Klinik), zum anderen nach den individuellen Bedürfnissen und Möglichkeiten des Klienten. In der Klinik haben sich Kurztherapien mit etwa 20 Sitzungen bewährt. Im ambulanten Bereich (weiterführende Behandlung oder Nachsorge) wird zum Teil wesentlich länger behandelt.

In der Klinik haben sich zudem Kombinationen mit anderen Methoden bewährt, sofern sich die methodischen Konzeptionen nicht widersprechen und die betreffenden Kollegen sich in lebendigem Austausch befinden.

Die EMT kann insbesondere kombiniert werden mit einem Gruppenverfahren (Bewegungstherapie, psychotherapeutische Gruppengepräche, Kunsttherapie), unter Umständen auch mit Gruppenmusiktherapie.

Die EMT ist hier zwar verallgemeinernd dargestellt worden, sie kann aber nur mit einem bestimmten *begrenzten Personenkreis* in dieser Form durchgeführt werden. Andere Klienten (beispielsweise geistig behinderte Menschen oder an einer Psychose erkrankte Patienten) benötigen möglicherweise andere Therapiebedingungen: So kann manchmal von »Lebensmethode« (noch) nicht die Rede sein, weil der Klient bisher nicht die Gelegenheit hatte, entsprechende »Eigenarten« auszubilden. Es existieren oft nur Ansätze davon, die ihre kommunikative Funktion weitgehend verloren haben. Hier geht es in der Therapie zunächst um ein Verstehen dieser »Bruchstücke« und das Ermöglichen *grundlegender Erfahrungen* von Geborgenheit, Nähe, Antwort und damit eine Anbahnung eigenständiger Strukturbildung. Dazu ist meist eine Modifizierung der Arbeitsmittel und -methoden erforderlich. Dennoch geht es auch hier grundsätzlich um die Arbeit an der seelischen Formenbildung im Rahmen einer geschützten, zur Kommunikation einladenden Situation zu zweit.

Musiktherapie in der freien Praxis

Solange die Frage der Kostenübernahme musiktherapeutischer Leistungen durch die Krankenkassen noch nicht grundsätzlich geklärt ist, muß damit gerechnet werden, daß eine musiktherapeutische Behandlung, die nicht innerhalb einer Klinik oder einer vergleichbaren Institution stattfindet, privat zu bezahlen ist. Der Preis für eine Sitzung ist unterschiedlich (abhängig u. a. von der Höhe der Aufwendungen, die die Musiktherapeutin/der Musiktherapeut für ihre Praxis zu leisten haben); er liegt derzeit zwischen 50 und 120 DM.

Gruppenmusiktherapie

Gruppenmusiktherapie (GMT) ist ein psychotherapeutisches (tiefenpsychologisch fundiertes) Verfahren, das in der Regel handlungsorientiert, kommunikativ und erlebniszentriert vorgeht. Die entstehende Gruppendynamik wird als treibende Kraft des Gruppenprozesses gesehen. Die (bis zu acht) Gruppenteilnehmer improvisieren auf (leicht zu bedienenden) Musikinstrumenten, die sie sich selbst auswählen. Sie spielen entweder gemeinsam oder nach Verabredung in Untergruppen, zu zweit oder auch allein. Dabei gibt es Spiele, deren Struktur sich erst »unterwegs« entwickelt, sie werden also ohne strukturierende Absprache (Spielregeln) begonnen. Andere Spiele orientieren sich an Verabredungen, die sich aus dem Verlauf des Gruppenprozesses ergeben und entweder von den Gruppenmitgliedern oder vom Leiter formuliert werden.

Nach dem Spiel, das in der Regel etwa fünf Minuten dauert, geht es um den Austausch über und Sichtung der im Spiel gemachten Erfahrungen. Es wird die Musik zu beschreiben versucht, von Eindrücken während des Spielens berichtet, es werden Einfälle und Erinnerungen ausgetauscht. Dabei kristallisieren sich bestimmte Themen, zuweilen auch Konflikte heraus, in denen sich sowohl die individuellen Probleme wie auch die Beziehungsdynamik der Gruppe spiegeln. Aus dem Gespräch heraus entsteht u. U. der Entschluß zu einer weiteren Improvisation. Oft schlägt der Therapeut vor, zu einer neuen Spielphase überzugehen, wenn oder sobald er davon eine Vertiefung, Intensivierung oder Belebung der im Gespräch berührten Erlebnisfiguren erwarten kann. Mit einer gezielten Spielregel kann ein Erlebnisbereich, über den vorher nur gesprochen worden war, nunmehr konkretisiert werden.

Eine Gruppensitzung dauert meist 60 bis 90 Minuten. Es finden ein bis drei Sitzungen wöchentlich statt. Die Gesamtdauer liegt – je nach institutionellen Rahmenbedingungen – in der Regel zwischen vier Wochen und drei Monaten.

GMT wird oft in Kombination mit anderen Therapieformen angewendet. So haben sich beispielsweise in der psychotherapeutischen Fachklinik u. a. folgende Kombinationen bewährt:
– GMT + psychotherapeutische Einzelgespräche;
– GMT + Kunst- und Bewegungstherapie in derselben Gruppe;
– kombinierte Gruppenarbeit (zwei Therapeuten leiten gemeinsam die Gruppe).

Kombinationen sind wie bei der GMT besonders dann sinnvoll, wenn die verschiedenen Konzepte zueinander passen, und wenn die Therapeuten in lebendigem Austausch stehen. Der Vorteil für die Klienten besteht darin, sich in *unterschiedlichen* Situationen und im Kontakt mit verschiedenen TherapeutInnenpersönlichkeiten erleben und artikulieren zu lernen.

Zielgruppe einer GMT in der hier skizzierten Form sind Klienten, die sich grundsätzlich auf andere Menschen einstellen können; die von einer Gruppenarbeit profitieren können; die durch die Wünsche und Bedürfnisse anderer Gruppenmitglieder nicht durchgehend überfordert wären bzw. die bereit und in der Lage sind, sich im Kreis einer Gruppe zu äußern. Psychisch schwer gestörte Klienten benötigen unter Umständen ein modifiziertes (stärker durch den Leiter strukturiertes) Gruppen-Setting.

Musiktherapeutische Selbsterfahrung

Unter »Musiktherapeutischer Selbsterfahrung« (MSE) verstehen wir eine erweiterte Anwendung musiktherapeutischer Arbeitsweisen mit dem Ziel der Persönlichkeitsentfaltung, der Förderung von Kreativität und seelischer Gesundheit.

Während die Arbeitsformen der MSE im wesentlichen jenen der Einzel- und Gruppenmusiktherapie entsprechen, können sich die Rahmenbedingungen und Zielsetzungen sehr davon unterscheiden. So werden beispielsweise Wochenendseminare veranstaltet, bei denen sich musiktherapeutische Sitzungen mit themenzentrierten oder theoretisch ausgerichteten Arbeitseinheiten abwechseln. Solche Seminare können für bestimmte Berufsgruppen ausgeschrieben sein (zum Beispiel Sozialarbeiter, Ärzte) und sich etwa mit Problemen der Berufsrolle beschäftigen (»Die Situation des professionellen Helfers«). Weitere Seminare wenden sich an Personengruppen, die andere Gemeinsamkeiten haben: Frauen, Männer, Paare, Arbeitslose, Partner von Alkoholikern, junge Väter etc.

Daneben werden auch Selbsterfahrungsgruppen angeboten, die unter keinem bestimmten Thema stehen, sondern sich an den aktuellen Bedürfnissen der Teilnehmer orientieren. Sie finden oft fortlaufend über eine längere Zeit (ein Wochenende im Monat oder eine Sitzung pro Woche) statt. Die Teilnahme an einer solchen Gruppe ist übrigens eine der Vorausetzungen für die Bewerbung zur Aufnahmeprüfung an einigen musiktherapeutischen Ausbildungsinstituten (zum Beispiel Musikhochschule Hamburg).

Veranstaltet werden solche Gruppen u. a. von kommunalen oder kirchlichen Trägern der Erwachsenenbildung (Volkshochschulen, Akademien etc.), von Beratungsstellen oder von in freier Praxis tätigen Musiktherapeuten.

Eine MSE bietet die Gelegenheit, einen intensiven Zugang zu den (unbewußten) Strukturen des eigenen Lebenskonzepts zu finden. Die Probleme, die damit immer wieder verbunden sind, aber auch die Chancen und Entwicklungsmöglichkeiten werden mit musiktherapeutischen Mitteln herausgearbeitet. *Hierin* unterscheidet sich die Selbsterfahrung nicht von Therapie. Derzeit zeichnet sich allerdings eine deutlichere Unterscheidung zwischen Therapie und Selbsterfahrung ab hinsichtlich der *Eigenverantwortlichkeit* des Klienten. Während in einem therapeutischen Setting der Therapeut einen mehr oder weniger großen Teil der Verantwortung für den Therapieprozeß übernimmt (gegebenenfalls zusammen mit dem Arzt), trägt der Klient in einer Selbsterfahrung für sich und sein Tun die volle Verantwortung. Dies wird häufig auch im Kontrakt zwischen Therapeut und Klient ausdrücklich erwähnt.

In einem Vorgespräch werden die äußeren Bedingungen (Zeit, Frequenz, Honorar etc.) verabredet. Einige Kollegen bieten die Einzel-Selbsterfahrung auch in Form einer intensiven Kurztherapie an, bei der eine begrenzte Stundenzahl (20 bis 30 Sitzungen) zu Beginn vereinbart wird.

Da es sich hier ja nicht um Therapie im Sinne einer Krankenbehandlung handelt, müssen die Honorare privat bezahlt werden. Eine Arbeitseinheit in der Gruppe (ca. zwei Stunden) kostet zwischen 30 und 50 DM, eine Einzelsitzung zwischen 50 und 120 DM. Wochenendseminare mit Musiktherapie kosten zwischen 100 und 300 DM (zuzüglich Unterkunft).

Für manche Veranstaltungen wird vom Arbeitgeber Bildungsurlaub gewährt. Unter Umständen können sämtliche Kosten (inklusive Reisekosten) bei der Steuererklärung als Ausgaben für berufliche Fortbildung geltend gemacht werden.

Anschriften erhalten Sie über die Fachverbände bzw. -einrichtungen (siehe unten). Veranstaltungshinweise für themenbezogene Seminare und Workshops erscheinen regelmäßig in den Fachzeitschriften (siehe Literaturempfehlungen). Weitere Informationen auch über die regionalen »Landesarbeitsgemeinschaften« der Deutschen Gesellschaft für Musiktherapie (DGMT) und über die Aus- und Weiterbildungsinstitute (siehe unten).

Adressen

zu Fortbildung/Weiterbildung:

Deutsche Gesellschaft für Musiktherapie e.V.
Bundesgeschäftsstelle
Libauer Str. 17
10245 Berlin

Deutsche Sporthochschule Köln
Institut für Musik- und Tanzpädagogik
Carl-Diem-Weg 6
50933 Köln

Freies Musikzentrum
Ismaninger Str. 29
81675 München

Institut für Musiktherapie und Morphologie IMM
Postfach
34596 Zwesten

ISIS Institut für selbständige Interdisziplinäre Studiengänge
Friesstr. 24
CH-8050 Zürich

Die im deutschsprachigen Raum wichtigsten Ausbildungsstätten
für Musiktherapie:

(Diese Ausbildungsinstitutionen bieten ebenfalls oft zusätzlich zum Lehrbetrieb für Studierende öffentliche Informationsveranstaltungen an.)

Hochschule der Künste Berlin
Mierendorffstr. 30
10589 Berlin

Musiktherapeutische Arbeitsstätte e.V.
Arno-Holz-Straße 16
12165 Berlin

Akademie für Musiktherapie
08129 Crossen

Fachhochschule Frankfurt, Fachrichtung Sozialpädagogik
Nibelungenplatz 1
60318 Frankfurt/Main

Institut für Musiktherapie der Hochschule für Musik und Theater
Harvestehuder Weg 12
20148 Hamburg

Akademie für musiktherapeutische Weiterbildung
der Herbert von Karajan Stiftung Berlin
c/o Institut für Musiktherapie der Hochschule für Musik
und Theater Hamburg
Harvestehuder Weg 12
20148 Hamburg

Staatlich anerkannte
Fachhochschule der Stiftung Rehabilitation
Fachbereich Musiktherapie
Ziegelhäuser Landstraße 1
69120 Heidelberg

Institut für Musiktherapie an der Universität Witten/Herdecke
Beckweg 4
58313 Herdecke

Fritz-Perls-Institut (FPI)
42499 Hückeswagen

Fachhochschule Magdeburg
FB Sozial- und Gesundheitswesen
Maxim-Gorki-Str. 31–37
39108 Magdeburg

Westfälische Wilhelms-Universität Münster
Institut für Musikpädagogik/Studienrichtung Musiktherapie
Scharnhorststr. 100
48151 Münster

Universität Gesamthochschule Siegen
Fachrichtung Sozialpädagogik
Postfach
57068 Siegen

Hochschule für Musik, Lehrgang für Musiktherapie
Lothringerstr. 18
A-1037 Wien

bam Berufsbegleitende Ausbildung Musiktherapie
Kilchbergstr. 113
CH-8038 Zürich

Internationales Hochschulprogramm für musik- und
ausdruckstherapeutische Methoden in Coaching und Beratung
c/o Europäische Hochschule für Berufstätige
Ringacker
CH-3953 Leuk

Literatur

Adorno, Th. W., Einleitung in die Musiksoziologie, Hamburg 1969
Ammon, G., Gruppendynamik und Kreativität, München 1974
Balint, M., Therapeutische Aspekte der Regression, Reinbek 1973
Barthes, R., Das Reich der Zeichen, Frankfurt/M. 1981
Behne, K. E., Hörertypologien. Zur Psychologie jugendlichen Musikgeschmacks, Regensburg 1986
Behrend, Ch. R. , Vorlesungsskript im Diplom-Aufbaustudium Musiktherapie, Hamburg 1987
Berendt, J. E., Das Dritte Ohr, Hamburg 1985
derselbe: Die Welt ist Klang – Nada Brahma (mit Tonkassette), Frankfurt o. J.
Benenzon, R. O., Einführung in die Musiktherapie, München 1983
Bolay, H. V., Musiktherapie als Hochschuldisziplin, Stuttgart 1985
Brocher, T., Stufen des Lebens, Stuttgart 1985
Clauß, G., Ebner, H., Grundlagen der Statistik, Frankfurt 1979
Cohn, R.C., Von der Psychoanalyse zur themenzentrierten Interaktion, Stuttgart 1975
Decker-Voigt, H.-H., Diplom-Aufbaustudium Musiktherapie, Modellversuch der Bund-Länder-Kommission, Dokumentation Bd. III, Lilienthal 1990
derselbe (Hrsg.), Handbuch der Musiktherapie, Bremen/Lilienthal 1983

derselbe: Zum Problem der Lautstärke, in: Bücken, E. (Hrsg.), Diskothek/Mediathek, Wuppertal 1977
*derselbe: Mit Musik ins Leben. Die Wirkung der Klänge in Schwangerschaft und früher Kindheit, München 1999
*derselbe: Pummel – Entwicklungspsychologie am Beispiel eines Nilpferdlebens. Ein Bilderbuch mit Wissensinformationen zur Entwicklung des Menschen, Lilienthal 1998
*derselbe: Musik und Gesundsein. Selbsthilfe für Herz-Kreislauf, Hamburg 1998 (2 CD mit Handbuch)
Dörner, K., Plog, U., Irren ist menschlich, Lehrbuch der Psychiatrie/Psychotherapie, Rehburg-Loccum 1984
Dossey, L., Die Medizin von Raum und Zeit, Reinbek 1987
Erickson, M. H./Rossi, E. L., Hypnose – Induktion – Psychotherapeutische Anwendung – Beispiele, München 1988
Eschen, J., Skizze einiger Aspekte musiktherapeutischer Gruppenarbeit..., in: Decker-Voigt, H.-H., (Hrsg.), Texte zur Musiktherapie, Lilienthal 1975
Freud, S., Vorlesungen zur Einführung in die Psychoanalyse 1916/17, Standard ed.
derselbe: Die psychanalytische Technik, Frankfurt/M. 1982
derselbe: Das Unbehagen in der Kultur, Frankfurt/M. 1974
derselbe: zitiert nach Nagera H., (Hrsg.), Psychoanalytische Grundbegriffe, Eine Einführung in Sigmund Freuds Terminologie und Theoriebildung, Frankfurt 1974
Fritz, J., Methoden sozialen Lernens, München 1977
Frohne, J., Das Rhythmische Prinzip, Sonderr. Bd. 5 der Werk Musiktherapie (Hrsg. Decker-Voigt, H.-H.), Lilienth./B. 1981
Frohne-Hagemann, I., Musik und Gestalt, Klinische Musiktherapie als integrative Psychotherapie, Paderborn 1990
Gebser, J., Ursprung und Gegenwart, München 1973
Grootaers, F., Improvisation, in: Decker-Voigt, H.-H., (Hrsg.), Handbuch der Musiktherapie, Bremen/Lilienthal 1983
Harrer, G., Das »Musikerlebnis« im Griff des naturwissenschaftlichen Experiments, in: Harrer, G. (Hrsg.), Grundlagen der Musiktherapie und Musikpsychologie, Jena 1975

derselbe (Hrsg.), Grundlagen der Musiktherapie und Musikpsychologie, Stuttgart 1975
Hegi, F., Improvisation und Musiktherapie, Paderborn 1986
*derselbe: Übergänge zwischen Sprache und Musik. Die Wirkungskomponenten der Musiktherapie, Paderborn 1998
Heiden, U. v. d., Vom Schmetterlingsschlag, der das Gewitter auslöst, Hamburg 1990
Hörmann, K., (Hrsg.), Musik- und Kunsttherapie, Bd. 1 der Reihe Musik im Diskurs, Regensburg 1986
derselbe: Musikwahrnehmung und Farbvorstellung, Empirische Grundlagen für Unterricht und Therapie, Weil der Stadt 1983
Jung, C. G., Der Mensch und seine Symbole, Freiburg 1981
Klee, P., Schöpferische Konfession 1018, zit. nach G. di San
Klausmeier, F., Die Lust, sich musikalisch auszudrücken, Reinbek/Hamburg 1978
Kleist, H. v., Über die allmähliche Verfertigung der Gedanken beim Reden, München 1966
Knill, P. J., Ausdruckstherapie, Halle 1983/Lilienthal 1991
Köhler, L., Neuere Ergebnisse der Kleinkindforschung, Forum der Psychoanalyse 1990
Körner, K., Akustische Reizüberflutung, Musik als Weg zur Regeneration der angekrankten Gesellschaft, Lilienthal 1979
Kohut, H., Narzißmus. Eine Theorie der psychoanalytischen Behandlung narzißtischer Persönlichkeitsstörungen, Frankfurt 1976
Kris, E., Psychoanalytic Explorations in Art, New York 1952
Langenberg, M., Vom Handeln zum Be-Handeln, Stuttgart 1988
Lasch, Ch., Das Zeitalter des Narzißmus, München 1982
Lazzaro, Paul Klee, Leben und Werk, München, Zürich 1958
Leonardo da Vinci, Das Buch der Malerei, Hrsg. von H. Ludwig, Wien 1982
Lermer, S., Geheimnisse der Kommunikation, München 1982
Loos, G., Spielräume, Stuttgart 1986
Lorenzer, A., Zur Begründung einer materialistischen Sozialisationstheorie, Frankfurt/M., 1972

Mahler, M. S., Symbiose und Individuation, Stuttgart 1986
Maler, T., Klinische Musiktherapie, Hamburg 1989
derselbe, Musik und Ekstase in einer ostafrikanischen Medizinmann-Praxis, in: Willms, H., (Hrsg.), Musik und Entspannung, Stuttgart 1977
Markl, H., Wohin führt uns die Wissenschaft? in: Die Zeit v. 17. 8. 1990

Mayr, S., Musiktherapie und Gruppendynamik als Grundlage der Kommunikationstheorie, in: Decker-Voigt, H.-H., (Hrsg.), Texte zur Musiktherapie, Lilienthal 1975
Meyberg, W., Trommelnderweise. Trommeln in Theorie und Selbsterfahrung, Hemmoor 1989
Mindell, A., Schlüssel zum Erwachen, Sterbeerlebnisse und Beistand im Koma, Freiburg 1989
Monico, M., Labyrinth und Psychotherapie, in: Frauen verlassen die Couch, hrsg. v. Camenzind, E., Steinen, U., v. d., Zürich 1989
Moog, H., Das Musikerleben des vorschlulpflichtigen Kindes, Mainz o. J.
Motte-Haber, H., de la, Musikpsychologie, Köln 1972
Müri, P., Erfolg durch Kreativität, Chancen kreativer Selbstentfaltung auf Führungsebene, Egg/Zürich 1984
Munro, S., Musiktherapie bei Sterbenden, Stuttgart 1986
Muthesius, D., Musiktherapie im klinischen Bereich – Eine Untersuchung über Arbeitsbedingungen und Methodik, o. O. 1990
Niedecken, D., Namenlos – Geistig Behinderte verstehen, München 1989
Nöcker-Riebaupierre, M., Auditive Stimulation nach Frühgeburt, Diss. Hamburg HfM, eingereicht 1990
Perls, F., Grundlagen der Gestalt-Therapie, München 1976
Petersen, P., (Hrsg.), Ansätze kunsttherapeutischer Forschung, Berlin 1990
Picht, G., Wozu braucht die Gesellschaft Musik? zitiert nach

Rauhe, H., Flender, R., Schlüssel zur Musik, München 1990
Pontvik, A., Grundgedanken zur psychischen Heilwirkung durch Musik, Zürich 1958
Priestley, M., Musiktherapeutische Erfahrungen, Stuttgart 1982
derselbe: Analytische Musiktherapie, Stuttgart 1983
Rauhe, H., Reinicke, H.-P., Ribke, S., Hören und Verstehen – Theorie und Praxis handlungsorientierten Musikunterrichts, München 1975
Rauhe, H., Flender, R., Schlüssel zur Musik, München 1990
Reichelt, R., Aspekte einer Kausalen Musiktherapie mit schizophrenen Patienten. Psychoanalytische, therapeutische und musikalische Grundlagen. Unveröffentlichte Diplomarbeit, Hamburg 1989
Richter, H. E., Eltern, Kind, Neurosen, Stuttgart 1963
Riemann, F., Grundformen der Angst, München 1986
Rittner, S., Vortragsskript, Fachtagung Musiktherapie, Hamburg 1990
Rogers, C. R., Die klientenzentrierte Gesprächspsychotherapie, München 1972
Ruud, E., Mahns, W., Meta-Musiktherapie, erscheint 1991 in Norwegen
Salber, W., Morphologie des seelischen Geschehens, Ratingen 1965
derselbe: Kunst-Psychologie-Behandlung, Bonn 1977
Sayers, Dorothy, Die neun Schneider, Roman, Tübingen
Scheytt, N., Vegetative Veränderungen durch Musik, in: Dekker-Voigt, H.-H., (Hrsg.), Handbuch Musiktherapie, Lilienthal/Bremen 1983
Schmölz, A., Die Wiener Schule der Musiktherapie, in »blätter«, Wien 1986
Schnübbe, O., Paul Tillich und seine Bedeutung, Hannover 1985
*Schumacher, K., Musiktherapie und Säuglingsforschung, Diss., Hamburg 1998
Schwabe, C., Musiktherapie bei Neurosen und funktionellen Störungen, Jena 1974

derselbe: Methodik der Musiktherapie und deren theoretische Grundlagen, Leipzig 1978
Seiffert, H., Einführung in die Wissenschaftstheorie, München 1983
Spintge, R., Droh, R., Musik in der Medizin, Heidelberg 1987
*dieselben: Musikmedizin, physiologische Grundlagen und praktische Anwendungen, G. Fischer, Stuttgart, 1992
Spitz, R. A., Vom Säugling zum Kleinkind, Stuttgart 1974
*Stern, D. N., Die Lebenserfahrung des Säuglings, 1992
*derselbe: Tagebuch eines Babys. Was ein Kind sieht, spürt, fühlt und denkt, Zürich 1993
Sutermeister, H. M., Psychophysische Wirkungen der Musik, in: Ztschr. Grenzgebiete der Medizin, II, 1949
Thomann, C., Schulz von Thun, F., Klärungshilfe, Hamburg 1988

Tillich, P., Gesammelte Werke Bd. V. S. 1396ff., zitiert nach Schnübbe, O., Paul Tillich und seine Bedeutung, Hannover 1985
Timmermann, T., Klangstrukturen und ihre psychische Wirkung, München 1983
Thomä, H., Kächele, H., Lehrbuch der Psychoanalytischen Therapie, Berlin 1986
Trapp, J., zitiert nach Niedecken, D., Namenlos-Geistig Behinderte verstehen, München 1989
Tüpker, R., Ich singe, was ich nicht sagen kann. Zu einer morphologischen Grundlegung der Musiktherapie, Regensburg 1988
dieselbe: Wissenschaftlichkeit in kunsttherapeutischer Forschung, MU II 1990
da Vinci, L. in: Ludwig, H., Das Buch der Malerei, Wien 1982
Waardenburg, W., in Wils, L. (Hrsg.), Spielenderweise, Alphen (NL) 1973
Watzlawick, P., Wie wirklich ist die Wirklichkeit?, München 1977
derselbe: Beavin, J. H., Jackson, D. D., Menschliche Kommunikation, Bern 1980

Weymann, E., Anzeichen des Neuen Improvisierens als Erkenntnismittel und als Gegenstand der Forschung, in: Petersen, P., (Hrsg.), Ansätze kunsttherapeutischer Forschung, Heidelberg 1990

derselbe: Kunstanaloges Vorgehen in der Musiktherapie, in: Frohne-Hagemann, I., Musik und Gestalt, Paderborn 1990

Winnicott, D., Vom Spiel zur Kreativität, Stuttgart 1979

* Aktuelle Literatur, Stand Februar 2000

Folgende Zeitschriften, die Fragen der Musiktherapie schwerpunktmäßig in Praxis, Forschung und Lehre behandeln, können Sie über den Buchhandel beziehen bzw. in Bibliotheken einsehen:

Musiktherapeutische Umschau, Forschung und Praxis der Musiktherapie. Herausgegeben im Auftrag der Deutschen Gesellschaft für Musiktherapie e.V. im Verlag Erwin Bochinsky GmbH, Frankfurt am Main, in Zusammenarbeit mit dem Gustav Fischer Verlag, Stuttgart

Musik-, Tanz- und Kunsttherapie, Georg Thieme Verlag, Stuttgart – New York

Buchreihen zur Musiktherapie:

Musik und Kommunikation, Hamburger Jahrbücher zur Musiktherapie und intermodalen Medientherapie (herausgegeben von Hans-Helmut Decker-Voigt in Verbindung mit Johannes Th. Eschen und Wolfgang Mahns), Verlag der Edition ERES, Postfach 1220, 28859 Lilienthal/Bremen,

Buchreihe »Praxis der Musiktherapie« (herausgegeben von Volker Bolay und Volker Bernius), Gustav Fischer Verlag, Stuttgart, in Verbindung mit Bärenreiter Verlag, Kassel,

Werkreihe zur Musiktherapie (herausgegeben von Hans-Helmut Decker-Voigt), Verlag der Edition ERES, Postfach 1220, 28859 Lilienthal/Bremen,
(Informationen zu den Reihen bei den Verlagen)

Register

Abwehrmechanismen 104, 135
Adjuvans-Therapie 92
Adler, A. 98
Affektives Klima 302 f.
Aggression 101
Aktive Improvisation 122, 153
Aktive Musiktherapie 34, 36,
    49, 51, 54, 57, 68, 89 f., 96,
    103, 107, 152 f., 226 f., 233,
    244, 249, 255
Akustische Reize 47
Akustische Reizüberflutung 49
Akustisches Reizmaterial 61
Akustische Sensibilität 49
Akzeptanz 110
Ammon, G. 101
Analytische Musiktherapie 107,
    132, 263
Angst vor dem Begrenztsein
    204
Angst vor der Gewöhnung 206
Angst vor der Selbstwerdung
    179
Angst vor der Vergänglichkeit
    191
Anima/Animus 275

Appellative Wirkung von Musik
    im Unbewußten 126
Appell 265 f., 273
Appellspektrumanalyse 78
Appellwert 78, 266 ff., , 278 f.,
    290
Arbeitsplatzmusik 53
Archetypen 261
Assoziationen 83, 107, 137 ff.,
    141, 143 ff., 184, 256, 264,
    266, 306, 318
Assoziationsbrücke 184
Assoziationsmaterial 83, 138
Assoziativer Zugang 138
Aufgabe der Musiktherapie 35
Ausdruckstherapie 98
Autosuggestionsübungen 132

Barthes, R. 301
Bausteine der Musik 43, 50,
    53 ff., 64, 68 f., 175 ff., 270 ff.
Bedeutung der Musiktherapie
    35
Behandlungsdauer 23
Behrend, R. Ch. 40, 58
Behrendt, J. E. 63

Benenzon, R. 110, 128
Berne 98
Beruhigungsmusik 52
Beschäftigungstherapie 91
Bewegungstherapie 91, 308
Bewußtes 99 f.
Beziehungsdiagnostik 336
Beziehungsfähigkeit 310
Beziehungsformen 310 f.
Beziehungs-Realität 29
Bindungsarmut 203
Biographischer Lebenshintergrund 78, 148
Bolay, V. 97
Boller 335
Brainstorming 316
Brückenfunktion der Stimme 283

Circle of protection 165
Coenästhetische Organisation 119
Coenästhetisches System 197
Cohn, R. 152

Deflektion 240 f.
De la Motte-Haber, H. 66, 90
Depression 111, 251
Depressive Musik 183, 187
Depressive Persönlichkeit 177 f.
Depressiver Anteil 238
Der zwanghafte Mensch 190
Die inneren Kräfte des Menschen
– schizoide Kraft 159 ff.
– depressive Kraft 159, 177 ff., 239, 241 f.
– zwanghafte Kraft 159, 187 ff., 239
– hysterische Kraft 159, 201 ff., 209
Die schizoid-narzißtische Gesellschaft 38
»Disco-Patienten« 55
Distanz in der Musik 169
Distanz-Typ 250
Dörner, K. 159, 166, 168, 181, 220

Effizienz von Psychotherapien 109
Einzeltherapie 23, 151, 325, 341 ff.
Elemente der Musik 55, 61, 68, 91 f.
Emotionale Besetzung von Musik 144 f.
Emotionale Qualität des Erlebens 87
Emotionale und vegetative Reaktion 55
Empathie 336, 338
Enkulturationsprozeß 284
Entspannungsmusik 53, 71
Entwicklungsphasen als Persönlichkeit
– orale Phase 102, 123, 182
– anale Phase 102, 193
– ödipale Phase 102, 210
– Latenzphase 102
– Pubertätsphase 102
Entwicklungspsychologie 49
Erfahrungspsychologie 46, 278
Ergotherapie 91

Ergotrope Musik 55, 59 f., 62 f.,
    68, 70 f., 73 ff., 78, 84 f., 185,
    213, 216, 277
Ergotropien 84
Ergotrop wirkende Stimmen 78 f.
Erickson, M. E. 100
Erinnern/Wiederholen/Durch-
    arbeiten 122 ff.
Erinnerungen 215, 229
Eschen, J. Th. 35, 100 f.
Escher, J. 93

Familientypisches Bewegungs-
    repertoire 307 f.
Fischer, J. 93
Fremdwahrnehmung 108, 111,
    135, 151, 162
Freud, S. 87, 97 f., 103, 107 f.,
    122, 318
Fritz, J. 39, 118
Fühlen in der Interaktion 39
Funktional-vegetative Erkran-
    kungen 141 f.
Funktionelle Musik 19, 36, 51 ff.,
    57 f., 89 ff., 127, 131 f., 152,
    277
Funktionelle Musiktherapie 42,
    54, 86, 105

Gebser, J., 257
Geräusch 66 f., 120 ff., 277
Gesprächstherapie 324
Gestalttherapie 98, 240 f.
Gewöhnungseffekt 83
Grass, G. 69
Grootaers 316
Grundkräfte der Persönlichkeit
    172 ff., 220 ff.

Gruppe 25, 27, 29, 64, 69, 88 f.,
    118, 147 f., 149 ff., 168, 216,
    218, 239, 241 f., 252 f., 254,
    260, 291, 295 ff., 316, 324 f.
Gruppendynamik 27, 113
Gruppendynamische Übung 151
Gruppenerlebnis 226
Gruppenimprovisationen 27, 78,
    287 f., 290
Gruppenpsychologie 226
Gruppensituation 28
Gruppentherapie 26 f., 151, 226,
    251, 257, 343 ff.
Gundermann 277

Harmonie 56 f.
Harmonisierungsversuche 57
Harrer 55, 86
Hegi, F. 54, 199, 234 f., 239 ff.
Heilwirkungen von Musik 98 f.
Helfersyndrom 177 f.
Herzschlag-Rhythmus-Figur 84
Hirnphysiologische Forschung
    37
Hirnstrom 45, 49, 71, 95
Höhmann, U. 93, 273
Höreinstellung 83
Hörerbiographie 75
Hörerpersönlichkeit 213
Hörertyp 82, 89, 212
Hörerwartung 83
Hörmann, K. 46
Horney 98
Humanistische Psychologie 335
Hunting-Typ 162
Hypothalamus 44
Hysterie 111
Hysterischer Anteil 238

Ich-Ausdruck 288, 295
Ich-Findung 166
Identifizierung mit Musik 141
Improvisation 25 f., 28, 36, 51,
 54, 57, 67, 92, 94, 107, 122,
 148, 175, 217, 233 ff., 238 ff.,
 254, 257, 261, 269 ff., 300,
 306, 309, 313 ff., 323, 328 ff.,
 337 f.
Individual-Psychologie 98
Individuation 167
Individuelle (subjektive) Besetzung von Musik 75
Individuelles Klangbild 244
Individuelle Sozialisation 82
Inflationär kommunizierender Mensch 240
Infraschall 43
Innere Bilder 138
Innere Wahrnehmung 139
Integrationskraft des Menschen 40
Interaktion 39 f., 87, 118 f., 239, 302
Interaktionserfahrungen 302
Introjektion 236 f.
Introspektion 336
ISO-Prinzip 110, 128

Jung, C. G. 87, 98, 160, 195,
 249, 257 ff., 261, 263, 275

Kächele 101
Katathymes Bilderleben 98
Kaufhausmusik 53
Kinästhetische Erotik 121
Klangeigenschaften 53 f.
Klangerleben 57

Klassische Neurosenlehre 111
Klausmeier, F. 269, 284
Klein 98
Klienten(Patienten-)zentrierte Gesprächsführung 152
Knill, P. J. 98, 202
Köhler, L. 303
Körner, K. 37
Körper(Ausdrucks-)bewegungen 307
Körpermusik 48
Körpersprache 290
Kohut, H. 96, 120 ff.
Kollektives Unbewußtes 263
Kommunikation 39, 87, 127,
 154, 203, 238, 240, 297
Kommunikationsforschung
 153 f.
Kommunikationsrepertoire 164
Kommunikationsspiele 297
Kommunikationstherapie 92,
 110
Kommunikationsverhalten 119,
 239
Kommunikativer Wert 39, 118
Kommunikative Zeichen/Signale 119, 302
Komplementäres Hören 254 f.
Konditionierungsübungen 133
Konfluenz 241 f.
Kontaktstörungen 30, 207, 235
Konzentrationsfähigkeit 209
Konzentrationsschwächen 207
Kris, E. 308
Krisen-Einfluß 144
Krisenmerkmale 111
Kunsttherapie 110, 202

Lasch, Ch. 38
Lautstärke 68
Labyrinth 247 f.
Lebensgeschichte 148, 338
Lebenshintergrund 245, 291
Lebenskonzept 57, 86, 106, 214, 245, 263, 270, 337
Lebenskrisen 111
Lebenssituation 25, 272
Lebensumstände 26
Leib-Seele-Geist-Einheit 40
Lermer, S. 113, 168
Leuner 98
Libido 101
Limbisches System 42, 44, 81, 83
Loos, G. 29, 195, 197 ff., 272
Lorenzer, A. 304 ff.
Lustprinzip 98

Mahler, M. 96, 167
Maler, Th. 92
Manipulation 237 f.
Manipulation des Menschen durch das Lied 61
Manipulierendes Spiel 244
Menschentypen 244
Menschenbilder 153 ff.
Menschenkenntnis 219
Merkmale des Zwanghaften 194
Mindell, A. 50, 127 f.
Mischstrukturen 223
Modelle des Menschen 220 ff.
Monico, M. 247
Moog, H. 84
Moreno 98
Moro-Reflex 120 f.
Müri, P. 113

Mütterliche Herzmusik 84
Munro-Porchet, S. 94
Music and shadow 249
Musikalisch-akustische Reize 41 f., 45, 47
Musikalische Klangeigenschaften 78
Musikalischer Ausdruck 292
Musikalische Selbsterfahrung 292
Musikalische Sozialisation 87
Musikalisches Spektrum der Stimme 79
Musikalische Wahrnehmung 82
Musik als Abgrenzungsmedium 148
Musik als Beeinflussungsmittel 61
Musik als präverbales Kommunikationsmittel 127
Musik der Außenwelt 118 f.
Musikerleben 84, 122
Musikhören 19, 36, 96
Musik in der Anästhesie 52 f.
Musik in der Sprache 47
Musikkultur 300
Musikmachen 19
Musikpsychologie 86 f.
Musikrezeption 122, 140
Musik-Rezeptionspsychologie 86
Musiksoziologie 89
Musik-Sprache 47
Musikstrukturmerkmale 70
Musiktherapeutenausbildung 261
Musiktherapeutische Erfahrung 30

Musiktherapeutische Heilverfahren 34
Musiktherapeutische Selbsterfahrung 30, 345 ff.
Musiktherapie als angewandte Musikpsychologie 90
Musiktherapie als angewandte Psychotherapie mit Musik 90
Musiktherapie als Kommunikationstherapie 94, 135
Musiktherapie als Prophylaxe 98
Musiktherapie als Psychotherapie 19 f., 36, 91, 95
Musiktherapie als Wissenschaft 98
Musiktherapie der frühen Jahre 19
Musiktherapie-Forschung 36, 51, 53 f., 330 ff.
Musiktherapieverfahren 18
Musikvorlieben 225 f.
Muthesius, D. 335
Mutter-Kind-Interaktion 119

Näheerfahrungen 183 f.
Nähe-Typ 250
Narzißmus-Theorie 96
Neo-Psychoanalyse 103
Neo-psychoanalytische Verfahren 98
Nervus Sympatikus 59, 75
Nervus Vagus 73, 75, 277
Neurophysiologie 40, 55
Neurosen-Therapie 97
Neurotische Störungen 87, 141 f.
Nicht- oder Teilakzeptanz 167
Nichtsprachliche Signale 127

Nichtsprachliche Verständigungsformen 301
Niedecken, D. 93
Nöcker-Ribaupierre, M. 94
Noopsyche 81
Not wendende Musik 33 ff.
Notwendige Musik 33 ff.

Ontogenese 37
Optische Reize 48
Over-Protection 177

Panzerknacker-Therapien 136
Paradoxe Reaktionsmuster 88
Parameter der Musik 63
Partnerschaftsstrukturen, komplementäre 251
Pearls, F. 98, 234 f.
Pentatonische Liedformen 75
Pentatonische Reihe 72
Pentatonisches Spiel 72 f.
Persönliche Biographie 82
Persönlichkeit 246 f.
Persönlichkeitskräfte 249, 278
Persönlichkeitsmodelle 111, 158 ff.
Persönlichkeitsstruktur 101
Persönlichkeitstypen
– schizoid 244
– depressiv 244
– zwanghaft 244
– hysterisch 244
Persönlichkeitstypisierung 168
Personenerinnerung 140, 143
Phylogenese 37 f.
Picht, G. 37
Placating 181
Plog, U. 159, 168, 181

Potential space 312
Pontvik, A. 195
Priestley, M. 249
Primärprozeßhaftes 101
Progression 106, 295, 308
Projektion 105 f., 216, 229, 237 f., 252
Projektions-Spiele 252
Psychische Instanzen
– Ich/Ego 96, 103 f., 121, 160 f., 236
– Es 103 f., 125, 263
– Über-Ich 103 f., 125
Psychoanalyse 19, 97 f., 101, 107 f., 113, 122, 324, 335 f.
Psychoanalytisch geprägte Musiktherapie 99, 105
Psychodynamik 100 ff.
Psychoneurotische Erkrankungen 112
Psychoneurotische Störungen 111
Psycho-physische Reaktionen 70, 78
Psychosomatik 92, 112
Psychosomatische Beschwerden 141 f.
Psychotherapeutische Forschung 86, 88
Psychotherapeutische Musiktherapie 54, 111, 131, 137
Psychotische Erkrankungen 112
Psycho-vegetatives System 86

Qualität der therapeutischen Beziehung 110
Qualitative Sichtweise 87
Quantifizierende Methoden 87

Quantifizierende Methodologie 87

Rauhe, H. 37 f., 58
Raum-/Orterinnerung 138 f., 143
Reaktive Hysterien 211
Regression 106, 295, 308
Reichelt, R. 308, 326
Reinecke, H. P. 35
Reizabschwächung 124
Reizabwesenheit 43
Reizreaktion 41 f., 44 f., 47 f.
Reizschild 120, 132
Reizsignale 266
Reizwahrnehmung 41
REM-Phasen 81
Retroflektion 239
Rezeptionsforschung 88
Rezeptionspsychologie 46, 84
Rezeptive Musiktherapie 34, 36, 54 f., 57, 86, 89 f., 107 ff., 116 ff., 125, 135 ff., 139, 141 f., 151, 227
Rezeptive Wahrnehmung 119
Rezitationston 80
Revers 55, 86
Rhythmus-Therapie 93
Richter, H. E. 166
Riemann, F. 103, 157 ff., 166, 168, 177, 186, 187, 204, 209, 220, 225, 249
Rogers, C. 152
Rückenmark 44
Ruhe-Musik 71

Salber, W. 27
Schädigende Wirkungen von Musik, Ursachen 65

Schall 44 f., 64 f.
Schamanistische Heilkunst 91
Schattenprojektionen 252
Schatten-Spiel 249, 252
Schizoide Persönlichkeit 179
Schizoide Persönlichkeitsstruktur 166
Schizoides 163 ff., 175 f.
Schizoidie 111
Schizophrenie 165 f., 167 ff.
Schlafforschung 81
Schlafkur 93
Schmölz, A. 35
Schulz von Thun, F. 103, 159, 169, 249, 251
Schwabe, Ch. 151
Seelenausdruck 233 f.
Sehsprache 46
Seiffert, H. 333, 336
Sekundärprozeßhaftes 101
Selbstakzeptanz 110
Selbsterfahrung 17, 30, 248
Selbstwahrnehmung 108, 111, 135, 139, 206
Selbstwerdung 237
Settings 22 f., 151, 270
Sinn des Spielens 26
Situationserinnerung 136 ff.
Sobhani, Sch. 92
Sozialisation 103
Sozialisationsbedingte Hörerwartungen 62
Sozialpädagogische Musiktherapie 274
Spaltendes in der Musik 169 ff.
Spaltung von Geist, Seele, Körper 38, 156
Spezifizierung 156 ff.

Spielmöglichkeiten der Stimme 289
Spieltrieb 101
Spieltypen 244
Spiel- und Alltagsverhalten 267
Spintge, R. 52
Spitz, R. A. 118 f., 303
Sprachgemeinschaft 305
Stimmausdruck 278, 286 f.
Stimme 61, 78 ff., 276 ff., 282 f., 291 ff.
Stimme als Ich-Ausdrucksmittel 284, 292
Stimme als musikalisches Ausdrucksmittel 294 ff.
Stimme als spontaner Ausdruckskanal 287
Stimmebenen 298
Stimmerfahrung 289
Stimmfinden/Stimmanalyse 278
Stimmkraft 78
Stimmlicher Ausdruck 287 f.
Stimmliche Kreativität 294
Stimmliche Reaktion 287 f.
Störungen in der Erlebnisverarbeitung 87, 144
Subjektive Reizreaktion 82
Subjektiver Faktor 336
Subjektive Wahrnehmung 81
Supervision 336, 338
Symballein-Symbol 256
Symbiose 38, 168
Symbol 121, 258 ff., 269, 277
Symbolbedeutung 264
Symbolcharakter 274
Symboldrama 98

Symbolik 264
Symbolkraft 256, 263, 269
Symbolträger 256, 261
Symbolwelt 263, 274
Sympathikotone Beeinflussung 59, 73
Szenisches Verstehen 336

Tanztherapie 91
Teil-Regression 106
Tertiärprozeßhaftes 101
Thalamus 42, 44, 81
Themenzentrierte Interaktion 152
Therapeutische Beziehung 105, 135, 310
Therapeutisches Gespräch 136, 152
Therapeutisches Setting 106
Therapieformen 23
Thomä, H. 101
Thomann, Ch. 103, 159, 169, 249, 251
Thymopsyche 81 f.
Thymusdrüse 81 f.
Tiefenpsychologie 87, 98 f., 112
Tillich, P. 258
Tomatis, A. A. 49 f., 283
Transaktionsanalyse 98
Trapp, J. 95
Trieb 101 ff.
Trieblehre 101 ff.
Trophotrope Musik 70 ff., 75 f., 78, 81, 84, 88, 93, 184, 277
Trophotropie(n) 71, 84
Trophotrop wirkende Stimmen 78 f.
Tüpker, R. 336, 338

Typische Musik/Untypische Musik 253 ff.

Übergangsobjekt 268
Übertragungsbeziehungen 110
Übertragungs- und Gegenübertragungsverhältnisse 336
Ultraschall 43
Unbewußtes 99 f., 103, 105, 157, 246, 257, 287, 291, 294

Vagotone Beeinflussung 73, 277
Vegetative Beeinflussung 70
Vegetative Funktionsänderungen 81
Vegetatives Nervensystem 44
Vegetative Reaktion 53, 62, 84
Vegetative Tonusebene 60
Vegetativum 53, 60, 62, 66, 73, 75, 84, 87, 183 f., 277
Verkümmerung des Emotionalen 38
Vokalimprovisation 285, 288, 293 ff.
Von Bülow, H. 195
Von der Heiden, U. 217
Vorbewußtes 100
Vorgespräch 26

Waardenburg, W. 265
Wahrnehmung 56, 134, 139, 190, 205, 244 f.
Wahrnehmungsebenen 47
Wahrnehmungsmöglichkeit 43
Wahrnehmungsöffnung 131
Wahrnehmungspsychologie 55
Wahrnehmungsstörungen 49

Wahrnehmungsstruktur 42
Waldmann, G. 147
Wasem, Ch. 93
Watzlawick, P. 332
Wechsel der Kräfte in uns 224 ff.
Willms, H. 35
Winnicott, D. W. 311 f.
Wirkungen ergotroper Musik 64, 74 f., 88
Wirkungen trophotroper Musik 73 ff.
Wirkungen von Musik 96

Wortverstärkung mittels Musik 61

YAVIS-Patienten 93

Zeitalter des Narzißmus 38
Zeiterinnerung 136 f., 143
Zentralnervensystem (ZNS) 44
Ziele der Musiktherapie 30
Zwanghafter Hörer 198
Zwanghafter Mensch 190, 198
Zwanghaftigkeit 111, 189 f.,
Zwangsneurosen 193